安徽省高等学校规划教材建设项目

大学体育

第2版

徐飞　李俊　孙高峰◎主编

北京师范大学出版集团
BEIJING NORMAL UNIVERSITY PUBLISHING GROUP
安徽大学出版社

图书在版编目(CIP)数据

大学体育/徐飞,李俊,孙高峰主编. —2 版. —合肥:安徽大学出版社,2024.8

ISBN 978-7-5664-2790-8

Ⅰ.①大… Ⅱ.①徐…②李…③孙… Ⅲ.①体育-高等学校-教材 Ⅳ.①G807.4

中国国家版本馆 CIP 数据核字(2024)第 008663 号

本书是安徽省高校省级人文社会科学研究重点项目(项目名称:高校体育教师安全教育能力探索,编号:SK2021A0358)的重要成果。

大学体育(第 2 版)

Daxue Tiyu

徐飞　李俊　孙高峰　主编

出版发行:北京师范大学出版集团
安 徽 大 学 出 版 社
(安徽省合肥市肥西路 3 号　邮编 230039)
www.bnupg.com
www.ahupress.com.cn

印　　刷:合肥远东印务有限责任公司
经　　销:全国新华书店
开　　本:880 mm × 1230 mm　1/16
印　　张:18.75
字　　数:603 千字
版　　次:2024 年 8 月第 2 版
印　　次:2024 年 8 月第 1 次印刷
定　　价:48.00 元
ISBN　978-7-5664-2790-8

策划编辑:李晨霞　马晓波
责任编辑:李晨霞
责任校对:刘婷婷
装帧设计:李伯骥　孟献辉
美术编辑:李　军
责任印制:陈　如　孟献辉

《大学体育(第2版)》编委会

主　编　徐　飞　李　俊　孙高峰

副主编　杜卫提　陶宏军

编　委(以姓氏笔画为序)

王子亚　冯亚林　刘　宇　江　波　孙高峰

杜卫提　李　俊　李晓冉　吴家赓　宋长江

张嘉琪　林　磊　岳保柱　徐　飞　徐　琳

陶宏军　彭圣堂

前　言

习近平总书记在党的二十大报告中提出:“加强青少年体育工作,促进群众体育和竞技体育全面发展,加快建设体育强国。”建设体育强国是中国式现代化的重要组成部分,是建设社会主义现代化强国进程中不可或缺的重要内容。

大学体育是高等教育的重要组成部分,也是学生接受体育教育的重要阶段。体育强国与健康中国战略的提出,为大学体育教学指明了发展方向。大学体育教学不仅要承担起增强学生体质、提高学生运动技能的任务,还要促进学生综合素养的发展,实现以体育人、以体凝心、以体强国。

2018 年,安徽省教育厅下发《安徽省教育厅关于在全省高校推行公共体育艺术教育俱乐部制教学改革的意见》,一些高校开始高度重视并积极贯彻落实体育俱乐部制教学改革。

2020 年 10 月,中共中央办公厅、国务院办公厅颁布《关于全面加强和改进新时代学校体育工作的意见》,指出要加强体育课程和教材体系建设,学校体育教材体系建设要扎根中国、融通中外,充分体现思想性、教育性、创新性、实践性,根据学生年龄特点和身心发展规律,围绕课程目标和运动项目特点,精选教学素材,丰富教学资源。

进入新时代以来,党和国家对高校体育提出了更高的要求。传统的体育课程教学虽然具有制度化、科学化、标准化等特点,但是往往很难有效地激发学生参与体育的热情,其育人价值并未得到充分发挥。针对这一情况,很多高校开始采用体育俱乐部制教学模式开展教学活动。实践证明,这一模式不仅能够使学生的身体素质有效提高,还能够将学生参加体育活动的积极性和主动性充分地激发出来,并对他们的终身体育意识进行培养。

本教材遵循体育教学规律和大学体育的发展趋势,顺应高校体育俱乐部制教学改革要求,坚持“以人为本,健康第一”指导思想,突出终身体育的理念以及德智体美劳“五育”并举思路,为广大学生增进身体健康、掌握科学的锻炼方法提供系统的指导,重视实践性,鼓励学生通过参加体育活动来加深对体育技能知识、健康知识的理解,同时注重培养大学生的体育锻炼能力。

本教材紧密结合大学体育教学实践，分为理论篇和实践篇两部分。理论篇包括大学体育概述、科学体育锻炼、运动处方、健康素养与终身体育等内容，实践篇包含篮球运动、排球运动、足球运动、乒乓球运动、羽毛球运动、网球运动、手球运动、武术、健美操运动、体育舞蹈、啦啦操、舞龙舞狮运动、田径运动及击剑运动等项目。

为了便于学生学习，我们拍摄了较为详细的示范动作图片及视频，视频以二维码的形式呈现，扫码注册登录后即可观看。

本教材的出版得到了诸多同仁的热忱指导和帮助，衷心感谢安徽建筑大学、安徽大学、安徽农业大学、安徽理工大学的大力支持！

由于时间仓促，编写人员水平有限，虽尽了最大努力，但难免有不妥之处，敬请专家、学者以及广大师生批评指正。此外，在本教材的编写过程中，参考、引用了相关学者的文献和资料，在此表示诚挚的感谢！

编　者

2024 年 7 月

目 录

理论篇

实践篇

理论篇

第一章 大学体育概述

本章要点

大学体育是高等教育人才培养的重要组成部分。本章主要介绍了大学体育的地位与作用、大学体育的发展与变迁以及大学体育的德育功能等内容，目的在于使学生充分认识体育的重要性，从而形成终身体育的意识。

学习目标

了解大学体育的地位、作用以及发展与变迁。

熟悉大学体育的德育功能，培养对体育锻炼的兴趣和终身体育的意识。

第一节 大学体育的地位与作用

一、大学体育的地位

（一）高校培养全面发展的人才离不开大学体育

习近平总书记指出："一个国家的高等教育体系需要有一流大学群体的有力支撑，一流大学群体的水平和质量决定了高等教育体系的水平和质量。"体育是德智体美劳全面发展教育的重要组成部分，是培养德智体美劳全面发展的人的重要现实途径。毛泽东在《体育之研究》中指出，体育具有"强筋骨、增知识、调感情、强意志"的作用；梁启超认为培养"尚武精神"对人格塑造和民族发展具有重要价值；北大老校长蔡元培倡导"完全人格，首在体育"；南开大学创办人张伯苓被戏称为"体育校长"。

面对世界百年未有之大变局，推进我国高等教育实现高质量发展具有重要的战略意义。大学体育是学校体育的最后一站，是培养青年终身体育意识和行为的关键阶段。

（二）一流大学的建设离不开大学体育

大学体育是高等教育人才培养的重要组成部分，一流大学的建设需要大学体育的有力支撑。大学体育建设应贯彻学校体育"四位一体"新理念新目标，融入新时代我国一流大学培养人才方阵的历史背景，充分发挥大学体育培养人才的重要作用，为培养德智体美劳全面发展的社会主义建设者和接班人作出贡献。

没有全面发展的人才培养，一流大学的建设就是"水中月，镜中花"。2021 年 9 月，习近平总书记在中央人才工作会议上发表了题为《深入实施新时代人才强国战略 加快建设世界重要人才中心和创新高地》的重要论述，突出强调了人才培养的重要地位。在大学培养人才过程中，体质健康是人才培养的重要基础之一，这也是大学体育教学的时代使命之一。

二、大学体育的作用

在育人工作中，高校体育发挥着独特的作用。

(一)促进学生身心健康发展

随着各器官系统的机能和代谢水平的不断提高，大学生进入身体发育的最佳时期，高校体育在促进大学生身体发育方面起着至关重要的作用。高校体育能有效促进大学生的身体健康，帮助大学生塑造健美的体态，使大学生掌握必要的运动技巧，提升运动技能。

根据大学生自我意识不断增强，个性特征逐渐明显，而意志品质的发展仍不稳定、不平衡等特点，高校体育通过运动中的和谐交往、竞争拼搏，以及耐负荷锻炼等方式，帮助大学生稳定心理状态，进行自我调节，提高自我控制能力。随着高校教学改革的不断深入和推进，大学生的自我要求与运动兴趣普遍受到重视。以“为我所用”为原则的创新教学活动得以开展，有效地促进了学生的全面发展。

(二)培养学生体育能力与习惯，奠定终身体育基础

大学生神经细胞的物质代谢旺盛，抽象思维能力较强，综合能力显著提高，这为他们比较系统地掌握体育基本知识、技能和科学锻炼身体的方法，提高体育文化素养和体育审美能力，培养良好的锻炼习惯等创造了有利条件，为终身体育打下基础。

(三)推进实现体育强国的目标

国家提出的《全民健身计划(2021—2025年)》的重点对象是青少年，高等学校是实施全民健身计划的主场地。大学生成为体育运动积极分子，步入社会后，将会成为群众性体育活动的骨干，进而促进全民健身计划的实施。此外，高校体育还可以凭借良好的教育资源和平台，对具有体育天赋的学生进行培训，提高其运动技术水平，为国家培养体育后备人才。这些都对推进体育强国目标的实现具有重大的意义。

第二节　大学体育的发展与变迁

一、古代体育思想萌芽

古代中国，没有“体育”这个词，但是中国古代体育的形态是丰富多彩的。早在先秦时期，射箭活动就出现在了竞赛项目中；比赛场地和规则的雏形出现在商代晚期。东周《礼记》中记载的大射礼、宾射礼、燕射礼、乡射礼的规模，不亚于古希腊时期，甚至不亚于今天的体育项目的规模。

在原始社会，生产力不发达，人们主要靠体力维持生活，因此“武重于文”。周朝开始设立学校，西周的教育内容中出现了“礼、乐、射、御、书、数”，其中射、御都含有体育教育的元素。春秋战国时期，以孔子为代表的教育家投身于私人办学，提倡文武兼备：“有文事者必有武备，有武事者必有文备。”

秦始皇统一六国后，武的作用开始受到限制。“重文轻武”到了西汉正式开始。汉武帝采纳了“废黜百家，独尊儒学”的建议。汉代儒家提倡“去武行文，废力尚德”，影响了后世对体育的基本态度。

“宋明理学”进一步将“武”推向低谷。“程朱理学”强调通过阅读和反思来培养内在修养，虽然有些书院准备了弓箭“以待学者肄习”，也有书院开展游览、登高、下棋等体育休闲活动，但“关上门、静读书”已成为当时的主流。“重文轻武”成为当时中国社会的一种基本价值观。

二、近代中国学校体育的演进

第二次鸦片战争后，洋务运动兴起。19世纪60年代至90年代，洋务运动主张“中学为体，西学为用”。洋务学堂学习内容分为三大类：外语、技术、军事。作为中国最早独立经营的现代学校，洋务学堂普遍开设体操课程，客观上推动了学校体育的发展。

维新派主张，向西方学习不仅限于物质和军事方面，还要从更深层次的文化差异中探索中国几近沦亡的原因。维新派思想对中国思想文化产生了重大影响，对中国近代体育思想的形成起到了启示作用。

中华民国成立后，教育总长蔡元培提出了“五教”方针，即军国民教育、实利主义、公民道德、美育、世界观。民国初年，面对内忧外患的社会背景，军国民教育思想所代表的强力体育思想成为学校体育运动的主流思潮。蔡元培在担任民国首任教育总长期间，主张并大力推行军国民教育。军国民教育思想倡导尚武精神，在一定程度上扭转了重文轻武的传统。军国民教育思想对武术精神的弘扬，为传统武术的复兴提供了适宜的条件，促进了民族传统体育的复兴。1915 年，全国教育联合会将中国传统武术定为学校的必修课，武术成为一种尚武强国的学校教育手段。

1934 年，毛泽东提出了“红色体育”的概念。随着“红色体育”的发展，新民主主义革命时期军民的战斗力得到了提高。1942 年延安大学创立体育系，为体育专业人才的培养奠定了基础。“红色体育”普及了“德、智、体三育并重”的教育理念，为中华人民共和国的体育发展奠定了基础。

三、中华人民共和国成立初期大学体育的发展

中华人民共和国成立后，我国全面研究了苏联的教育经验，引入了苏联体育理论，其中以“主智主义”理论为代表。“主智主义”体育理论强调知识、技能和技巧的传授，强调组织性和纪律性。1953 年，东南大学提出“培养德智兼备、体质健全、全面发展的社会主义人才”，体育教育和体育活动被列入学校的重要议程。1954 年，南开大学提出“必须进一步加强体格锻炼，养成规律的生活习惯和卫生习惯，按时作息，并坚持每天下午的课外体育活动”。

1979 年 5 月，教育部在扬州召开了“全国学校体育与卫生工作经验交流会”（扬州会议），明确了我国学校体育教学的指导思想，为学校体育的快速发展奠定了基础。会后，教育部颁布《高等学校体育工作暂行规定》，规定学校体育工作的基本任务是指导学生锻炼身体，增强体质。1983 年，全国学校体育工作会议在西安召开，再次明确了学校体育“增强体质”的基本任务，体质教育思想正式确定。

1999 年颁布的《中共中央 国务院关于深化教育改革全面推进素质教育的决定》指出：学校教育要树立健康第一的指导思想，切实加强体育工作，使学生掌握基本的运动技能，养成坚持锻炼身体的良好习惯。素质教育成为新时期中国教育改革“主题词”。2006 年 12 月 20 日，教育部、国家体育总局、共青团中央联合印发并实施《教育部 国家体育总局 共青团中央关于开展全国亿万学生阳光体育运动的通知》，全国大、中、小学掀起了阳光体育运动风潮。

2006 年 12 月 23 日，中华人民共和国成立以来的第一次全国学校体育工作会议在北京召开，会议提出要把学校体育工作作为全面推进素质教育的重要突破口和主要工作，大会的主题是“坚持健康第一，全面推进素质教育”。2007 年 5 月 7 日，《中共中央 国务院关于加强青少年体育增强青少年体质的意见》（中发〔2007〕7 号）（简称中央 7 号文件）下发，强调青少年体质与健康成长是关系国家和民族未来的大事。该文件对于进一步增强青少年体质，大力推进素质教育，具有重要意义。

四、新时代大学体育的发展

党的十八大报告对体育工作提出了促进群众体育和竞技体育全面发展的要求。2016 年出台的《“健康中国 2030”规划纲要》提出了健康中国建设目标与工作任务。习近平总书记在党的十九大报告中指出：“广泛开展全民健身活动，加快推进体育强国建设，筹办好北京冬奥会、冬残奥会。”习近平总书记在党的二十大报告中

提出："加强青少年体育工作，促进群众体育和竞技体育全面发展，加快建设体育强国。"2008 年北京奥运会和 2022 年北京冬奥会的成功举办充分展示了我国竞技体育的综合实力。

2020 年 4 月，习近平总书记主持召开中央全面深化改革委员会第十三次会议，审议通过了《关于深化体教融合 促进青少年健康发展的意见》（以下简称《意见》）。《意见》由体育总局和教育部于 2020 年 8 月 31 日发布，包括加强学校体育工作、完善青少年体育赛事体系、加强体育传统特色学校与高校高水平运动队建设、规范社会体育组织等内容。2020 年，习近平总书记在教育文化卫生体育领域专家代表座谈会上提出的"享受乐趣、增强体质、健全人格、锤炼意志"的新时代学校体育思想已成为"四位一体"的学校体育目标，学校体育进入了一个全新的时代。

五、大学体育发展的时代使命

（一）大学体育发展必须坚持传承中华民族传统体育思想，必须融入世界体育发展大格局，坚持改革开放不动摇

大学体育植根于中国的历史文化土壤，应充分挖掘和汲取中华民族传统体育思想的优秀内容；同时，采取理性批判的态度，主动接受和吸收西方先进体育思想与理念，融入国际体育发展潮流，拥抱奥林匹克大家庭，进一步推动我国体育事业的发展。

（二）大学体育发展必须坚持传承老一辈教育家的体育思想、理念

老一辈教育家的体育思想、理念是我国大学体育发展的宝贵财富，是有待进一步深入挖掘的富矿，是大学体育发展的重要指导。"完全人格，首在体育""强国强种强身""为祖国健康工作五十年"等体育理念，要坚持在大学校园中传播。

（三）大学体育发展必须坚持构建新时代、新阶段的大学体育新体系

进入新时代、新阶段，中国特色大学体育新体系的构建是当前迫切的任务，要做好顶层设计，作出科学规划，探讨政策指引与推进路径。要坚持"健康第一"的指导思想，将"教书育人""立德树人"放在首位，加强课程思政，"以体育人"，面向全体学生，以学生的德、智、体、美、劳全面发展为出发点，紧扣"教会、勤练、常赛"，开齐开足体育课。修订《学校体育工作条例》《全国普通高等学校体育课程教学指导纲要》，推广实施新课标，从注重单个知识点和教学技术向注重学科核心素养培养转变。顺应"大数据 + 人工智能 + 教育"的新格局，探索信息化、智能化、大数据与体育学科的深度融合与创新实践，使信息化技术、大数据技术、物联网技术成为体育教育的助推器。

第三节　体育学科德育

一、德育的内涵

自中华人民共和国成立以来，我国的德育在现代化过程中，内涵不断丰富，外延不断扩张，"大德育"格局形成。无论是从当代教育学著作中的"德育"概念界定，还是从普遍的德育实践看，德育的内容包括道德教育、政治教育、思想教育、心理教育、法治教育等，几乎涵盖了社会意识形态的所有内容。现在，在教育学界，被较为广泛接纳的德育定义出自 1985 年出版的《中国大百科全书》：教育者根据一定社会或阶级的要求，有目的、有计划、有组织地对受教育者施加系统的影响，把一定的社会思想和道德转化为个体思想意识和道德品质的教育。

二、大学体育的德育功能

（一）人际交往功能

在体育教学过程中，教师可以在培育大学生良性竞争意识的基础上，培养大学生的合作意识，进而增强大学生的人际交往能力。调查发现，参加体育活动频率较高的大学生具备较强的人际交往能力，既能与他人进行友好沟通，也能团结其他同学。体育活动参与度较高的大学生善于换位思考，会在参加集体活动过程中提高与他人的沟通频率，进而为提升社会适应力奠定良好基础。此外，体育具备较强的集体性，可以助力大学生消除孤独感，增强自信心。

（二）自我激励功能

自我激励能使大学生产生较高的学习与活动热情。体育教学效果具备较强的及时性，教师可以随时基于大学生运动表现了解教学成效。大学生在运动时既能舒缓学习压力，也能克服畏惧心理，在困难挑战中不断战胜自我，进行客观的认知与反思，从而理性看待成功与失败。高校可以借助于体育鼓励大学生展开自我激励，努力使大学生在提升抗压能力的同时，不断调整心理状态，激励自己，攻破人生前行道路上的关卡。

（三）约束功能

大学体育教育强调体育道德和规则，有利于大学生形成自我约束意识。体育教学会为大学生提供固定活动场所，培育大学生的自律能力。例如，高校体育教学会鼓励大学生积极参加比赛，不同区域大学生可以在比赛过程中消除偏见，形成和谐的合作关系。同时，比赛对抗可以为大学生带来激烈的情绪体验，大学生在遵守比赛规章制度的同时约束自身行为。而参与主体在比赛中表现出的谦让行为，既有利于其道德品质的提升，又能起到良好的榜样作用。

（四）教育功能

高校是人才培育的主要阵地，高校体育本身具备教育性质。向大学生普及体育知识，可以使大学生了解我国体育教育方针及体育强国梦，正确看待我国体育事业对国家发展的意义。高校可以在体育教学中基于体育热点加强教育宣传，培养优秀的体育人才，为实现体育强国梦积蓄人才力量。

（五）人格发展功能

体育课程借助于体育锻炼育人，强调育体和育人的科学化融合。高校可以借助于健康的运动方式，助力大学生强化体能锻炼，消除脑力疲劳。人的品格与其行为息息相关，鼓励大学生在体育活动中养成良好的锻炼习惯，有助于其完善人格。当前，体育具备多样性特征，可以为大学生提供自由锻炼的空间，能使其勇敢面对困难，做出正确抉择，做到胜不骄、败不馁，不断在体育竞赛或体育锻炼中提升心理承受能力，培养顽强意志。因此，高校可以借助于体育教学挖掘大学生潜力，进而助推大学生健康成长。

三、大学体育德育功能的实现路径

（一）推动体育教育组织机构发展，完善政策保障，加强师资团队建设，以助推高校体育持续性发展

高校体育教学是素质教育的重要组成部分。为助推体育教学发挥德育功能，实现教育目标，高校可以完善组织机构，基于政策解读完善校内相关制度，支持体育发展。在设立教育组织机构时，要基于高校发展特色制定相关规章制度，既要确保形成全员参与氛围，加强对大学生的针对性教育，也要充分了解大学生的个性特点，提升规章制度的人性化和科学化，进而为制度落实奠定坚实基础。在体育教学发展过程中，教师是推动德育功能发挥的关键力量，教师专业能力与教学能力关乎体育教学的发展。高校要加大体育教师培养力度，引进高素质复合型人才，加强对体育教师职业培训的重视和关注，鼓励现有教师团队加强系统性学习，提升教师教学热情。

（二）加强对体育教学的科学化监管，借助于互联网实现线上教育与线下教育有机融合，进而提升体育教学辐射力，为发挥其德育功能蓄力

上级教育部门加强监督，既能使学校提高对体育教学的关注和重视，也能在体育教育领域改革基础上助推素质教育发展。此阶段利用互联网构建线上教育平台，可以在提升学校体育德育功能辐射力和影响力的基础上，打破时空限制。例如，高校可以适当加强线上教育平台建设，向不同层次学生推送系统性教育内容，基于大数据、人工智能等技术收集学生相关信息，加强学情分析，生成系统化教学方案，强化对不同层次学生的针对性教育。高校在利用互联网推动体育工作优化时，注意发挥体育的德育功能，构建完善的体育体系，实现体育和德育的有机融合。

（三）明确教学目标，在完善教学计划的基础上优化评价体系，创设良好的体育教学环境

高校在了解体育教学的德育功能后，可以进一步细化教学目标，加强对大学生团队精神、爱国精神等的培养，使德育目标和体育教学目标有机融合。在完善教学规划时，既要加强对有限时间的科学化安排，也应加强对不同层次学生的科学化了解，分析不同学生喜爱的体育活动，提升体育教学的多样性，采用合理的教育方法，确保及时化解教育问题，助推体育教学发展。此外，学校可以适当构建与体育教学相关的德育评价体系，对教育过程和教育结果进行系统性评价，实现过程性评价及结果性评价的有机融合。例如，可以适当了解学生在体育活动中是否形成集体主义观念，是否遵守纪律，是否拥有勇于挑战困难的品质等，借助于体育教学改革，创设和谐化教学环境，充分展现体育教学魅力，凸显体育教学的德育功能，实现体育教学的升华。

第二章　科学体育锻炼

本章要点

体育锻炼是增进健康、增强体质的有效方法。本章主要介绍了体育锻炼的基本原则、运动损伤的分类、体育锻炼原理以及国家体质健康测试的内容，为学生进行科学锻炼提供重要的指导。

学习目标

了解体育锻炼的基本原则、科学锻炼的原理。

清楚常见的运动损伤，掌握常见运动损伤的预防和保健方法，同时培养顽强的意志品质。

第一节　体育锻炼基本原则

科学的体育锻炼原则是体育锻炼的基本规律，是锻炼计划、锻炼内容的选择和锻炼方法的运用应遵循的原则。为了有效地完成日常生活中的体育锻炼，应遵循以下原则。

一、自我意识原则

体育锻炼是有规律、有针对性的锻炼，因此我们应该有意识地积极锻炼。首先，我们应该树立“科学锻炼有益健康”的信念，自觉克服各种怕动、懒惰和对体育锻炼的麻痹或恐惧心理，而代之以自觉、愉悦和积极的心态开展各种形式的体育锻炼活动。其次，我们应该选择合适的体育锻炼内容和方法，在锻炼时感到快乐、放松和愉悦，获得精神上的满足，让身心统一。这样，我们就可以达到体育锻炼的目的。

二、从实际出发的原则

每个锻炼者的身体素质和条件不尽相同，如性别、年龄、运动基础、身体状况、生活条件、锻炼目的等，因此锻炼内容、方法和锻炼负荷的选择应因人而异，不能一概而论，尤其要注意锻炼量，避免过度运动。适当负荷是指进行体育锻炼所需的适当生理负荷。运动效果是否显著，与生理负荷是否适宜密切相关。如果负荷太小，身体没有反应，运动效果就很差；负荷过大，会导致过度疲劳，甚至危害健康。决定运动负荷的主要因素是“量”“强度”和“频率”。“量”是指完成运动的次数、组数、时间和距离等。“强度”是指完成运动所用力量的大小和身体的紧张程度。“频率”是指单位时间内的练习次数，包括运动速度、练习强度、练习间隔长度、重量大小、投掷距离、跳跃高度和长度等。数量和强度应适当。强度越大，数量可相应减少；强度适中，数量可相应增加。

三、持之以恒的原则

持之以恒的原则是指坚持体育锻炼，使其成为生活中不可或缺的一部分。

从生物进化的角度来看，人们的体质不断增强是长期锻炼的结果。长期规律的运动可以提高人体机能水平，发展各种运动素质，形成和巩固运动技能。这样，在不可预知的外部环境中，我们的身体能够应对和适应各个方面的变化。人体结构和功能的变化是通过反复和频繁地加强肌肉活动来实现的。体育锻炼是一个不断刺激的过程，人体会对刺激作出反应，长期不间断的刺激会使身体适应和习惯它。如果"三天打鱼，两天晒网"，以前的刺激会被身体遗忘，等于没有锻炼，效果甚微。如果我们长时间不锻炼，我们身体的机能就会退化，器官和系统的功能就会下降，我们的体质就会下降。

贯彻持之以恒的原则，要注意两点。

(1)在训练之间安排适当的间隔时间。如果间隔时间长，锻炼效果就会不明显。因此，应合理安排每次练习的间隔时间。间隔时间应根据身体适应运动负荷的能力来安排。

(2)坚持锻炼。经过长时间的积累，锻炼对身体益处显著，我们的锻炼兴趣也会逐渐产生，容易养成经常锻炼的习惯。

四、循序渐进的原则

循序渐进的原则是指体育锻炼必须根据人体身心发展规律和个人实际情况，使锻炼内容、锻炼方法、锻炼负荷等方面逐步完善，不断提高身体机能。循序渐进是人体适应环境的基本规律，人体对内外环境变化的适应是一个从量变到质变的缓慢过程。只有遵循这条原则，我们才能获得良好的锻炼效果。否则，不仅不能增强体质，还可能会伤害身体和造成运动疾病，损害健康。因此，我们不应该急于在体育锻炼中取得成功。

坚持循序渐进的原则，要做到以下几点。对于锻炼内容，应根据自己的身体状况合理选择。不同体质的人有不同的锻炼起点。身体素质较好的人可以选择更有活力的运动，如各种竞技运动；体质较弱者可以参加慢跑、徒手体操、武术和乒乓球等运动；慢性病患者可以选择太极拳、气功和步行等运动。当变得更强壮时，可以从轻度运动转向更剧烈的运动。运动量应该逐渐增加。身体承受运动量有一个缓慢的适应过程。运动量应从小到大，开始时小，然后逐渐增加。如果运动量长期保持在一个恒定的水平上，身体的反应就会越来越小，并且不会取得好的效果。身体机能的改善是按照刺激适应、重复刺激和适应的规律有节奏地实现的，增加运动量也应遵循这一规律。病后运动或中断运动，尤其要注意循序渐进，以免发生意外。每次训练都要做热身运动和运动结束后的伸展运动，比如在长跑前慢跑 5～10 分钟，不要在长跑后马上停止运动。

五、综合锻炼原则

综合锻炼原则是指体育锻炼应全面发展身体各部位器官的功能，提高身体素质，以实现身心的全面和谐发展。

由于每项运动对身体发展都有其独特的效果，因此可以选择一两个项目作为每天必须练习的主要项目，同时适当地参加其他项目的练习，以弥补主要项目练习的不足，促进身心全面发展。在综合锻炼过程中，还应注意心理素质的发展，如群体意识和个性的发展。

第二节　科学锻炼、运动损伤、保健预防的常识

一、科学锻炼基本常识

锻炼前要做好准备活动，包括热身、拉伸和放松肌肉，以增强血液循环和关节灵活性，减少发生运动损伤的风险。

锻炼时要选择合适的强度、时间和频率，根据个人的体质、年龄和目标制定合理的计划，避免过量或过少。一般来说，每周至少进行三次中等强度的有氧运动，每次持续 20 分钟以上，这样可以有效改善心肺功能和耐

力。同时,也要加入一些无氧运动,如力量训练、柔韧性训练和平衡训练,以增强肌肉、骨骼和神经系统的协调性和稳定性。确定最佳运动量的方法有很多,如指数评分、心率评分、Cooper 评分、固定评分、疲劳评分、简单评分、阶段评分等。每个人的情况是不同的,我们应该根据年龄、性别、身体状况、健康水平、运动基础、生活环境、目的和任务等选择合适的锻炼方式。

剧烈运动时和运动后都不能大量饮水。剧烈运动时体内盐分流失和身体出汗较多,饮水过多会降低血浆渗透压,破坏体内水盐代谢平衡,影响人体正常生理功能,甚至导致肌肉痉挛。由于运动需要增加心率,呼吸需要增加血液和氧气以满足运动需要,而大量的水会使胃充盈,干扰横膈膜的活动,影响呼吸;血流量增加和心脏紧张不仅不利于运动,而且对心脏有害。此外,大量饮水会降低胃酸浓度,影响对食物的消化。长期剧烈运动后饮水很容易引起胃部问题。

刚刚进食后,不宜运动。进食后,更多的血液流向胃肠道,以帮助消化食物和吸收营养。如果在这个时候运动,血液会流向四肢,阻碍胃肠道消化食物,从长远来看,这可能会导致身体患上疾病。体质较弱者进食后血压降低,称为餐后低血压,此类人群易在进行户外活动时跌倒。饭后长时间运动容易得阑尾炎。饮酒后不允许游泳和进行其他运动。

心情不好时不要运动。当生气或悲伤时,不要在操场上发泄。运动医学专家解释说:人的情绪会直接影响身体的生理功能,情绪的变化在大脑的深处,并扩散到全身。

收尾活动是指在体育锻炼后,为了消除疲劳,恢复身体健康,提高锻炼效果,而采取的一系列放松锻炼和运动后按摩等恢复活动。如果在剧烈运动后立即停止运动,肌肉中的血液就不能及时流回心脏,肌肉就会变得僵硬和疲劳。相反,运动后做一些收尾活动,例如按摩肌肉和穴位,可以使肌肉得到放松和休息。

运动后要积极补充运动中消耗的能量和营养。运动后的营养补充主要集中在三个方面:一是补充因出汗而流失的水分和电解质,二是补充运动中消耗的肝糖,三是修复受损的肌肉和组织。建议在锻炼后 30 分钟内摄入一些高蛋白、低脂肪、低糖的食物,如牛奶、鸡蛋、豆类等,以促进肌肉修复和增长。同时,也要多喝水或含电解质的饮料,以补充流失的水分和盐分,防止脱水和肌肉抽筋。

运动后不要马上洗澡。运动后立即淋浴会导致心脏和大脑供血不足,导致头晕和虚弱,还会导致身体因乳酸积聚而疼痛。

锻炼后要注意休息,以保持身心平衡和提高免疫力。过度或不规律的锻炼会导致身体疲劳、免疫力下降和情绪波动,影响学习和生活质量。因此,大学生应该保证每天有足够的休息时间和高质量的睡眠,每晚至少睡眠 7 小时,避免熬夜和使用电子设备干扰睡眠。

二、运动损伤与保健预防

(一)运动损伤的分类

1. 按损伤过程分类

(1)急性损伤。急性损伤是指由于瞬间遭受直接或间接暴力造成的运动损伤。一般急性损伤的原因明确,会造成不同程度的功能障碍,从而影响运动训练和日常生活,如肌肉拉伤、关节扭伤等。

(2)慢性损伤。慢性损伤多由局部长期过度负荷产生的细微损伤累积而成,或是指由急性损伤处理不当转化而来的陈旧性损伤。慢性损伤在运动损伤中较为多见,如髌骨软骨软化症、肩袖损伤等。某些慢性损伤在局部运动负荷过度或动作不当的条件下可转化为急性损伤。

2. 按损伤后皮肤或者黏膜完整性分类

(1)开放性损伤。开放性损伤是指伤处皮肤或黏膜的完整性被破坏,有伤口与外界相通,如擦伤、刺伤等。

(2)闭合性损伤。闭合性损伤是指伤处皮肤或黏膜无破损,无伤口与外界相通,如肌肉拉伤、关节韧带损伤等。

3. 按损伤部位分类

(1)软组织损伤。软组织损伤多为急性损伤,在各种运动项目中均可发生,如肌肉拉伤、皮肤擦伤、肌腱拉伤等。肌肉拉伤以肌腹拉伤最为常见,主要发生于腰骶、臀、大腿等肌肉较多的部位。

(2)关节损伤。关节损伤主要分为关节的病理损伤与结构异常两种。病理损伤以关节囊韧带损伤最为常见,主要发生于足踝关节、手腕关节、膝关节等部位。结构异常如脱臼,又分为外伤性和习惯性两类。关节损伤后治疗不当,会引发关节不稳。

(3)骨组织损伤。骨组织损伤最常见的是骨折及骨膜炎。骨膜炎常见于小腿、足踝和腰骶部位。如胫骨结节骨软骨炎、跟骨骨骺炎、髂骨翼骨骺炎、脊椎椎体骨骺炎、手腕骨的骨软骨炎等。骨折相对较少,主要发生于手腕、足踝、肘关节等部位。对骨膜损伤及较轻无移位的骨折,在改变训练方法、减轻损伤部位运动负荷后,多不影响训练,可自愈。

(4)神经损伤。神经损伤可以分为中枢神经损伤及周围神经损伤。在运动系统损伤中,中枢神经系统损伤以脑组织慢性微细损伤最为常见,如拳击引起的"击醉病"。运动训练和比赛造成的周围神经损伤也比较多见,如乒乓球、游泳运动员的肩过度外展综合征,举重、排球运动者的肩胛上神经损伤等。

(5)内脏损伤。运动造成的内脏损伤较为少见,多由运动者身体对抗,或身体与器械碰撞所引起。大部分为闭合性损伤,诊断较为困难。

(二)运动损伤产生的原因

运动损伤产生的原因复杂,影响因素众多。运动损伤产生的主要原因有两种:一是运动者自身主观原因,如运动前准备不充分、体能不足、技术动作不合理等;二是外界客观原因,包括运动项目特点、场地、运动装备、运动器材、对手情况和医务监督等。只有掌握运动损伤发生的原因,理解运动损伤发生的规律,才能够对各种运动损伤进行有针对性的防护和康复训练,从而有效避免运动损伤的发生。

1. 运动者训练水平不够

从运动训练学角度而言,运动者的训练包括基础身体训练和专项技术训练。基础身体训练包括针对力量、耐力、速度、灵敏、协调等方面的训练。基础身体训练不足往往是造成运动损伤的重要原因之一。专项技术训练是为了提高运动者表现而进行的有针对性的身体部位练习。各种不遵循人体生理结构特点和各器官系统功能活动规律的专项训练,都是引起机体组织损伤的原因。

2. 训练及比赛的组织安排不合适

训练强度和量较大、比赛安排过多等都会引起运动损伤。运动训练应当根据训练规律性,遵循科学训练的原则。科学训练原则包括竞技需要原则、系统控制原则、周期安排原则、区别对待原则、适宜负荷原则、适时恢复原则和有效控制原则。

3. 运动者的生理状态不良

因运动者自身生理原因和训练不当所造成的生理状态不良也是运动损伤发生的重要原因之一。例如,女性运动者在生理周期时参加比赛,运动表现容易出现下滑;长时间大强度训练容易导致运动者疲劳的累积,神经肌肉控制能力下降;运动者疲劳时,会使平时定型熟悉的技术动作发生变形等,这些都会引发运动损伤。

4. 准备活动不足

运动前进行准备活动对于运动者而言非常重要。第一,准备活动可以提高肌肉的温度,降低肌肉的黏滞性,提升肌肉的工作能力,增加肌力;第二,准备活动可以提高内脏器官的功能水平,减轻开始运动时内脏器官的不适感;第三,准备活动可以起到心理调节的作用,使人体神经系统处于最佳的兴奋状态。运动者如果没有根据所从事运动项目的技术和功能特点进行合理的准备活动,没有针对该运动中易出现运动损伤的部位进行防护,发生运动损伤的概率就会增大。

5. 运动防护不到位

在训练和比赛中，运动者和运动指导者防护意识不强，不能正确应用运动防护技术和运动防护器材，也是造成运动损伤的重要原因之一。

6. 场地器材、运动装备和环境不合要求

场地器材也会导致运动损伤的发生。例如，场地照明不符合标准、通风不良，场地不平整、摩擦力过大或过小，器械不符合标准等都会引发运动损伤；运动者的服装、鞋、袜等运动装备选用不当，也会引发运动损伤；自然环境因素不仅会影响运动者的运动表现，一些情况下也是造成运动损伤的原因，如雨后场地湿滑、气温过高或过低等。

（三）常见的运动损伤及其防治

1. 肌肉拉伤

肌肉拉伤指由于肌肉的猛烈收缩或被动牵伸超过了肌肉本身所能承担的限度，从而引起肌肉组织损伤。肌肉拉伤易发生在身体的肌腹、肌腹与肌腱交界处、肌腱的起止点等部位。

（1）肌肉拉伤类别。

①主动用力拉伤。例如，跳远时小腿后群肌拉伤，起跑时大腿后群肌拉伤等。

②被动拉伤。例如，跨栏运动时大腿后群肌拉伤，压腿时大腿后群肌拉伤等。

③慢性损伤。例如，末端病、肌腱腱围炎、肌腹部劳损等。

（2）损伤症状判断。有明显的受伤史、疼痛、肿胀、压痛，肌肉收缩实验阳性，功能障碍。

（3）处理方法。

①肌肉微细损伤或少量肌纤维断裂者：冷敷、加压包扎、抬高患肢等；疼痛严重者，可口服止痛药；24 小时后，外敷新伤药、痛点注射、理疗或按摩等。

②肌纤维大部分断裂或肌肉完全断裂者：处理后，应尽快将伤者送往医院。

（4）预防办法。

①做好准备活动。

②加强易伤部位的锻炼。

③运动负荷要合理。

④掌握正确的技术动作。

2. 关节韧带拉伤

关节韧带拉伤指在间接外力作用下，关节发生超范围活动而引起的关节韧带损伤。

（1）膝关节内侧副韧带损伤。

①损伤发生的原因。膝关节突然内翻所致（膝关节屈曲 130° ~150°，小腿突然外展外旋或足与小腿固定，大腿突然内收内旋）。

②损伤症状判断。膝内侧疼痛（局部压痛明显）；膝内侧红肿、淤血；屈伸活动受限（半腱肌、半膜肌保护性痉挛）；若内侧韧带完全断裂，则关节间隙增宽和小腿异常外展。

③处理方法。冷敷、加压包扎，若内侧副韧带完全断裂须用夹板固定；24 ~48 小时后，外敷新伤药，痛点注射，按摩、理疗、针灸等；及早进行功能锻炼；韧带完全断裂者，应及时送往医院进行手术缝合。

④预防办法。加强肱四头肌和后群肌肉力量的平衡；加强包裹膝关节小肌肉群力量练习；加强保护与自我保护；避免犯规与粗野动作。

（2）踝关节外侧韧带损伤（崴脚）。

①损伤发生的原因。地面不平、身体失去平衡、着地时踩到别人脚上等，使足突然内翻所致。

②损伤判断。有受伤史、疼痛（压痛明显）、肿胀和皮下淤血；出现跛行或功能障碍；若韧带完全断裂，则关节间距增宽，出现超常内翻。

③处理方法。冷敷、加压包扎、抬高患肢;24~48 小时后,外敷新伤药,按摩、针灸、理疗,痛点注射;及早进行功能锻炼;若韧带完全断裂,冷敷加压包扎后及时送往医院进行手术治疗。

④预防方法。准备活动要充分;加强足部力量和踝关节的稳定性和协调性的练习;完善场地设施;提高自我保护能力。

3. 胫腓骨疲劳性骨膜炎

(1)损伤机制。

①肌肉牵扯学说。由于长期进行跑、跳类运动使屈拇肌、屈趾肌、胫骨后肌及腓骨等反复收缩不断地牵扯胫腓骨上的骨膜,导致骨膜和骨的正常关系遭到破坏,从而出现骨膜松弛、淤血、水肿等病理性改变。

②应力学说。身体的重力线与胫骨中线轴线不重叠,身体的重力和支撑面的反作用力使胫骨的凸面处受到的拉力最大,从而出现骨膜松弛、淤血、水肿等病理性改变。

(2)损伤症状判断。

①疼痛。疼痛多为隐痛或牵扯痛,严重者出现刺痛或烧灼感,个别有夜间痛。疼痛部位为胫骨内侧中下端及腓骨外侧缘下端。

②肿胀。急性期出现凹陷水肿。

③压痛。局部骨面上有压痛并可触摸到硬块。

(3)处理方法。

①早期症状较轻者。减少下肢的跑、跳练习;局部外敷和外周按摩;用弹力绷带包扎患部,并抬高患肢。

②症状严重者。停止跑、跳练习;用弹力绷带包扎患部,并抬高患肢;中药外敷、按摩、针灸、理疗等。

(4)预防办法。

①合理安排运动量,注意改进训练方法。

②避免在坚硬的地面上过多进行跑、跳练习。

③及时消除小腿的肌肉疲劳。

4. 膝关节半月板损伤

(1)损伤发生的原因。

①膝关节处于半屈曲位时,关节周围的韧带和肌肉处于松弛状态,关节不稳。此时,如果大腿或小腿处于内外翻位,再突然旋转并伸直膝关节,易引起半月板损伤。

②膝关节突然猛力过伸及肌腱前后断裂,也可引起半月板前角或边缘的分离。

(2)损伤症状判断。

①有明显的受伤史。

②疼痛:由于滑膜受牵扯而疼痛,若半月板损伤没有牵扯滑膜则疼痛不明显。

③压痛:关节间隙内侧或外侧疼痛。

④肿胀:早期有积血和积液,慢性期常有少量积液。

⑤响声。

⑥绞锁。

⑦严重者肱四头肌萎缩。

(3)处理方法。

①控制伤部活动,避免加重损伤。

②肿胀明显者,可通过穿刺法抽取积血与积液。

③采用石膏或夹板于膝关节微曲位固定 2~3 周。

④加强肱四头肌的功能锻炼。

⑤解除固定后，可采用按摩、针灸、理疗和中药外敷等疗法。

(4)预防办法。

①做好充分的准备活动。

②合理安排局部的负荷量。

③提高膝关节的稳定性和灵敏性。

④加强保护与自我保护。

5. 脑震荡

(1)损伤发生的原因。头部受到暴力作用使神经细胞和神经纤维受到震荡而出现一时性的意识和功能障碍，且多无明显的解剖病理改变。

(2)损伤症状判断。

①精神恍惚或意识丧失。

②呼吸表浅、脉率缓慢、肌肉松弛、瞳孔扩大但左右对称、神经反射减弱。

③清醒后，短时间内反应迟钝，出现"逆行性健忘"。此外，伴有头疼、头晕、恶心或呕吐等症状。

(3)处理方法。

①使伤者安静平卧，头部冷敷，身上注意保暖。

②昏迷者，刺激人中、内关、涌泉等穴位，呼吸障碍者则进行人工呼吸。

③昏迷超过5分钟，瞳孔扩大且不对称，耳、鼻、口出血及眼球青紫，清醒后有剧烈疼痛、喷射式呕吐或再次出现昏迷者，说明脑组织损伤或继发颅内压增高，应立即送往医院抢救。

④患者清醒仍需卧床休息，直到头痛、恶心等症状完全消失，以免引起后遗症。

⑤伤者康复后，可用闭目举臂单足站立平衡试验来判断能否参加体育活动。

(4)预防办法。注意纠正错误动作，提高保护与自我保护能力，遵守体育比赛规则。

6. 肩周肌腱劳损

肩部劳损包括肩部肌腱炎、肩关节不稳定及肩撞击综合征。这三种问题的发病原因与病理是相关联的，三种症状也可能同时存在。

(1)损伤发生的原因。

①重复的超负荷动作使肩周的肌腱、肌肉反复受到刺激而受损，患处会发炎肿痛，活动时加剧。

②肩部运动幅度过大。

③动作力度过大。

④肩部动作频率太高。

(2)损伤症状判断。典型病症是运动后出现局部肌肉肿痛现象，以及将手臂慢慢抬高感到痛楚甚至困难，如肌腱撕裂会感到软弱无力。

(3)治疗方法。

①物理治疗的目标主要在令肩关节恢复原来的活动幅度、肌肉力量及耐力。另外，肌肉的控制、姿势及技术等都应引起注意。

②运动要在无痛的幅度范围进行，特别要注意的是旋袖肌及胸胛肌的控制而并非单是训练力量，有需要的时候，治疗师会利用黏膏带及生物反馈器帮助运动。

7. 腰肌劳损

(1)损伤发生的原因。

①急性腰扭伤后及长期反复的腰肌劳损。

②治疗不及时，处理方法不当。

③长期反复的过度腰部运动及过度负荷，如长时期坐姿、久站或从弯腰位到直立位持重物、抬物，均可使腰肌长期处于高张力状态，久而久之会导致慢性腰肌劳损。

④慢性腰肌劳损与气候、环境条件也有一定关系，气温过低或湿度太大都可加重腰肌劳损。

(2)损伤症状判断。

①腰部酸痛或胀痛，部分刺痛或灼痛。

②劳累时加重，休息时减轻；适当活动和经常改变体位时减轻，活动过度又加重。

③不能坚持弯腰工作，常被迫伸腰或用拳头击腰部以缓解疼痛。

④腰部有压痛点，多在骶棘肌处、髂骨脊后部、骶骨后骶肌止点处或腰椎横突处。

⑤腰部外形及活动多无异常，也无明显腰肌痉挛，少数患者腰部活动稍受限。

(3)治疗方法。

①避免过劳。

②适当进行功能锻炼，加强腰背肌锻炼，防止肌肉张力失调，如采取俯卧位、去枕，然后用力挺胸抬头，双手双脚向空中伸展；也可仰卧床上、去枕，头部用力向后顶床，抬起肩部。

③采用理疗、推拿、按摩等舒筋活血疗法。

④药物治疗，主要为口服止痛药、消炎药，注射皮质类固醇，局部外用镇痛药等。

⑤物理治疗。在医生指导下，选用适当的物理治疗也可以增强治疗效果。目前存在较多的理疗方式，包括电磁、超声波、红外线、激光等，通过声、光、电、热等作用于人体，起到舒筋活血的作用。

⑥手术治疗。对各种非手术治疗无效的病例，可施行手术治疗。

(4)预防办法。

①防止因潮湿、寒冷受凉。不要随意睡在潮湿的地方。根据气候的变化，随时增添衣物，出汗及淋雨之后，要及时更换湿衣或擦干身体。

②进行体育运动或剧烈活动时要做好准备活动。

③纠正不良的姿势，如弯腰过久或伏案过低等。在僵坐 1 小时后要换一种姿势。同时，可以使用靠垫为腰部缓解压力。

④防止过劳。腰部是人体运动的中心，在各项工作或劳动中要注意劳逸结合。

8. 锻炼或运动后肌肉酸痛

一般在锻炼 24 小时后出现的肌肉酸痛在运动医学上称为延迟性肌肉酸痛症。锻炼后 24 ~ 72 小时酸痛达到顶点，5 ~ 7 天后疼痛基本消失。

(1)酸痛产生的原因。

①肌肉的张力和弹性的急剧增加，引起肌肉结构成分的物理性损伤。

②新陈代谢的增加，代谢废物对组织的毒性增加。

③肌肉的神经调节发生改变，使肌肉发生痉挛而致痛。

(2)肌肉酸痛判断。

除酸痛外，还有肌肉僵硬，轻者仅有压痛，重者肌肉肿胀，妨碍活动。任何骨骼肌在激烈运动后均可发生延迟性肌肉酸痛，尤其是长距离跑后更易出现。在炎热夏天进行大量运动后，除了肌肉疼痛，还可出现脱水、低钙、低蛋白等症状。

(3)治疗方法。

①锻炼安排要合理。经过一段时间锻炼，肌肉酸痛的状况会得到缓解。

②局部温热和涂擦药物。锻炼后可用温热水泡洗、局部擦油剂等。

③牵伸肌肉的运动可减轻酸痛。牵伸肌肉可加速肌肉的放松和拮抗肌的缓解，有助于紧张肌肉的恢复。

④做好准备活动和整理活动。准备活动做得充分和整理运动做得合理有助于减轻肌肉酸痛。

9. 其他运动损伤

(1)骨折。常见的骨折有两种:一类是没有伤口、皮肉未破损,称为闭合性骨折;另一类是骨的尖端穿透皮肉,称为开放性骨折。对开放性骨折,不能用手回纳、揉搓或按摩,否则易引起骨髓炎,应用消毒纱布对患处作包扎、止血后,再用平木板固定,送往医院治疗。

(2)肌肉痉挛。肌肉痉挛又称为抽筋,是肌肉因寒冷刺激、精神过度紧张、身体过度劳累所引起的过度收缩所致,在长时间的运动中最为常见。如果热身运动没有准备充分,容易出现抽筋现象。出现肌肉痉挛时,应先将痉挛肌肉不断拉伸,放松多次,然后注意补充水分并多休息。

(3)腹部刺痛。腹部刺痛又称为岔气。一般认为,侧腹痛是呼吸肌在运动时由于血流不足而形成的缺氧性疼痛。饭后马上剧烈运动或肠内积气也可能造成侧腹痛。出现岔气时,应减小运动强度,待其慢慢恢复。

第三节　科学锻炼原理

一、生理科学原理

人在进行体育活动时,身体会发生相应的生理变化。在不断的生理活动过程中,人的活动能力不断提升,其中包含着许多生理学原理。

(一)骨骼肌

骨骼肌由快肌和慢肌两种肌纤维组成,它们在生理特征上有明显的差异。例如快肌在无氧供能、收缩迅速和力量方面要强于慢肌,但是比较容易疲劳。因此,快肌对应着速度和力量,而慢肌则对应着耐力。不同人肌纤维中的快肌、慢肌比例是不同的。耐力型体质的人的慢肌含量相对较高,例如马拉松运动员等。爆发性体质的人的快肌含量相对较多,例如短跑运动员。

肌肉收缩的方式分为两种:等长收缩和缩短收缩。前者是指增加张力但肌肉长度不发生变化的收缩,常见于静力性的工作中,如站立。后者是指增加张力的同时肌肉长度减小的收缩,肌肉在收缩过程中产生了移动,常见于运动性工作中,如跑步等。

(二)神经

神经由大量的神经元组成,即神经细胞。神经元包含树突、轴突和细胞体三部分。轴突就是我们常说的神经纤维。神经纤维周围可能会有髓鞘,而郎飞节便是髓鞘节之间的空隙。正是这些结构的连续组成,才使得神经冲动能够沿轴快速传递。

所有的活动都离不开反射这一动作。就拿膝跳反应来说,从被击打到小腿弹出这一过程便是反射。感受器感受周围环境,然后将信息通过神经传递到中枢神经系统,中枢神经系统进行整合,再通过传出神经传递到效应器来收缩相应的骨骼肌。神经冲动是指以电能形式在神经中传递的信息。神经纤维受到刺激会发生电位变化,这时便会向两个方向传递信息。其原理是:受到刺激之前,神经纤维膜外聚集着钠离子,形成外正内负的膜电位差,即静息膜电位。当受到刺激后,钠离子内流导致该部位膜电位改变,此时便会形成一个局部电流向两侧传导。部分神经纤维因为髓鞘的存在可以隔绝电流,从而不能传导神经冲动。而郎飞节之间的传递方式是跳跃式传导,该方式甚至加快了神经纤维的传递速度。

(三)氧气的运输与运动

氧气的运输离不开呼吸和循环系统。氧气氧化糖和脂肪产出能量满足活动所需。而人体储存氧气的能力有限,需要从外界不断摄入,供细胞发生反应。

(1)氧气的运输。氧气的摄取离不开呼吸,而呼吸包括肺通气和肺换气。呼吸、血液和血液循环组成了氧气的运输系统。呼吸时,人体与外界进行气体交换,呼出较多的二氧化碳,吸入较多的氧气。肺通气是指胸腔规律性地扩张和收缩使空气进出肺部的活动。而肺换气是指从呼吸道进入的新鲜空气到达肺泡后,与毛细血管内的血液进行气体交换。呼吸道被称为无效腔,是因为新鲜空气只有进入肺泡才能进行气体交换,而在呼吸道的空气无法参与气体交换。所以在慢跑运动中,要注重呼吸的深度,只有将气体更多地吸入肺泡,才能摄取更多的氧气。

(2)气体交换。吸入的新鲜空气与体内的空气进行交换,其方式为物理弥散。而换气的薄膜有呼吸膜和组织毛细血管膜等。气体弥散的速度取决于膜的通透性、面积大小以及膜两侧气体分压差。长期运动的人气体弥散速度一般快于常人的气体弥散速度。血液中决定氧气运输能力的是血红蛋白含量,原因是氧气进入血液后,大部分被红细胞中的血红蛋白吸附,随着血液运输到组织细胞处进行气体交换,然后进入细胞再被利用。血红蛋白之所以能够胜任运输氧气的任务,是因为它能与氧气进行可逆性结合,即在高氧处与氧气结合,在低氧处与氧气分离。

(四)新陈代谢

人体的各种生理活动都离不开新陈代谢,它包括物质代谢和能量代谢两部分,且各种代谢都是在不同的激素条件下进行的。

(1)物质代谢。物质在体内消化、吸收、分解等过程被称为物质代谢,既有同化作用,又有异化作用。同化作用是指从外界摄取营养物质转化为机体的组成部分,同时,异化作用也在进行,即机体本身不断分解物质产生代谢废物排出体外。物质代谢分为三个阶段,即营养物质的消化吸收、中间代谢和排泄。

人体只能吸收小分子物质,而食物中的营养物质都是大分子物质,因此食物需要通过消化变成小分子营养物质才能被人体吸收利用。葡萄糖是糖类物质分解后的主要可吸收营养物质。脂肪的吸收需要先将其分解为脂肪酸、甘油三酯、胆固醇等,然后与盐结合成水溶性的混合微胶粒,在异化扩散的作用下吸附在小肠绒毛上,进入血液,有些需要形成淋巴后再进入。人体每天都需要从外界吸收一定的营养物质。与此同时,它们的分解代谢也在进行当中。

糖类是人体能源的主要提供者,它分解时会释放能量来满足人体运动的能源需要。糖类的分解需要氧气参与发生有氧氧化反应,当氧气供应不足时会发生糖的无氧酵解。糖主要以肝糖原与肌糖原的形式储存在体内。两种形式的糖原对人体活动有着重要的意义。前者的作用在于维持血糖平衡,后者的作用是为肌肉活动提供能量。短时的爆发性运动,需肌糖原进行无氧酵解提供能量,而长时间耐力性运动则需要大量的肝糖原来减缓劳累感。所以,肝糖原是机体耐力性运动的基础。人体运动时会消耗能量,造成体内血糖含量发生改变。长时间的运动消耗造成血糖含量下降,人会产生疲劳感并且运动能力也会下降。人在安静状态下血糖含量变化相对较小。不同类型的运动,对人体体内血糖含量的影响是不同的。短时的运动会让人体从平静状态变为运动状态,从而增加肌糖原的分解,造成血糖含量上升。而长时间的运动会消耗大量的能源物质,使体内血糖含量下降。所以人在长时间的运动中间适量补充一定量的糖会在一定程度上减缓疲劳感并提升一定的运动能力。

体内脂肪一方面从食物中获取,另一方面来源于体内糖或蛋白质的转化。血液中的脂类物质统称为血脂。脂肪的分解发生在小肠内,绝大部分分解为脂肪酸和甘油,少部分会成为脂肪颗粒。人体摄入的脂肪,一些被储藏起来,一些参与组成人体组织,还有一些再次被分解成为脂肪酸和甘油等,发生氧化反应变为二氧化碳和水或者转化为肝糖原等。最后还有一部分成为腺体的分泌物,如激素、固醇、皮脂等。研究表明,体育运动对降低血脂有很大的帮助,一次高强度的长时间运动会降低血脂含量并且可以维持好几天。因此,如果长期坚持慢跑等运动项目,再配以良好的饮食习惯,降血糖的效果会更加显著。

体内的蛋白质会先分解为氨基酸,然后在转氨酶的作用下脱去含氮氨基,经过三羧酸循环生成水和二氧化碳或者转化为糖类和脂肪。因为蛋白质无法在体内被储藏起来,所以人体每天都需要摄取一定量的蛋白质供人体消耗。蛋白质进入体内后被分解为氨基酸扩散于身体各处,然后参与体内的代谢活动,其中大部分参与人体组织的构建,小部分被分解释放能量或者转为脂肪或酶。

(2)能量代谢。物质代谢的发生伴随着能量代谢,能源物质的分解释放能量满足人体活动所需。而能量的来源又被分为三大系统:磷酸原系统、乳酸能系统和有氧氧化系统。磷酸原系统即ATP(三磷腺苷)和CP(磷酸肌酸)构成的系统。ATP分解释放能量供人体活动,当供应量不够时,CP分解也可以释放能量并且合成ATP。该过程不需要氧气也不产生乳酸,所以磷酸原系统也被称为非乳酸系统。爆发性动作所需要的能量都由该系统提供,但因ATP和CP在体内含量较少,所以高强度的运动维持时间都较短。乳酸能系统主要在人体缺氧状态下提供能量,当人们经过长时间的较高强度运动,体内氧气含量供应不足,出现缺氧状态,该系统便会启动为人体提供能量。由于该系统是通过肌糖原的无氧酵解来释放能量,因此会产生乳酸。大量的乳酸会影响酸碱平衡,反过来影响无氧酵解的持续发生,进而影响能量的释放,引发疲劳感,如不及时处理体内产生的大量乳酸,身体会出现酸痛等症状。有氧氧化系统,即糖和脂肪在足量氧气的参与下发生营养物质的分解反应,生成水和二氧化碳并释放能量,合成ATP。

三种不同的供能系统适应于不同的活动需要,但任何活动都离不开三种系统的互补互助、互相协作,只是不同的活动会使各系统所需占比不同。比如在耐力性运动中,有氧氧化系统的能量提供占比就会相对较大。因此,如果想要提升某项运动的能力,就要提升对应供能系统释放能量的能力。

(五)超量恢复

人在运动时,身体机能会按规律发生一系列的变化,即工作状态—相对恢复状态—超量恢复状态—复原状态。运动需要消耗能量,体内的能源物质会不断被分解释放能量满足运动所需,长时间的运动会使能量过度消耗,从而引发疲劳感。在适当休息后,体内的能源得到补充,身体机能也得到恢复,此时便达到了相对恢复的状态;再进一步地休息,还可以使身体状况超过运动前,此时便是超量恢复状态。所以说,运动能够提高人的身体素质。但在运动过程中,充分地恢复是锻炼身体的重要一环,只有恢复够了,才能达到超量恢复的效果。

(1)恢复的三个阶段。起初,人在运动状态时会不断地消耗体内的能源物质,且异化作用大于同化作用,导致身体状态不佳。此时消耗大于补充,导致体内能源物质减少,引发疲劳,即为第一阶段。随后,运动结束,能量所需减少,能源物质的同化作用大于异化作用,能源得到补充,身体机能得到适当恢复,身体达到运动前的状态,即为第二阶段。最后,如果得到充分休息,人体内的能源物质可以恢复到高于运动前的水平。再过一段时间,能源储备还会恢复到运动前的状态,此为第三阶段。

研究表明,在一定的范围内,运动的强度越大,能源物质的消耗越多,能够达到的超量恢复效果越显著。但是,如果强度过大,机体所需要的恢复时间就长;如果强度过小,运动的作用便会很小。影响超量恢复的因素有很多,运动过程中能源物质的消耗量、恢复速度、运动的强度都会影响超量恢复的效果。相关实验结果显示,如果运动员每次运动都能够处于前一次运动的超量恢复阶段,那么,运动时运动员的状态会更好,运动的效果也会更加显著。

(2)能源物质的恢复。处于运动状态时,人体的代谢速率会高于平静状态,从而提供运动所需要的大量能量。运动结束后,所需能量减少,体内能源物质储存量慢慢恢复,其过程分为CP的恢复、肌糖原的恢复以及身体机能的恢复。CP的恢复是在有氧氧化系统下进行的,且恢复速度较快,高强度运动后仅需几分钟便会恢复。肌糖原的恢复受到两方面的影响,一方面是运动的强度和时间,另一方面是运动后的食物补充。因此,充足的休息和合理的饮食体系是肌糖原恢复的基础。而身体机能的恢复具有明显的不同步性,即不同方面的生理机能恢复所需的时间是不同的,像血压、吸氧量和呼吸等的恢复都是比较快的,心率、肌力等的恢复就比较慢。同时,运动强度的大小也影响着恢复速度,强度越大,身体机能变化就越大,恢复时间相对较短。

二、科学的体育心理

健康的心理状态是科学锻炼的基础。而人的心理状态是会在运动过程中表现出来的。从心理学的角度来看，心理状态分为两个方面：人的心理过程（认知、情感等）和心理个性（性格、选择、爱好等）。

（一）运动过程中的感觉和知觉

（1）感觉。感觉分为内部感觉和外部感觉，指人脑对事物的属性作出的反应。知觉的形成离不开感觉，且不是感觉的简单累积；人通过知觉的方式来理解事物，以此来解释事物的本质及其内在的联系。由外界客观事物的特性及其不同属性所引发的感觉即外部感觉。该感觉是通过各感受器的接收与处理所产生的，比如听觉感受器、视觉感受器、皮肤感受器等，相对应的就是听觉、视觉、触觉等。而身体内各器官发生变化所引发的感受称为内部感觉。内部的感受器有运动、脏腑等感受器。以运动感受器为例，它普遍存在于肌肉当中，指导动作的平稳、精确。

（2）知觉。知觉分为一般知觉和复杂知觉。根据参与知觉产生的多种分析器中何种起主导作用，可将知觉分为视知觉、嗅知觉、听知觉、味知觉等，这些统称为一般知觉。而在一些知觉中，很难分清是哪一种分析器起主导作用，因其比一般知觉复杂，故叫复杂知觉，如空间知觉、时间知觉、运动知觉等。

感觉和知觉对于运动员尤为重要。通过长期的对应锻炼和竞技实战，运动员会具备更加敏捷和精准的个体运动感知觉。这会使他们在运动中对各个部位肌肉的控制更加顺畅和准确，获得通常所说的手感、球感、水感等，从而提升竞技水平。

（二）体育锻炼的动机

每个锻炼者都有自己的动机，它是运动的前提。引发动机的原因在当下可大体分为三个方面：心理、生理和社会。

适当的运动可以缓解生活压力，能够起到调节情绪、缓解紧张的作用，这便是心理方面的动因。不仅如此，适当的体育锻炼还可以增强人体素质，提高免疫力，缓解疲劳，这是生理方面的动因。因为身体素质的提高，人们有了健硕的身体，这为他们奋力工作提供了坚实的基础。另外，热爱某项运动能认识许多志同道合的朋友，促进人的社交活动，增强人的团队意识。

（三）运动中的情感和意志

运动中的感受是主观性的，不同的人在同一运动项目中的体验、感觉是不同的。这取决于客观的运动是否能够满足运动者内心的需求。如果能够满足自己的需求，便会产生积极乐观的感受，如激动、喜悦等；如果不能满足自己的需求，便会产生消极悲观的感受，如难过、自我否定等。这便是运动中的情感。而运动中的意志是指自己在运动中有了目标后，会主动地采取行动克服各种困难，从而实现自己所期待的目标的心理过程。不同的人意志品质是不同的，有的人意志坚定，能够坚持不懈，勇于克服困难；有的人意志薄弱，遇到困难便停滞不前。所以对于优秀的运动员来说，坚强的意志品质是必备素质之一。

积极乐观的情感和坚强的意志品质是运动的基础。而拥有二者的前提是要对运动产生浓厚的兴趣。运动是艰苦的且有难度的，如果没有足够的兴趣，遇到困难时便会退缩。兴趣是运动和进步的推动力。当你有了积极乐观的情感，遇到难题时便会主动地去克服。因此，体育运动能够体现出人的意志品质，当你产生兴趣后，还可以在体育运动中培养意志品质。

第四节　国家体质健康测试

为了贯彻落实“健康第一”指导思想，切实加强学校体育工作，促进学生积极参加体育锻炼、养成良好的锻炼习惯，提高学生体质健康水平，教育部制定了《国家学生体质健康标准》（以下简称《标准》）。它是《国家体育锻炼标准》的有机组成部分，是《国家体育锻炼标准》在学校的具体实施，是国家对学生体质健康的基本要求，适用于全日制普通小学、初中、普通高中、中等职业学校和普通高等学校的在校学生。

一、《标准》概述

为建立健全国家学生体质健康监测评价机制，激励学生积极参加身体锻炼，教育部印发了《标准》，要求各学校每学年都要开展覆盖全校学生的体质健康测试工作，并根据学生学年总分评定等级。只有达到良好及以上的学生，方可参加评优与评奖。新修订的《标准》将学生按照年级划分为不同组别，身体形态类中的身高、体重，身体机能类中的肺活量，以及身体素质类中的50米跑、坐位体前屈为各年级学生共性指标。

（1）《标准》是国家学校体育教育工作的基础性指导文件和体育教育质量基本标准，是评价学生综合素质、评估学校工作和衡量各地教育发展水平的重要依据。

（2）《标准》坚持健康第一，落实《国家中长期教育改革和发展规划纲要（2010—2020年）》《国务院办公厅转发教育部等部门关于进一步加强学校体育工作若干意见的通知》和《教育部关于印发〈学生体质健康监测评价办法〉等三个文件的通知》有关要求，着重提高《标准》应用的信度、效度和区分度，着重强化其教育激励、反馈调整和引导锻炼的功能，着重提高其教育监测和绩效评价的支撑能力。

（3）《标准》从身体形态、身体机能和身体素质等方面综合评定学生的体质健康水平，是促进学生体质健康发展、激励学生积极进行身体锻炼的教育手段，是国家学生发展核心素养体系和学业质量标准的重要组成部分，是学生体质健康的个体评价标准。

（4）《标准》将适用对象划分为以下组别：小学、初中、高中按年级分组，其中小学为6组、初中为3组、高中为3组。大学一、二年级为一组，三、四年级为一组。

（5）小学、初中、高中、大学各组别的测试指标均为必测指标。其中，身体形态类中的身高、体重，身体机能类中的肺活量，以及身体素质类中的50米跑、坐位体前屈为各年级学生共性指标。

（6）《标准》的学年总分由标准分与附加分之和构成，满分为120分。标准分由各单项指标得分与权重乘积之和组成，满分为100分。附加分根据实测成绩确定，即对成绩超过100分的加分指标进行加分，满分为20分；小学的加分指标为1分钟跳绳，加分幅度为20分；初中、高中和大学的加分指标为男生引体向上和1000米跑，女生1分钟仰卧起坐和800米跑，各指标加分幅度均为10分。

（7）根据学生学年总分评定等级：90.0分及以上为优秀，80.0～89.9分为良好，60.0～79.9分为及格，59.9分及以下为不及格。

（8）每个学生每学年评定一次，记入《国家学生体质健康标准》登记卡。特殊学制的学校，在填写登记卡时可以按规定和需求相应地增减栏目。学生毕业时的成绩和等级，按毕业当年学年总分的50%与其他学年总分平均得分的50%之和进行评定。

（9）学生测试成绩评定达到良好及以上者，可以参加评优与评奖；成绩达到优秀者，可以获体育奖学分。测试成绩评定不及格者，在本学年度准予补测一次，补测仍不及格者，则学年成绩评定为不及格。普通高中、中等职业学校和普通高等学校学生毕业时，《标准》测试的成绩达不到50分者按结业或肄业处理。

（10）学生因病或残疾可向学校提交暂缓或免予执行《标准》的申请，经医疗单位证明、体育教学部门核准，可暂缓或免予执行《标准》，并填写《免予执行〈国家学生体质健康标准〉申请表》，存入学生档案。确实丧失运动能力、被免予执行《标准》的残疾学生，仍可参加评优与评奖，毕业时《标准》成绩需注明免测。

（11）各学校每学年开展覆盖本校各年级学生的《标准》测试工作，《标准》测试数据经当地教育行政部门按要求审核后，通过中国学生体质健康网上传至国家学生体质健康标准数据管理系统。测试和数据上传时间由教育行政部门确定。

二、《标准》的功能

《标准》外延涉及教育激励、反馈调整和引导锻炼三大功能。

（一）教育激励

《标准》是激励学生积极进行身体锻炼，促进学生健康发展的教育手段。其中选用的指标可以反映学生心肌肉的力量、耐力、血管系统功能以及关节的柔韧性等身体健康要素的基本状况。《标准》的实施会使学生明了影响身体健康的主要因素，引导他们积极参与体育锻炼，从而达到身心健康的状态，以此实现学校体育的目标。《标准》还规定，对达到合格以上等级的学生颁发证章，有效地激发了学生参加体育锻炼的内在积极性。

（二）反馈调整

《标准》是学生体质健康的个体评价标准，规定各校应将每年测试的数据上传至国家学生体质健康标准数据管理系统，该系统具有按各种要求提供统计、分析、检索、在线查询和在线评估服务的功能。对学生进行个性化的身体健康诊断，使学生能够在准确地了解自己体质健康状况的基础上，进行科学的、有计划的锻炼；各级政府机关、普通高等学校可以从系统中导出学生的统计和分析数据，从而了解学生的体质健康状况，进而能够采取科学的干预措施。

（三）引导锻炼

《标准》增加了一些锻炼效果好、简便易行、操作性强的项目，并提高了部分锻炼项目指标在体质测试中所占的权重，增强了体育锻炼的实效性；同时，通过国家学生体质健康标准数据管理系统，学生还可以查询到针对性较强的运动处方，进行科学的体育锻炼，增强体质，促进身心健康发展。

三、《标准》评分细则（大学生组）

（一）单项指标与权重

表 2－1　单项指标与权重

单项指标	权重（%）
体重指数（BMI）	15
肺活量	15
50 米跑	20
坐位体前屈	10
立定跳远	10
引体向上（男）/1 分钟仰卧起坐（女）	10
1000 米跑（男）/800 米跑（女）	20

注：体重指数（BMI）＝体重（千克）/身高^2（米^2）

（二）评分标准

1. 单项指标评分标准

表 2－2　体重指数（BMI）单项评分标准（单位：千克/米^2）

等级	单项得分	男生评分标准	女生评分标准
正常	100	17.9～23.9	17.2～23.9
低体重	80	≤17.8	≤17.1
超重		24.0～27.9	24.0～27.9
肥胖	60	≥28.0	≥28.0

表 2－3　肺活量单项评分标准（单位：毫升）

等级	单项得分	男生评分标准		女生评分标准	
		大一/大二	大三/大四	大一/大二	大三/大四
优秀	100	5040	5140	3400	3450
	95	4920	5020	3350	3400
	90	4800	4900	3300	3350
良好	85	4550	4650	3150	3200
	80	4300	4400	3000	3050
及格	78	4180	4280	2900	2950
	76	4060	4160	2800	2850
	74	3940	4040	2700	2750
	72	3820	3920	2600	2650
	70	3700	3800	2500	2550
	68	3580	3680	2400	2450
	66	3460	3560	2300	2350
	64	3340	3440	2200	2250
	62	3220	3320	2100	2150
	60	3100	3200	2000	2050
不及格	50	2940	3030	1960	2010
	40	2780	2860	1920	1970
	30	2620	2690	1880	1930
	20	2460	2520	1840	1890
	10	2300	2350	1800	1850

表 2－4　50 米跑单项评分标准（单位：秒）

等级	单项得分	男生评分标准		女生评分标准	
		大一/大二	大三/大四	大一/大二	大三/大四
优秀	100	6.7	6.6	7.5	7.4
	95	6.8	6.7	7.6	7.5
	90	6.9	6.8	7.7	7.6
良好	85	7.0	6.9	8.0	7.9
	80	7.1	7.0	8.3	8.2
及格	78	7.3	7.2	8.5	8.4
	76	7.5	7.4	8.7	8.6
	74	7.7	7.6	8.9	8.8
	72	7.9	7.8	9.1	9.0
	70	8.1	8.0	9.3	9.2
	68	8.3	8.2	9.5	9.4
	66	8.5	8.4	9.7	9.6
	64	8.7	8.6	9.9	9.8
	62	8.9	8.8	10.1	10.0
	60	9.1	9.0	10.3	10.2

续表

等级	单项得分	男生评分标准		女生评分标准	
		大一/大二	大三/大四	大一/大二	大三/大四
不及格	50	9.3	9.2	10.5	10.4
	40	9.5	9.4	10.7	10.6
	30	9.7	9.6	10.9	10.8
	20	9.9	9.8	11.1	11.0
	10	10.1	10.0	11.3	11.2

表 2－5　坐位体前屈单项评分标准(单位:厘米)

等级	单项得分	男生评分标准		女生评分标准	
		大一/大二	大三/大四	大一/大二	大三/大四
优秀	100	24.9	25.1	25.8	26.3
	95	23.1	23.3	24.0	24.4
	90	21.3	21.5	22.2	22.4
良好	85	19.5	19.9	20.6	21.0
	80	17.7	18.2	19.0	19.5
及格	78	16.3	16.8	17.7	18.2
	76	14.9	15.4	16.4	16.9
	74	13.5	14.0	15.1	15.6
	72	12.1	12.6	13.8	14.3
	70	10.7	11.2	12.5	13.0
	68	9.3	9.8	11.2	11.7
	66	7.9	8.4	9.9	10.4
	64	6.5	7.0	8.6	9.1
	62	5.1	5.6	7.3	7.8
	60	3.7	4.2	6.0	6.5
不及格	50	2.7	3.2	5.2	5.7
	40	1.7	2.2	4.4	4.9
	30	0.7	1.2	3.6	4.1
	20	-0.3	0.2	2.8	3.3
	10	-1.3	-0.8	2.0	2.5

表 2－6　立定跳远单项评分标准(单位:厘米)

等级	单项得分	男生评分标准		女生评分标准	
		大一/大二	大三/大四	大一/大二	大三/大四
优秀	100	273	275	207	208
	95	268	270	201	202
	90	263	265	195	196
良好	85	256	258	188	189
	80	248	250	181	182

续表

及格	78	244	246	178	179
	76	240	242	175	176
	74	236	238	172	173
	72	232	234	169	170
	70	228	230	166	167
	68	224	226	163	164
	66	220	222	160	161
	64	216	218	157	158
	62	212	214	154	155
	60	208	210	151	152
不及格	50	203	205	146	147
	40	198	200	141	142
	30	193	195	136	137
	20	188	190	131	132
	10	183	185	126	127

表 2－7　男生引体向上、女生一分钟仰卧起坐单项评分标准（单位：次）

等级	单项得分	男生引体向上评分标准		女生一分钟仰卧起坐评分标准	
		大一/大二	大三/大四	大一/大二	大三/大四
优秀	100	19	20	56	57
	95	18	19	54	55
	90	17	18	52	53
良好	85	16	17	49	50
	80	15	16	46	47
及格	78			44	45
	76	14	15	42	43
	74			40	41
	72	13	14	38	39
	70			36	37
	68	12	13	34	35
	66			32	33
	64	11	12	30	31
	62			28	29
	60	10	11	26	27
不及格	50	9	10	24	25
	40	8	9	22	23
	30	7	8	20	21
	20	6	7	18	19
	10	5	6	16	17

表 2－8　耐力跑(男生 1000 米、女生 800 米)单项评分标准(单位:分・秒)

等级	单项得分	男生 1000 米评分标准		女生 800 米评分标准	
		大一/大二	大三/大四	大一/大二	大三/大四
优秀	100	3′17″	3′15″	3′18″	3′16″
	95	3′22″	3′20″	3′24″	3′22″
	90	3′27″	3′25″	3′30″	3′28″
良好	85	3′34″	3′32″	3′37″	3′35″
	80	3′42″	3′40″	3′44″	3′42″
及格	78	3′47″	3′45″	3′49″	3′47″
	76	3′52″	3′50″	3′54″	3′52″
	74	3′57″	3′55″	3′59″	3′57″
	72	4′02″	4′00″	4′04″	4′02″
	70	4′07″	4′05″	4′09″	4′07″
	68	4′12″	4′10″	4′14″	4′12″
	66	4′17″	4′15″	4′19″	4′17″
	64	4′22″	4′20″	4′24″	4′22″
	62	4′27″	4′25″	4′29″	4′27″
	60	4′32″	4′30″	4′34″	4′32″
不及格	50	4′52″	4′50″	4′44″	4′42″
	40	5′12″	5′10″	4′54″	4′52″
	30	5′32″	5′30″	5′04″	5′02″
	20	5′52″	5′50″	5′14″	5′12″
	10	6′12″	6′10″	5′24″	5′22″

2. 加分指标评分标准

表 2－9　男生引体向上、女生一分钟仰卧起坐评分标准(单位:次)

加分	男生引体向上评分标准		女生一分钟仰卧起坐评分标准	
	大一/大二	大三/大四	大一/大二	大三/大四
10	10	10	13	13
9	9	9	12	12
8	8	8	11	11
7	7	7	10	10
6	6	6	9	9
5	5	5	8	8
4	4	4	7	7
3	3	3	6	6
2	2	2	4	4
1	1	1	2	2

注:引体向上、一分钟仰卧起坐均为高优指标,学生成绩超过单项评分 100 分后,以超过的次数所对应的分数进行加分。

表 2-10 男生 1000 米跑、女生 800 米跑评分标准(单位:分·秒)

加分	男生 1000 米跑评分标准		女生 800 米跑评分标准	
	大一/大二	大三/大四	大一/大二	大三/大四
10	-35″	-35″	-50″	-50″
9	-32″	-32″	-45″	-45″
8	-29″	-29″	-40″	-40″
7	-26″	-26″	-35″	-35″
6	-23″	-23″	-30″	-30″
5	-20″	-20″	-25″	-25″
4	-16″	-16″	-20″	-20″
3	-12″	-12″	-15″	-15″
2	-8″	-8″	-10″	-10″
1	-4″	-4″	-5″	-5″

注:1000 米跑、800 米跑均为低优指标,学生成绩低于单项评分 100 分后,以减少的秒数所对应的分数进行加分。

四、体质健康测试方法

在实施《标准》的过程中,各项目正确的测试方法是所有体育教师和测评人员都需要了解的内容。测试工作必然和所使用的测试器材有一定的关系。测试器材多种多样,有全手工操作的,也有电子仪器。手工操作的器材与电子仪器的操作流程不完全相同。如使用带有 IC 卡的测试仪器就可以减少测试人员的记录和计算工作。但无论使用何种器材,基本的操作要求是一致的。下面对《标准》中各个项目基本的测试方法和操作要求进行介绍。对于不同的测试器材,可参考相应的说明书。

(一)身高

1. 测试目的

测试学生身高,与体重测试相配合,评定学生的身体匀称度,评价学生生长发育的水平及营养状况。

2. 场地器材

身高测量计。使用前应校对 0 点,以钢尺测量基准板平面至立柱前面红色刻线的高度是否为 10.0 厘米,误差不得大于 0.1 厘米。同时应检查立柱是否垂直于地面,连接处是否紧密,有无晃动,零件有无松脱等情况,如果有,要及时调整。

3. 测试方法

受试者赤足,以立正姿势站在身高测量计的底板上(上肢自然下垂,足跟并拢,足尖分开成 60°角)。足跟、骶骨部及两肩胛区与立柱相接触,躯干自然挺直,头部正直,耳屏上缘与眼眶下缘呈水平位。测试人员站在受试者右侧,将水平压板轻轻沿立柱下滑,轻压于受试者头顶。测试人员读数时双眼应与压板水平面等高,记录员复述测试人员报数后进行记录。读数以厘米为单位,精确到小数点后一位。测试误差不得超过 0.5 厘米。

4. 注意事项

(1)身高测量计应选择平坦靠墙的地方放置,立柱的刻度尺应面向光源。

(2)严格掌握"三点靠立柱""两点呈水平"的测量姿势要求,测试人员读数时双眼一定要与压板水平面等高。

(3)水平压板与头部接触时,松紧要适度,头发蓬松者要压实,头顶的发辫、发结要放开,饰物要取下。

(4)读数完毕,立即将水平压板轻轻推向安全高度,以防被碰坏。

(5)测量身高前,受试者应避免进行剧烈体育活动和体力劳动。

(二)体重

1. 测试目的

测试学生的体重,与身高测试相结合,评定学生的身体匀称度,评价学生生长发育的水平及营养状况。

2. 场地器材

杠杆秤或电子体重计。使用前需检验其准确度和灵敏度。准确度要求误差不超过0.1%,即每百千克误差小于0.1千克。准确度的检验方法:以备用的10千克、20千克、30千克标准砝码(或用等重标定重物代替)分别进行称量,检查指标读数与标准砝码误差是否在允许范围。灵敏度的检验方法:置100克重砝码,观察刻度尺变化,如果刻度抬高了3毫米或游标向远移动0.1千克而刻度尺维持水平位,则符合要求。

3. 测试方法

测试时,杠杆秤应放在平坦地面上,调整0点至刻度尺水平位。受试者赤足,男性受试者身着短裤,女性受试者身着短裤、短袖衫,站在秤台中央。测试人员放置适当砝码并移动游标至刻度尺平衡。读数以千克为单位,精确到小数点后一位。记录员在复述测试人员报数后记录读数。测试误差不超过0.1千克。

4. 注意事项

(1)测量体重前受试者不得进行剧烈体育活动或体力劳动。

(2)受试者站在秤台中央,上、下杠杆秤时动作要轻。

(3)每次使用杠杆秤前均需校正。测试人员每次读数前都应校对砝码标重以避免差错。

(三)肺活量

1. 测试目的

测试学生的肺通气功能。

2. 场地器材

电子肺活量计。

3. 测试方法

房间通风良好;使用干燥的一次性口嘴(非一次性口嘴,则每换测试对象需消毒一次,每测一人后倒出唾液并注意消毒后必须使其干燥)。电子肺活量计主机放置在平稳桌面上,检查电源线及接口是否牢固,按工作键液晶屏显示“0”即表示机器进入工作状态,预热5分钟后测试为佳。

首先告知受试者不必紧张,并且要尽全力,以中等速度和力度吹气效果最好。令受试者面对仪器站立、手持吹气口嘴,面对电子肺活量计站立试吹1~2次,首先看仪表有无反应,还要试口嘴或鼻处是否漏气,调整口嘴和用鼻夹(或自己捏鼻孔);学会深吸气(避免耸肩提气,应该像闻花似的慢吸气)。受试者进行一两次较平日深一些的呼吸动作后,更深地吸一口气,屏住气向口嘴处慢慢呼出至不能再呼出为止,防止此时从口嘴处吸气,测试中不得中途二次吸气。吹气完毕后,液晶屏上最终显示的数字即为肺活量毫升值。每位受试者测3次,每次间隔15秒,记录3次数值,选取最大值作为测试结果。读数以毫升为单位,不保留小数。

4. 注意事项

(1)电子肺活量计的计量部位的通畅和干燥是其正常工作的关键,吹气筒的导管必须在上方,以免口水或杂物堵住气道。

(2)每测试10人及测试完毕后用干棉球及时清理和擦干气筒内部。严禁用水、酒精等任何液体冲洗气筒内部。

(3)存放时导气管不能弯折。

(4)定期校对仪器。

（四）50 米跑

1. 测试目的

测试学生速度、灵敏素质及神经系统灵活性的发展水平。

2. 场地器材

50 米直线跑道若干条，地面平坦，地质不限，跑道线要清楚。发令旗一面，口哨一个，秒表若干块（一道一表）。使用秒表前，应用标准秒表校正，每分钟误差不得超过 0.2 秒。标准秒表的选定以北京时间为准，每小时误差不超过 0.3 秒。

3. 测试方法

受试者至少两人一组进行测试。站立式起跑，受试者听到“跑”的口令后起跑。发令员在发出口令的同时要摇动发令旗。计时员看到旗动开表计时，当受试者躯干部到达终点线的垂直面时停表。以秒为单位记录测试成绩，读数精确到小数点后一位，小数点后第二位数按非 0 进 1 原则进位，如 10.11 秒读成 10.2 秒记录之。

4. 注意事项

（1）受试者最好穿运动鞋或平底布鞋，赤足亦可。不得穿钉鞋、皮鞋、塑料凉鞋。

（2）发现有抢跑者，要当即召回重跑。

（3）有风时一律顺风跑。

（五）800 米跑或 1000 米跑

1. 测试目的

测试学生耐力素质的发展水平，特别是心血管呼吸系统的机能及肌肉耐力。

2. 场地器材

400 米、300 米、200 米田径场跑道，地质不限。也可使用其他不规则场地，但必须丈量准确，保证地面平坦。秒表若干块，使用前需要校正，要求同 50 米跑测试。

3. 测试方法

受试者至少两人一组进行测试。站立式起跑，受试者听到“跑”的口令后起跑。计时员看到旗动开表计时，当受试者的躯干部到达终点线的垂直面时停表。以分、秒为单位记录测试成绩，不计小数。

4. 注意事项

（1）测试人员应向受试者报告剩余往返圈数，以免受试者跑错距离。

（2）测试人员应告知受试者在跑完后要继续缓慢走动，不要立刻停下来，以免发生意外。

（3）受试者不得穿皮鞋、塑料凉鞋、钉鞋参加测试。

（4）进行分、秒换算时要细心，防止出错。

（六）立定跳远

1. 测试目的

测试学生下肢爆发力及身体协调能力的发展水平。

2. 场地器材

沙坑、丈量尺。沙面应与地面平齐，如无沙坑，可在土质松软的平地上进行测试。起跳线至沙坑近端不得少于 30 厘米。起跳地面要平坦，不得有坑凹。

3. 测试方法

受试者两脚自然分开站立，站在起跳线后，脚尖不得踩线（最好用线绳作起跳线）。受试者两脚原地同时起跳，不得有垫步或连跳动作。丈量起跳线后缘至最近着地点后的垂直距离。每人试跳 3 次，记录其中成绩最好的一次。读数以厘米为单位，不计小数。

4. 注意事项

(1)发现犯规时,成绩无效。3次试跳均无成绩者,允许再跳,直至取得成绩为止。

(2)可以赤足,不得穿钉鞋、皮鞋、塑料凉鞋参加测试。

(七)引体向上

1. 测试目的

测试学生的上肢肌肉力量的发展水平。

2. 场地器材

高单杠或高横杠,杠粗以手能握住为准。

3. 测试方法

受试者跳起双手正握杠,两手与肩同宽呈直臂悬垂。静止后,两臂同时用力引体(身体不能有附加动作),上拉到下颏超过横杠上缘为完成一次。记录引体次数。

4. 注意事项

(1)受试者应双手正握单杠,待身体静止后开始测试。

(2)引体向上时,身体不得大幅摆动,也不得借助于其他附加动作撑起。

(3)两次引体向上的间隔时间超过10秒停止测试。

(八)坐位体前屈

1. 测试目的

测量学生在静止状态下的躯干、腰、髋等关节可能达到的活动幅度,用以反映这些部位的关节、韧带和肌肉的伸展性与弹性及学生身体柔韧素质的发展水平。

2. 场地器材

坐位体前屈测试计。

3. 测试方法

受试者两腿伸直,两脚平蹬测试纵板坐在平地上,两脚分开10~15厘米,上体前屈,两臂伸直向前,用两手中指尖逐渐向前推动游标,直到不能前推为止。坐位体前屈测试计的脚蹬纵板内沿平面为0点,向内为负值,向前为正值。读数以厘米为单位,保留一位小数。测试两次,取最好成绩。

4. 注意事项

(1)身体前屈,两臂向前推游标时两腿不能弯曲。

(2)受试者应匀速向前推动游标,不得突然发力。

(九)仰卧起坐

1. 测试目的

测试学生的腹肌耐力。

2. 场地器材

垫子(或代用品)若干块,铺放平坦。

3. 测试方法

受试者仰卧于垫上,两腿稍分开,屈膝呈90°左右,两手指交叉贴于脑后。另一同伴压住受试者踝关节,以固定其下肢。受试者坐起时两肘触及或超过双膝为完成一次。仰卧时两肩胛必须触垫。测试人员发出“开始”口令的同时开表计时,记录1分钟内完成次数。1分钟到时,如果受试者已坐起但肘关节未达到双膝,该次不计数。读数精确到个位。

4. 注意事项

(1)如发现受试者借用肘部撑垫或臀部起落的力量起坐,该次不计数。

(2)测试过程中,观测人员应向受试者报数。

(3)受试者双脚必须放于垫上。

五、锻炼方法

(一)身高标准体重

项目评价:身高是反映人体骨骼生长发育状况和人体纵向高度的主要形态指标。体重是反映人体横向生长状况和重量的指标。身高标准体重是将身高和体重综合起来,测试值以每厘米身高的体重分布,直接查表就可以判断学生体形的匀称度,体重是否超重、超了多少千克;是否营养不良或体重过轻、轻了多少千克。该指标对于学生形成正确的身体形态观具有非常直观的教育作用。

(二)肺活量

(1)项目评价。肺活量是指在不限时间的情况下,一次最大吸气后再尽最大力量所呼出的气体量。肺活量是反映人体生长发育水平的重要机能指标之一。肺活量的大小与身高、体重、胸围的关系密切。

(2)锻炼方法。经常运动的人比一般人的肺活量要大,呼吸次数、呼吸深度、肺活量和肺通气量这四个指标都会良好。进行长跑、游泳、健美操、跳绳、跑楼梯、上下台阶、长距离竞走、篮球和足球等项目的锻炼都是提高人体肺活量的有效方法。

(三)50 米跑

(1)项目评价。50 米跑是国际上通用的测试项目,通过较短距离的高强度跑测试速度素质。

速度素质可以反映人体中枢神经系统的机能状态和神经与肌肉的调节机能,也可以综合地反映人体的爆发力、灵敏、反应、柔韧等素质。

(2)锻炼方法。

①小步跑。体会前脚掌快速扒地的动作和上下肢的放松协调配合。

高抬腿跑:加大大腿高抬的幅度,增强腿部力量,增加腿部动作频率。

后蹬腿跑:体会、纠正后蹬用力不充分和“坐着跑”等缺点,增强腿部力量。

②小步跑转入加速跑,50~60 米。

高抬腿跑转入快速跑,50~60 米。

后蹬腿跑转入快速跑,50~60 米。

③顶风跑、顺风跑、上坡跑、下坡跑。

④30 米、50 米计时跑。

⑤重复跑 60~80 米。以中等速度反复练习。

另外,还可采用负重练习,以增强腿部力量。参照立定跳远项目的锻炼方法。

(四)1000 米跑(男)、800 米跑(女)

(1)项目评价。1000 米跑(男)、800 米跑(女)项目既测试有氧耐力的水平,也测试无氧耐力的水平。由于耐力是衡量人的体质健康状况和劳动能力的基本因素之一,是我们从事各项运动必不可少的一种素质,因此测试耐力水平对于评价学生体质健康状况有着非常重要的意义。

长跑测试既可以反映肌肉耐力,又可以反映呼吸系统和心血管系统的机能水平,测试方法简单易行,有其他测验项目不可替代的作用。更为重要的是,《标准》把长跑测试作为一种手段,用以引导学生更多地关注自己的耐力和心肺功能,激励他们主动积极地参加长跑等体育锻炼,发展体能,增强耐力,提高健康水平。

(2)锻炼方法。

①匀速跑800～1500米。全程都以均匀的速度跑。

②中速跑500～1000米。要跑得轻松自然，动作协调，放开步子跑。

③重复跑：反复跑几个段落，如200米、400米或800米等，中间休息时间较长。跑的距离、重复次数、快慢和强度都可根据自己的情况确定，发展速度耐力。

④加速跑40～60米。反复跑，中间有较短时间的间歇。

⑤变速跑1500米。要求快跑与慢跑结合，如采用100米慢跑、100米快跑或100米慢跑、200米快跑等方法交替进行，发展速度耐力。

⑥越野跑。利用自然地形条件练习，如在公路、田野或山坡上练习，可以发展耐力，提高灵敏、弹跳等素质。

⑦跑台阶、跑楼梯练习。

⑧参加篮球、足球等项目的比赛。

（五）立定跳远

(1)项目评价。立定跳远是反映下肢肌肉力量、腰腹力量、协调性及跳跃能力的指标之一，是测试爆发力的项目，爆发力要求在最短时间内发挥最大的力量。爆发力的大小不仅取决于力量，而且取决于力量和速度的结合。它在人们的日常生活、劳动中有重要的意义和作用。

(2)锻炼方法。采用快速力量的各种跳跃练习和负重练习，能够有效地发展腿部肌肉力量和肌肉速度，提高弹跳能力。

①深蹲跳。先全蹲下去，然后双脚同时用力向上跳起，连续做。

②单脚跳。先用左脚连续向上或向前跳一定的次数，再换右脚作连续跳。

③多级跨步跳。连续以最少的步数，跨出最远的距离。

④多级蛙跳。屈膝半蹲，上体稍前倾，双脚同时用力蹬地，充分伸直髋、膝、踝三关节，同时两臂迅速上摆，身体向前跃出，双腿屈膝落地缓冲后再接着向前跳。

⑤跳台阶。原地双脚起跳，跃上台阶或其他物体，然后再跳下，反复进行。

⑥跳绳。各种方式、方法的跳绳练习。

⑦身体负重练习（肩负杠铃或沙包、腰和腿绑沙袋、身穿沙衣等做各种跳跃练习）。

（六）引体向上

(1)项目评价。引体向上主要反映上肢肌肉相对力量和耐力的发展水平。

(2)锻炼方法。

①斜身引体向上10～20次，做4～5组。

②屈臂悬垂。两手反握杠与肩同宽在助力下屈臂，使下颏超过横杠呈屈臂悬垂。练习20－50秒，做2～3组。

③引体向上5～15次，做2～3组。

（七）坐位体前屈

(1)项目评价。坐位体前屈是反映人体柔韧性的测试项目。柔韧性是指人体完成动作时，关节、肌肉、肌腱和韧带的伸展能力。一个人的柔韧性越好，表示其关节的活动幅度越大，关节灵活性越强。

柔韧素质与健康的关系极为密切，柔韧性的提高，对增强身体的协调能力，更好地发挥力量、速度等素质，提高技能和技术，防止运动创伤等都有积极的作用。

(2)锻炼方法。

①正压腿。一腿直立，另一腿抬起放于高度适当的物体上，身体正对抬高的腿，上半身向前尽量用胸部贴

腿，双膝不得弯曲，复原姿势后连续做。

②侧压腿。一腿直立，另一腿抬起放于高度适当的物体上，身体侧对抬高的腿，上半身尽量侧屈，用头的一侧贴腿。不要前倾或后仰，复原姿势后连续做。

③正踢腿。直立，两臂平举，左脚向前迈出一小步，右腿绷，脚面伸直，急速有力地向上踢腿，落下时要有控制。两腿交替练习。

④并腿体前压。两腿并立，上体前屈，两手触地，上体与腿尽量贴近，复原姿势后连续做。

⑤两腿左右开立大于肩宽，上体前屈，臀部自然后移，双膝伸直，两手先向左腿外侧摸地面，复原姿势后再向右腿外侧摸地面，连续做。

⑥双腿伸直坐于垫上或床上，上体前屈，两臂向前伸，尽力用双手触脚尖，膝关节不得弯曲，复原姿势后连续做。

（八）仰卧起坐

（1）项目评价。仰卧起坐是测试腹肌力量和耐力的一个项目。测试方法简单易行，在学校体育锻炼和测验中经常被使用。

（2）锻炼方法。

①垫上练习。

直腿仰卧起坐：仰卧于垫上，双腿并拢伸直，两臂上举。上腹用力，使上体坐起，两臂前伸用手触脚。然后复原姿势连续做。

仰卧团身：两手上举仰卧于垫上，双腿并拢屈膝（大小腿呈 90°）。收腹抬起上半身，同时双膝往上提，臀部离地，两臂抱腿，头尽量碰膝，仅腰部贴地。复原姿势后继续做。

仰卧起坐：两手抱头仰卧于垫上，双腿屈膝（大于 90°）。左膝往上提，同时收腹夹肘抬起上半身，尽力用右肘碰左膝。复原姿势后，再往上提右膝，同时收腹夹肘抬起上半身，尽力用左肘碰右膝。连续做。

仰卧举腿：直体仰卧于垫上，用两手抓住垫子。连续做向上直腿举腿动作。

②垫上负重和其他器械练习。

斜板仰卧起坐：两臂上举，仰卧在稍有高度的斜板上，脚朝上，头朝下，将双脚固定。当上半身坐起时，两手尽量往脚尖方向伸。复原姿势，再连续做。

支撑举腿：两臂伸直，支撑在双杠或其他物体上，身体保持正直，双腿并拢后，快速收腹抬腿，使大腿与上半身呈 90°，保持几秒钟后，复原姿势再做。

悬垂举腿：双手正握单杠或肋木（背向肋木）呈悬垂。双腿伸直最大限度地向上抬起。放下双腿再做。

仰卧双腿举重物：仰卧于垫上，双手抓住固定物体。双脚夹重物或踝关节绑沙袋向上抬起后放下。连续做数次或数十次。

负重仰卧起坐：仰卧于垫上，双腿伸直，双手在头后持重物。腹肌迅速收缩，使上半身坐起并前屈，然后再慢慢躺倒还原。反复练习。

第三章　运动处方

本章要点

运动处方是一种科学的、定量化的、周期性的锻炼方案。本章主要介绍了运动处方的基本要素、运动处方的实施等内容，为锻炼者提供科学、合理的锻炼方法。

学习目标

了解运动处方的定义、基本要素。

掌握运动处方的制定方法和具体运用。

能够根据自身实际制定合理的运动处方，为实现"健康中国"贡献力量；同时通过规律的运动，养成持之以恒、坚韧、勇敢的良好品质。

1879年，美国哈佛大学的萨尔金特博士指导应用了个体化的运动处方，以促进人体的结构和功能改善。作为一个专有名词，运动处方是指针对个人的身体状况而制定的一种科学的、定量化的、周期性的锻炼方案。具体地讲，是指根据锻炼者身体检查的资料，按其健康状况、体力情况及运动的目的，用处方的形式制定适当的运动种类、运动强度、运动时间及运动频度，进行有计划的周期性锻炼的指导性方案。

运动处方可根据锻炼者运动的目的、性质不同，分为健身运动处方、康复运动处方、减肥运动处方、竞技运动处方、健美运动处方等不同的种类。

第一节　运动处方的基本要素

一、运动目的

根据个体不同的身体状况和个人意愿而确定的运动目标即运动目的。运动目的是建立在需要的基础上的。根据需要的不同类型，运动处方的运动目的主要有以下几个方面：

(1)促进生长发育。

(2)增强体质，防止疾病，促进健康。

(3)保持健康，延缓衰老。

(4)运动康复，治疗疾病。

(5)缓解压力，提高工作效率。

(4)丰富文化生活，调节心理状态，提高生活质量。

(5)增强专项体能，提高竞技水平。

(6)锻炼身体不同部位肌肉，塑造形体美。

二、运动种类

运动种类是指运动中采用哪种形式的运动，或选择哪种运动项目等。运动种类是确定运动处方性质的重要因素，必须根据运动目的来选择运动种类。运动种类可按项目分类，如田径、体操、球类等；可按身体运动机能能力分类，如力量性、速度性、耐力性、柔韧性等；可按动作特点分类，如有氧代谢为主、无氧代谢为主、乳酸能代谢为主等。所以，分类方法不同，确定的运动种类就不同。在此有必要将运动练习的生理学分类作一简要介绍。

（一）身体练习的分类

体育运动由各式各样的动作组成。从生理学角度看，把人体在体育运动时所完成的各种不间断的、彼此联系的动作的总和称为身体练习或运动练习。生理学分类是把具有相似功能特征的身体练习归并为一类，以利于在运动中采用同一类练习来提高同一生理器官、系统机能能力，从而也提高同一运动能力。另外，生理学分类有利于同类运动技能的掌握和提高。运动生理学中较常应用的运动练习分类有以下几种。

1. 按肌肉活动特征分类

按肌肉活动特征分类，将运动可分为动力性运动与静力性运动。进行动力性运动时，身体多个部位均有位移，如走、跑、跳等。进行静力性运动时，身体多个部位在一定时间内维持相对固定姿势，静止不动，如支撑倒立、蹲马步和十字悬垂等。

2. 按动作结构特征分类

根据动作结构特征分类，将运动分为周期性运动、非周期性运动和混合性运动三大类。

周期性运动是按一定程序周而复始地重复相同动作的运动，如走、跑、骑自行车、滑雪、划船和游泳等。这类运动的动作结构简单，强度易于控制。周期性运动是运动处方中采用较多的运动类型。

非周期性运动是按一定顺序进行的，各个动作要素没有周期性重复的运动，如体操、武术、摔跤、跳水、羽毛球和乒乓球运动等。这类运动对动作的技术要求较高，不容易掌握，但能较好地提高参与者的运动兴趣和保持参与者运动的兴奋状态。

混合性运动是既有周期性运动成分又有非周期性运动成分的运动，如跳高、跳远、篮球、足球、手球和花样滑冰等运动项目。运动中的跑动是周期性的，而跳跃、投篮、射门和传球等动作属于非周期性运动。

3. 按肌肉工作的相对强度分类

根据完成各种距离跑的速度与时间之间的关系，以及肌肉工作的强度，将运动分为极限强度、次极限强度、大强度和中等强度的运动。

极限强度（最大强度）运动是指人体持续以最快速度或最大力量（肌肉快速紧张工作）工作的运动，持续时间为 10～30 秒，如 100 米跑、200 米跑、50 米游泳、短道速滑等周期性运动，以及跳高、跳远、投掷、举重和跳马等非周期性运动。

次极限强度（次最大强度）运动是指人体快速紧张工作能持续 30 秒到 3 分钟的运动，如 400～1500 米跑、100～200 米游泳等周期性运动，以及自由体操、武术、散打、摔跤和拳击等非周期性运动。

大强度运动一般指人体紧张工作能持续 5～30 分钟的运动，如 10000 米跑等运动。

中等强度运动则指人体能持续进行 30 分钟以上的周期性运动，如马拉松跑、公路自行车骑行、长距离游泳、越野和滑雪等。

4. 按运动供能特点分类

根据肌肉收缩时的代谢特点，可将运动分为无氧供能（或无氧供能为主）运动和有氧供能（或有氧供能为主）运动两大类。

无氧供能为主的运动包括最大强度及次最大强度的运动。有氧供能为主的运动包括无氧阈强度运动、中等强度运动和低强度运动等。中等强度的有氧运动，是运动处方中经常采用的运动。该运动中心肺功能指标达本人最大值的70%~80%，供能物质是以糖和脂肪的有氧氧化为主，如竞走、超长跑、长距离游泳和滑雪等，以及群众性体育活动中的健美操、有氧舞蹈和球类运动等。低强度有氧运动主要通过脂肪的有氧氧化提供能量，心肺功能指标变化不超过本人最大值的50%~60%，如步行、慢跑、保健操、太极拳和养生气功等。

（二）运动类型的选择

为达到全面锻炼身体的效果，健康运动处方应包括以下三种主要运动类型：有氧耐力性运动、抗阻力性力量运动和伸展柔韧性运动。

应根据运动目的和身体具体情况，选择不同的运动类型。有氧耐力性运动主要用于改善和提高人体的心肺工作能力和有氧工作能力。这类运动有步行（散步、快走、定量步行及竞走）、慢跑（或健身跑）、走跑交替、自行车骑行、跑步机上跑步、有氧舞蹈、健美操和不剧烈的球类运动等。抗阻力性力量运动是以增强力量、健美形体为主的运动，如利用哑铃、杠铃、弹簧和橡皮筋等负重法或阻抗法进行的力量练习。伸展柔韧性运动是以调整呼吸节律及肌肉的伸展性为主的运动，如慢节奏健美操和医疗体操、各种养生气功等。

运动类型选择的原则：

（1）应选择以有氧供能为主的有氧耐力性运动，兼顾个人运动习惯和爱好。

（2）参与运动的主要大肌群的动力性运动与静力性运动结合，全身运动与局部运动结合，以全身动力性运动为主，局部静力性运动为辅。

（3）对于不常运动的人，以周期性运动为主，此类运动动作简单，强度易于控制。

三、运动强度

运动强度（负荷强度）是指单位时间移动的距离或速度，或单位时间肌肉所做的功。运动强度是运动处方中决定运动量最主要的因素。运动强度分为绝对强度和相对强度两大类。过去的运动处方多使用绝对负荷强度，现在相对负荷强度的使用越来越广泛。

健身运动处方中负荷强度的设定，以控制在人体有氧代谢工作的范围内为原则。即按肌肉工作相对强度分类中的大强度、中等强度以下的负荷强度；或按运动供能特点分类中有氧供能为主的运动，青壮年可以进行个体乳酸阈强度以下的有氧运动，中老年则只适宜中等以下强度的有氧运动；若以心率为指标则达到有氧工作心率范围，一般人保持在本人最大心率的60%~85%，中老年人保持在本人最大心率的60%~75%较为适宜，即每分钟120~160次左右。

四、运动时间

运动时间指每次运动持续的时间，是组成运动量的重要因素。在持续的周期性运动中，运动时间乘以负荷强度就是运动量。因此，运动时间依负荷强度而发生变化。在制定运动处方时，有时采取较低的负荷强度和较长的运动时间，而有时则采用短时间高强度的重复运动。负荷强度确定后，持续该强度运动的时间就成为影响锻炼效果的重要因素。运动时间过短，对机体不能产生作用，达不到应有的效果；运动时间过长，又可能超过机体的负担能力，造成疲劳积累而损害身体。因此，应根据运动目的及负荷强度来设定能引起机体产生最佳锻炼效果的运动时间，即必要的运动时间。

锻炼心血管功能的健身运动处方，必要的运动时间至少应在15分钟才有作用。原因有三：第一，在进行运动时，人体各器官系统的工作效率是在运动开始后一段时间内逐步提高的，人体开始运动20~60秒后心率即可达到必要的水平，而心输出量、摄氧量和氧脉搏在开始运动后2~3分钟才急剧增加，其后逐渐增加到较高水平需 4 ~ 7 分钟。第二,人体通过一段时间的运动,从相对安静状态进入适宜强度的运动状态,并非达到了运动目的,只是完成了克服生理惰性,激发和动员心脏储备力的工作。研究表明,健康人心率超过 150 次/分时,所持续运动的时间必须在 5 分钟以上才开始产生效果。第三,在完成正式的运动以后,应逐渐降低负荷强度继续运动 5 分钟以上,使人体由较紧张的肌肉活动状态逐步过渡到相对放松状态,以利于身体的恢复,即进行整理活动。据研究,每次运动持续 20 ~ 60 分钟对于提高心血管系统机能和有氧工作能力较适宜。

运动的时间带是指一天中进行运动的时机(即在何时进行运动)。应根据人的生物节律周期及日节律来合理安排运动的时间带。例如,高血压患者运动的时间带,白天比清晨要好,其理由是人体血液流变学各项指标从 20 点至 6 点呈不同程度的上升趋势。其中血黏度、红细胞压积和红细胞聚集指标呈线性上升,尤其零点至 6 点升高明显。这与临床资料显示的脑出血发生在凌晨数小时内明显增多极为相关。特别是冬天,由于气温低,血压也容易升高,所以中老年人及康复病人,选择运动的时间带非常重要。

空腹时进行运动会产生不良影响,特别是胰岛素依赖型糖尿病(IDDM)患者,有可能发生低血糖的危险,所以清晨空腹时运动(清晨跑步等)必须加以注意。由于影响消化和吸收,所以饭后不宜立即进行运动。

五、运动频度

运动频度通常指每周运动的次数。健身运动的效果,是在每次运动对人体产生的良性作用的逐渐积累中显示出来的,是一个量变到质变的过程,所以要经常锻炼,或根据不同的运动目的,实施一定周期的运动(运动处方)。而不能凭一时的兴趣,三天打鱼、两天晒网,也不能急于求成。如果一次运动后,等运动对机体的良性作用完全消退后再进行第二次运动,则前一次运动的效果不能被蓄积;如果一次运动后,运动对机体的良性作用还未出现(也就是前一次运动的疲劳尚未消除)就紧接着进行第二次运动,则会造成疲劳被蓄积。以上两种运动间隔形式都不能取得满意的效果。后一种形式如长期下去还将导致机体过度疲劳。可见,运动频度在制定运动处方中的作用是非常重要的。要根据运动目的和身体情况的不同,正确地设定运动频度。

如果以健身或康复为目的,一般人应以每周三次以上的运动频度为适宜,同时还应结合每次运动的强度、持续的时间、个人的身体恢复情况,以及对运动的适应能力等因素综合考虑。如果每次锻炼的运动量不大(但要达到锻炼效果的最低限度),也可增加运动频度。只要没有疲劳的积累,对身心健康就是有益的。每天运动一次,甚至两次,使体育锻炼成为每天生活中的习惯性活动。

六、注意事项

在以治疗、康复为目的的运动处方中,应指出禁忌参加的运动项目、健身运动中自我观察指征和停止运动的指征,重视做好准备活动和整理活动等。同时要让参加健身运动的人了解和掌握一些必要的体育卫生知识,如运动后不要立即坐下或躺下,以免引起“重力性休克”或其他不适感觉,不能立即吃生冷食物,不能马上游泳或进行冷水浴等。

第二节　运动处方的制定、实施及应用

制定运动处方时,首先,应按照一定的程序进行较系统的身体检查,对健康状况进行预检和评价。在此基础上选择运动试验方法进行运动试验,对身体机能进行评定。对于健身和康复运动处方,尤其要对心血管机能进行评定,以发现潜在的心血管疾病,确定是否可以进行运动锻炼。其次,再进行体力测试,以评定身体素质和体力等级,确定其进行运动的负荷范围。通过以上程序,获得制定运动处方所必需的较全面的资料和信息,为运动处方的科学性提供依据。最后,在此基础上制定运动处方,并在实施过程中定期进行反馈和调整。

一、制定运动处方的步骤

（一）预检和健康评价

通过询问、观察等方法，全面了解受试者的病史、运动爱好、饮食情况、生活方式、运动目的和居住环境等情况，并进行一般体检、人体测量及身体成分测定，其目的是对受试者的健康状况作出初步评价，即健康评价。健康评价不能仅限于躯体的健康，而应包括精神、心理状态、道德行为及社会适应能力等多方面，需要进行多指标的综合评判。所以，此处的健康调查与评价限于条件，只能是初步的定性评价。

（二）心血管运动试验

根据健康调查的初步评价进行运动试验，其目的在于评定受试者的心血管机能，发现潜在的心血管疾病，条件允许时可测定最大摄氧量和最大心率等指标，为制定运动处方提供定量依据。心血管运动试验可根据受试者的体力情况、年龄和运动经历等选择适当的试验方法。目前较普遍采用的方法是“多级负荷试验”。对于运动能力较强的运动员及青年运动爱好者等，可采用多级负荷试验中的极量试验。对于一般无运动经历的健康者，可采用亚极量试验和症状限止试验。此外，对于身体某些指标异常（例如总胆固醇异常、血脂值偏高等）但血压和其他方面尚属正常而且无合并症，不能属于完全健康而又没有明显疾病的情况，即所谓亚健康受试者，运动试验也可采用亚极量试验和症状限止试验，但要求有较完善的监护设施。

对于已确诊有心血管疾病者，通过彻底的医学检查，排除运动试验的禁忌证，方可进行运动试验。采用低负荷试验或症状限止试验，要求有密切的监护及必要的应急设施。为了保证安全，对心血管病患者不宜进行最大摄氧量和最大心率的测定，可根据定量负荷时的心率或吸氧量间接推算最大摄氧量。

（三）体质测试

体力是指身体运动的基本功能，或者说是为进行运动或劳动身体所具备的基本素质，它是通过人体在运动或劳动中表现出的力量、速度、耐力和灵敏等机能能力来体现的。可以通过测定握力、背力、立位体前屈、闭眼单足立、反复横跨、俯卧撑、5 分钟跑、12 分钟跑和纵跳等指标来反映。

制定运动处方时要按照处方的内容逐项决定运动目的、运动种类、负荷强度、运动时间及时间带、运动频度和注意事项等。其中负荷强度应设定出安全界限和有效界限，运动时间应设定出必要的运动时间（表 3－1、表 3－2）。

表 3－1　运动处方调查表

运动处方调查表
姓名：________　性别：____　年龄：____　职业：________
联系地址：________　处方号：________
临床检查 现有病诊断：________；就诊日期：____年____月____日 1. 心电图检查：静息时心率：________次/分；血压：________。 2. X 射线检查：肺脏________；CT 或 B 超：________。 3. 化验检查：尿常规________；胆固醇________毫克/升；脂蛋白________；甘油三酯________毫克/升。 4. 运动试验：最大负荷时心率：________次/分。 5. 12 分钟跑测验：跑距________米，跑速 100 米/________秒；2400 米跑体质测试________分钟，体力等级________。 6. 体质强壮指数：强壮、优良、中等、体弱；体型：一般、消瘦、肥胖；身高体重指数：________。 7. 运动爱好：________。

表 3－2　运动处方卡

姓名:________　性别:____　年龄:____　预计每日得分:________每周得分:________
最大有氧能力:________
1. 运动目的:________。 2. 运动类型及时间分配:________。 3. 负荷强度:心率控制在________次/分;相当于最大摄氧量的________%;靶心率:________次/分;主观体力感觉等级(RPE):________分。 4. 锻炼次数及每次持续时间:每周(天)________,每次________分钟;力量锻炼方法:________次/周。 5. 准备活动项目:________(5～10 分钟);心率________。 6. 整理活动项目:________(5～10 分钟);心率恢复时间:________分。 7. 注意事项:________。

注:表 3－1、表 3－2 引自《健康体适能与运动处方》(郎朝春主编,北京理工大学出版社 2013 年版,第 74 页,有修改)。

二、运动处方的实施

按照运动处方规定的运动内容,如强度、时间和频度等进行体育锻炼即是运动处方的实施。这种体育锻炼不同于学生的体育课,它更强调以个人的身体机能状况为依据,实行有针对性的、周期性的身体锻炼。这种健身运动处方也不同于运动员的竞技运动处方,它以促进身体健康为目标,更注重身心健康,而不强调运动竞技水平的提高。执行运动处方时要在医生的指导下进行。

(一)实施过程的阶段性

任何一次有目的的锻炼,都应该由三个阶段组成,即准备阶段、正式锻炼阶段或训练阶段和整理阶段。

1. 准备阶段

做准备活动使身体机能由相对安静状态过渡到适宜强度的运动状态。该阶段的任务是:通过准备活动提高神经中枢和肌肉的兴奋性;动员和加强心脏活动和呼吸机能,增加肌肉的血流量和供氧量;使体温适当升高,提高酶系统的活性,加快生化反应过程,使肌肉黏滞性下降、弹性增强,防止受伤;加强体内物质代谢,为机体进行正式锻炼做好准备。

准备阶段的时间一般在 10 分钟以上,根据年龄、季节和运动水平等情况可适当增减。青少年神经系统灵活性高,准备活动时间可少些;寒冷季节准备活动时间可多些。运动水平低且体弱者,准备活动的运动强度和运动量不能过大,时间不可过长。高水平的耐力性项目运动员准备活动时间可多些,有的要达 30～50 分钟。

准备活动的量与强度应低于正式活动,通常可先做一些伸展性的柔软体操,依次活动身体各部位关节,再做一些轻松的节律性运动,逐渐增大运动幅度和加快速度,逐渐动员心血管、呼吸系统的机能,直至接近正式活动的强度。准备活动适宜的标志是身体发热,微微出汗,呼吸明显增强。

准备活动后应有一短时间的休息间歇,然后开始正式运动,间歇的时间不宜长,约 3 分钟为好。

2. 训练阶段

训练阶段是指通过实施运动处方中确定的运动项目,使身体维持在相对较高机能状态下持续运动锻炼的过程。健身运动处方中该阶段的主要任务是达到和保持适宜的负荷强度,使机体在稳定状态下持续运动,促使心血管、呼吸系统和有氧代谢系统等持续高效率工作,从而提高机能适应性。

适宜的负荷强度,即运动处方中设定的负荷强度,要在实际运用中通过一定时间的自我反复调试和校正,才能达到较准确的程度。持续运动所需要的时间,即运动处方中设定的时间,一般至少应在 10 分钟。若是采用间歇训练法,整个运动的时间可长些。

3. 整理阶段

整理阶段是指通过做整理活动,使身体机能由激烈的运动状态逐渐恢复到相对安静状态的过程。整理活动是在正式运动后,逐渐降低负荷强度,做一些较轻松的身体运动。其目的是使人体激烈活动的肌肉逐渐得到松弛,消除疲劳,促进体力恢复。

整理活动的内容和准备活动的内容相似,但安排的顺序要颠倒,动作应较缓和,尽量使肌肉放松。最后还可以做一些拉长肌肉的运动,有利于疲劳的消除。整理活动的时间一般应在5分钟以上。

(二)实施过程中的自我监控

在运动处方的实施过程中,除了按照运动处方中设定的运动类型、负荷强度、时间、间歇和重复次数等进行运动锻炼,还应根据运动过程中和运动后身体的反应情况掌握运动量的自我监测和调节。

1. 心率自我监测

首先要学会计算自己的目标心率(靶心率),并能熟练地测定自己的脉搏。常在手腕桡动脉处或耳前方颞浅动脉处用手指触扪动脉搏动次数,亦可把手放在左胸部,直接测数心跳次数。但不可在颈总动脉处测定,因为触摸颈动脉的压力有时会引起心率明显减慢,并有可能导致心脏活动异常。通常用运动停止后即刻测得的10秒钟脉搏数乘以6近似地作为运动时的每分钟心率。

2. 主观强度感觉

主观强度感觉判定法是已被广泛应用的一种简易而有效的评价运动量的方法,通常以主观体力感觉等级(RPE)表示,也是介于心理和生理之间的一种指标。可以说RPE的表现形式是心理的,但反映的却是生理机能的变化。

心率结合RPE值测试是最常用而简易的方法。将客观生理机能的变化与主观心理对运动的体验结合起来,可以避免单纯追求某一靶心率的盲目性。例如,某人的靶心率为150次/分时,RPE值为13,而当患有轻度感染或工作劳累后,再以150次/分心率强度运动时会感到非常困难和费力,RPE值会增加。与以前的主观感觉相比较,这可能是一种前期病理症状,在这样的情况下勉强保持靶心率运动将是十分危险的。而通过RPE值的运用就正好避免了这种潜在危险的发生。由于体能承受运动负荷的能力具有可变性,所以在运动中将主观感觉和客观生理指标相结合进行监控较适宜。

3. 自我感觉与基础指标检查

观察每次运动后疲劳的消除情况,运动量适宜的标志是:睡眠良好,次日晨起疲劳感完全消除,自觉轻松愉快,体力充沛,有运动兴趣和欲望。

运动后次日测定基础状态下的基础心率,每分钟波动不超过3~4次;呼吸频率每分钟不超过2~3次;血压变化范围上下在10毫米汞柱;体重减少在0.5千克以内。如果数日内脉搏、血压明显地持续上升,或肺活量、体重等明显地持续下降,则说明运动量偏大,有疲劳积累的征兆,应及时减少运动量。

第四章　健康素养与终身体育

本章要点

本章主要介绍了健康素养的概念、标准、影响因素以及终身体育的内涵和主要特征。

学习目标

了解健康素养的概念及终身体育的内涵。

养成自觉主动锻炼的好习惯，形成终身体育的意识，培养吃苦耐劳的精神。

第一节　健康素养

一、健康素养的概念

世界卫生组织指出健康素养是个体获取、理解并利用健康信息来促进和保持健康的能力。2008 年卫生部（现国家卫生健康委员会）正式提出中国公民健康素养的概念，并采用美国在“健康人民 2010”计划中关于健康素养的定义——每个人获取、理解、处理基本的健康信息和服务，并利用这些信息和服务，作出有利于维护和促进自身健康决策的能力。除上述组织机构外，部分研究者从不同的角度对健康素养的定义进行界定，通过对个人、家庭、社区等深入研究，提出健康素养具体是指：将自己的健康和家庭、社区的健康联系起来，了解哪些因素正在影响健康，并知道如何解决这些问题。个人如果具有足够的健康素养，就有能力对自己和家庭、社区的健康负责。

也有一些学者将“获得、理解和使用健康信息，以促进和保持健康的能力”认为是健康素养，他们根据认知水平的不同，用三个维度划分健康素养：第一，批判性健康素养指能批判地分析健康信息，并能将健康知识运用到改善个人和社会整体健康决定因素的实践中，是健康素养的最高级层次。第二，基本健康素养指具备读写、识数等基本素养，以及获取与使用健康信息或服务的能力。第三，互动健康素养指能独立获取、交流与使用健康信息，激励自己产生动机和信心，并采取有利于健康的行动。

学者们通过综合和分析不同健康素养的定义，进一步提出“健康素养是与基本素养息息相关的，它能够使人们获取、理解、评估、应用健康信息，并在日常生活做出有关的预防疾病和促进健康的决策，来维持或提高生活质量”，其中获取是指获取、查找健康信息，理解是指理解所访问的健康信息，评估是指解释、过滤、判断和评估已访问的健康信息，应用是指沟通和使用信息来维持及改善健康。

二、健康素养的标准

健康素养是一种能力，它包括三个方面：获得基本的健康知识、生活习惯和行为方式以及急救技能。我国通过分析健康素养的三个方面提出了一系列措施，于 2008 年制定了《中国公民健康素养——基本知识与技能》，健康素养逐渐被标准化。《中国公民健康素养——基本知识与技能》第一部分（1 ~ 25）是基本知识和理念。健康不仅仅是心理健康和身体健康，还包括社会适应的完好状态。第二部分（26 ~ 59）是健康生活方式与行为。维护自身和他人的健康，是以自身良好的生活习惯和行为方式为前提的。第三部分（60 ~ 66）是基本技能。通过掌握基本的安全、急救常识，维护良好的社会秩序和保证他人的生命安全。健康素养是衡量国民健康水平和国家基本公共卫生水平重要的标准。此外，健康素养被纳入《“健康中国 2030”规划纲要》和《“十三五”卫生与健康规划》，成为衡量群众健康水平的重要指标。

三、健康与健康素养的关系

健康是指一个人在身体、精神和与社会相处等方面都处于良好状态，主要包括三个方面：一是脏器无疾病，身形发育良好，人体各个系统都具有良性的生理功能，有良好的身体活动能力和劳动能力，这也是对健康最基本的要求；二是拥有对疾病的较强抵抗能力，能适应环境的变化；三是拥有良好的社会心态和积极向上的心理。现代人的健康主要包括心理健康、社会健康、智力健康、心灵健康、道德健康、环境健康、躯体健康等。而健康素养是一种个人获取和理解健康信息，并运用这些信息维护和促进自身健康的能力。健康素养与健康都是为了促进个人身体、精神和与社会相处的良好发展。同时，二者是有根本区别的。首先，二者本质不同。健康素养是一种能力而健康是一种输入、输出的动态平衡。健康素养是指通过健康知识的获取，维护自身健康的一种能力，而健康代表着整个人身体素质、精神、与社会相处的良好状态。其次，内容也有一定的差异。健康所包含的是躯体健康、精神健康、社会健康等，而健康素养所包含的则是基本的健康知识、生活方式和行为、急救技能，是个人维护健康的一种方式和能力。最后，二者的目的也存在差异。健康有利于个体各个方面的发展，而健康素养为个人可持续发展提供帮助。所以，健康是终极目标。两者的关系是枝与叶的关系，只有以良好的健康素养为前提，才能拥有健康，而能最大限度地促进健康的发展的往往是健康素养好的人。

四、健康素养的影响因素

健康素养的形成是以健康信息的获得为途径的。

（一）健康信息

知识和技能是健康素养的主要内容，而这些因素的获得，必然要通过一定的健康信息的传播。健康信息的可读性、形式、正确与否时刻都在影响着受众的接受，进而影响着公众的健康素养。

（二）受众因素

许多健康信息都要求受众本身具有一定的文化素养、判断能力甚至记忆力等去挑选、接受、处理。一般来说，个体的健康素养与个体受教育水平呈现正相关，同时环境也会产生一定的影响。文化程度高的人获得、筛选、分析、理解健康信息的能力往往优于文化程度低的人，正是这种能力使文化程度高的人能更准确有效地理解健康信息。

同时，一个群体的健康素养往往会受到经济、文化、教育环境的影响，调查结果显示，经济、工业欠发达国家的人民健康素养水平普遍较低。

（三）健康信息与受众的匹配度

健康信息和受众这两大因素可以独立地影响健康素养，健康信息的交流也会因为它们之间的匹配度而受到影响。

五、提升大学生健康素养的对策

(一) 完善大学生健康促进工作的政策法规

政府和卫生部门应完善大学生健康促进工作机制和相关政策法规,加大对健康教育经费的投入,协助高校和社区开展健康教育活动。各高校可建立大学生健康素养促进体系,从而保障学校健康教育工作的有效开展。

(二) 加强大学生健康教育工作

提高大学生健康素养的重要方法就是加强健康教育。高校健康教育是中小学健康教育的延续和深化,高校健康教育者应将“健康第一”理念牢牢树立在心中,充分利用学校丰富的教学资源。教学方法应形式多样,不断激发大学生对健康知识的学习兴趣,进而促进大学生将健康知识转化为健康行为。高校要将健康教育融入教学,关注生命全周期和健康全过程,帮助大学生更好地掌握健康知识和健康技能,形成健康的行为和生活方式,获得全面发展。

(三) 促进多方合作,形成教育共同体

家庭和社区是大学生健康教育重要的组成部分。在提升大学生健康素养问题上,学校、社区、家庭要紧密合作。社区公共卫生服务要同步融入大学生健康教育活动,定期安排社区公共卫生医师和优秀全科医师到大学校园进行授课或开展健康主题讲座,为大学生提供更加专业的健康知识和技能辅导。

(四) 增强大学生健康意识,充分发挥大学生的主观能动性

利用社会网络媒体,通过微博、微信、QQ 平台等推送相关健康知识,不断增强大学生健康意识。同时,社区也可进一步联合高校在校园内举办健康主题活动、健康知识及技能操作大赛等,让大学生具备足够的技能和知识,以充分发挥其主观能动性。这一方面能够使大学生正确应对自身心理和身体出现的健康问题,保持心理、身体、与社会相处的良好状态;另一方面能够在社会中起引领作用,使广大群众积极参与提升居民健康素养活动,促进全民健康。

(五) 实时监测大学生健康素养状况

对大学生健康素养状况进行实时动态监测,建立切实有效的监测系统,保证能够及时准确地发现问题。高校要开展健康素养水平调查和体能测试,可以根据大学生健康总体发展趋势,开展适宜的健康指导与教育,并为监测结果异常的大学生提供帮助,使得健康相关问题关口前移,做到预防为先。通过比较、分析长期的监测数据,进而发现问题,积累经验,为提升大学生健康素养水平提供科学依据。

第二节　终身体育

一、终身体育的内涵

终身体育从概念上理解为一个人终身进行身体锻炼和接受体育教育,具体来说包括两个方面的内容:一是指通过正确认识和理解终身体育锻炼,形成内在需求,从而自愿进行体育锻炼,并逐步形成终身体育锻炼的意识。二是指人在整个生命过程中长期坚持参加身体锻炼,人的一生会经历不同的时期,在认识和理解终身体育锻炼的基础上克服制约因素坚持锻炼,实现终身体育锻炼。从时间上来说,终身体育贯穿整个人生;从活动内容上来说,终身体育运动的项目并非一成不变,可以根据自己的爱好灵活选择;从人员上来说,终身体育针对全体公民,特别是青少年;从教育方面说,终身体育为的是提升公民的整体素质,使国家更加繁荣富强。终身体育的发展源自人们正确的体育价值观，源自体育习惯的培养。一个人在重视意识的推动下，养成运动习惯，便具有了运动的内在动力。

虽然部分学校针对终身体育推行了体育活动项目，通过学生对某个体育项目的掌握来培养学生的终身体育意识，但学校的体育活动项目受硬件条件和师资力量等因素的制约，比较固定，基本以学校的设定为准。在情感体验方面，学生不能充分地根据自己的兴趣、爱好进行选择，在教学方面仍然以技能的掌握为主。这种模式对学生来说达不到激发兴趣的目的，很多学生在考试或考核结束后就马上停止了练习。

终身体育运动具有很明显的个性特征，具体涵盖身体基本活动能力、运动能力、自我锻炼能力、自我评价能力、适应能力等，在实际教学中应更多地注重培养学生的情感体验、运动技能，使学生掌握终身参与体育活动的能力和本领。体育运动将随着社会的发展，在功能上不断拓展和延伸，为人类更健康、更和谐地生活保驾护航。另外，一个国家的整体国民体质情况影响着它的发展。身体素质可以说是国民素质的基础。所以，要想提高国民素质应先从提高国民体质入手，也就是从终身体育锻炼入手，从学校体育入手。

二、终身体育的主要特征

（一）连贯性

从时间上来看，终身体育思想强调体育教育和体育学习的连贯性。体育教育是伴随人一生的教育，是人健康快乐生活的重要组成部分。终身体育不仅指学生在校期间的教育活动，更重要的目的是通过体育教育来培养学生终身体育的能力，使学生掌握体育锻炼的能力，从而终身受益。终身体育的核心应在于使体育教育贯穿人的一生，强调体育锻炼的连贯性。一改“接受一定学校体育教育之后，所学的体育知识、技术和技能可以受用一生”的传统观念，而是以连贯发展、与时俱进的发展观念来看待这种体育文化现象。

（二）整合性

现代社会健身的需要不应局限于某个个体，而应推广到整个社会。健身不仅提高了社会生产力，而且保证了人体健康，维持了人类正常活动。因此，无论是从人的发展还是从社会的发展来看，终身体育思想对国民素质的提升发挥着重要作用。全民健身的指导思想可视为终身体育思想的扩充和完善，只有形成终身体育锻炼的意识，养成体育锻炼的习惯，才能实现真正意义上的全民健身。从空间上来看，终身体育是家庭、学校和社会在空间上的整合，现代社会使体育走出学校、走进生活，体育密切联系家庭和社会，并将它们良性整合。

（三）过程性

终身体育强调的是人的体育习惯的形成，把体育锻炼的过程看成生活的一部分，主张体育锻炼是在生活的过程中自然而然进行的，而不是强调体育技能的灌输。在体育教育的过程中要尽量把竞争减少到最低限度，使每个人都能发挥其兴趣、爱好，合理地运用体育知识进行科学的锻炼，把体育和生活紧密地联系起来。在教学的过程中强调体育对人生的影响，通过多种形式潜移默化地影响人的体育锻炼意识，使人们不仅进行体育运动，更注重体育学习的过程，具备体育锻炼能力。终身体育强调自我完善和学习的过程，而不是过分追求结果。

（四）生活性

体育运动正以文明健康的方式，越来越受到人们的青睐。在终身体育教育中推动体育贴近现实生活，使体育与学生的内心互通，以体育与人的一生密切联系为基调，不仅可以有效调动学生体育学习的积极性，而且可以更有效地帮助他们养成体育锻炼的习惯。让学生在掌握体育技能的同时体会运动的乐趣，进而促进学生体育意识和体育行为的发展。终身体育在促进人们身心健康的同时，将那些不健康的娱乐方式阻挡在人们的生活之外。

三、终身体育与学校体育的关系

学校体育与终身体育都是通过体育锻炼的形式达到育人的目的，增进学生健康、提高学生的整体素质。但是它们在组织形式、人员参与及时间界定方面仍存在一定的不同，二者既有联系又有区别。

终身体育与学校体育的区别如下：

第一，终身体育不受时间、空间、形式的影响，涉及内容广泛且灵活，参与者可根据自己的特定需求自主自愿地选择心仪的运动项目进行锻炼。学校体育是一门课程，是一项有计划、有目的、有组织的教学活动，是根据学生的生理、心理特点和大纲要求组织教学的，内容比较广泛、系统；在教学中配备相应的体育教师和场地、器材设备，另外还有考核要求。

第二，终身体育的对象是社会所有成员，学校体育的对象是在校学生，因此从对象上来讲，虽然学校体育只限于小部分人群，但是学校体育面向的人群对终身体育来说是非常重要的人群。

第三，终身体育不单指学生在校期间的教育活动，更重要的目的是通过这种教育活动培养学生终身体育的意识。终身体育的核心在于使体育教育贯穿人的一生，它强调的是人在一生中连续不断地从事体育锻炼。从时间上来讲，终身体育不应局限于学校教育阶段，只要是与终身体育相关的活动都可以选择和从事。从空间上看，终身体育活动不受场馆和固定设施设备的限制，无论是室内场馆还是室外的空间均可被利用。

从以上的区别来看，终身体育不是指某些体育项目，而是指由于热爱体育形成自觉锻炼的习惯，独立锻炼身体的能力，以及掌握某些锻炼身体的内容与方法。

终身体育是学校体育的进一步深化，两者的共同之处有以下两点：

第一，学校体育与终身体育都是以育人为最高目标，学校体育是培养德、智、体、美、劳全面发展人才的一个重要途径，它对于全面发展学生身体素质，增强学生体质具有明显的效果，对于学生的智力发展和精神文明建设也有良好的促进作用。终身体育是指把身体锻炼与工作、生活联系起来，以实现健康地工作 50 年的目标而终身坚持锻炼。居里夫人有句名言：“科学的基础是健康的身体。”实践证明：没有健康的身体，工作、学习、生活都会受到严重的影响，也就难以在现代化建设中发挥应有的作用。

第二，学校体育与终身体育都以身体锻炼为主要手段。人们体质的好坏，虽受多方面因素的影响，但最积极、最重要的影响因素是身体锻炼。（学校体育）无论是体育教学、运动训练还是课外活动都离不开身体锻炼，它以此达到促进学生生长发育，增强学生体质的目的。终身体育也强调通过长期坚持不懈的身体锻炼，来使青年人身体健壮、体型健美，中年人保持精力旺盛，老年人推迟衰老、延年益寿。另外，学校体育与终身体育都有教育、教学任务，都强调通过学习掌握知识、技能和提高运动能力。因此，无论是体育教学、课外活动，还是训练竞赛都要考虑与终身体育衔接。学生的体育意识、体育兴趣、体育习惯、体育能力，目前主要还是靠学校体育教育的培养。所以说，学校体育是终身体育的重要阶段，轻视学校体育，就谈不上重视终身体育。

四、大学生终身体育意识

意识是人类对于客观世界的心理反应，是人类所特有的。体育意识也具有此特点，体育是人类的一种社会活动，具有客观性、主观能动性、社会性和稳定性。终身体育意识是建立在体育意识之上的一种长期且稳定的意识，具有利于促使人们进行长期的体育锻炼。国内诸多学者对大学生终身体育的研究较为深入，有效地结合了我国的基本国情和体育形势。如大学是形成价值观的重要阶段，在此时培养大学生终身体育意识有助于他们形成良好的生活观和体育观。同时，大学生正处于青春期，身体和心理的发展比较快，具有很强的可塑性，容易对新生事物感兴趣并产生参与的动机，所以在此阶段培养大学生的终身体育意识效果较好。要培养大学生的终身体育意识，首先应该认识到终身体育对大学生今后学习和发展的重要性，深刻理解终身体育的含义，不仅学生要认识到重要性，学校和政府也要认识到，从而推动高校的体育教学质量的提升，为培养大学生终身体育意识提供有效保障。

实践篇

第五章　篮球运动

本章要点

现代篮球运动具有文化价值、教育价值、社会价值、经济价值和娱乐价值等，本章主要介绍篮球运动的起源与发展，篮球运动的移动技术、投篮技术、传接球技术、运球技术、防守技术等基本技术，篮球运动的进攻战术、防守战术等基本战术以及篮球比赛的基本规则。

学习目标

了解篮球运动的起源与发展。

掌握篮球运动的基本技术、基本战术和常见运动创伤的处理方法。

通过参与篮球运动，培养拼搏意识、竞争意识、集体主义精神和团结协作精神。

第一节　篮球运动概述

篮球运动是一种参与度高、深受大众喜爱的运动项目。经常参加篮球运动，我们可以改善中枢神经系统的机能，提高反应能力；可以增强体质，愉悦身心；还可以通过比赛培养勇敢、顽强的意志品质和集体主义精神。

篮球运动发源地是美国。1891 年詹姆士·奈史密斯博士在马萨诸塞州斯普林菲尔德市发明了篮球运动，1896 年由美国人来会里博士首先传入中国天津。篮球运动从天津走向全国，至今已有 100 多年的发展历史。中国国家男子篮球队始建于 1917 年，1936 年加入国际篮球联合会（简称国际篮联）。中国国家男子篮球队在奥运会上的最好成绩是第八名，中国国家女子篮球队在奥运会上的最好成绩是第二名。迄今为止，中国共有 6 名优秀球员参加过美国男子篮球职业联赛（National Basketball Association，简称 NBA），他们分别是姚明、王治郅、易建联、蒙克·巴特尔、孙悦、周琦。

篮球项目的最高组织机构是 1932 年成立的国际篮联，总部设在瑞士日内瓦。当今代表世界篮球最高运动水平的联赛是美国男子篮球职业联赛。中国最高等级的篮球联赛是中国男子篮球职业联赛（China Basketball Association，简称 CBA），是由中国篮球协会主办的主客场制的篮球联赛。中国大学生篮球超级联赛（CUBS）和中国大学生篮球联赛（CUBA，2022 年，英文缩写更名为 CUBAL）由中国大学生体育协会主办，CUBS 允许在中国篮球协会注册的专业运动员参赛，CUBAL 的参赛队员必须是通过国家正规考试的全日制在校大学生。

第二节　篮球运动基本技术

篮球运动基本技术是运动员在比赛中为了达到攻守目的，所采用的多种技术动作的总称，分为进攻技术和防守技术两个部分，它们是篮球比赛的基础，是保证篮球比赛顺利进行的必要条件。

一、移动技术

移动技术是篮球比赛中，运动员为了争取攻守主动，控制身体重心，改变位置、方向、速度和争夺高度时所采用的各种脚步动作的总称。移动技术是评价运动员篮球意识的重要标准之一，其目的是为攻守双方争取时间上、位置上和空间上的优势。

（一）移动技术的分类

（1）基本站立姿势和起动。

（2）跑。侧身跑、变速跑、后退跑、变向跑。

（3）跳。单脚起跳、双脚起跳。

（4）滑步。前滑步、侧滑步、后撤步。

（5）转身。前转身、后转身。

（6）急停。跨步急停、跳步急停。

（7）攻击步。

（二）移动技术分析

1. 基本站立姿势和起动

运动员在球场上需要保持一个稳定而又便于起动的站立姿势。基本站立姿势有利于运动员迅速协调地完成攻防技术动作，使身体处在最佳的竞技状态中。

（1）基本站立姿势。两脚自然开立，膝盖微微弯曲，上体稍前倾并保持放松状态，双目平视，两肩平齐，重心落在两腿之间。

（2）起动。指运动员在球场上，由静止状态转为运动状态并获得位置移动初速度的一种开始动作。攻防中的快速起动是进攻摆脱防守，防守者堵截对手、抢占有利的防守位置的有效手段。运动员从基本站立姿势开始，向前起动时，上体迅速前移，后脚用力蹬地并前移身体重心，迅速跑出。起动后的前两三步要短而快速，并配合手臂的摆动。向侧方向起动时，跑动方向的异侧脚的前脚掌内侧用力蹬地，上体侧转（脚尖指向移动方向），并向跑的方向移动重心，两臂用力协调摆动，迅速跑出。

2. 跑

（1）侧身跑。是比赛中队员为了接球和抢位，以及更好地观察赛场上的情况而经常采用的跑动方法。在向前跑动时，头部与上体侧转向球的方向，内侧肩在前，重心内倾，脚尖朝向跑动的前进方向。

（2）变速跑。是比赛中队员在跑动中利用速度变化完成攻守任务的一种方法。由慢跑变快跑时，上体前倾，用前脚掌短促有力地向后蹬地，蹬地要迅速，同时快速摆臂，前两三步步幅要小，加快跑的频率。由快变慢时，上体抬起，步幅加大，用前脚掌抵地并主动发力，减缓冲力。

（3）后退跑。是比赛中队员由攻转守时，面对防守者，背向前进方向的一种跑动方式。后退跑时，脚后跟要抬起，利用两脚的前脚掌交替蹬地向后跑动，同时上体放松，两臂协调配合摆动，保持身体重心平衡，两眼平视，观察场上情况。

（4）变向跑。是比赛中队员在跑动中利用方向的变化完成攻守任务的一种方法。从右向左变向时，最后一步屈膝着地时，膝关节内收，右脚尖指向跑动方向。右脚前脚掌内侧用力蹬地，同时脚尖稍加内扣，迅速屈膝降重心，向左前侧方向转体，转移重心，左脚迅速向左前方跨出一小步，用力蹬地，右脚迅速向左前方跨出一大步，继续加速跑动并配合摆臂动作，重心转移要快。

3. 跳

跳是比赛中队员在场上争取高度和远度的一种方法，分为单脚起跳和双脚起跳两种。

(1) 单脚起跳。单脚起跳技术大多数运用于行进间，而一般常用于三步上篮、传接球、断球封盖和冲抢篮板球等方面。以左脚起跳为例，左腿向前屈膝前进，双手手臂后引，上体略前倾，左脚脚跟先着地并迅速屈膝过渡到前脚掌用力蹬地，同时手臂从腰部上提带动身体向上方或前上方移动，右腿提膝上抬提升重心。当身体上升到最高点时，右腿配合手臂动作放膝下落。单脚起跳的落地可以是双脚同时落地，也可以是双脚先后落地。双脚同时落地时注意屈膝下蹲缓冲，重心略前倾，避免受伤。单脚落地的时候，要注意屈膝缓冲，双脚前后落地过程中手臂要配合身体重心的移动保持好平衡。

(2) 双脚起跳。两脚自然开立，双膝微屈，重心下降，身体稍前倾，两臂弯曲并后引。起跳时双脚蹬地，发力从脚后跟过渡到前脚掌，两臂用力向前上方摆动，提腰展体。落地时，屈膝降重心缓冲，手臂配合下放保持重心稳定。蹬地、摆臂、提腰动作要协调一致。

4. 滑步

滑步是篮球比赛中队员防守时常用的脚步移动动作，常用来堵截对方的移动、突破、传球路线，调整自己的防守位置。滑步主要分为前滑步、侧滑步和后撤步。

(1) 前滑步。双脚前后开立，双膝微屈，重心下降。向前滑步时，后脚前脚掌迅速蹬地，前脚向前迈步，落地后，后脚紧随着向前滑动，保持前后开立姿势。

(2) 侧滑步。双脚左右开立，双膝弯曲，上体稍前倾，手臂向两侧自然抬起张开，保持基础防守姿势。向左滑步时，右脚前脚掌内侧蹬地，左脚向左跨出一步，落地的瞬间，右脚迅速随同跟上，两脚之间大约保持最初的距离，然后依次重复上述动作，注意重心不要起伏；向右滑步时，动作相反。

(3) 后撤步。防守时，前脚脚掌内侧发力蹬地，同侧臂后摆，同时扭动腰部，前脚快速移动至斜后方，然后向斜后方滑步，保持合理的防守姿势和位置。

5. 转身

转身是队员在比赛中常用的脚步技术动作，常用于护球、突破、传球等。队员通过身体的旋转，改变身体的方向和位置，寻求更合理的进攻手段。

(1) 前转身。双膝弯曲，降低重心。一只脚作为中枢脚，另一只脚发力蹬地，移动脚向中枢脚前方跨步旋转，以肩带动腰转动，从而改变身体方向和位置。

(2) 后转身。双膝弯曲，降低重心。一只脚作为中枢脚，另一只脚发力蹬地，移动脚向中枢脚后方撤步旋转，利用腰胯带动躯干进行转动，从而改变身体方向和位置。

6. 急停

急停是队员在跑动中突然制动，以便随时转换各种脚步动作控制节奏的一种常用移动技术。主要分为跨步急停和跳步急停。

(1) 跨步急停。队员在快跑过程中先向前跨出一步，用全脚着地并抵住地面。做完这一步，迅速屈膝的同时让身体稍后仰，借此来减缓向前的冲力，也就是惯性的力量。紧接着跨出第二步，这时候脚尖稍向内转，用脚掌内侧蹬地，两膝弯曲，身体侧转（右脚跨第一步，则身体右转），微向前倾，重心在两脚之间，两臂自然张开，协助维持身体平衡。

(2) 跳步急停。跳步急停一般用在慢跑中。队员慢跑的时候，用单脚（或双脚）跳起，上体稍向后仰，两脚同时落地，落地时两膝弯曲，两肘自然张开，身体稍前倾，保持身体平衡。

7. 攻击步

攻击步是防守队员突然向前窜出，向对方控球者施加压力，进行抢、打、断球或者破坏干扰对方的传接球和投篮的一种防守动作。比赛中许多快攻的发起都从攻击步的抢断开始。以右脚提上做攻击步为例，起动时队员左脚用力蹬地,右脚迅速抬起向前方或侧前方跨步,重心放在右脚上,同时右手手臂向球的方向快速移动,干扰或抢断对方。

二、投篮技术

投篮是队员运用各种专门、合理的动作将篮球投入篮筐而采取的技术动作方法的总称。投篮是篮球运动中的一项关键性技术,是最直接有效的得分手段。

投篮的动作方法较多,手型和身体姿势在不同的运动员身上都有不同的表现。目前比较常用的有原地单手肩上投篮、行进间单手肩上投篮、行进间单手低手投篮、原地跳起单手肩上投篮等。

(一)原地单手肩上投篮

以右手投篮为例。右脚在前,左脚稍后,双膝微屈,重心落在两脚掌上。

五指自然张开,右手掌外沿和指根以上部位托住球的后下方,掌心空出,手腕后屈,球的重心落在食指和中指之间,大臂与肩关节平行,大小臂之间的角度约为90°,肘关节略内收。将球置于右肩的前上方。辅助手(左手)自然张开,掌心空出,置于球的侧上方来支撑住球,两只手的大拇指之间的间隔距离为6~9厘米。双眼注视篮圈前沿。投篮时,下肢蹬地发力,右臂伴随着身体向前上方伸展,手腕下压,手指拨球,柔和地将篮球从食指、中指的指尖拨出。同时左手离开球,脚跟稍提起,球出手后身体充分伸展,重心移至前脚掌,食指正对瞄篮点,手心向下,腕、臂放松。投篮出手后,手臂应向篮筐方向伸直。

图5-1　原地单手肩上投篮

(二)行进间单手肩上投篮

以右手投篮为例。右脚向行进方向跨出一大步的同时接球,左脚紧接着迈出一小步,同时将球收至胸部附近,左脚此时用力蹬地起跳,右腿屈膝上抬,同时将球举至头右侧,腾空后上体略后仰,当身体即将达到最高点时将球投出。(投篮动作可参考原地单手肩上投篮)

(三)行进间单手低手投篮

以右手投篮为例。右脚向前方跨出一大步的同时接球,接着左脚迈出一小步同时将球置于胸前位置,左脚用力蹬地起跳,右腿屈膝上提,身体重心前移,双手向篮筐方向举球。左手(辅助手)保护球举至安全位置,当身体跳至最高点时,左手离球,右手外旋掌心向上托球,右臂上伸与水平面的角度约为60°,接着屈腕,利用食指、中指的拨球,将球投入篮筐。

(四)原地跳起单手肩上投篮

以右手投篮为例。右手置于球的后部,左手置于球的侧上方,球放置于腰部和胸部之间,双脚左右或者前后开立,屈膝降重心,重心落在两腿之间。起跳时,迅速屈膝,脚掌用力蹬地向上起跳,双手举球至右肩上,当身体接近最高点时,左手离球,右臂向前上方伸直,手腕下压,用食指、中指拨球,通过指端将球投出。落地时,屈膝缓冲。

图 5－2　原地跳起单手肩上投篮

三、传接球技术

传接球技术是指在比赛中，进攻队员之间有目的地转移球和支配球的方法，它是进攻过程中的关键技术环节，是组织进攻的纽带，也是比赛中运用最多的一种技术动作。

（一）传球技术的动作方法

1. 双手胸前传球

两脚前后或左右开立，双手持球于胸前，双手手指自然张开，大拇指置于球的后部相对成“八”字形，掌心空出，双臂屈肘并自然下垂，两肘微向外。双膝微屈，目光直视队友。传球时，后脚蹬地，身体重心向接球队员方向前移，两臂前伸，两手腕随之往内侧旋转，拇指用力下压，快速通过食指、中指的用力拨球将球推出。传球的落点应在接球者的胸前部位。

图 5－3　双手胸前传球

2. 单手肩上传球

单手肩上传球是一种适用于中长距离传球的技术动作，常在快攻以及队友快下的时候使用。

以右手传球为例。两脚平行开立，左脚向传球方向跨步，重心在右脚上，左手手臂弯曲上举至胸前。左肩对着传球方向，身体向右侧旋转。右肩关节外展拉开，手臂自然弯曲，手腕稍后屈，持球的后下方。传球时，右脚蹬地发力同时转体带动上臂，以肘关节领先于前臂，手腕前屈，利用手指用力拨球将球传出。发力需由下而上，蹬地转体、挥臂压腕等动作连贯，目光注视传球队友的位置情况，选择好传球的时机、力量和高度。

3. 单手体侧传球

单手体侧传球是外线队员与内线队友进行单打时常用的传球技术，是一种近距离隐蔽传球的方法。以右手传球为例。两脚平行开立，持球于胸前。右脚向右前方跨步将球引至身体右侧成单手持球，左脚脚后跟抬起脚尖着地，膝盖微屈。出球时，持球手的大拇指在上，掌心向前，手腕后屈。前臂向前作弧线摆动，手腕前屈抖腕，用食指、中指、无名指拨球将球传至队友手中。

4. 击地传球

持球者在传球时，为避开防守队员防守（一般将球通过防守者张开的手臂下方）将球经地面反弹后传给队友，或在无人防守时为调整方向而将球击地后传给队友。

击地传球分为双手击地传球和单手击地传球，比赛中单手击地传球更为常见，多见于外线球员给内线球员传球时。

（1）双手击地传球。面向队友，双手持球于胸前，肘关节稍外展，出球时左脚或右脚提膝向前方跨出一步，后脚脚后跟抬起脚尖着地，身体前倾，手指向下方发力将球传出。传球的落点应在队友的腰部附近

（2）单手击地传球。以右手单手击地传球为例。面向队友，双手持球于胸前，右脚向右跨出一大步，同时将球引至身体右侧，球的位置一般在右腰和胸之间，右手五个手指侧对传球方向，手腕后屈，出球时，手腕拨指向前下方发力，球的落点在距离队友三分之二处，球经地面反弹落在队友的腰胸之间。

图 5－4　双手击地传球

（二）接球技术的动作方法

接球是篮球比赛中队员获得球的主要动作，是连接运球、传球、投篮等技术动作的关键环节。在对抗激烈的比赛中，队员合理地利用脚步和手型，牢固稳定地接到队友传球，对减少失误、提高进攻效率至关重要。

1. 双手接中部位的球

双眼注视来球方向，两臂充分伸出，双手大拇指成“八”字形，手指自然张开，双手成一个半圆形。当手指触球时，双手将球握住，两臂顺势屈肘向后收回，缓冲来球的力量，双手持球于胸腹之间，成基本站立姿势。如队友传球不到位则需要利用及时预判，脚步移动至合理位置接球。

2. 双手接高部位的球

方法与接中部位的球相同，但要求队员利用脚步的移动判断来球的合适落点，同时两臂向前上方迎向来球方向。

3. 双手接低部位的反弹球

接球时，灵活利用脚步的移动跨步主动迎球。上体前倾，双臂向前下方伸出，接球手型和动作与接中部位的球一致。

四、运球技术

运球是持球者在比赛中，使用单手连续按拍推球，摆脱防守，保护球，创造突破、传球、投篮等得分机会的重要进攻手段。

运球按照动作和位置的变化可分为原地运球和行进间运球。原地运球常用的技术动作为低运球、高运球。行进间运球常用的技术动作为体前变向运球、转身运球、运球急停急起、背后运球等。运球基础动作要求双脚前后开立，或者左右开立，双膝微屈，五指自然张开，尽可能扩大控球范围，用指腹和指跟以上部位触球，手掌掌心空出。运球时手腕要放松，用向下挤压动作拍球，而不是抽打动作。非运球手臂屈肘上抬，保持在胸腹之间，用来保护球。运球高度最好不要超过腰部，目光不要盯着球，抬头直视前方。

（一）高运球

在运球的时候，两腿微屈，双目平视，身体前倾，前臂自然伸屈。手腕放松，手指柔和用力地拍打球的后上方。球的落点在身体侧方，球反弹的高度在腰腹之间，手脚协调配合。

（二）低运球

两腿弯曲，重心下降，上体前倾，用上体和腿保护球的同时用手短促地拍按球，使球从地面向上反弹的高度在膝部以下。在进行低运球的时候，必须控制好反弹高度，短促地按拍球。通常在膝关节部位上下按拍球。以腕关节为轴，用手腕的力量按拍。

（三）体前变向运球

运球队员从对手右侧突破时，先向对手左侧利用脚步和身体做变向运球假动作，当对方向左侧移动准备堵时，运球队员突然拍打球的后上方，紧接着左脚向右前方迅速迈出，转体探肩，用肩膀挡住防守者。当球切换到右手时，右脚用力蹬地，加速运球突破防守者。

（四）转身运球

以右手运球为例。运球时，左脚在前为轴，向左后方转身，右手将球拉至身体的侧后方，运球高度在腰部附近，球的落点在身体的外侧方，然后换左手运球，加速前进。

（五）运球急停急起

在快速运球中，突然急停时，重心降低，手拍按球的前上方，使球停止向前运动。运球急起时，双腿用力蹬地，身体迅速前倾，迅速起动拍按球的后上方，加速前进。

（六）背后运球

以右手运球，向左侧变向为例。变向时，右脚向右前方跨步的同时将球拉到右侧身后，迅速转腕拍按球的右后方，将球从身后拍按至身体的左侧前方，左脚紧接着向左前方跨步，然后换左手运球，双脚用力蹬地加速前进。

五、防守技术

防守技术是队员在规则允许的范围内，合理地利用防守动作破坏和阻挠对方的进攻意图，争取获得球权所采用的各种防守动作。防守时多采用滑步、攻击步、后撤步、跨步、交叉步、上步等脚步移动技术，配合手臂动作和弹跳，抢占有利的防守位置，破坏和影响对方的无球队员接球，尽力干扰对方持球队员的传球和投篮。防守技术分为防守无球队员和防守有球队员。

（一）防守无球队员

1. 防守位置与距离

防守队员应首先明确球场强弱侧的位置关系。强侧指场上防守力量较为密集的一侧，往往有球的一侧防守力量相对较强，通常把有球的一侧称为强侧，把防守人数较少、防守力量相对薄弱的一侧称为弱侧。通常情况下，防守队员应站在对手与球篮之间的位置上，根据球所在的位置，选择合理的防守距离。如对手距离球近，处在球场强侧，应采取错位防守，即站在对手与球篮之间偏向有球的一侧。防守时应靠近无球队员并利用脚步和手部动作干扰对方接球。如对手离球远，处于弱侧，因其威胁较小，为了协助同伴加强对有球一侧的防守，又便于控制篮板球，防守队员应向球和球篮方向靠拢，松动防守。防无球队员时，始终要遵循"球—我—他"的原则，即防守队员要处于对手与球之间，与对手、球构成钝角三角形。防守距离要根据对手与球、球篮的距离而定，人、球、区兼顾，控制对手接球。

2. 防守无球队员的动作方法

如进攻队员处在强侧，应适当紧逼对手、身体面向对手，用余光观察球的位置，同时身体侧向球的方向，与前脚的同侧手前伸，切断对手的传球路线，另一手臂平伸，用以协助判断对手向远离球方向的移动。一旦对方传球，立刻利用脚步移动快速抢、打、断。当进攻队员处在弱侧时，离球远的手臂弯曲，靠近防守者，屈膝降重心，面向球，侧对对手，两臂自然侧伸，便于断球和进行协防，阻挠对手向强侧移动接球。

无球队员经常通过纵切、横切和溜底线配合假动作虚晃的方式摆脱防守，接球投篮。此时，应抢前移动，合理地运用身体堵截和延缓对手的移动并伸出手臂阻挠对手接球，迫使其向弱侧方位移动。

（二）防守持球队员

1. 防守位置与距离

防守队员要站在对手与球篮之间的合理位置上。当对手运球停球后，应及时紧逼严密防守，并伺机采用抢、打、断的方式进行逼抢。比赛中需迅速洞悉对手的主要技术特点，以便针对性地采取合理的防守策略。如对手中远距离投篮较准，则应紧逼持球者，以防投篮为主。如对手善于突破，则应保持适当距离，以防突破为主。防守距离的远近还要根据对手距离球篮的远近和对手的技术特长而定，离球篮近则近，反之则稍远。

2. 防守持球队员的动作方法

由于持球队员的进攻特点、意图及与球篮距离不同，防守姿势也有所差异，但当今大部分采用的是平步防守的步法，即两脚平行站立，两手臂侧伸或在体前不停挥摆。这种步法防守面积大，便于向左右移动，适合于贴身防守，攻击性强，能有效地阻止对手向前的趋势。还有一种防守姿势为斜步防守，即两脚前后站立，前脚同侧手臂上扬，另一手臂平伸。这种姿势便于前后移动。

防投篮时，防守者应尽量干扰对方球员的弧度和投篮节奏，多利用斜步防守姿势，两脚前后开立，前脚同侧手臂向前上方伸出，另一只手臂侧伸。当对方进入有效投篮区域时，防守需保持一臂距离。投篮者准备投篮的时候，立刻逼近投篮者，判断好出手时机及时起跳封盖或者干扰投篮者。

防突破时，要根据对手的习惯、特点来采取相应的防守策略。当对手突破时，要尽量预判对方的突破意图、假动作等，及时使用后撤步、交叉步、滑步、跨步等方式继续防守。对方突破时，防守者若失去有利防守位置，也需要及时地调整防守姿势尽快追防或告知队友补防和协防。

防运球时，应积极用平步防守姿势，两脚平行站立，两只手臂交替协调摆动，便于向左右侧移动，迫使对方使用弱手运球或紧逼迫使其停球，阻挠对手向中路和篮下突破。

防传球时，防守队员要积极阻止对手传球，根据对手的距离和位置，积极移动，干扰球的落点，迫使对手向攻击威胁弱的地方传球或迫使其失误，伺机抢、打、断球。

第三节　篮球运动基本战术

一、进攻战术基础配合

（一）传切配合

传切配合是队员利用传球和切入组成的简单配合，是运用最多的一种配合方式。它分为一传一切和空切。传切配合可以很好地甩开防守者的严密防守，制造出空位得分机会。传切配合必须具备合理的传切配合的空间位置、明确的切入路线。切入者要利用防守者的防守漏洞，比如防守者注意力不集中或者位置选择不好的时候，迅速起动配合假动作摆脱对手。切入者需侧身看球，充分利用方向和速度的变化切入。持球队员给切入队员的传球要到位，隐蔽性要强，必要时需配合假动作将球合理高效地送达队友手中。

（1）一传一切。配合方法为持球队员传球以后，利用起动速度或假动作虚晃摆脱防守者创造接球空间，向篮下切入并接队友的回传球投篮得分。

（2）空切配合。无球队员掌握时机摆脱防守队员，到空位或篮下得球投篮或通过跑动吸引防守者注意为队友创造其他得分空间。

（二）突分配合

突分配合是持球队员在运球突破以后，遇到对方的协防、补防、包夹时，及时准确地将球传给进攻位置和时机最佳的同伴进行攻击的一种配合方法。

在突破的过程中，要提前观察防守者和同伴的位置，方便选择突破的方向，以便及时准确地将球传给队友。其他进攻队员要把握时机，充分利用脚步摆脱或跟进，移动到有利的进攻位置上接球。

（三）掩护配合

掩护配合是进攻队员合理地利用身体和技术动作挡住同伴防守队员的移动路线，或主动利用同伴挡住自己对手的移动路线，从而摆脱防守队员，获得进攻机会的一种战术配合方法。

掩护的种类很多，按掩护位置分为侧掩护、后掩护、前掩护。这几种方法可以运用于给持球队员掩护，给无球队员掩护，也可以运用于行进间掩护或定位掩护，还可以运用于连续掩护和双掩护等。

以侧掩护为例。掩护时，掩护者站在同伴防守者侧面，双脚自然分开，两腿微屈，上体稍前倾，在保证后续跟进动作不受影响的前提下尽可能扩大掩护面积。掩护的瞬间，身体是静止不动的。掩护需要保持一个合理的距离，过近易对防守者造成冲撞而发生掩护犯规，过远则易让防守者轻易地穿过或绕过，导致掩护失败。当掩护动作完成以后，如对方使用交换防守，立刻利用手臂带动身体作后转身，面向持球者，切入篮下接球投篮。在掩护中对方过早交换时，作掩护的队员可由掩护直接变为空切。

（四）策应配合

策应配合是指进攻队员背对篮筐或侧对篮筐接球，由他作枢纽，与同伴的空切或者绕切相结合，以摆脱防守，制造多种进攻机会而形成一种里应外合的配合方法。

策应队员应视防守者位置积极摆脱防守，抢占有利位置（必要时可结合假动作摆脱）。在策应时，要利用脚步动作及时调整策应的方向和位置，以利于同伴摆脱防守。策应时应迅速压下或者提上，然后在底线附近作低策应配合，在罚球线附近作高策应配合。落位后，要降低重心，积极伸手要球。传球队员要根据策应者的方位，把握好传球时机，及时准确地传球给策应者，做到人到球到。传球后需及时摆脱防守选择切入接球投篮。

（五）快攻

快攻是由守转攻时，以最快的速度、最短的时间在人数上造成以多打少的优势，或趁对方立足未稳，果断而合理地进行攻击的一种速战速决的进攻战术。

快攻一般分为长传快攻、短传快攻。

（1）长传快攻。是队员在后场获球后，立即将球快速传给摆脱对方防守进行快攻的同伴的一种配合。是由一到两名进攻队员利用自己的速度优势结合队友长距离传球的速度，超越防守来完成的。长传快攻分为发动和结束两个阶段，其特点是速度快，参加的人数少，成功率高。

（2）短传快攻。是队员在防守中获球后，立即以快速的奔跑和短传配合的方式靠近对方禁区完成进攻的一种配合。短传快攻由发动与接应、推进和结束三个阶段组成。

二、防守战术基础配合

防守战术基础配合是在篮球比赛中，队员（两到三人）之间为了破坏对方进攻配合，采用协同防守的办法而组成的简单配合。常用的防守配合包括夹击、挤过、绕过、穿过、交换防守、关门、补防等。

（一）挤过配合

指防守者在掩护队员靠近自己时，屈膝降重心，利用手臂带动身体积极快速向前跨出一步，从掩护者前面挤过或抢过，抢占有利防守位置，继续贴近自己的防守对象的配合方法。

（二）绕过配合

指当进攻队员进行掩护时，掩护队员的防守者主动贴近对手并提醒同伴，让同伴从自己的身边绕过，继续防守各自的对手的配合方法。

（三）交换防守配合

指防守队员之间在对手掩护的瞬间，及时地呼应并提醒同伴，交换自己所防守对手，破坏对方进攻的配合方法。

（四）关门配合

指临近的两名防守队员及时靠拢，协同防守对方突破的配合方法。

（五）补防配合

指防守队员在同伴漏防或失去防守位置时，放弃自己的盯防对手，去补防威胁最大的进攻者的配合方法。

（六）全队防守战术

（1）防守快攻。防守快攻是篮球运动防守战术的重要组成部分。即在攻守转换过程中，队员有组织地运用个人战术行动和多人配合，主动堵截对手，积极抢断，干扰传球，破坏其快攻战术，延缓转攻的速度，从而为全队防守战术的重新组织争取时间。

防守快攻时，要积极地封堵对手的第一传，延缓干扰其传球，伺机进行抢、打、断。对于接应人应贴身紧逼，干扰破坏其枢纽作用，迫使其传球失误或延误其传球时间，以便为全队迅速退回防守争取时间。在退防的过程中，防守者需注意堵截两边的快下队员，防止对方打出长传快攻。在一防二或二防三的退防过程中，同伴之间要协同配合，相互提醒，破坏对方的快攻配合。

（2）半场人盯人防守。半场人盯人防守战术，是在篮球比赛中由进攻转为防守时，全队快速有组织地退回到后场，在半场范围内进行人盯人防守的一种全队战术。它是篮球运动中各种防守战术的基础。半场人盯人防守战术，是以个人防守为基础，提前分工盯人，由挤过、穿过、交换防守、关门、夹击等防守基础配合所组成的全队战术。在防守的过程中，要以球为主、人球兼顾，分工明确，注意“人—球—篮”三者兼顾，近球时紧，远球时松，随时调整自己的防守位置，注意协助同伴的防守，并伺机抢、打、断球，创造快攻反击的机会。

半场人盯人防守分为半场缩小人盯人防守和半场扩大人盯人防守两种形式，需视队伍本身的体能状况、运动能力以及对方的技战术特点而择优选择。

半场缩小人盯人防守是针对内线攻击力较强，而外线中远距离投篮较弱的球队。防守区域较小，一般控制在5~6米的区域范围。防守移动距离较短，容易进行协防和补防，便于限制对方内线得分和控制篮板球。

半场扩大人盯人防守是一种扩大外围防守面的集体防守方法。主要针对对方外围中远距离投篮较准、个人突破以及内线进攻较弱的球队，有利于控制篮板球和保护篮下区域。半场扩大人盯人防守可以给对方造成较大的压力，增加对抗强度，易于抢断、争取主动。

(3)区域联防。区域联防指每个队员负责一片区域，队员协同一致，以防球为主，积极随球移动，加强强侧区域的防守，互相补位，封堵抢断。此战术多用于内线威胁大、个人持球突破能力强的队伍，如果与盯人防守战术结合也可以演变成混合防守。

根据防守队员的站位，区域联防可以分为2-1-2、2-3、3-2、1-3-1联防形式。其中2-1-2联防是最基础的区域联防。

以2-1-2区域联防为例。队员在场上的分布比较均衡，便于互相之间的协防和移动，有效控制篮下区域，有利于发动快攻反击和抢夺篮板球。此战术的防守薄弱区域为正面三分线附近的弧顶一带，限制区两侧以及篮下区域。

球在外围弧顶处时，❹号持球，⑤号上前防守❹号，④号稍向右侧移动协防❽号，并伺机抢断❹号传给❽号的球，同时也要随时准备快速移动去防守❻号，⑧号向上移动防守❺号，并兼顾篮下防守区域，⑥号防守❼号向篮下移动。

球在两侧时，当❹号传球给❻号时，④号应快速移动防守❻号，⑤号稍向下协助⑦号防守，⑦号在❽号的侧后方移动切断❻号与❽号的传球路线，并防止❽号向篮下切入。⑥号移动到❼号内侧前方，注意人球兼顾，切断❻号和❼号之间的传球。⑧号向限制区移动，协助防守篮下，同时防止❺号的背插切入，还要准备抢断和干扰❻号给❺号的横传球。当❻号选择投篮时，⑥号、⑦号、⑧号迅速收缩在篮下形成三角包围圈并控制篮板球。

球在底角时，当球传给❼号时，⑥号快速移动上前防守❼号，④号迅速跑到底角，与⑥号协同配合对❼号进行夹击。⑤号向下移动防止❽号接球，⑦号向斜后方移动保护篮下并准备抢断、补防和抢篮板球，⑧号向中间移动，防止❺号的切入。

对手溜底线时，❹号将球传给❺号时，❼号溜底线，⑥号应堵截❼号的移动路线，尽力延误其配合时间，跟随⑥号，并告知队友⑧号，当⑤号回防❺号后⑧号再退回防守❼号，此时⑥号再回到原来的防守区域。⑦号在❽号的侧后方，防其接球和篮下切入，④号向下移动，防止❻号背后切入。

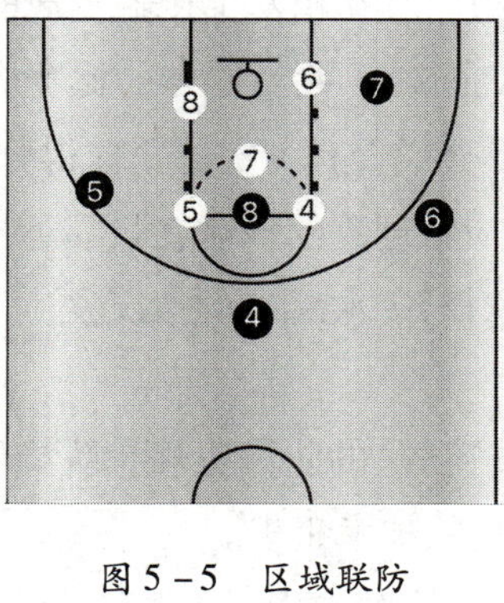

图5-5　区域联防

第四节　篮球比赛基本规则

一、比赛场地

篮球比赛场地是一个长28米、宽15米的长方形坚实平面，无障碍物。篮球场的长边界为边线，短边界为端线。球场正中间的一条平行于端线的线叫中线。罚球线长度为5.8米，三分线长度为6.75米（美国职业篮球联赛三分线长度为7.25米）。篮筐高度为3.05米，篮板下沿距离地面高度为2.9米。

二、常见犯规动作和罚则

犯规是对规则的违犯，含有与对方队员的身体接触和违反体育道德的举止。常见犯规动作有阻挡、推人、打手、移动掩护、侵人犯规、违反体育道德的犯规、技术犯规等。

（一）侵人犯规

侵人犯规是在球进入比赛状态、活球或死球时，队员通过伸展臂肩、髋、膝或过分地弯曲身体成不正常姿势以阻挡、阻挠、推人、撞人、绊人来阻碍对方行进，或使用粗野动作。

罚则：在任何情况下，都给侵人犯规队员记1次犯规。如该队员犯规已达5次（包括技术犯规）必须自动退出比赛。

当非投篮队员侵人犯规时，不罚球，由被侵犯队的队员在犯规最近的边线外掷界外球。若犯规队该节犯规累计已超过4次，应判给被侵犯的队员罚球2次。

当正在做投篮动作的队员犯规时，如投中，得分有效，再判给1次罚球。如投篮不中，则判给2次或3次罚球。

（二）违反体育道德的犯规

根据裁判员的判断，一名队员不是在规则的精神和意图的范围内合法地试图去直接抢球，发生的接触犯规是违反体育道德的犯规。当队员被登记2次违反体育道德的犯规时，他应被取消比赛资格。

罚则：登记1次犯规，并判给对方2次罚球和在边线的中点处掷界外球。如对投篮队员犯规，投中有效，再判给1次罚球和在边线中点处掷界外球；如未投中，则根据投篮的地点判给2次或3次罚球和在边线中点处掷界外球。

（三）双方犯规

双方犯规指两名互为对方队的队员大约同时互相发生接触犯规的情况。

罚则：应给每一犯规队员登记1次侵人犯规，不判给罚球。比赛应按如下所述重新开始：

（1）如果投篮得分或最后1次的罚球得分或仅有1次的罚球得分，应将球判给非得分队从端线掷球入界。

（2）如果某队已控制了球或拥有球权，应将球判给该队在最靠近犯规的地点掷球入界。

（3）如果任一队都没控制球也没有发球权，一次跳球的情况发生。

（四）技术犯规

技术犯规是指所有（不包括与对方队员接触）的队员犯规。队员不得漠视裁判员的劝告或运用不正当的行为。技术犯规包括队员的技术犯规和教练员的技术犯规。

罚则：队员技术犯规，登记犯规1次，应判给对方队1次罚球。

（五）全队4次犯规

比赛在一节中（在任一决胜期内发生的全队犯规应被认为是第四节的一部分），一个队的队员侵人犯规和技术犯规累计已达4次后，全队处于处罚状态，在以后发生的防守犯规都要处以2次罚球，代替掷球入界。控制球队的队员犯规时，只登记犯规，不执行罚球，而由对方在最近的边线外掷界外球。如该队员是故意犯规或技术犯规，则按相应的罚则处理。

三、常见违例动作

违例一般指非直接针对对方球员而做的违反条例规则的事，一般不会记录在次数上，也不会被累计，会判给对方发界外球。常见违例动作有跳球违例，两次运球违例，携带球违例，带球走违例，3秒、5秒、8秒和24秒违例，球回后场违例，干扰球违例，罚球违例，(故意)脚踢球违例，拳击球违例，篮球在篮筐上弹时球员干扰拨球违例等。

第六章　排球运动

本章要点

排球运动是一项集竞技性、娱乐性和健身性于一体的体育运动，具有很高的健身价值和观赏价值。本章主要介绍排球运动的基本技术，包括：准备姿势与移动、发球、垫球、传球、扣球、拦网等动作要点及练习方法；排球运动的基本战术，主要包括个人战术的运用、集体战术的运用以及排球比赛的基本规则。

学习目标

了解排球运动的起源与发展。

掌握排球运动的基本技术、基本战术和排球比赛基本规则，提高速度、协调性等身体素质。

通过参与排球运动，培养团队协作意识、竞争意识以及规则意识；学习和弘扬中国女排精神。

第一节　排球运动概述

排球运动是美国基督教青年会干事威廉·摩根于1895年发明的，1900年传入亚洲，1905年传入中国。排球运动在亚洲的发展经历了16人制、12人制、9人制，直到20世纪50年代初6人制排球运动才正式开展。

1947年，国际排球联合会在法国巴黎成立。1949年第一届世界男子排球锦标赛举行，1952年第一届世界女子排球锦标赛举行，1964年排球比赛被列为日本东京奥运会正式比赛项目。

1954年，中国排球协会成为国际排球联合会会员。1981年在日本举行的第三届女排世界杯中，中国女排第一次获得世界冠军的称号，至1986年一共获得5次世界冠军，创造了世界女排大赛中“五连冠”的纪录。由此，团结协作、顽强拼搏的中国女排精神振奋了整个中华民族，激励了一代又一代中国人。截至2022年6月，中国女排共获得10次世界冠军，“五连冠”以后获得世界冠军的比赛分别是2003年女排世界杯，2004年雅典奥运会，2015年女排世界杯，2016年里约奥运会，2019年女排世界杯。

排球运动根据不同的群体、年龄、性别、场地和环境条件衍生出多种多样的运动形式，大体可分为竞技排球和娱乐排球。排球运动主要包括6人排球、沙滩排球、软式排球、水中排球、雪地排球、墙排球、小排球、气排球、残疾人排球等，吸引了越来越多的爱好者。

经常参加排球运动，不仅能增进身体健康，还能培养积极勇敢、顽强拼搏的优良品质和团结协作的集体主义精神。排球运动具有广泛的群众性、激烈的对抗性、高度的技巧性、技术的全面性和形式的多样性等特点。因其场地设备简单，规则容易掌握，运动量可大可小而深受大家喜爱，排球运动成为我国人民最喜爱的运动项目之一。

第二节　排球运动基本技术

排球运动基本技术是指运动员在比赛规则允许的条件下采用的各种合理的击球动作和配合动作的总称。一种是无球技术，包括准备姿势和移动；另一种是有球技术，包括发球、垫球、传球、扣球和拦网。

一、准备姿势和移动

准备姿势和移动是排球运动基本技术之一，是完成发球、垫球、传球、扣球和拦网等各项技术的前提和基础。准备姿势分为稍蹲、半蹲和低蹲。移动由起动、移动步法和制动三个环节组成。移动步法包括并步、滑步、跨步、跨跳步、交叉步和跑步等。

（一）动作要点

1. 准备姿势

半蹲时两脚左右开立略宽于肩，一脚稍前，两脚尖稍内扣，脚跟稍提起。膝关节保持一定弯曲，屈膝呈半蹲，膝关节的投影在脚尖前面。上体自然前倾，重心靠前。两臂放松自然弯曲，双手置于腹前。全身肌肉适当放松，两眼注视来球，两脚始终保持微动。

稍蹲准备姿势比半蹲重心稍高，动作方法相同。低蹲准备姿势比半蹲重心更低、更靠前，两脚左右、前后的距离更宽些，膝部弯曲程度更大些，肩部投影过膝，膝部投影过脚尖，手置于胸腹之间。

半蹲

稍蹲

低蹲

图 6－1　准备姿势

2. 并步与滑步

如向前移动，则后脚蹬地，前脚向来球方向迈一步，后脚迅速跟上并做好击球准备。并步可向各方向移动，一般用于来球距身体一步左右距离时。当来球距离稍远则可作快速连续的并步移动，连续并步称为滑步。

3. 跨步与跨跳步

跨步一般在来球距身体 2 米左右时采用，可向前、向斜前、向侧跨出。如向前移动，则后脚用力蹬地，前脚向来球方向跨出一大步，膝部弯曲，上体前倾，身体重心移至前腿上。当跨步不能接近球时，可采用跨跳步，跨步过程中有跳跃腾空即为跨跳步。

4. 交叉步

当来球距体侧 3 米左右时多采用交叉步，以向右交叉步为例，上体稍向右转，左脚从右脚前向右交叉迈出一步，然后右脚再向右跨出一大步，同时身体转向来球方向，保持击球前的姿势。

5. 跑步

当来球距离较远时接球需用跑步。跑步时两臂要配合摆动。球在侧方或后方时应边转身边跑。

（二）练习方法

（1）学生排成两列横队，在教师指导下做各种准备姿势。

(2)原地跑步,收到教师信号后,立即做好半蹲、稍蹲或低蹲准备姿势。

(3)向一个方向慢跑,在跑的过程中,根据教师的手势、口令、哨音或其他信号,做不同的准备姿势。

(4)呈半蹲准备姿势,向教师手指方向分别做各种移动步法练习。

(5)利用中线、进攻线、端线和边线做各种移动步法、手触线练习。

(6)两人一组,相距 6 米,各持一球,两人同时把球滚向对方体侧 3 米左右处,移动接住后再把球滚给对方。如此反复进行。

(7)做结合其他技术的练习,如做准备姿势和移动结合传球、垫球、扣球等有球技术的练习。

二、发球

发球是排球运动基本技术之一,是排球比赛中一项重要的进攻技术,是排球运动技术中唯一不受他人制约的技术。可分为正面上手发球、正面下手发球、侧面下手发球、正面上手发飘球、勾手发飘球等。下面以右手为例,介绍几种常用的技术。

(一)动作要点

1. 正面上手发球

面向球网,两脚前后开立,左脚在前,左手托球于身前,将球平稳地垂直抛于右肩前上方,高度适中。在左手抛球的同时右臂抬起。屈肘后引,肘与肩平,上体稍向右转。击球时利用蹬地转体和收腹,带动手臂挥动,在右肩前上方伸直手臂的最高点以全手掌击球的中下部。击球时手指自然张开,跟球吻合。手腕要迅速主动向前上方做推压动作,使击出的球呈上旋飞行。

图 6-2　正面上手发球

2. 正面下手发球

面向球网,两脚前后开立,左脚在前,两膝微屈,上身稍前倾,重心偏后脚。左手持球于腹前,将球轻轻抛起至体前右侧,离手约一球高度。在抛球的同时右臂伸直,以肩为轴向后摆动,借右脚蹬地力量,身体重心随着右手向前摆动击球而移至前脚上,在腹前以全手掌、掌根或虎口击球的后下部。

图 6-3　正面下手发球

3. 侧面下手发球

左肩对网，两脚左右开立，约与肩宽，身体重心偏于右脚。左手将球平稳抛送至胸前约一臂距离处，离手高约30厘米。抛球的同时，右臂摆至右侧后下方，利用右脚蹬地向左转体的力量，带动右臂向前上方挥动。在腹前，用全手掌、掌根或虎口击球的后下部。

图6-4　侧面下手发球

4. 正面上手发飘球

准备姿势同正面上手发球，抛球稍低稍靠前。击球前，手臂自后向前做直线挥动。击球时五指并拢，手腕稍后仰，用掌根平面击球的中下部，作用力通过球体重心。击球瞬间手指手腕紧张，手型固定，无推压动作。击球结束后，手臂挥动突停。

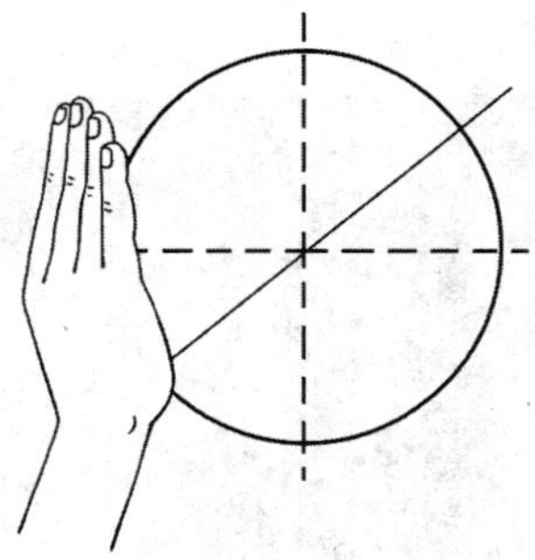

图6-5　正面上手发飘球

5. 勾手发飘球

左肩对网，两脚自然开立，左手持球于胸前，将球平稳地抛至左肩前上方约一臂高处。同时右臂摆至侧后方，重心移于右脚。随之右脚蹬地上体左转发力，带动直臂上挥，触球前直线加速，在右肩左上方用掌根击球后下部。击球瞬间五指并拢，手腕后仰并保持紧张，击球用力短促突然，击球后手臂突停。

图6-6　勾手发飘球

(二)练习方法

(1)徒手练习。反复做各种发球的徒手动作，体会正确动作要点。

(2)自抛练习。抛球高度和位置应符合发球动作的要求。

(3)无网发球。两人一组，相距 9 米左右，采用各种发球动作，体会动作要领。

(4)隔网发球。

①多人站在场地进攻线后隔网对发。要求注意击球位置，将球击过球网。

②多人站在场地发球区内隔网对发。要求首先将球击过球网，然后尽可能让球落在场内。

(5)定点发球。在场地内画几个不同区域，要求发球者有意识将球发到指定区域内，提高控制球的能力。发球应在保证成功率的前提下进行。

三、垫球

垫球是排球运动基本技术之一，是在全身协调用力的基础上通过手臂或身体其他部位的迎击动作，使来球从垫击面上反弹出去的动作。可分为正面双手垫球、体侧垫球、背垫球、挡球、滚翻垫球等。其中正面双手垫球是各种垫球技术的基础。

(一)动作要点

1. 正面双手垫球

根据来球的高度和力量做好准备姿势。当球接近腹前时，用叠掌式、互靠式或抱拳式手型，压腕，小臂外展夹紧伸直向前插入球下。脚蹬地并向前上方抬臂，用手腕上方 10 厘米左右桡骨内侧平面，在腹前一臂距离垫击球的后下部，同时配合蹬地动作将球垫出。垫球用力大小应与来球力量成反比，同垫出球的距离和弧度成正比。

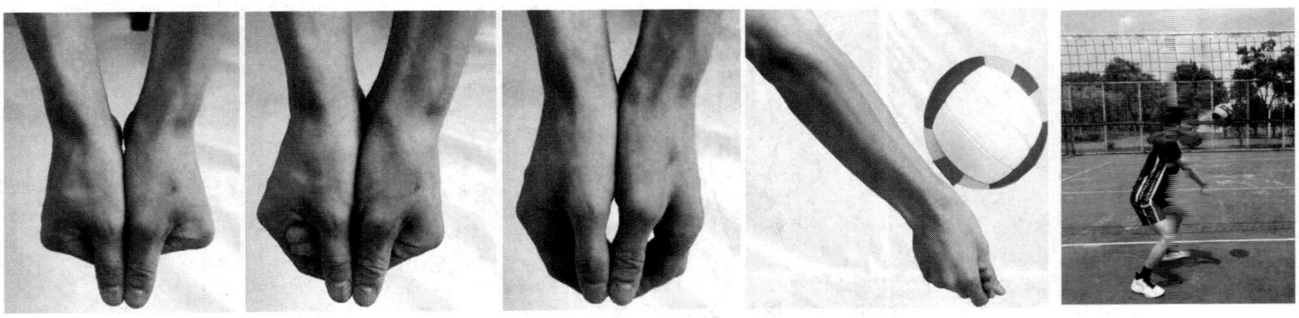

图 6－7　正面双手垫球

2. 体侧垫球

以右侧垫球为例。左脚前脚掌内侧蹬地，右脚向右跨出一步，身体重心移至右脚并保持右膝弯曲。两臂夹紧向右侧伸出，右臂高于左臂，左肩向下倾斜，再用向左转腰和收腹的力量，配合两臂在体侧截击球的后下部。

图 6－8　体侧垫球

3. 背垫球

判断球的落点、方向和离网的距离，迅速移动到球的落点，背对出球方向，两臂夹紧伸直，插到球下。击球时蹬地、抬头挺胸、展腹，直臂向后上方摆动，垫击球的前下部。在垫低球时也可利用屈肘、翘腕动作，用虎口处将球向后上方垫起。

图6-9　背垫球

4. 挡球

挡球可分为双手挡球和单手挡球。双手挡球手型有两种，一种是抱拳式，另一种是并掌式。挡球时手臂屈肘上举，肘部向前，手腕后仰，用双手手掌外侧和掌根所组成的平面挡击球的后下部。击球瞬间手腕紧张，用力适度，靠球的反弹力将球挡起。单手挡球时，手臂曲肘上举，肘部向前，手腕后仰，用掌根或掌心平面击球的后下部，击球瞬间手腕要紧张。如球较高，还可跳起挡球。

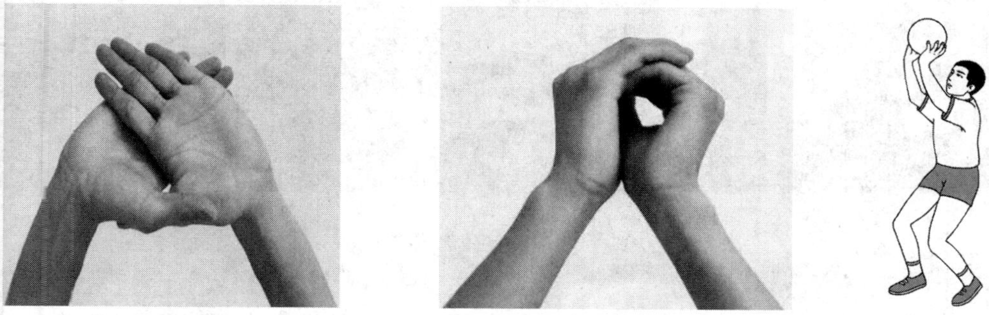

图6-10　挡球

5. 滚翻垫球

迅速向来球方向移动，跨出一大步，重心下降完全落在跨出脚上。上体前倾使胸部贴近大腿，双臂或单臂伸向来球。同时两腿向前用力蹬地，使身体向来球方向伸展，用小臂、虎口或手腕部位击球的后下部。击球后顺势转体，依次用大腿外侧、臀部外侧、背部、跨出腿的异侧肩着地。然后顺势低头、收腹、团身，向异侧方向做后滚翻动作，并顺势迅速起立。

(二)练习方法

(1)徒手练习。徒手模仿完整的垫球动作练习；随教师信号做多种移动步法后的徒手模仿垫球练习，体会正确的垫球动作。

(2)垫固定球。一人持球固定在小腹前高度，另一人从准备姿势开始做垫击模仿动作。

(3)自垫。自己连续向上将球垫起。要求提高控制球的能力，并不断增加垫球次数。

(4)对墙垫球。找一面光滑平整且有一定高度的墙，一人一球，距墙3~5米，对墙进行垫球练习，尽量增加垫球的连续次数。

(5)一抛一垫。两人一组，相距3~4米，一人抛球，另一人垫球。要求球抛向垫球人不同的方向，垫球人在移动中完成垫球,然后两人交换。

(6)对垫。两人一组,相距 3 ~4 米,面对面站立,连续垫球。

(7)垫发球。接发球队员站在一边场区内,教师或发球技术好的队员站在另一边发球区或场内,将球轻发至接发球队员的附近,接发球队员移动垫球,将球垫至本方场区的 3 号位。

(8)打垫。两人一组,一打一垫。

四、传球

传球是排球运动基本技术之一,是利用全身的协调力量,以手指、手腕的弹力将球传到一定目标的动作。按出球方向可分为正面传球、背传球、侧传球。跳起在空中完成传球动作的,称为跳传。

(一)动作要点

1. 正面双手传球

两手自然张开呈半球形,手腕稍后仰,两拇指相对成“一”字或“八”字形,两手间有一定的距离。正对来球,采用稍蹲准备姿势,双手成传球手型抬起置于前额。当来球接近前额时,开始蹬地、伸臂,两手微张向前上方迎球。击球点在额前约一球距离处。当手触球时,用拇指内侧、食指全部、中指的二、三指节触球的后下部,无名指和小指在球两侧辅助控制传球方向,掌心空出。主要靠蹬地伸臂、手指手腕弹力、全身协调用力将球传出。

图 6 – 11　正面双手传球

2. 背传

向后上方的传球称为背传。背传的准备姿势比正传时稍直立,身体重心在两脚之间,不要前倾,两手自然抬起放置于脸前。当判断好来球后,迅速移动到球下,双手抬起。手触球时,手腕适当后仰,掌心向上,在额上方击球的下部。传球时,用蹬地、展腹、抬臂、向后翻腕及手指、手腕的弹力把球向后上方传出。

图 6 – 12　背传

3. 侧传

侧传的准备姿势、迎球动作、手型与正传相同。准备时的身体重心同样应放置在两脚之间。传球时击球点同样位于额头上方。击球时依靠蹬地、伸臂、手指手腕弹送的力量将球传出。传球时应注意上体和手臂向传球方向伸展，传球方向异侧手臂的动作幅度、用力距离大于同侧手臂。

4. 跳传

当一传来球较高时，二传手常跳起在空中传球。起跳后，两手放在脸前，当跳至最高点时，两手伸至额上方击球，主要靠伸臂和手指、手腕的弹力将球传出。

(二)练习方法

(1)徒手模仿练习。随教师口令做徒手传球练习。体会手型，注意动作连贯，协调用力。

(2)自抛自接。每人一球向自己头顶上方抛球，然后用传球手型接住，检查手型是否正确。

(3)传固定球练习。两人一组，一人持球于额头前上方，另一人运用正面双手传球的动作做传球练习，体会手型、击球点和触球部位。

(4)自传练习。先自抛自传，动作熟悉后可以连续自传，最后可以在固定的区域内或者移动中进行自传球。体会手指触球、弹击动作及身体协调用力。

(5)两人一组，一抛一传练习。重点体会判断、取位、身体协调用力。

(5)对墙连续传球练习。找一面光滑平整且有一定高度的墙，对墙进行传球练习。体会击球点、传球手型、击球部位及身体协调用力。

(7)对传。两人一组，相距 3 ~ 5 米，运用各种传球姿势进行传球练习，尽量将球传至同伴的前上方。

五、扣球

扣球是排球运动基本技术之一，是排球比赛中最积极有效的进攻手段，是完成进攻战术的关键一环。完整的扣球技术由准备姿势、助跑、起跳、空中击球和落地几个相互衔接的部分组成。扣球技术按照动作方法一般分为正面扣球、小抡臂扣球、单脚起跳扣球和勾手扣球等几种，按照扣球的节奏可分为强攻和快攻，按照扣球起跳的区域可分为前排扣球和后排扣球。下面介绍几种常用的扣球技术(以右手为例)。

(一)动作要点

1. 正面扣球

正面扣球是最基本的扣球技术，其他扣球技术都是在此基础上发展和派生出来的。以扣一般高球为例：采用稍蹲准备姿势，两臂自然下垂，站在离球网 3 米左右处观察判断，做好向各个方向助跑起跳的准备。助跑时(以右手扣球两步助跑为例)，左脚先向前迈出一小步，接着右脚迅速跨出一大步，左脚及时并上踏在右脚之前，两脚尖稍向内转，准备起跳。在助跑跨出最后一步的同时，两臂绕体侧向后引。在左脚并上踏地制动的过程中，两臂自后积极向前摆动，随着双腿蹬地向上起跳，两臂快速上摆，两腿从弯曲制动的最低点，猛力蹬地向上起跳。起跳后，挺胸展腹，上体稍向右转，右臂屈肘向后上方抬起，肘略高于肩，身体成反弓形。挥臂时以迅速转体收腹动作发力，依次带动肩、肘、腕各部位呈鞭打动作，向前上方挥动。击球时五指微张呈勺形并保持紧张，以全手掌包满球，掌心为击球中心击球的后中部。同时用力屈腕向前推压，使扣出的球加速上旋。落地时以前脚掌先着地，同时顺势屈膝收腹，以缓冲下落力量。

图 6－13　正面扣球

2. 扣调整球

扣从后场调整至网前的球称为扣调整球。扣调整球的动作和正面扣球相同，但难度较大。要求扣球队员能适应来自后场不同方向、角度、弧度、速度和落点的球。助跑时可边助跑边看球，以灵活的步法和空中动作及时调整好人、球、网的关系。运用不同手法控制扣球的力量、方向、路线和落点等。

3. 扣近体快球

在二传体前或体侧一臂左右扣出的快球统称为近体快球。由于该球传球距离短，所以速度快节奏快，同时也有很强的掩护作用。扣球队员应随一传助跑到网前。当二传传球时，扣球队员在其体前或体侧近网处迅速起跳并快速挥臂，将刚刚传出网口的球扣入对方场区。击球时利用收胸提肩动作，带动前臂和手腕迅速鞭打甩动，以全手掌击球的后上部。

（二）练习方法

（1）助跑起跳练习。学生成横队散开，按照教师的口令做原地起跳、一步助跑起跳、两步助跑起跳练习。注意动作的协调性。

（2）网前助跑起跳练习。学生成横队，列于进攻线后，听教师口令，一起做两步助跑起跳练习。

（3）徒手模仿扣球挥臂练习。按规定的队形听教师口令做挥臂练习，要求挥臂放松自然，成弧形挥动，有鞭甩动作。

（4）扣固定球。练习扣吊球或两人一组，一人双手持球高举，另一人原地扣固定球；或自己左手举球，右手做挥臂击球练习。要求击球时全手掌包满球做快速鞭打动作。

（5）自抛自扣。原地对墙自抛自扣或自抛跳起扣球。

（6）对墙扣反弹球。离墙 3 ~4 米，连续对墙扣反弹球。

（7）降低球网自抛自扣。

（8）两人一组，降低球网一抛一扣。

（9）4 号位扣球。先将球传给 3 号位，再由 3 号位把球顺网抛或传给 4 号位，扣球者上步助跑起跳扣球。要求掌握好助跑起跳时机和节奏，在空中保持好人与球网的位置关系。下落时控制身体，避免触网。

六、拦网

拦网是排球运动基本技术之一，指队员在球网上空拦阻对方击来的球。拦网是防守反击的第一道防线，也是有效的得分手段，可分为单人拦网和集体拦网两种。拦网由准备姿势、移动、起跳、空中拦击和落地几个环节组成。

（一）动作要点

（以单人拦网为例）队员面对球网，两脚左右开立约与肩宽，距网 30～40 厘米，两膝微屈，两臂在胸前自然屈肘。按移动距离的长短可采用并步、滑步、交叉步、跑步等。原地起跳时重心降低，两膝微屈，用力蹬地，使身体垂直起跳；移动后起跳制动时，双脚尖转向网，同时利用手臂摆动帮助起跳。两手从额前平行球网向网上沿前上方伸出，两臂平行伸直，两肩尽量上提，两臂尽力过网伸向对方上空。两手自然张开接近球，触球时两手要突然紧张，用力屈腕，主动捂盖球体前上方。2、4 号位拦网时，外侧手的手腕应稍内转。

图 6－14　拦网

（二）练习方法

（1）原地做拦网的徒手动作练习。

（2）做网前原地起跳拦网和移动起跳拦网的模仿练习。

（3）两队隔网迎面，同时从一端向另一端移动起跳做拦网模仿练习，在网口上相互击掌。

（4）两人一组，一人站在高台上持球，另一人跳起拦固定球。

（5）两人一组，一人原地起跳扣自抛球，另一人做拦网练习。

（6）做由 3 号位向 2、4 号位的移动拦网练习，结合扣球练习拦网。

第三节　排球运动基本战术

排球运动战术是指队员在比赛中，根据规则的要求、排球运动规律以及彼我双方的具体情况，合理运用技术所采用的有意识、有目的、有组织的个人和集体配合行动。拥有全面、准确、熟练和实用的技术是组织战术的基础，而合理地运用战术又能更加充分地发挥技术的威力。排球运动战术分为个人战术和集体战术。个人战术是集体战术的组成部分。集体战术可分为进攻战术和防守战术。

一、阵容配备、交换位置和信号联系

（一）阵容配备

阵容配备是合理地搭配场上队员，充分发挥每个队员特长和作用的组织手段。根据各队不同的技术水平和战术特点，阵容配备一般有以下三种形式。

1.“四二”配备

即场上两个二传、四个攻手（其中两个主攻手、两个副攻手），均安排在对称的位置上。每个进攻队员都必须熟悉两个二传队员的传球特点，配合比较困难。

2.“五一”配备

即场上一个二传队员、五个进攻队员。为了弥补有时主要二传队员来不及传球所出现的被动局面，通常在二传队员的对角位置上配备一名有进攻能力的接应二传队员。“五一”配备中，全队进攻队员只需适应一名二传队员传球的习惯、特点，容易建立配合间的默契。

3.“三三”配备

即三名能攻的队员与三名能传的队员间隔站位，使每一轮次都有传有扣，这是初学者常用的阵容配备。

（二）交换位置

排球比赛规则规定，发球以后，队员在场上可任意交换位置。利用这一规则，各队通常采用专位进攻、专位防守的方法。一般来说，在前排，主攻队员换在4号位，拦网好、移动快、连续起跳能力强的副攻队员换到3号位，二传队员换到2号位；在后排，主攻队员换到5号位，副攻队员换到6号位，二传队员换到1号位。这种位置交换，使队员专位化，便于发挥每个队员的特长，有利于让队员集中学习、训练、掌握某项实用技术。但专位化也容易造成队员技术的不全面。

换位时应注意：换位前，应按规则的要求站位，防止出现“位置错误”犯规；当发球队员击球后，立即迅速换到预定位置；对方发球时，应首先准备接球，然后再换位，以免影响接发球；本方发球时换位队员应面向对方场区，观察对方动态；成死球后，应立即返回原位，及早做好下一个球的准备。

（三）信号联系

排球运动是一个集体项目，在实现快速多变的进攻战术时，必须通过信号联系才能统一行动。一个队的信号联系要根据本队的情况，由教练员和运动员共同协商来确定，联系信号力求简单、精练、清晰，使本队队员明了。

1. 语言联系

指使用语言直接进行联系。也可将战术编成代号，以代号进行联系。但语言联系容易泄露意图，有时可以采用真真假假来迷惑对手，如讲快打慢、讲拉打近等。

2. 手势信号联系

指通过事先约定的各种手势进行规定的战术配合。手势一般由二传队员、进攻队员或二传队员和进攻队员相结合发出。

二、个人战术

个人战术是集体战术的组成部分，运用个人战术不仅可以提高个人的技术动作效果，还能补充集体战术的不足。个人战术有发球、一传、二传、扣球、拦网及后排防守等。

（一）发球个人战术

发球个人战术具有相对的独立性和自主性。运用发球个人战术的目的是破坏对方的一传，为本方得分或反击创造有利条件。可根据临场比赛的变化采取不同的发球技术，如选用加强攻击性、控制落点、改变路线、变换发球方法，等等。

（二）一传个人战术

一传个人战术是为了组成本队的进攻战术而有目的地垫击。由于各种进攻战术对一传的要求不同，所以一传的方向、弧度、速度、落点和节奏也各有特点。如组织快攻的一传弧度要低平，遇对方传或垫过来的球可用上手传球，必要时可直接将球传或垫入对方空当等。

（三）二传个人战术

二传个人战术主要是运用传球的时空和动作变化，按临场需要有效地组织进攻战术，为进攻创造最佳时机。同时还要发挥本身的突然袭击能力，如改传为扣球、吊球等。

（四）扣球个人战术

扣球队员根据比赛中对方拦网和防守情况选择合理有效的扣球方法和路线，以达到突破对方防守的目的。可以采用避开拦网手、打手出界、平打、转体转腕、打吊结合等手段。

（五）拦网个人战术

拦网个人战术是通过准确的起跳时机、空中的拦网高度和拦击面、手型动作的变化等因素来实现的。具体运用如站直拦斜、站斜拦直、空中变化手型和拦网部位等。

（六）后排防守个人战术

后排防守队员要选择有利的位置，采用合理的击球动作，将球有效地接起来，组织各种进攻。应根据对方二传球的方向和落点、扣球者的特点和习惯及本方拦网的分工等采用适宜的行动。

三、集体战术

（一）进攻战术

进攻战术是指在接对方发过来、扣过来、拦过来和传、垫过来的球后，全队所采取的有目的、有组织的配合进攻行动。进攻战术分为进攻阵型和进攻打法。

1. 进攻阵型

进攻阵型即进攻时所采取的队形，包括“中一二”“边一二”“插上”三种阵型。

（1）“中一二”进攻阵型。指3号位队员作二传，将球传给4、2号位队员进攻的组织形式。其优点是一传向网中3号位垫球比较容易，因而有利于组成进攻，适合初学者采用；二传在网前接应一传的移动距离近，向2、4号位传球的距离较短，容易传准。缺点是战术变化少，容易被对方识破进攻意图。

（2）“边一二”进攻阵型。指2号位队员作二传，将球传给3、4号位队员进攻的组织形式。其优点是右手扣球者在3、4号位扣球比较顺手，战术变化较多。缺点是5号位接一传时，向2号位垫球距离较远；一传垫到4号位时，二传传球较为困难。

(3)“插上”进攻阵型。指由后排插上前排作二传,把球传给前排4、3、2号位队员进攻的组织形式。其优点是能保持前排三点进攻,战术配合变化多,并能利用网的全长组织进攻。缺点是对插上二传队员的要求较高。

2. 进攻打法

进攻打法是指二传队员与扣球队员之间所组织的各种进攻配合。包括强攻、快攻和两次球及其转移进攻三种基本打法。每种打法中又有若干不同战术配合。而所有这些打法又都可以在“中一二”“边一二”和“插上”三种进攻阵型中具体运用。

(1)强攻。强攻指在没有同伴掩护、对方有准备的拦防情况下,强行突破的进攻。强攻的二传球较高,根据不同的二传球位置,可以分为集中进攻、拉开进攻、围绕进攻、调整进攻等,后排队员的高球进攻也属于强攻的打法。

(2)快攻。快攻指扣二传传出的各种平快球,以及用这些平快球作掩护所组成的各种战术配合。可以分为平快球进攻、自我掩护进攻、快球掩护进攻三类。平快球进攻常用的有前快、背快、短平快、平拉开、背溜、调整快、远网快、后排快、单脚起跳快等。自我掩护进攻包括时间差、位置差、空间差的进攻。快球掩护进攻包括各种交叉进攻、夹塞进攻、梯次进攻等。

(3)两次球及其转移进攻。指一传来球较高,又在网前适合扣球的位置上,前排队员跳起来直接进行扣球,如遇拦网,就在空中改作二传,把球转移给其他前排队员进攻。

(二)防守战术

防守战术是组织进攻或反攻战术的基础,没有严密的防守,就无从组织进攻。

1. 接发球

当对方发球时,本方处于防守地位,也是组织第一次进攻的开始。事先站好位置,摆好阵型,是接好发球的基础。站位的阵型,不仅要有利于接球,也要有利于本方所采用的进攻战术。同时,还要根据对方发球的特点,采取不同的阵型。通常多采用五人接发球和四人接发球阵型。

(1)五人接发球阵型。即除1名二传队员站在网前或从后排插上队员不接发球外,其余5名队员都担负一传任务的接发球站位阵型。这种阵型适用于初学或水平较低的球队。

(2)四人接发球阵型。即除了插上二传队员与同列的前排队员均站在网前不接发球,其他4名队员成弧形站位接发球的阵型。这种阵型适用于水平较高的球队。

不论采用哪种站位阵型,都要合理取位,明确范围,注意接应保护。

2. 接扣球

接扣球的防守与组织反攻是密不可分的,只有防守成功才能富有成效地反攻。接扣球的防守战术是前排拦网与后排防守的整体配合,根据对方进攻情况、本队队员特长、防守后的反攻打法,一般可分为不拦网、单人拦网、双人拦网和三人拦网的防守阵型。

(1)不拦网的防守阵型。在对方进攻较弱,没有必要进行拦网时,可以采用不拦网的防守阵型。这种阵型与五人接发球站位阵型相似。前排进攻队员要撤到进攻线后,准备防守和防守后的反攻;后排队员后退,准备防后场球;二传队员留在网前,准备接吊到网前的球和组织进攻。

(2)单人拦网的防守阵型。在对方攻势不强或不得已的情况下,一般采用单人拦网的防守阵型。拦网队员拦扣球人的主要进攻路线,不拦网队员一人保护,一人后撤到防前区,后排组成弧形防守。

(3)双人拦网的防守阵型。对方水平较高、进攻力量较强、进攻路线变化较多时,多采用这种防守阵型,即2人拦网、4人接球。通常分为“边跟进”和“心跟进”两种。

①“边跟进”阵型也称为“马蹄形”或“1、5号位跟进”防守阵型,在对方进攻能力比较强、战术变化多、吊球较少时采用。前排两人拦网,另一人后撤,协同后排组成弧形防守。

②“心跟进”阵型也称“6 号位跟进”阵型。在本方拦网能力强，对方采取打吊结合、轻扣时采用。2、3 号位队员拦网，后排中的 6 号位队员跟在拦网队员之后进行保护，其余 3 名队员组成后排弧形防守。

(4)三人拦网的防守阵型。在对方扣球队员攻击性强、线路变化多、不善吊球的情况下采用，主要是拦对方的强攻。这种阵型加强了网上力量，但后防的空隙也相对增大，同时也给拦网后组织反攻增加了难度。因此，在比赛中要灵活运用。

3. 接拦回球

本方扣球时必须加强保护，积极防被拦回来的球，并及时组织继续进攻。由于拦网人可以将手伸过网拦网，被拦回的球通常速度快、角度小，因而接拦回球的保护阵型应形成多道防线的弧形，且第一道防线紧跟在扣球人身后。

4. 接传、垫球

当对方无法组织进攻，被迫用传、垫球将球击入我方时，我方采用的防守便称为接传、垫球的防守。这种情况在初学者中出现较多。由于来球的攻击性弱，本方的防守阵型与不拦网情况下的防守阵型相同，即除前排二传队员外，其他队员都迅速后撤到各自的位置，准备接球后组织进攻。需要注意的是，在后撤和换位的过程中，动作要迅速并随时做好接球的准备。

第四节　排球比赛基本规则

一、场地

排球比赛场区长 18 米、宽 9 米，中间有中线和球网将场地平分为两个边长 9 米的正方形，两边各有一条与中线平行的进攻限制线，距中线 3 米，进攻限制线又将各边场地划分为前场区和后场区。男子排球比赛网高 2.43米，女子排球比赛网高 2.24 米。网两端各有长 1 米、宽 5 厘米的白色标志带垂直边线，两端白色标志带外沿分别设有长 86 厘米的标志杆。场上所有线宽 5 厘米，边线和端线都包括在比赛场区的面积之内。

二、位置与轮转

发球时，双方队员除发球队员外，必须站在场内各自位置上，分成前后两排，每排 3 人，近网 3 人为前排队员，自左至右为 4、3、2 号位，后排队员自左至右为 5、6、1 号位。发球队员击球后，双方队员可在本场任意换位。但在发球队员击球的一刹那，双方任何一位队员未按上述排列站位即判位置错误。判断的依据是看脚的着地部分，即前排队员一只脚的某一部分必须比同列后排队员的双脚距离中线更近，左边或右边队员一只脚的某部分必须比同排队员的双脚距其同侧边线更近。发球队员在发球击球时免除位置错误犯规。当接发球队胜一球或对方犯规、失误时，本方取得发球权，也得到一分，同时该队队员应按顺时针方向轮转一个位置后，由 1 号位队员在发球区发球。

三、暂停和换人

在前四局比赛中，每局比赛均有两次技术暂停，各为 60 秒，每当分数领先的队达到 8 分和 16 分时，执行技术暂停。除技术暂停外，前四局比赛每局每队可以请求暂停两次，时间为 30 秒。第五局无技术暂停，每队在该局可请求两次 30 秒的暂停。暂停时，队员必须离开比赛场地到球队席附近的无障碍区。

在裁判员的准许下，一名队员离开比赛场地，而另一名队员占据其位置的行动称为替换。每局比赛中，每队最多可替换 5 人次。在同一次换人请求中可以同时换一人或多人。换人的时机是在比赛成死球后，下一个比赛开始之前。目前换人执行快速换人，即场外队员在比赛间断时手持换人牌进入换人区，并且做好上场的一切准备。同一局比赛中，上场队员只能退出比赛一次，再上场时只能回到现轮次的位置，即在同一局比赛中，主力队员被替补队员替换下场，其再上场时只能换替其上场的替补队员。在比赛中，只有教练员才能提出暂停或换人。当教练员缺席时，场上队长可以请求暂停或换人。

四、动作和犯规

在排球比赛过程中，有一系列的动作犯规，这里对几种经常出现的作简要介绍。

(一)发球

发球队员必须在发球区内发球，不得踏及端线或发球区线以外的无障碍区。跳发球的助跑可在发球区以外，但起跳点必须在发球区内，着地后可以落在场区内。在裁判员鸣哨后，发球队员必须在 8 秒内将球击出，裁判员鸣哨允许发球之前的发球无效，应重新发球，不予判罚。

发球时球必须抛起或撤离持球手，发球队员在球落地前用一只手或手臂的任何部分将球击出。球只能被抛起或撤离一次，但发球队员拍球或在手中摆弄球是允许的。发球队胜一球时，原发球队队员或其替补队员继续发球；当接发球队胜一球时获得发球权并按顺时针轮转一个位置，由前排右侧 2 号队员轮至后排右侧 1 号位发球。发球队的队员不得利用掩护阻挡对方观察发球球员，否则即为发球掩护犯规。

在发球时，发球队个人或集体挥臂、跳跃、左右移动或集体密集站立遮挡了球的飞行路线，即构成发球掩护。此外，如果出现发球次序错误，即使出现位置错误，也判发球犯规。出现以下情形，视为发球后的犯规：①球触及发球队队员或整体没有从过网区通过球网垂直平面进入界内；②发球时，本方队员进行掩护。位置错误只是出现在发球队员击球一瞬间，击球前后都不存在位置错误。因此，判断是发球犯规还是位置错误的依据就是发生的时间是在击球前后还是击球一瞬间。

(二)触球

在比赛过程中，除拦网外，每方最多击球 3 次(拦网不算一次击球)，并将球击回对方场区。一名队员不得连续击球两次，但拦网后可以再次击球。球可以触及队员身体的任何部位，但球必须被击出，不得接住或抛出，否则视为持球犯规。如果一名队员有明显的连续两次出球，而在这两次之间其他队员没有触球，则视为连击犯规(拦网队员除外)。在第一次击球时，允许身体不同部位在一个动作中连续触球，但上手传球除外。一个队除拦网外，连续触球 4 次则为 4 次击球犯规。

(三)进攻性击球

除发球和拦网外，所有直接向对方击球的行为都称为进攻性击球。前排队员可在本场区内对任何高度的球完成进攻性击球，但触球时必须在本场地空间，否则为过网击球犯规。后排队员可以在进攻线后对任何高度的球完成进攻性击球，但是起跳时脚不得踏及或超过进攻线，击球后可以落在前场区。后排队员也可以在前场区完成进攻性击球，但触球时球的一部分必须低于球网上沿。因此，后排队员的进攻性击球犯规必须同时具备三个条件：击球时脚踏及前场区、击球点高于球网、完成进攻性击球。接发球队队员不能对处于前场区内高于球网上沿的对方发球完成进攻性击球，自由人不可以对高于球网上沿的球完成进攻性击球，队员在高于球网处不可以对同队自由人在前场区用上手传的球完成进攻性击球。

(四)拦网

拦网是队员靠近球网在高于球网处阻挡对方来球的行动，与触球点是否高于球网无关，但队员触球时身体的一部分必须高于球网上沿。只有前排队员可以完成拦网，拦网时球可以触及队员身体任何部位。拦网不算一次击球，拦网后该队还可以击球 3 次。如果在标志杆外的对方空间进行拦网并触球，或在对方场区空间内妨碍对方击球、拦发球、后排队员参加拦网并起到拦网作用，均为拦网犯规。

（五）触网和网下穿越

队员的一只（两只）脚部分越过中线触及对方场区的同时，其余部分接触中线或置于中线上空是允许的。在不妨碍对方比赛的情况下，允许队员在网下穿越进入对方空间。脚以上的身体任何其他部位触及对方场区也是允许的，但不得干扰对方。队员击球时，不得触及球网或标志杆，击球后可以触及网柱、网绳或标志杆以外的其他任何物体，包括球网本身，但不得干扰比赛。由于球被击入球网而造成的球网触及队员不算犯规。

（六）犯规和判罚

比赛中参加者因动作或行为违反规则而犯规，应分别予以判罚。属于动作犯规的，则判对方得一分；属于行为犯规的，则按其表现程度分情况给予口头或手势警告、黄牌、红牌、红黄牌的判罚。

五、自由防守队员

自由防守队员（简称 L 队员）的服装必须有明显标志。每队场上只能有一名自由防守队员。该队员的换人不计入正常换人次数，其换人次数不限，但不得参与正常换人。L 队员的换人在死球时即可进行，不需经过请求，也不用换人牌。L 队员只能作为后排队员进行比赛，不得参与拦网或将高于网的球直接击入对方场地，且 L 队员不能发球。L 队员在前场区上手传球时，同伴不得将高于球网的球攻入对方场地。L 队员不能担任队长和场上队长，其服装必须一致，上衣（或专用背心）颜色必须与其他同队队员有明显区别，样式可以不同，但必须有与全队一样的号码。

六、得分与比赛结果

排球比赛采用 5 局 3 胜制，对方在比赛中失误、犯规或被判罚失分则该队得 1 分，先得 25 分并领先 2 分或 24 分平后连得 2 分（26∶24）为胜一局；胜 3 局的队为胜一场。2∶2 平局时，决胜局打至 15 分并领先对方 2 分为获胜。某队被判弃权时，则另一队以 25∶0 的比分和 3∶0 的比局获胜。

第七章　足球运动

本章要点

足球运动深受大学生的喜爱。本章主要介绍了足球运动的基本理论知识、足球运动基本技术和战术以及足球比赛基本规则，足球运动基本技术主要包括颠球、踢球、接球、运球等，足球运动基本战术主要包括个人战术和集体战术。

学习目标

了解足球运动的起源与发展。

掌握足球运动的基本技术、基本战术和足球比赛基本规则，全面提高身体素质。

通过参与足球运动，培养团队精神、拼搏精神以及规则意识，为实现体育强国梦作出贡献。

第一节　足球运动概述

蹴鞠是古代足球运动最早的形式，始于战国时代，在唐朝流行。国际足球联合会在 2004 年确认足球运动起源于我国山东。

现代足球运动被认为起源于 19 世纪中期的英国，最早的职业联赛也在同地开始。1863 年 10 月 25 日，世界第一个正式的足球组织英格兰足球协会在英国首都伦敦成立，这一天也被作为现代足球运动的诞生日。此后，足球运动在全球广泛传播。而现代足球运动的比赛规章，皆由当时的英格兰足球协会比赛规章演化而来。

目前，欧洲与南美洲被公认为是足球运动水准最高的两大洲，主要的足球强国都集中在这两个洲，足球运动在这两大洲都有着举足轻重的地位。欧洲足球运动流派技术简练实用，注重配合，速度快，以西班牙、葡萄牙、德国、意大利、法国、英格兰等为代表。欧洲拥有世界上最高水准的职业联赛。南美洲足球运动流派则讲究个人技术，注重短传配合和个人突破，以巴西、阿根廷、乌拉圭、智利等为代表。

长期以来，足球运动在北美洲发展缓慢，在美国和加拿大都不是第一运动，但近些年美国的足球运动水准有了很大提升，美国职业足球大联盟亦吸引了越来越多的观众；而在中美洲的大多数国家足球运动均为第一运动，而且实力不俗，最强的球队是墨西哥。

大洋洲则以新西兰独强，其他国家足球运动水准较低。虽然澳大利亚的实力强于新西兰，但其已在 2005 年脱离大洋洲加入了亚足联。

足球运动在非洲是第一运动，非洲尤其是西部非洲足球运动水准提升得很快，尼日利亚、塞内加尔、科特迪瓦、喀麦隆、加纳涌现出不少优秀球员。

足球运动在亚洲地区也非常盛行，但大多数国家足球运动水准并不高。随着澳大利亚的加入，亚洲足球运动水平有了一定的提高。亚洲实力比较突出的球队有澳大利亚、伊朗、日本和韩国等。

第二节　足球运动基本技术

一、颠球

颠球是指运动员用身体的各个有效部位连续地触击球，并加以控制尽量使球不落地的技术动作。

(1)双脚脚背颠球。脚向前上方摆动，用脚背击球，击球时踝关节固定，击球的下部。两脚可交替击球，也可用一只脚作支撑，用另一只脚连续击球。击球时用力均匀，使球始终控制在身体周围。

图 7－1　双脚脚背颠球

(2)双脚内侧、外侧颠球。抬脚屈膝，用脚的内侧或外侧向上摆动，击球的下部，两脚内侧或外侧交替击球。

(3)大腿颠球。抬腿屈膝，用大腿的中前部位向上击球的下部，两腿可交替击球，也可用一只脚作支撑，用另一侧的大腿连续击球。

图 7－2　大腿颠球

(4)头部颠球。两脚开立，膝盖微屈，用前额部位连续顶球的下部。顶球时，两眼注视球，两臂自然张开，以维持身体平衡。

二、踢球

踢球指运动员有目的地用脚把球击向预定目标的技术动作。踢球是足球运动技术中最重要的技术，主要用于传球和射门。

踢球的方法很多，主要有脚内侧踢球、脚背正面踢球、脚背内侧踢球、脚背外侧踢球以及脚尖踢球和脚跟踢球。它们的动作结构完全一致，均由助跑、支撑脚站位、踢球脚摆动、脚触球、踢球的随前动作五个环节组成。

（1）脚内侧踢球。它是用脚内侧部位（跖趾关节、舟骨、跟骨等所形成的平面）踢球的一种方法，其特点是脚与球接触面积大，出球准确平衡，且易于掌握。但由于踢球时要求大腿前摆到一定程度时需要外展且屈膝，故大腿与小腿的摆动都受到限制，因此出球力量相对较小。

①脚内侧踢定位球。直线助跑，最后一步稍大些，支撑脚站在球的侧面约 15 厘米处，脚尖正对出球方向，支撑腿膝关节微屈。在支撑脚着地时，踢球腿大腿带动小腿由后向前摆动，在前摆的过程中大腿外展，当膝关节的摆动接近球的正上方时，小腿作爆发式摆动，在触球前将脚跟送出使得脚内侧部位所形成的平面与出球方向垂直，踢球脚脚底与地面平行，脚尖微微翘起，踝关节功能性地紧张使脚型固定，触（击）球后身体跟随移动，髋关节向前送。

图 7－3　脚内侧踢定位球

②脚内侧踢空中球。根据来球速度和运行轨迹及时移动到位，踢球腿大腿抬起（屈）并外展，小腿屈并绕额状轴由后向前摆动，当摆至额状面时与球接触，击球的中部。

（2）脚背正面踢球（又称正脚背踢球）。脚背正面踢球摆幅相对较大，加之用脚背踢球接触面（脚背与球）相对较大，因而踢球力量也大，准确性也较强。但受以上因素影响，出球的方向及性质相对变化较小。在比赛中经常使用脚背正面踢定位球、地滚球、空中球、反弹球及倒勾球。踢的球的性质多为不旋转的直线球，但该方法也可用来踢抽击性前旋球。

①脚背正面踢定位球。直线助跑，最后一步稍大些，支撑脚积极着地支撑，在球的侧面 10～12 厘米处，脚尖正对出球方向，膝关节微屈，踢球腿随跑动向后摆动，小腿屈曲，支撑的同时踢球腿以髋关节为轴，通过大腿带动小腿由后向前摆动。当膝关节摆至接近球的正上方时，小腿作爆发式摆动，脚趾屈，以脚背正面部位击球的后中部。击球后身体及踢球腿随球前移。

图 7－4　脚背正面踢定位球

②脚背正面踢反弹球。根据来球的速度、运行轨迹、落点，支撑脚踏在球落点的侧面。在球落地时，踢球腿作爆发式前摆，在球刚弹离地面时，用脚背正面击球的中部，并控制小腿的上摆（送髋、膝关节向前平移），出球则不会过度。

（3）脚背内侧踢球。这是一种用第一跖骨和跖趾关节部位触击球的踢球方法。其技术结构与前两类踢球方法相同，技术细节则有所区别。

①脚背内侧踢定位球。斜线助跑，助跑方向与出球方向约成45°，最后一步稍大，以支撑脚底积极着地，脚尖指向出球方向，距球内侧后方约20～25厘米，膝关节微屈。支撑的同时，踢球腿已完成后摆，并开始以髋关节为轴通过大腿带动小腿由后向前摆动。当大腿摆至与支撑腿接近同一平面时，小腿作爆发式摆动，此时脚尖外转、脚背绷直，以脚背内侧部位触击球。击球后踢球腿及身体继续随球前移。

图7－5　脚背内侧踢定位球

②脚背内侧转身踢球。助跑结束前倒数第二步应向球的侧前方跨出（即与出球方向在支撑脚一侧的侧前方），最后一步略跳动并伴随转身支撑，脚尖对准出球方向，膝关节微屈，身体向支撑脚一侧倾斜，其余各环节与踢定位球相同。

③脚背内侧踢反弹球。根据来球的落点及时移动到位，在球离地（反弹）的瞬间踢球，其他的动作要求与踢定位球相同。这种踢球方法多用于踢侧方或侧前方来的空中下落的球。

（4）脚背外侧踢球。脚背外侧踢球是用第三、四、五跖骨部位接触球的一种方法。由于踢这种球的脚踝灵活性较强，摆腿方向变化较多，且助跑时又是正常的跑动姿势，故其出球隐蔽性较强，足球比赛中各种距离的弧线球及非弧线球均可使用。

图7－6　脚背外侧踢定位球

①脚背外侧踢定位球。助跑、支撑脚站位及踢球腿摆动均与脚背正面踢球技术的三个环节相同，触球是用脚背外侧部位。此时要求膝关节和脚尖内转，脚背绷紧，脚趾紧屈并提膝，触（击）球后身体随踢球腿的摆动前移。

②脚背外侧踢地滚球。可用于踢前方、侧前方及正侧方、侧后方来的地滚球。踢球的动作要求与踢定位球相同，但支撑脚站位应考虑球的滚动速度，以保证在脚触球的瞬间支撑脚与球的相对位置符合规格要求。

③脚背外侧踢反弹球。与脚背正面踢反弹球的方法相同，只是接触球时用脚背外侧部位触（击）球。

（5）脚尖踢球（又称脚尖捅球）。这是一种用脚尖部位接触球的方法，由于用脚尖踢球时出球异常迅速，雨天场地泥泞时多使用这种踢法。这种方法可以借助于踢球腿的最大长度，踢那些距离身体较远的非正常脚法无法踢到的球。具体方法是用支撑腿跳跃上步，踢球腿屈膝前跨，髋关节尽量前送，两臂上摆协助身体向前，小腿前伸，在踢球脚落地前用脚尖捅球的后中部。

（6）脚跟踢球。这是用脚跟（跟骨的后面）接触球的一种踢球方法。球在支撑脚外侧时，踢球脚在支撑脚前面交叉摆到支撑脚外侧用脚跟击球。球在支撑脚内侧时，踢球脚后摆用脚跟踢球。虽然人体结构的特点决定了这种踢球方法（大腿微伸小腿屈）产生的力量小，但这种踢球方法的出球方向向后，故有隐蔽性和突然性。

三、接球

接球是指运动员有目的地用身体的合理部位把运行中的球接下来，控制在所需要的范围内，以便更好地衔接下一个技术动作。接球是为下一个动作服务的，接球质量的好坏直接影响下一个动作能否顺利完成。比赛中来球性质、状态不同，所以接球应根据不同情况采用不同的动作方法。

接球的方法有多种，常用的有脚内侧、脚背正面、脚背外侧、脚底、大腿、腹部、胸部、头部等部位的接球。

（1）脚内侧接球。这是用脚内侧部位接球的一种技术。由于脚触球面积大，动作简单、较易掌握，所以比赛中经常使用这种技术接各种地滚球、平球、反弹球、空中球。

①脚内侧接地滚球。支撑脚脚尖正对来球，膝关节微屈，同侧肩正对来球。接球腿提膝，大腿外展，脚尖微翘，脚底基本与地面平行，脚内侧正对来球并前迎，当脚内侧与球接触的一刹那迅速后撤，把球接在脚下。若需将球接在侧面时，支撑脚脚尖应向同侧斜指，脚内侧与来球方向成一定角度触球，同时支撑脚提踵，以前脚掌为轴作适当转动，身体移动。当来球力量不大时，只需将脚提到一定的高度，并使脚内侧与地面形成锐角轻触球。也可在触球时用下切动作使球前进之力部分转变为旋转力，而将球接在脚下。

图 7－7　脚内侧接地滚球

②脚内侧接反弹球。根据来球的落点，及时移动到位，支撑脚与球落点的相对位置在球的侧前方，支撑腿

膝关节微屈，身体向接球后球运行的方向偏移；接球腿提起，小腿放松，脚尖微翘，脚内侧对着接球后球运行的方向并与地面成一锐角，当球落地反弹刚离地面时，大腿向接球后球运行的方向摆动，用脚内侧部位轻推球的中上部。用这种方法接球时，也可在触球时使球产生旋转以达到接好球的目的，但应注意球的旋转并及时加以调整。

③脚内侧接空中球。根据来球的速度及运行轨迹，及时移动到位。若为抛物线较小的平空球则应根据临场的实际情况选择适当高度的接球点，将接球腿抬起，使脚内侧部位对准来球的方向并前迎，脚在接触球的一瞬间后撤，并将球接在所需的位置上。

图 7－8　脚内侧接空中球

(2)脚背外侧接球。

①脚背外侧接地滚球。将接球点放在接球腿一侧，支撑腿膝关节微屈，接球腿提起，屈膝，脚内翻使小腿和脚背外侧与地面成一锐角，并对着接球后球运行的方向，脚离地面的高度应略等于球的半径，然后大腿向接球后球运行的方向推送，同时身体随球移动。

②脚背外侧接反弹球。根据来球的落点，及时移动到位，支撑脚站在来球落点的侧后方，除触球部位外，其他环节均与脚背外侧接地滚球相同。

(3)脚背正面接球。这种方法多用于接有较大抛物线的来球。根据球的落点，及时移动到位，脚背正面上迎下落的球，当球与脚面接触的一瞬间，接球脚与球下落的速度同步下撤，此时大腿膝关节、踝关节、脚趾均保持适度的紧张，脚尖微翘将球接到需要的地方。

用脚背正面接高空落下之球时，也可以将脚微抬起，并适度背屈，当球接触脚背的瞬间踝关节放松将球接到身体附近。

图 7－9　脚背正面接球

(4)脚底接球。由于脚底接球技术便于掌握，易于将球接到位置，故常被用来接各种地滚球和反弹球。

①脚底接地滚球。身体正对来球方向，移动前迎，支撑脚站在球的侧面（或前或后均可），脚尖正对来球方向，膝关节微屈，同时接球腿提起，膝关节微屈，脚略背屈，使脚底与地面成约小于45°角（且脚跟离开地面），一般以前脚掌接触球的上部为宜。在触球瞬间接球脚可轻微跖屈（前脚掌下点）将球停住，也可根据需要在接球同时将球推向前方或拉向身后。

图 7－10　脚底接地滚球

②脚底接反弹球。根据来球落点，及时前移迎球，支撑脚站在落点侧后方，脚尖正对来球方向，球落地瞬间，用前脚掌去触球的中上部，微伸膝，用脚掌将球接在体前。若需接在身后则应在触球瞬间继续屈膝，将球回拉，并伴随支撑脚以前脚掌为轴旋转 90°以上。

图 7－11　脚底接反弹球

(5)大腿接球。大腿接球一般可以用来接抛物线较大的高空球和略高于膝的低平球。

①大腿接抛物线较大的下落球。面对来球方向，根据球的落点迅速移动到位，接球腿大腿抬起，当球与大腿接触的瞬间大腿下撤将球接到需要的位置上。

②大腿接低平球。面对来球方向，根据来球高度，接球腿大腿微屈，送髋前迎来球，当球与大腿接触瞬间收撤大腿，使球落在所需要的位置上。

图 7－12　大腿接抛物线较大的下落球

（6）腹部接球。在激烈的比赛中运动员为了抢点控制球，根据比赛的需要也使用腹部接球。

①腹部接反弹球。接球者的身体正对来球方向跑动，判断好球的落点，身体前倾，腹部对准落地反弹的球，腹直肌保持紧张，推压球前进。也可在触球瞬间身体侧转，将球接向所需要的侧面。

②腹部接平空球。来球较突然且与腹部同高时，应先挺腹，在腹与球接触瞬间迅速含胸收腹，将球接下来。

（7）胸部接球。胸部接球由于接球部位较高，加之胸部面积大、肌肉较丰满等特点，易于掌握，故是接高球的一种好方法。胸部接球包括挺胸式、收胸式两种。

①挺胸式接球。面对来球站立（两脚左右或前后开立），两膝微屈，重心置于支撑面内，上体后仰，下颏微收，两臂自然张开，维持身体平衡。接触球瞬间，两脚蹬地，膝关节伸直用胸部轻托球的下部使球微微弹起于胸前上方。

图 7－13　挺胸式接球

对于较高的平直球也可采用这种方法将球接于胸前，但触球瞬间膝关节由直变屈，脚由提踵变全脚掌落地，整个身体保持接球时的姿势，下撤将球接在胸前。

②收胸式接球。多用于接齐胸高的平直球。面对来球，两脚左右或前后开立，两臂自然张开，挺胸迎球，触球瞬间收胸、收腹、臀部后移将球接在体前。若需将球按在体侧，则触球瞬间转体将球接在转体后相应的一侧。

（8）头部接球。高于胸部的来球可用头部接球。根据球的运行路线，面对来球，用前额正面接触球的中下部，下颏微抬，两臂自然张开，提踵伸膝，触球瞬间全脚掌着地，屈膝、塌腰、缩颈，全身保持上述姿势下撤将球接在附近。

四、运球

运球技术从狭义上讲，仅是指运球的方法，即指用身体的某一部分触球，使球能随运球者一起运动；从广义上看，则指不仅让球随人运动，还必须越过对方的防守。也就是说，如何使用这些运球方法达到越过对方防守的目的，这里就包含运球方法的运用问题。

(一)技术动作要领

常用的运球技术有脚内侧、脚背正面、脚背外侧、脚背内侧运球。

(1)脚内侧运球。要求在运球前进时支撑脚始终领先于球，位于球的侧前方，肩部指向运球方向，支撑腿膝关节微屈，重心放在支撑腿上，另一条腿提起屈膝，用脚内侧推球前进，然后运球脚着地。由于肩部指向运球方向，身体侧转，虽然移动速度较慢，但身体前倾有利于将对方与球隔开，因而这种技术多用在运球寻找配合传球时，或有对方阻拦需用身体作掩护时。

(2)脚背正面运球。运球时身体呈正常跑动姿势，上体稍前倾，步幅不宜过大，运球腿提起，膝关节稍屈，髋关节前送，提踵，脚尖下指，在着地前用脚背正面部位触球后中部将球推送前进。

由于脚背正面运球时身体呈正常跑动姿势，故可以发挥出较快的速度，因而这种技术多用在运球前方一定距离内无对手阻拦时。

图 7－14　脚背正面运球

(3)脚背外侧运球。运球时身体呈正常跑动姿势，上体稍前倾，步幅不宜过大，运球腿提起，膝关节稍屈，髋关节前送，提踵，脚尖绕矢状轴向内旋转，使脚背外侧正对运球方向，在运球脚落地前用脚背外侧推拨球的后中部。用脚背外侧运球时，身体姿势与正常跑动时相同，因而可以发挥出较快的速度，故其与脚背正面运球有相同的用途。另外，利用脚腕的动作可以很快改变脚背外侧所正对的方向，故在运球脚一侧改变方向时也多采用这种运球方法。这种方法能用身体将对手与球隔开，故掩护时也常使用。

图 7－15　脚背外侧运球

(4)脚背内侧运球。身体稍侧转并自然协调放松,步幅小,上体前倾,运球腿提起外展,膝微屈外转,提踵,脚尖外转,使脚背内侧正对运球方向,在运球脚落地前用脚背内侧推拨球,使球随身体前进。脚背内侧运球由于身体稍侧转,不能采用正常跑动姿势,因而不适用于高速运球。但由于接触部位和支撑位置的特点易于完成向支撑脚一侧的转动,故多用于向支撑脚一侧的转动变向运球。

图 7-16 脚背内侧运球

(5)其他。

①拨球。利用脚踝关节内侧的转动,以达到用脚背内侧或脚背外侧触球,将球拨向身体的侧前方、侧方、侧后方的目的。在过人时若使用拨球,还要在拨球后立即跟上推球,使球按预定方向运行。

②拉球。将前脚掌放在球的上部或侧上部,另一脚在球的侧后方支撑,然后触球脚向后下方用力将球拉回。

回拉球一般都是在躲开或引诱对方出脚抢球的瞬间将球拉回造成对方抢球落空,使其重心随抢球脚前移,乘对手难以返回的瞬间将球迅速推送出去越过防守。

拉球时,除了往回拉,也常使用接触球的上部向左右侧拉球。

③扣球。这种方法与拨球相同,不同的是它的用力是突然的并伴随着突然转身或急停,使对手在来不及调整重心的瞬间,突然从反方向推送球越过对手的防守。

④挑球。用脚背部位触球的下部并突然向上方挑起,在对手来不及实施挡球动作时球已越过,运球者随球迅速跟进。注意球一般不要挑得太高。

⑤颠球。运球过程中,有时球在空中或地面上跳动,根据对手抢截时所处位置或实施抢截时间,用恰当的部位将球颠起,越过对手可达到过人的目的。

(二)运球过人方法

前面所述仅是运球的基本方法,掌握了这些基本方法后,在无对手阻拦时可以将球控制在自己的周围。但若遇对手阻挡时要想越过对手的阻拦,必须恰当地综合使用这些方法,抓住对手瞬间出现的漏洞,达到越过对手的目的。

(1)利用速度强行过人。持球者以突然的快速推拨球(力量较大)与快速的奔跑相结合越过对手的阻拦。使用这种方法必须具备以下几个条件:对手身后的较大纵深内无其他的防守者,或其他防守者难以补位,或持球者高速运球。对手跑上来准备抢球,或持球者与防守者僵持时持球者突然推拨球起动。这种方法主要是持球者利用自己的起动速度或抓住对手突停突起,或突然起动时所耽误的时间。

(2)利用身体的掩护强行过人。当持球者接近对手时双方速度减慢,持球者侧身用身体靠住对手以另一侧脚将球拨出，同时转身将对手倚在身后并随球越过对手。这种方法要求：一是持球者有能力倚住对手而不被对手挤开；二是持球者将球控制在远离对手一侧，对手伸脚时不能触及球；三是持球者在抵住对手时不可将重心偏离支撑面，否则一旦对手闪开时自己也失去平衡。

(3)利用变速运球过人。对手在持球者侧面，持球者用另一侧脚运球，利用运球速度的变化达到甩掉对手或越过对手的目的。这种方法主要针对防守者是被动的，容易被运球者甩掉达到过人的目的。有时则采用突停突起甩掉对手，运球者必须能很好地控制球与自己的身体，做到球随人来，人随球走，只有这样才能达到过人的目的。

(4)恰当地组合推、拨、挑、扣、拉、颠等动作过人。以单脚或双脚轮流选用上述动作，使组合起来的动作适时地变化运球的方向与速度，使对手难以判断过人的方向与时机，或造成对手重心出现错误的移动。运球者抓住其漏洞而越过对手。

(5)利用穿裆球过人。当运球者遇到对手从正面阻拦时，发现对手两脚开立较大，而且重心在两脚之间，运球者应侧身运球接近对手，抓住时机将球从对手两脚之间推(拨)过，身体也随着从防守者侧面越过并控制球。这种过人的方法有时可以收到奇效。因为一般防守运球者时，多把注意力放在防止运球者从身体侧面越过，加之防守者使用左右开立的站法，脚下站得较死，转身比较困难，妨碍了转身、起动的速度。当防守者两腿左右开立并不大时，可以用假动作引诱防守者使其两腿分开较大，然后再使球穿裆而过。

(6)人球分路过人。这种方法主要是利用防守者注意力集中在球上，并认为可以触到球的心理，达到过人的目的。因此当防守者出脚抢球时，运球者抢先将球推(拨)到前方，而防守者的抢球脚未触到球着地时，身体重心也移过来了，这时运球者迅速从防守的另一侧越过去控制球，防守者再转身起动很难追上。若在推球时使用“蹭”的方法，蹭出弧线球来，就更有利于运球者越过防守者后控制球。

(7)运球假动作过人。这种方法是运球者利用腿部、上体的晃动使对手产生错觉，在对手做抢球动作时，使其重心产生错误的移动，运球者则抓住时机从另一方向越过对手。

比赛中运球过人的方法很多，只有熟练地掌握上述各种运球方法和动作，并注意掌握下列诸因素，才能在比赛中较有把握地完成运球过人。

(1)注意观察对手所处的位置，然后再决定自己所采取的过人方法。运球者应根据临场防守者所处的位置及状态来决定自己应采取的过人方法。例如：当运球者高速运球接近对手时，若对手快速迎上来抢球，就可以利用速度强行过人。

(2)掌握好过人时机。过人的时机要根据临场防守者的情况而定。如运球行进速度很快时，则应离对手距离近些再实施过人动作，否则对手将有时间转身起动将球追上。用假动作过人时，应善于利用对手因判断错误而造成重心移动的时机实施过人动作，这样，对手再调整重心时已为时过晚。

(3)掌握好过人时的距离。除利用速度强行过人外，其他方法都应是在距离对手一大步的地方，应大于运球者与球的距离，对手勉强可以触到球，但不会先于运球者触及球时使用。另外，这样的距离也便于运球者在做出动作使防守者重心发生错误移动时越过对手，而对手难以再进行成功的回追抢截。

五、抢截球

抢截球是指运动员在足球竞赛规则允许的范围内，使用身体的合理部位将对手的控球权夺过来或破坏掉的动作。

(1)正面跨步堵抢。抢球者两脚前后开立，迎着运球者而站，两膝微屈，身体重心下降并置于两脚间。当运球者与抢球者间的距离缩小到一定范围(即抢球者上前跨一大步可能触及球)，运球者脚触球后即将落地或刚刚落地时，抢球者用后脚用力蹬地并跨步向前，以脚内侧去堵截球，当堵住球时，另一只脚应迅速上步。若抢球脚堵住球，同时对手也堵住球时，则抢球者应将另一只脚迅速前移做支撑脚，抢球脚在不脱离球的情况下迅速向上提拉，使球从对手脚面滚过，身体重心也迅速跟上并将球控制好。

（2）合理冲撞抢球。当防守者并肩与运球者跑动追球时，防守者重心稍下降，靠近对手一侧的手臂紧贴身体，利用对方同侧脚离地的过程，用肘关节以上部位适当冲撞对手同样部位，使对手身体失去平衡，乘机将球控制住。

（3）正面铲球。抢球者移动接近控球者，膝关节微屈，重心下降，当控球者触球脚触球后尚未落地时，抢球者双脚沿地面向球滑铲，随即用手扶地作向一侧的翻滚，并尽快起身。

（4）异侧脚铲球。当双方都不能用正常的动作触球时（指跑动中），防守者应根据与球的距离，用同侧脚用力蹬地使身体跃出，异侧脚向前沿地面对着球滑出，用脚底将球铲出，然后小腿外侧、大腿外侧、手依次着地。或铲出球后身体向铲球腿一侧翻转，手撑地后立即起身，使身体恢复到与下一动作衔接的状态和位置。

（5）同侧脚铲球。防守者在跑动中根据双方离球的距离作出判断，当对手不能立即触球时，用异侧脚用力蹬地，使身体向前方跃出，同侧脚沿地面向前滑出的同时向外摆踢（脚踝应有向外的动作），用脚背外侧将球踢出。也可用脚尖将球捅出，接着向对手一侧翻转，手撑地迅速恢复到下一个动作所需要的位置。

六、头顶球

头顶球是指运动员有目的地用前额将球击向预定的目标的动作。足球比赛中不仅要处理各种各样不同形式和不同性质的地滚球，也要处理各种空中球。当遇到胸以下部位不能触及或规则不允许触及的一些球时就需要用头部来处理，因为头是人体最高的一个部位，颧骨的前面较为平坦，只要掌握顶球技术，顶出的球就会有力。现代足球比赛中对时间与空间的争夺异常激烈，头顶球技术的使用不仅使运动员占据空间，又能为运动员争取时间，所以头顶球是处理高空球的最重要手段。

使用头顶球技术，不仅可以进行传球、抢断球、高球射门，而且利用鱼跃头顶球可以扩大运动员的控制范围，以及在防守时抢险。

头顶球技术分为前额正面头顶球与前额侧面头顶球。

（1）前额正面头顶球。这是用额肌覆盖着的额骨正面部分去击球的一种动作方法。

图 7－17　前额正面头顶球

①原地头顶球。身体正对来球方向，眼睛注视运动中的球，两脚左右开立（或前后开立），膝关节微屈，重心置于两脚间的支撑面上（或后脚上），两臂自然张开。当球运行到将垂直于地面的垂线时，两腿用力蹬地，迅速向前摆体，微收下颏，在触球瞬间颈部作爆发式振摆，用前额正面击球中部，上体随球前摆。

②跑动头顶球。顶球的动作要领与原地头顶球相同，只是第一环节应正对来球跑出抢点。球顶出后，由于跑动速度较快，为保持平衡身体须随球向前移动。

③原地跳起头顶球。这种技术在本方传来或对方传来高球时运用。两膝屈，重心下降，然后两脚用力蹬地起跳，同时两臂屈肘上摆，在身体上升阶段展腹挺胸，两臂自然张开，眼睛注视来球，身体自然成背弓。当球运行至身体额状面时，迅速收腹，上体前摆，触球瞬间颈部作爆发性振摆，用前额正面将球顶出。同时两腿向前作振摆，球顶出后两腿屈膝屈踝落地。

④跑动跳起头顶球。一般助跑跳起顶球时都使用单脚起跳。根据来球的速度、运行轨迹，选好起跳位置，及时跑到起跳点，起跳前一步稍大些，起跳脚用力蹬地跳起，同时另一腿屈膝上摆，两臂屈肘自然上提。其余各环节与原地跳起头顶球相同。

⑤鱼跃头顶球。对于离身体较远的低空球，来不及移动到位处理必须抢点击球时（如抢救险球、射门等）可使用鱼跃头顶球技术。

当判断好来球的路线和选择好顶球点后，以单脚或双脚用力向前蹬地，身体接近水平状态向前跃出，同时两臂微屈前伸，手掌向下，眼睛注视来球，利用身体向前跃出的冲力，以前额正面顶球。顶球后，两手先着地，手指向前，接着以胸部、腹部和大腿依次着地。

⑥向后蹭顶球。分原地足顶与跳起蹭顶。第一环节分别与原地前额正面头顶球和前额正面跳起头顶球相同，当球运行到身体上空时，挺胸、展腹、扬下颏，身体向后上方伸展，用前额正面靠上的部位用力击球的下部，将球向后上方顶出。

（2）前额侧面头顶球。

①原地头顶球。根据来球的运行速度、运行轨迹，及时移动到位。两脚前后开立（或左右开立），出球方向的异侧脚在前，重心逐渐过渡到前脚上，眼睛注视来球，前膝微屈，两臂侧前后自然张开，当球运行至体前上方时，用力蹬地同时前脚掌适度旋转，上体向出球方向扭摆，同时用力向击球方向甩头，以前额侧面击球的后中部。

②跑动头顶球。与原地头顶球动作要领相同，不同的是此动作是在快速跑动中开始和完成的，注意完成动作后的身体平衡。

③跳起头顶球。分为原地跳起头顶球与助跑跳起头顶球。起跳动作及第一环节与前额正面跳起头顶球相同。在起跳后的身体上升阶段上体向出球的相反方向侧摆，在身体达到最高点时，上体急速向出球方向摆出，颈部扭摆甩头，用前额侧面击来球的后中部，将球击向预定的目标。落地时屈膝以缓冲落地力量并保持身体平衡。

七、假动作

足球比赛中，运动员为了争取时间、空间的优势，取得控球权或控制好球以达到射门的目的，常采用一些虚假动作掩饰自己的真实意图。使用虚假动作能使对手产生错误的判断，造成对手重心错误的偏移，形成对自己有利的形势以达到自己的目的。

假动作渗透在各种技术中，如踢球、接球、顶球、运球、抢截球、掷界外球以及守门员技术等。

（1）传球前的假踢。如传球前为了使堵住传球路线的对手闪开空当，可先向一方做假踢动作，当对手去堵假踢的传球路线时，突然改变踢球脚法将球从另一方向传出。

（2）接球前的假接。如对手在体侧紧逼的情况下，可先向一侧做假接球动作，当对手重心发生不适当的偏移时，突然改变方向向另一侧接球。

（3）接球前的假顶。接高度在胸或头部的空中来球，对手迎面上来准备在接球者接球后立即抢截，接球者可做出假顶的动作，迫使对手减速或停下，远离自己准备截获顶出之球，此时接球者突然用头或胸将球接在自己的控制范围。

（4）顶球前的假接。面对高空来球做出胸部接球的假动作，诱使对手逼近准备抢球，等对手逼近时，突然用头将球传出，使对手来不及去防守接球的队员。

(5)运球过人假动作。

①运球过人时的虚晃假动作。如面对对手控球过人时,对手逼得较紧,可向一侧用身体或腿部做虚晃动作(或是身体与腿同时并用)诱使对手跟随运球虚晃动作发生重心的偏移,然后迅速用另一脚脚背外侧向同侧拨球,并转身越过对手。

②用减速或停顿的假动作,再突然起动的方法越过对手。快速运球时,对手在自己一侧紧追不舍,待对手与自己跑平时,做一个减速或停顿的假动作,使对手产生错觉。当对手也减速或停顿时突然加速推球向前甩掉对手。

③当对手在侧后追抢时,运球者上前用异侧脚向前从球上跨过,诱使对手堵抢,然后用同一脚脚背外侧将球向另一侧扣回(或用另一脚脚背内侧将球扣回),甩掉对手。

④防守者从正面迎上准备抢球,运球者用一只脚假装向另一侧前方踢球,诱使对手上前堵截,此时改假踢脚为支撑脚,用另一脚内侧将球向另一侧推出或向对手胯下将球推过,接着迅速绕过对手运球前进。也可用脚背外侧作假踢将球从对手胯下拨过,运球继续前进。

(6)抢球假动作。作为防守者,当对手运球向自己跑来时,如果防守者能调动进攻者,就可以变被动为主动,而抢截假动作就是达到此目的的一种手段。如先使用假动作去堵截某一方向,使进攻者不敢从这一方向出球或运球,而另一方向正是抢截真动作实施的方向,防守者就可将球截获。

由于高速运球较难抢截,防守者稍一错移重心就会被运球者越过,因而防守者对于高速向自己运球而来的进攻者可采取假动作前扑,当对手看到防守者猛扑时会一拨而过,但防守者假扑后立即转身将运球者拨出之球夺下来。使用这种假动作时应注意距离,离进攻者太远时对方不易上当;离进攻者太近易弄巧成拙,反被进攻者突破。

八、掷界外球

由于掷界外球时接球人不受越位规则的约束,因此,掷界外球不仅可以用于恢复比赛,而且可以为进攻创造有利条件。尤其是在前场30米内掷界外球,将球直接掷入门前,可以给对方造成很大威胁。

(1)原地掷界外球。面对出球方向,两脚前后或左右开立,每脚均应有一部分站立在边线上或边线外。膝关节弯曲,上体后仰成背弓,重心移到后脚上(左右开立时,重心在两脚间),两手自然张开,拇指相对,持球的侧后部,屈肘将球置于头后。掷球时,后脚用力蹬地(或两脚用力蹬地),两腿迅速伸直,身体重心由后脚移到前脚,收腹屈体,同时两臂急速前摆。当球摆到头上时用力甩腕将球掷入场内。掷球时,后脚可沿地面向前滑动,两脚均不得离地。

图7-18　原地掷界外球

(2)助跑掷界外球。两手持球放在胸前,在助跑迈出最后一步时,上体后仰成背弓,同时将球上举至头后,掷球时的动作与原地掷界外球动作相同。将球掷出后,后脚可在地面上向前滑行,但不得离地。

九、守门员技术

(一)接球

接球是守门员最主要的技术,包括接地滚球、接平空球和接高空球。

(1)接地滚球。

①直腿式接球。两腿自然并立,脚尖正对来球,上体前屈,两臂并肘前迎,两手小指靠近,手掌对球。手触球的刹那随球后引屈肘、屈腕,两臂靠近将球抱于胸前。

②跪撑式接球。多用于向侧移步接球。接左侧球时,左腿屈,右腿跪撑于左脚附近,距离不得超过球的直径,其余动作与直腿式接球相同。接右侧球时,动作相同,方向相反。

图 7－19　跪撑式接球

(2)接平空球。平空球指膝以上、胸以下的空中球。接球时面对来球,两手掌心向上,两手小指相靠,前迎接球。上体前屈,当手触球时两臂向后撤引缓冲,将球抱于胸前。

图 7－20　接平空球

(3)接高空球。面对来球,两臂上伸,两手拇指相对呈“八”字形,其余四指微屈,手掌相对。在最高点手触球瞬间,手指、手腕适当用力,缓冲来球并将球接住,顺势转腕屈肘、下引将球抱于胸前。

(二)击托球

守门员在与一个或多个对手争抢空间或自己身体失去平衡时,运用拳击球。

(1)拳击球。准确判断来球运行路线，及时移动到位，握紧拳，在接近球的刹那迅速出拳击球。拳击球有单拳击球、双拳击球。单拳击球动作灵活，摆动幅度大，击球力量大。双拳击球接触球面积大，准确性高。

图 7－21　拳击球

(2)托球。判断来球运行路线后，向后跃起托球。托球时手指微张，手掌向外翻转，用手掌前部触球的下部，使球改变运行轨迹，呈弧线越过球门横梁。

图 7－22　托球

(三)扑接球

(1)扑侧面球。异侧脚用力蹬地，双手快速向侧伸出，一手置于球后，另一手置于球的侧后上方。同时身体向同侧脚方向倒地，落地时以小腿、大腿、臀、肘外侧依次着地，落地后抱球团身。

(2)扑平空球。近侧脚用力蹬地使身体跃起，身体在空中伸展，手指用力抓住球，接球后以球、肘、肩、上体、臀、腿外侧依次着地并迅速团身。

(四)发球

(1)手掷球。

①单手肩上掷球。两脚前后开立，两膝弯曲，单手持球，屈臂于肩上。掷球时，持球手臂后引，同时身体随之侧转，重心移到后脚上。掷球时，后脚向后蹬地，用转体和挥臂、甩腕的力量将球掷向预定的目标。

②侧身勾手掷球。两脚前后开立，身体侧对出球方向，单手持球后引，臂微屈，同时重心移到后脚上。掷球时，后脚用力向后蹬地，同时转体，重心由后脚移向前脚。当持球手臂由后经体侧沿弧线摆至肩上时，手指和手腕用力将球掷向预定的目标。

（2）脚踢球。

①踢空中球。将球置于体前，在球自由下落过程中踢球。此方法多用于远距离踢球或雨天场地泥泞时。

②踢反弹球。体前抛球，在球落地后反弹起来的瞬间将球踢出。其比踢空中球准确性要高，速度较快，出球弧度低，隐蔽性强。

这两种踢球的动作与脚背正面踢球基本相同，但由于要求踢得远，所以守门员都是向前上方踢。

第三节　足球运动基本战术

一、个人战术

（一）个人进攻战术

（1）跑位。跑位在足球比赛中的地位至关重要，其是拿球的前提。

①套边跑。套边跑是跑位队员从持球队员身后插入外侧的跑动。这种跑位方法常常被用在边前卫和边后卫的配合中，当边前卫拿球时，边后卫利用对手上前防守背后留下空当的时机，从边前卫身后插入助攻。此战术在注重边路进攻的球队中经常可以看到。

②身后跑。身后跑是进攻队员插向防守队员的身后的跑动。此种跑位方法经常在中路配合进攻时被前锋队员运用，当前锋插向防守队员身后时，中场队员看准时机将球塞给前锋，前锋就此直插对方防守要害，给对方以致命打击。由于中路是各个球队的防守要地，每个球队都会重点防守，所以这种直塞的成功率一般不会很高，需要跑位、传球队员之间有很好的默契。

③斜线跑。斜线跑是指近似球场对角线的跑位。斜线跑分为向外斜线跑和向内斜线跑。向外斜线跑的主要目的是在一边进攻无法进行的情况下，将球转移至防守薄弱的另一边。向内斜线跑主要是在反击中跑位队员向拿球队员靠拢时用的战术。

（2）传球。传球是集体配合的基础，是完成战术配合、创造射门机会的主要手段，也是迅速逼近对方球门最有效的方法。在比赛中传球方法多种多样，而选择传球目标、掌握传球时机、控制传球的力量是衡量战术意识和传球技能的重要标志。

①传球的目标。一般分为向脚下传和向空位传两种，向前、向空位传球是主要的，过多的横传、向脚下传球不符合快速的要求，单一的向前、向空位传球也不会收到良好的效果，所以二者必须结合使用。

②传球的时机。比赛中的传球有两种情况：一种是传球在先，跑位在后，传球指挥跑位；另一种是跑位在先，传球在后，让跑位促使传球。无论哪一种情况都要求传球及时，早一点或晚一点都可能造成失误，这就需要控球队员对本队和对方队员的位置有正确的判断，这些经验又必须通过比赛和近似于比赛的对抗性练习才能获得。

③传球的力量。传球的力量应适度，有利于接球者处理球。在向被对手紧逼的同伴脚下传球时，传球力量要小些，并且将球传向远离防守队员的一侧脚。否则，易被对方队员抢断。向空位传球时，一般要求球到人到，人到球到，但在向有较大纵深距离的空位传球时，若突破接应的队员速度快，补位的防守队员离得也较远，传球力量就要大些，以利于发挥突破队员的速度。

（3）运球过人。也称带球过人，指进攻队员带球闪过对手的争抢，突破守方防线的技术。由带球中脚部的推拨、拖拉、搓削、扣、挑等动作，配合上体、下肢、头部的虚晃动作组合而成。

带球中控球能力、突然加速以及对过人时间、距离的准确掌握是运球过人动作成功的重要因素。运球过人能造成局部地区以多打少的有利局面，是破紧逼盯人和密集防守的重要手段。它与传球配合相辅相成。

（二）个人防守战术

（1）选位与盯人。选位是指防守队员根据位置职责和临场情况，选择适当的防守位置。盯人是指在正确选位的基础上，对防守的对手实施监控或严密控制其进攻行动。

（2）断球。断球是指将对方的传球从途中截下来或破坏掉的战术行动。断球是转守为攻最主动、最有效的战术行动，能在对方来不及反抢的状态下快速反击。

（3）抢球。抢球是指将对方控运的球抢过来或破坏掉的战术行动。抢球是重要的个人战术，是个人防守能力的重要标志。

（4）封堵。封堵是指防守队员用身体某一部位挡住对方的传球或射门的战术行动。封堵分为正面封堵和侧面封堵。

①正面封堵。正面封堵是指当对方射门时，及时迎上去，正面用身体封堵住射门角度。正面封堵要及时、准确、勇猛。

②侧面封堵。侧面封堵是指对方从边路突破下底时，防守队员快速回追，奔跑中与运球对手形成同步位移状态，当对手传中球时及时同步封堵住传中球。

（5）个人防守战术的要求。

①密切注意刚刚传球的对手，时刻注意对其防守。传球后立即跑位的对手往往是最危险的对手，特别是在本方后场更应加倍防范。

②在攻守快速、频繁转换中，不断调整选位时，要注意与周围同伴保持合理距离和严密的队形。

③向前抢截与补位时，应先考虑自己身后是否会出现空当被对方利用。

④在禁区附近应注意：安全第一，站稳位置，切忌盲目乱抢被对方突破。对方射门时，要奋不顾身，坚决封堵，绝不可躲闪，使守门员陷入无法观察来不及移动的被动局面。

⑤切忌出现鲁莽行为和轻率犯规，尤其在对方攻至本方腹地时头脑要清楚，善于控制自己的情绪和动作。

⑥注意控制比赛的节奏，合理分配体能，不使体能过早、过快消耗掉。

二、集体战术

（一）进攻

集体战术是指两个或两个以上队员在比赛中为了完成全队攻防任务而采用的局部协同作战的配合方法，包括“二过一”战术配合、“三过二”战术配合、反切配合和交叉掩护配合等进攻战术。

（1）“二过一”战术配合。“二过一”是两个进攻队员，通过传球配合突破一个防守队员的战术配合方法。“二过一”是集体配合的基础，可以在任何场区、任何位置上运用这种方法来摆脱对方的抢截或突破防线。“二过一”是进攻的两个队员之间相距10米左右，进行一传一切的配合。要求传球平稳及时，一般多用脚内侧、脚外侧等脚法，以传地平球为主。传球的位置，尽可能是接球人脚下或前面两三步远的地方。

（2）“三过二”战术配合。“三过二”是在比赛中局部地区3个进攻队员通过连续配合突破两个防守者防守的战术配合方法。由于这种配合有两个同队队员可以同时接应传球，因此使持球人传球路线变多，且进攻面扩大。

（3）传切配合。局部进攻战术中运用最多的就是传切配合，控球队员将球传给切入的进攻队员以达到突破对方防线的目的。在球场的局部区域，当进攻方控球队员受到防守方盯防时，需要通过传球来破坏对方的防守，此时进攻方跑位队员的向前切入就显得相当重要。一般在边路进攻时可采取直传斜切和斜传直切的配合方法，在中路则以斜传斜切为主。传球队员和跑位队员的传切配合能够起到成功突破对方封锁线的作用，起到进攻效果。除了局部的传切配合，当一侧进攻受阻时，还可以通过长传转移到另一侧，无人防守的切入队员得球后可顺利展开进攻。

(4)交叉掩护配合。局部地区两名进攻队员在运球突破时交叉换位,以自己的身体掩护同伴越过对方防守队员,这种方法就是交叉掩护配合,是局部进攻战术的重要配合形式。交叉掩护配合成功有两个基本要素:其一是进攻队员必须用自己的身体护住球并挡住两名防守队员,将球交给同伴后,要继续向前跑动;其二是接球队员必须主动迎面跑向运球同伴,交叉距离贴近,接球后快速向前带球。

(二)防守

(1)补位。补位是足球比赛中局部地区集体配合进行防守的一种方法。当防守过程中一个防守队员被对手突破时,另一个队员则立即上前进行堵封。

(2)围抢。围抢是指比赛中在某局部位置上,防守一方利用人数上的相对优势(通常是两三个队员)同时围堵对方的持球队员,以求在短暂时间内达到抢断或破坏对方的目的。

(3)造越位。越位防守是指越过球的位置。队员较球更接近对方球门线时,即处于越位位置。换句话说,当队员踢球或顶球时,同队接球队员在对方半场内所站的位置是在球的前面,并且他与对方球门线之间,对方队员不足两名(只有一名对方球员或没有)时,就是越位了。

造越位战术是指在进攻方传球前的瞬间,防守方球员突然全线压上,使目标球员处于越位位置。造越位战术是足球运动员防守时一种强而有力的手段,但对使用者要求非常高,因为一旦造越位失败或被对方利用反越位战术,就会被进攻方形成单刀,随时导致失球,所以非必要时大部分球队都不会冒险使用。

造越位战术常见于以下两种情况:防守方为了限制对方前锋游离的范围,故意将后防线压上至中圈附近;在防守方的半场内,防守方球员处于离进攻方球员较远或不利于防守的位置时。

三、整体战术

(一)进攻

(1)边路进攻。利用球场两侧地区发起进攻的方法叫边路进攻。边路进攻是全队进攻战术的主要形式之一,其主要特点是有利于发挥进攻速度,为打破对方防线制造缺口。

(2)中路进攻。中路进攻是利用球场中间区域组织的进攻,这种进攻虽能直接射门,但难度最大,因中路防守最为严密,球门前的攻击手必须是反应极其敏锐、意识强、技术高、敢于冒险、速度快和善于路位策应的队员。

(3)快速反击。比赛中当攻方进攻时,后卫线往往压至中场附近,防守人数也由于插上进攻和助攻而相对减少,此时如能抓住对方防区空隙较大和回防较慢的机会,乘其失球发动快速反击,往往能取得良好的效果。

(二)防守

(1)区域盯人防守。区域盯人防守具体指由场上每一名运动员负责一块防守区域,他的职责就是观察、盯防进入其防守区域的对手。当对方队员移动至另外一个区域时,两个区域的防守队员负责交接盯防此队员。根据比赛的场景,防守队员只负责其个人区域的防守,在此区域压缩空间或者保护身后空当,或者专注盯防一名队员。

区域盯人防守是压迫的基础,目的是减少对手可利用的空间,减少对手传球、运球、射门的可能性,延缓对手进攻速度,迫使其犯错误、增加有球区域的人数,争取夺回球权并作为发动攻击的出发点。

(2)人盯人防守。人盯人防守是指防守者通过各种方法,紧紧跟随并看住自己的对手。其基本目的在于严密控制对手在种种战术形势下的有效行动,诸如接球、挖运球、传射等。

盯人方式主要有紧逼盯人和松动盯人两种。紧逼盯人一般适用于禁区地带或盯接近球的进攻队员。松动盯人一般适用于盯离球远的队员。

防守者必须根据球的位置站在被盯者与本方球门线中点之间的连线上,并根据比赛情况,保持与球的适当距离。防守者在盯人过程中注意力必须高度集中,能够洞察周围局势,以便提前有准备地干扰被盯者接球或处理脚下球。盯人者通常有固定的被盯者或相对稳定的区域范围，为了防止盯人的漏失，每一盯人者除了完成自己的任务，还必须具备补漏意识和能力，以便在同伴失职后仍能保证整体防守的有效性。盯人者应当具备随机应变能力，当同伴防守吃紧时可见机进行夹击、围抢；当周围有球可断截时，应善于主动出击。各负其责是盯人成功的基本条件，而同伴间灵活、主动积极地协作，更能提高盯人防守的效果。盯人者在运用抢截技术时，必须谨慎小心，因为一旦失误，往往就会给本队造成以少防多的被动局面，给同伴增加压力。如果抢截失误，应即刻回追。盯人防守对盯人者体力的要求往往很高，盯人者必须根据自己体力状况，采用合理盯人形式。当体力不支时，盯人者可适当地减少盯人中的争抢，多用盯堵来达到防守目的。

（3）混合防守。混合防守是人盯人防守和区域盯人防守两种形式相互交织的防守打法，其最大特点是能根据对手情况，灵活地将人盯人防守和区域盯人防守的优点充分运用，以提高全队防守的效果。

混合防守的运用方式通常是，选择体力好、个人作战能力强的队员以人盯人防守盯住对方的核心队员，限制其行动自由，至于其他队员则多采用区域盯人防守。

四、定位球战术

（一）任意球直接射门

无论是在场地中间还是在两侧获得任意球的机会，只要有可能射门，最好的办法就是直接射门。随着守队排墙人数的增加，直接射入对方球门变得更加困难，因此，射手需要掌握高超的踢弧线球的技术。同时攻队队员常采用在对方人墙的两侧或中间“夹塞”的办法，或者在罚球点自行排成人墙，以此在射门前阻挡守门员的视线，使其看不清罚球队员动作，而在射门时这些队员迅速让出空当，使射出的球通过空当。

（二）任意球配合射门

在罚球区的侧角和两边，当不可能直接射门时，则应进行配合射门，配合射门主要分为短传配合和长传配合两种。但配合的传球次数宜少，宜简不宜繁。传球和射门配合要默契。为避开人墙要用声东击西假动作分散对方注意力。

（三）角球攻守战术

（1）角球进攻战术。角球进攻战术分为短传角球和长传角球。

（2）角球防守战术。对方踢角球时，可由 10 ~ 11 人参加防守。由一队员离球 8 ~ 9 米，封堵和限制对方角球的有效落点。

（四）界外球攻守战术

足球比赛中掷界外球的次数很多，特别是在前场的界外球，它已接近角球对双方所产生的影响和效果，且投掷界外球无越位限制，有利于进攻方的战术配合。

（1）掷界外球进攻战术。

①直接回传。由接球者直接或间接回传给掷球者，由掷球者组织进攻。

②摆脱接球。用突然的变速变向摆脱防守，接应或插入接球，展开进攻。

③长传攻击。由擅长掷球的队员掷出长传球，由同伴在对方门前配合攻击是经常用的方法。如掷球给跑动中的同伴，该同伴接球后用头顶后蹭传球，另两名队员配合同时包抄抢点攻门。

（2）界外球防守战术。

①在掷球局部要紧逼，特别是有可能接球者，要死盯。

②对比较危险的区域和有可能出现的空当要重点防守和保护。

③对手在前场掷球时，应采取相应的防守对策，派人在掷球者前面影响掷球的远度和准确性，对重点对象要盯紧，选择有利的防守位置。

(五)球门球战术

(1)进攻方法。

①长传和短传方式。直接将球踢出组织进攻。

②通过守门员与后卫的配合,由守门员再发球进攻。

(2)球门球的防守。

①当对方大脚发球时要严密控制落点和紧逼盯人并做好保护。

②当本队进攻结束,对方踢球门球时,除前锋队员干扰对方配合,延缓进攻速度外,其他队员应回防到位。

(六)开球战术

(1)开球进攻战术。

①组织推进。利用开球进行控制球、倒脚,寻找进攻机会。

②长传突袭。利用比赛刚开始对方思想不集中,站位不好,出现明显空当时,采用长传突袭,使对方措手不及。这种战术即使不能成功,也会给对方造成心理上的压力。

(2)开球防守战术。主要是全队思想集中,选好位置,严防对方偷袭。当对方采用短传推进时,按防守原则行动,力争尽快地夺得控球权。

(七)罚球点球战术

(1)以射准为主,以力射为辅,射球门的底角和上角最优,但要留有余地。

(2)心理要稳定,有必进的信心。

(3)先看守门员位置,决定射门方向,不能轻易改变决定。

(八)守门员战术

(1)应有必胜的信心,心理要稳定。

(2)可以采用故意放大一侧的方法,或者用假动作迷惑干扰对手。

(3)掌握对手惯用的脚法和射门方位等特点,有针对性地防守。

(4)不论射向哪个方向,总是向某一底角扑出,因为单纯靠反应再扑救是来不及的。

五、现代常见足球比赛阵型

(一)4-3-3 阵型

4-3-3 阵型由 4-2-4 阵型发展而来,多了一名中场球员(用来增强防守),中场球员可以在不同战术中发挥作用。三名中场一般紧贴来加强防守。一个 4-3-3 阵型包括一名后腰以及两名攻击型中场。

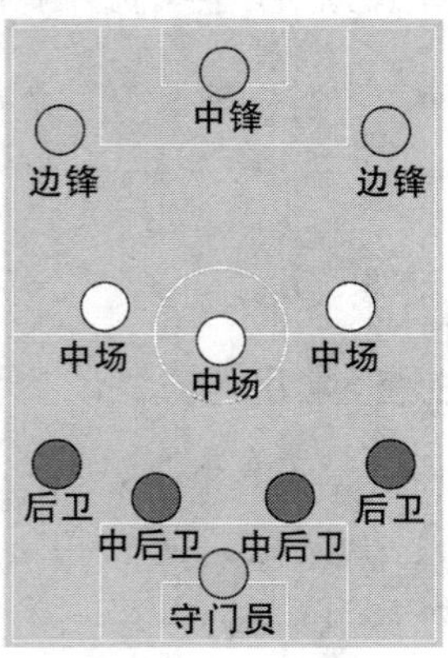

图 7-23　4-3-3 阵型

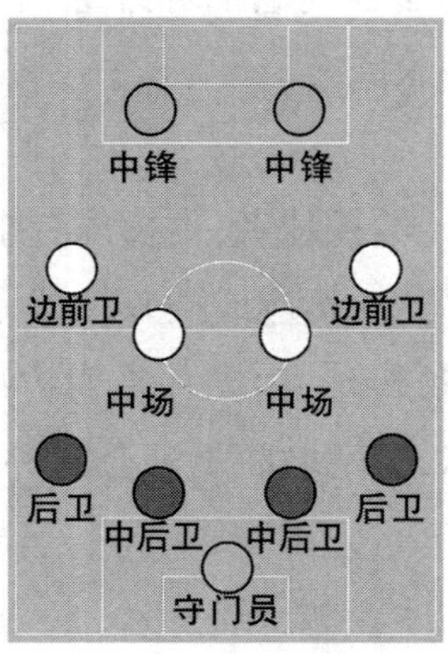

图 7-24　4-4-2 传统阵型

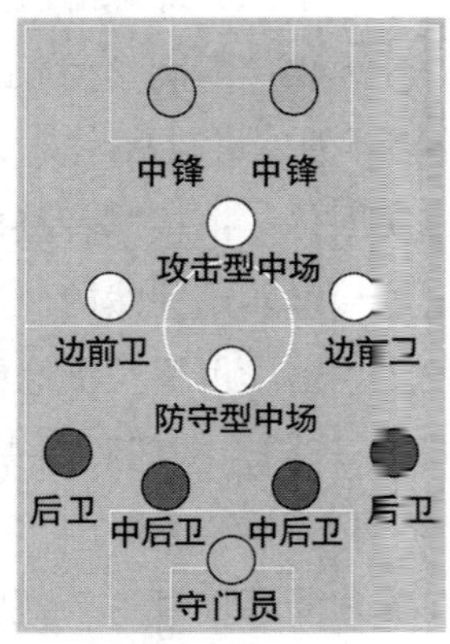

图 7-25　4-4-2 钻石阵型

(二)4-4-2 传统阵型

这是现代足球运动最传统的阵式。中场必须协助攻击及防守的工作:其中一名中场主要负责支援前线的两名前锋，其余球员负责支援后卫及控制节奏，以两翼侧击配以双箭头攻坚。

（三）4－4－2 钻石阵型

4－4－2 钻石阵型，又称 4－1－2－1－2 阵型或 4－3－1－2 阵型。这个阵型十分依赖攻击型中场，这个位置的球员被当作球队的核心，这个位置的球员通常具有更多的自由，同时还要求比组织后卫更加有创造力，他可以“打乱”阵容安排，并且在进攻区域灵活换位。后腰是截球及补足其他球员所离开的位置所造成的空缺之关键，又被称为中场清道夫。这个阵型的关键是保持控球及传球给队友。

（四）4－4－1－1 阵型

是 4－4－2 阵型的另一个版本，其中一名前锋称作第二射手。第二射手需要具有很强的创造力，通常是球队中的主控球员。

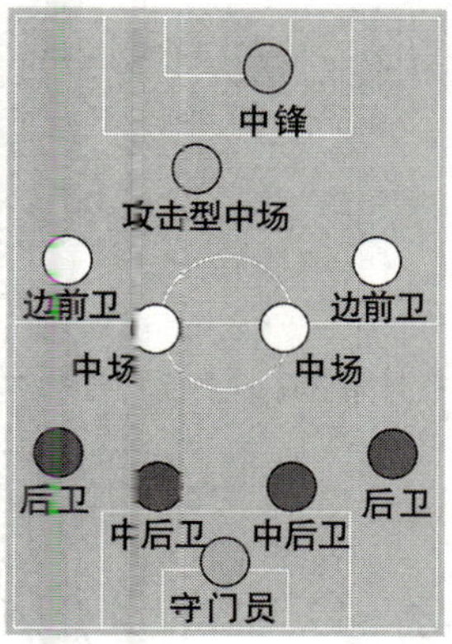

图 7－26　4－4－1－1 阵型

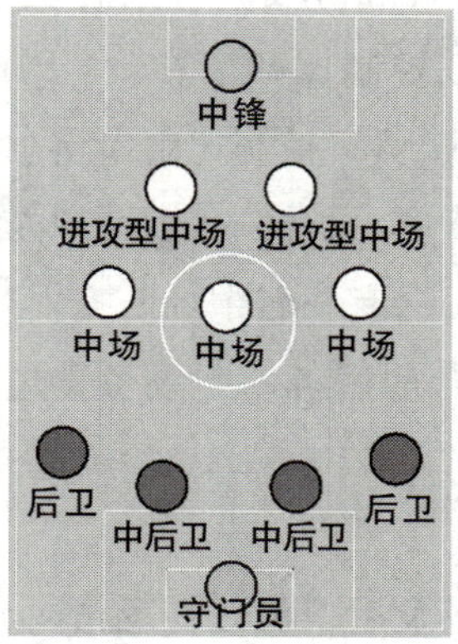

图 7－27　4－3－2－1 阵型

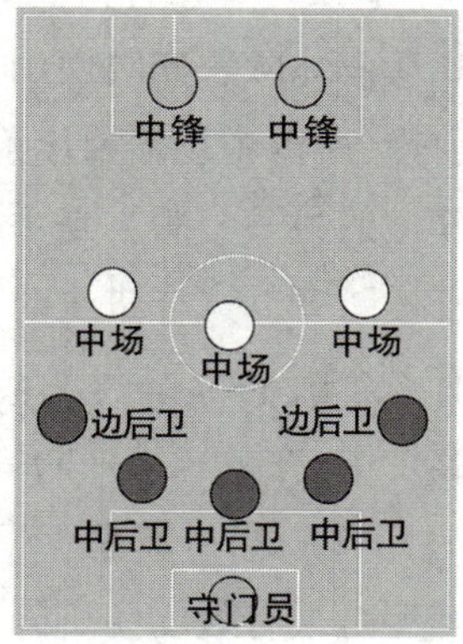

图 7－28　5－3－2 阵型

（五）4－3－2－1 阵型（圣诞树阵型）

是 4－4－2 阵型的另一个版本，又称为圣诞树阵型。一名中场上前成为前锋。阵型上有两名前锋以及一名射手。

（六）5－3－2 阵型

此阵型有三名中后卫（其中一人负责清道夫工作）。这阵型非常依赖翼卫。两名后卫支援翼卫。翼卫负责支援防守及进攻。另一版本为 5－3－2 清道夫阵型（又称为 1－4－3－2 阵型），只是将中间的后卫转为清道夫，可参与中场或后卫工作。

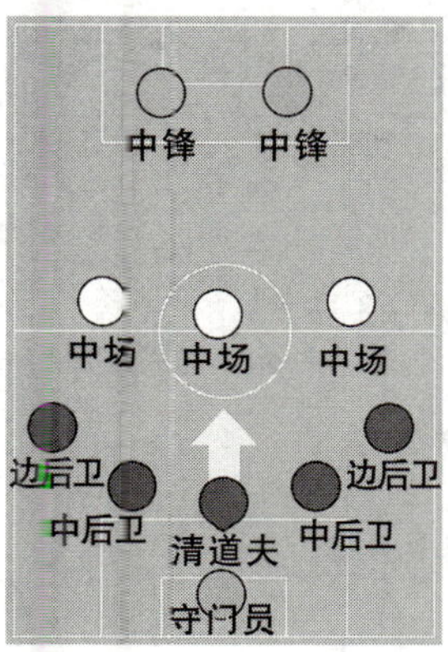

图 7－29　4－3－2 阵型

图 7－30　3－5－2 阵型

图 7－31　3－6－1 阵型

(七)3 -5 -2 阵型

在 3 -5 -2 阵型中,中场球员将会负责进攻及防守的工作。该阵型只有三名后卫,假如对方球员突破中场,他们比在 4 -5 -1 阵型或 4 -4 -2 阵型中有更大机会得分。不过三名前锋可以增加全队的攻击能力。此阵型通常被重视攻击的队伍使用。要想使此阵型更有效果,三名后卫及守门员必须配合好。

(八)3 -6 -1 阵型

这个阵型用于确定球队在中场的控制权,主要用来维持比分。比较常见的 3 -4 -2 -1 阵型将两名翼卫及中前卫作为球队中心人物,其中一个可做自由人,为第二前锋及中锋控球在脚。单一前锋是必要的,目标未必是为球队得分,亦可以传给其他球员助攻。

(九)4 -5 -1 阵型

4 -5 -1 是一个防守阵型,不过如果两名中场(边锋)具有攻击性的话,可以发挥 4 -3 -3 阵型效果。此阵型可在 0:0 或球队领先时使用,中前卫可以控制比赛节奏,由于中场相当紧迫,迫使前锋失去控球权。由于只有一名前锋,所以中场需要压前进攻,而后腰负责控制比赛节奏。

此阵型的另一个版本是 4 -1 -4 -1 阵型,只有一名前锋以及边锋需要持球前进。一个大场负责控制比赛节奏及支援防守。这样进攻时可随心进攻,会有一名中场防守。

还有一个版本为 4 -1 -3 -1 -1 阵型,前后各一中场负责进攻和防守,三名中前卫则控制比赛节奏,既能运用两翼传中,亦可三人回防。

(十)4 -2 -3 -1 阵型

此阵型是很有效的防御阵型,左右中场及后卫可以在反击时参与攻击。在防守上,此阵型与 4 -5 -1 阵型相似,主要是让中场保持控球机会。

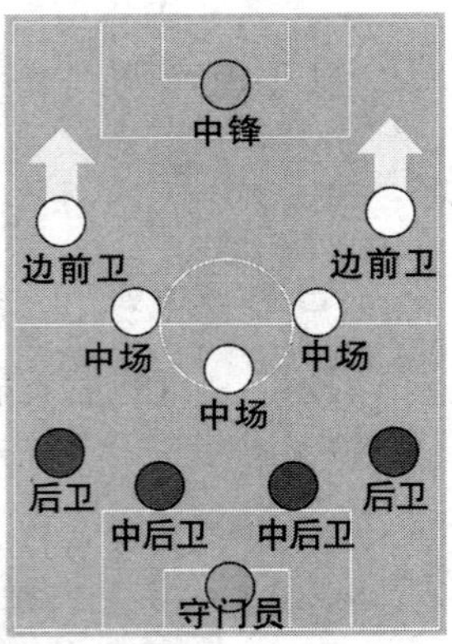

图 7 -32　4 -5 -1 阵型

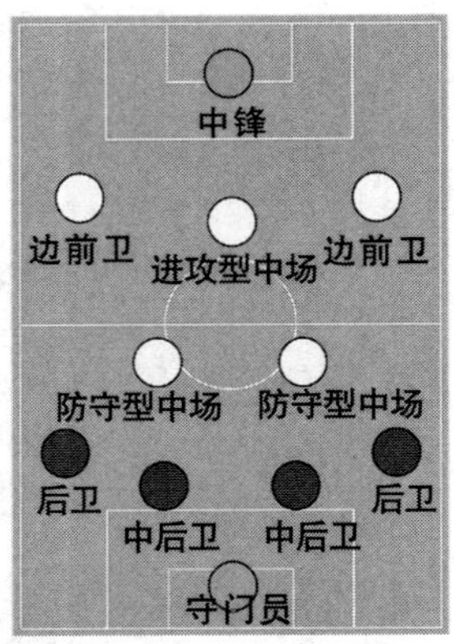

图 7 -33　4 -2 -3 -1 阵型

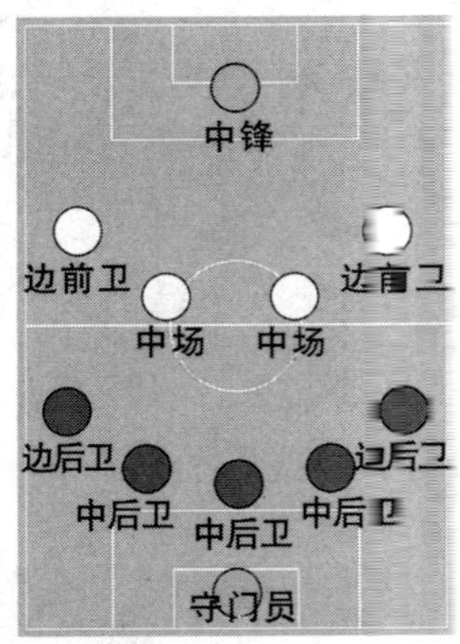

图 7 -34　5 -4 -1 阵型

(十一)5 -4 -1 阵型

这是着重防守的阵型,只部署一名前锋。不过后防可上前,使阵型改为 3 -4 -3 阵型。

第四节　足球比赛基本规则

一、球员

足球比赛参赛双方各有 11 名球员,包括一名守门员,3 至 5 名后卫,2 至 5 名中场,1 至 3 名前锋。而大型比赛参赛双方另外会有几名(5 至 8 名)后备球员负责替补,一场正式比赛中最多可以换 3 个人,从 2016 年起如果比赛进入加时赛则参赛双方再获得一个换人名额。友谊赛替补次数无限制。被替换下场的球员不可以再重新返回球场比赛。

足球比赛中只有守门员可以在己方禁区内利用手部接触足球，球场上其他球员只可以利用手部以外的其他身体部位碰触球(开界外球例外)，否则属于犯规，有可能被裁判判以黄牌或红牌。

(一)中锋

中锋，通常都比较高大，可以通过头球和脚打门。他们通常使用身体和力量护球以制造攻门机会。

(二)前锋

前锋，是善于把握进球机会的球员，他们不一定有良好的远射技术、不一定快速，但善于处理临门一脚或一头。主要分为左前锋、右前锋和中前锋。

(三)边锋

边锋亦可归类为前锋。边锋的职责是将球从禁区两侧传入禁区(传中)，为前锋制造进球机会。通常他们都会以速度或带球突破对方的边后卫。边锋通常不会负责防守。

(四)守门员

守门员的主要职责是在比赛中用身体各个部位(如手、脚)阻止对方球员攻入己方的球门。

足球比赛中守门员是唯一能用手触球的球员，但只限在禁区内，否则被视为犯规。守门员比赛服装须与己方球员不同，以便分辨身份。守门员应当身手敏捷、反应迅速，具有敏锐的判断力、良好的扑救技术及弹跳力。

(五)中后卫

中后卫，位置处于守门员的前方及左右后卫之间，活动范围在中后场，属于全队防守力量的核心，主要职责是以“人盯人”战术紧贴对方的攻击球员，并负责弥补防线出现的漏洞。最常用的 4－4－2 阵型中多数球队使用两名球员作为中后卫(也有三中卫战术)，驻守在守门员前面。中后卫通常身材高大，头球能力和抢断技术出众。大多数时候，处在重压下的中后卫很少选择控球或是传球，他们通常只是把球从危险区域解围。

(六)清道夫

清道夫是足球运动中后卫的一种，早期的清道夫指的是门将与后防线之间的一名拖后中卫，负责化解已经穿透后防线的进攻，也可以将清道夫理解为不承担盯人防守任务的球员。到了 20 世纪六七十年代，传统的防守型清道夫逐渐演变成参与进攻的角色，因其在场上的活动范围较大，是球队攻防的枢纽，因此被称为“自由人”。

(七)边后卫

边后卫是负责球场两侧防守的球员，他们的主要任务是阻碍对方球员把球从边线传入禁区。在某些防守体系里，他们也会负责盯防。大多数边后卫都会后上助攻传中，令球队的进攻方式更立体。

现代的边后卫通常都要拥有高速度、强铲截能力和充沛体力以便在边线助守助攻。

(八)翼卫

翼卫就是负起更多助攻责任的边后卫。他们通常出现在 3－5－2 阵型当中，亦可视之为中场球员。由于这是一个集后卫与边前卫于一身的角色，所以需要更多的体力。由于他们身后有三名中后卫专注防守，所以他们偏重于上前助攻。

(九)后腰

后腰是指专门负责防守的中场球员，负责阻截对手攻势，然后将球交予队友发动攻势。

(十)中前卫

中前卫处于中场球员正中间的位置，负责传球给前锋和边锋或前腰等较有攻击性的球员，有时会进入后防，进行防守工作，是个辅助性极强的角色。

(十一)前腰

前腰或称为攻击型中场,专门负责组织进攻,制造机会给前锋,或亲自攻门。胜任这角色的球员都拥有良好的传球能力,在适当时候传球给前锋攻门;也需要全面的个人技术以作个人突破,协助进攻。不少前腰也具备优异的远射能力,经常作出令对手难以防备的远距离打门。

二、足球场

足球场的标准由国际足联制定。举行一般赛事的足球场地,长度应该介乎 90 至 120 米,宽度则应介乎 45 至 90 米。举行国际性赛事的足球场地,长度应该介乎 100 至 110 米,宽度则应介乎 64 至 75 米。

足球场场地应为长方形。较长的边界为边线,较短的则为球门线。

中线把足球场分为两半。中线的中间,是整个球场的中心点,是球赛上、下半场及入球后开球的地方,并有中圈(半径 9.15 米)围绕中心点。

在球场的 4 个角皆画有角球弧,是半径 1 米的四分之一圆,标示角球开出的地方。而 4 个角亦需插有一面角球旗(高最少 1.5 米)。

在开球时,非开球一方的球员必须在中圈以外。

球门的位置在球门线上的中央位置。球门由左右两条垂直的门柱及连接两条门柱的门楣组成。两条门柱距离需为 7.32 米,门楣的下边缘则距离地面 2.44 米。球门后面通常设有网,但球例并无规定必须要有。比赛时,球必须完全通过球门下方的球门线,才算是得分。

禁区弧在禁区外,只有在罚点球时才用得着。罚点球时,球要放在十二码点,球例规定射罚球时所有球员(己方及对方)都必须"离球十码",由底线至十二码点为 12 码,要以十二码点作为圆心,画上半径 10 码(9.15 米)线,在这个半圆上的任何一点,距离十二码点刚刚是 10 码。只要球员站在线外,那就符合"离球十码"的规定。

在两个球门前各画出的长方形空间是罚球区。

12 码罚球区由球门线、左右两条距离球门柱 5.5 米的直线及一条连接着两条线的直线所组成。球门球需在 12 码罚球区内开出。

罚球区亦类似,由球门线、左右两条距离球门柱 16.5 米的直线及连接着两条线的直线所组成。罚球区有多种作用,如:守门员在本方罚球区内可以用手接球;守方队员在本方罚球区内犯规,都判罚球点球。

十二码点在球门正中,距底线 11 米,是十二码球踢出的地方。而十二码弧则画在罚球区外,距离十二码点 9.15 米。在十二码球射出前,除射球球员及守方守门员外,所有球员不可进入罚球区及十二码弧范围内。

三、足球比赛装备

(1)球衣或运动衫。

(2)短裤(如穿紧身内裤,内裤必须与短裤的主色为同一颜色)。

(3)护袜。

(4)护腿板。护腿板必须由护袜全部包住,由适当的材料制成(橡胶、塑料或其他类似材料),能提供适当程度的保护。

(5)足球鞋。

四、裁判

足球比赛中有 1 名主裁判和 2 名助理裁判,责任是在整场 90 分钟的比赛中根据规则判任意球员。另外还有一名第四官员,作为替补。部分赛事另有两名底线裁判。

五、警告和处罚

(一)黄牌警告的情况

(1)用言语或行动表示不满,或对裁判提出抗议。

(2)屡次触犯比赛规则(如多次被口头警告后仍然犯规)。

(3)延误比赛重新开始。

(4)当以角球、任意球或掷界外球重新开始比赛时不退出规定的距离,或未得裁判示意开球。

(5)未得裁判员许可擅自进入或再次进入球场范围。

(6)未得裁判员许可故意离开球场范围。

(7)进球后脱衣或对观众构成危险,就算进球被判无效亦会被罚。

(8)一名后备球员或已被换下的球员如触犯下列三项时,必须被黄牌警告。

①出现欠缺体育精神行为。

②用言语或行动表示不满,或对裁判提出抗议。

③延误比赛重新开始。

(二)红牌离场的犯规

(1)严重犯规。

(2)有凶暴行为。

(3)向对方球员或其他人吐口水。

(4)以故意手球破坏对方一个进球或一明显进球机会(除守门员在本方罚球区内以外)。

(5)当一球员向对方球门推进,但被对方球员侵犯而破坏一明显进球机会(2018 年起,不适用于罚点球)。

(5)使用攻击性、侮辱性或唾骂性的言语或动作(2018 年世界杯起,咬伤人被明确列入,并且判罚直接任意球)。

(7)向裁判竖中指。

(8)使用兴奋剂等药。

(9)故意亲吻对手或裁判而造成混乱。

一名被红牌驱逐离场的球员、后备球员或已被替换的球员,必须离开比赛场地及技术指导区域。除了在场球员,后备球员、主教练及教练团如有触犯规则同样可以被红牌驱逐离场。后备球员领红牌与在场球员领红牌一样不能参与之后继续进行的赛事。如主教练或教练团领红牌则必须离开技术指导区,但可以将其旨意传达给在场的教练团。

六、其他

(1)比赛弃权发生时以 0∶3 判该队输球。

(2)当比赛因半途退赛而中止则以 0∶2 判该队输球。

(3)若裁判未对上述违规判罚,则赛后主办单位可对违规当事人进行追加纪律处分。

(4)红牌违规情形严重时,至少禁赛 3 场。

比赛持续时间为两个等长的半场,每半场为 45 分钟,共 90 分钟。如果比赛规定时间内得分相同,则须看比赛章则而定,可以抽签、加时(30 分钟延长赛)或互射点球罚球等形式的比赛分出高下。如果是联赛的话得分相同则计和局。

第八章　乒乓球运动

本章要点

本章遵循乒乓球运动的学习步骤，阐述了乒乓球运动的起源与发展、基本理论、器材与场地、基本技战术及专项素质练习方法，为学生练习乒乓球提供相应的指导，同时还摘录了乒乓球竞赛赛制和规则，旨在让学生了解乒乓球竞赛，真正成为全民健身运动的参与者和组织者。

学习目标

了解乒乓球运动的起源与发展。

掌握乒乓球运动的基本技术、基本战术和乒乓球比赛基本规则，掌握基本的身体素质练习方法。

能够通过学习乒乓球运动的相关知识，培养勇于拼搏永不言弃的国球精神，激发爱国主义情怀与民族自豪感。

第一节　乒乓球运动概述

一、乒乓球运动的起源与发展

（一）乒乓球运动的起源

（1）乒乓球运动的游戏阶段。乒乓球运动起源于英国，它是从网球运动派生出来的。18 世纪末 19 世纪初，当时英国的一些大学生由网球运动得到启示，在室内以餐桌为球台，以书作球网，用羊皮纸贴面作拍子，用橡胶或软木作球，在餐桌上推来挡去。这种游戏吸引了许多人，后来在英国流行起来，并被命名为“桌上网球”。1890 年，英格兰越野跑运动员 J. 吉布从美国带来了一些作为玩具的赛璐珞球，由于这种球打起来发出“乒乓”的声音，于是有人称这种球为“乒乓球”。

乒乓球运动游戏阶段的基本特征：一是乒乓球运动在器材和游戏方法上，有网球运动项目的明显痕迹；二是乒乓球运动作为体育运动，在活动开展的水平上，还处在游戏水平阶段。

（2）乒乓球运动的竞技阶段。第一次世界大战结束后，1918 年，欧洲许多国家相继成立了乒乓球协会。因此，乒乓球竞赛活动得以在各国之间开展。国家之间的比赛活动，不仅促进了乒乓球运动技术水平的提高，同时也为国际乒乓球组织的成立奠定了一定的基础。1926 年 12 月，在英国伦敦举行第 1 届欧洲乒乓球锦标赛期间，国际乒乓球联合会（简称国际乒联）成立，举行了第一次全体会议，通过了国际乒联章程，讨论和通过了乒乓球竞赛规则草案，推选英国乒协负责人伊沃·蒙塔古为国际乒联第一任主席。此届欧洲乒乓球锦标赛的参赛国家中除了欧洲部分国家也有印度，因印度是亚洲国家，国际乒联将此次锦标赛更名为世界乒乓球锦标赛（以下简称世乒赛），以后每年举办一届，标志着乒乓球运动成为正式的竞技项目。

1957 年后世乒赛改为每两年举办一届。1980 年，乒乓球运动的另一项世界大赛：世界杯乒乓球赛创办，每年举办一届。1988 年第 24 届汉城(今首尔)奥运会乒乓球运动正式成为奥运会比赛项目。

乒乓球运动成为正式竞技项目的基本特征：一是国际乒乓球组织的成立和竞赛规则的制定；二是国际性赛事的出现与开展。

(二)乒乓球运动的发展

1. 世界乒乓球运动的发展

世界乒乓球运动的发展，如果从 1926 年第 1 届世乒赛开始计算，至今大体可以分为以下 6 个时期：

(1)欧洲乒乓球运动的全盛时期(1926—1951 年)。1926—1951 年总共举办了 18 届比赛。7 个正式比赛项目，先后产生 117 项冠军，除去美国选手取得 8 项冠军外，其余都由欧洲选手夺得，欧洲占绝对优势。这一时期的主导优势打法是削球打法。

(2)日本队称雄世界乒坛(1952—1959 年)。日本乒协于 1928 年加入国际乒联，1952 年首次参加世乒赛，之后的 7 届世乒赛中，日本队共获得了 24 项冠军。特别是 1954 年第 21 届世乒赛，日本队获男女团体冠军；1959 年第 25 届世乒赛，巅峰时期的日本队夺走了 7 项冠军中的 6 项。这一时期的主导优势打法是长抽进攻式打法。

(3)中国队崛起，朝鲜队崭露头角(1959—1969 年)。1959 年第 25 届世乒赛，中国运动员容国团在男单比赛中为中国夺得了有史以来的第一个世界冠军。1961 年至 1969 年 5 届世乒赛，中国队参加了第 26 届、第 27 届和第 28 届比赛，夺得 21 项冠军中的 11 项。第 29 届世乒赛，朝鲜男队获得团体亚军，女队亦成为世界强队之一。这一时期的主导优势打法是当时中国采用的近台快攻打法，具有“快、准、狠、变”的特性。

(4)欧洲队复兴，中国队重整旗鼓(1971—1979 年)。20 世纪 70 年代，欧洲选手兼取了中国快攻打法和日本弧圈球打法优点，创造了弧圈球与快攻相结合的新打法，在技战术方面与亚洲选手处于抗衡状态。20 世纪 70 年代 5 届世乒赛中，中国队获得 35 项冠军中的 16.5 项，匈牙利和日本各获 4 项，瑞典队获得 3 项，朝鲜获 2.5项。

(5)中国队攀上世界高峰，结束多国抗衡格局，“中国打世界”局面开始形成(1981—1989 年)。1981 年第 36 届世乒赛，中国队囊括了 7 项冠军和 5 个单项亚军，创下了世界乒乓球比赛历史上由一个国家包揽全部冠军的空前纪录。此后的 3 届世乒赛，中国队连续三次取得 6 项冠军。“中国打世界”的局面开始形成。

(6)“世界打中国”成绩卓著，欧洲领先 5 ~ 6 年。中国队走出低谷，重攀高峰(1991 年至今)。自 1988 年乒乓球运动项目进入奥运会以后，欧洲乒坛职业化迅速发展。比赛频繁、待遇优厚，促进了欧洲乒乓球运动技术的发展，以瑞典为首的男队，已领先于中国队和亚洲各队。中国男队在 20 世纪 80 年代末的低谷之后，从第 40 届世乒赛开始，多次出现包揽金牌的辉煌成绩。在奥运赛场上更是傲视群雄，截至 2021 年日本东京奥运会，中国乒乓球队共获得 60 块奖牌(其中 32 块金牌)，中国队已经站在无人能撼动的霸主地位。

2. 乒乓球运动在中国的发展

乒乓球被世界公认为是中国的“国球”。1952 年，第一次全国乒乓球比赛在北京大学举行。同年，中华全国体育总会乒乓球部加入国际乒联，后改称为中国乒乓球协会。1961 年，中国乒乓球协会在北京承办了中国历史上第一个世界锦标赛——第 26 届世界乒乓球锦标赛。1988 年，在第 24 届汉城(今首尔)奥运会上，中国乒乓球队勇夺女子乒乓球比赛单打(陈静)和男子乒乓球比赛双打(陈龙灿/韦晴光)两项冠军，并在整个中国代表团金牌榜中占据了 2/5 的席位。自 1988 年汉城(今首尔)奥运会乒乓球运动首次成为正式比赛项目以来，中国几乎包揽了这一项目的金牌，乒乓球运动成为中国体育代表团的优势项目。

二、乒乓球运动重要赛事

（一）乒乓球运动国际赛事

（1）夏季奥运会乒乓球运动项目。

（2）世界乒乓球锦标赛。

（3）乒乓球世界杯。

三大赛事的大满贯球员：特指运动员在乒乓球三大赛事（夏季奥运会、世锦赛、世界杯）的个人单打项目上都取得了冠军。

（二）乒乓球运动国内赛事

（1）乒乓球全国运动会。

（2）乒乓球全国锦标赛。

（3）乒乓球俱乐部超级联赛。

三、乒乓球运动基础理论

（一）乒乓球运动的特点

乒乓球运动是一项集健身性、竞技性和娱乐性为一体的运动，群众普及性较高。乒乓球体轻小、球速快、转速高、打法多样，乒乓球运动是全身运动，技术动作要求协调、灵敏、精确，技术种类多、动作结构作用差异大。

（二）乒乓球运动击球要素

弧线、速度、力量、旋转和落点是击球五大要素。五要素之间的关系是相互联系、相互促进、相互制约。提高击球质量，就是提高五个要素中单个要素的水平或多个要素组合水平的过程。

（三）乒乓球运动常用术语

（1）基本术语。

①球台。

端线：球台两端与球网平行的白线称端线，宽 2 厘米。

边线：球台两侧与球网垂直的白线称边线，宽 2 厘米。

中线：球台中央与边线平行的白线称中线，宽 3 毫米。

左（右）半台（又称 1/2 台）：通常是指击球范围。其左右方向以击球者本身为参照体。

2/3 台：指击球范围占球台的 2/3，左侧为左 2/3 台，右侧为右 2/3 台。

全台：指击球范围占整个球台，不限落点范围。

②站位。指运动员击球时，其身体位置与球台端线之间的距离。

近台：指站位在离球台端线 50 厘米以内的范围。

中台：指站位在离球台端线 70 厘米左右的范围。

远台：指站位在离球台端线 100 厘米以外的范围。

中近台：介于近台与中台之间的站位，站位离球台端线 50～70 厘米。

中远台：介于中台与远台之间的站位，站位离球台端线 70～100 厘米。

③击球线路。指球在球台上运行的水平方向，在球台上空飞行弧线的投影线。与边线平行的是直线，成对角线的则是斜线。

④击球时间。指来球落到本方台面弹起后，运行轨迹从着台点上升再下降至触及地面的整个过程。具体可分为：

上升期：来球从台面弹起至接近最高点的这段时间，细分为上升前期与上升后期。

高点期：来球从台面弹起在最高点附近的这段时间。

下降期：来球从最高点开始下降的这段时间，细分为下降前期与下降后期。

⑤击球点。指击球时球拍与球体接触点的空间位置。

⑥击球部位。指击球瞬间球拍触及球的位置。

⑦拍形。拍形可以描述为拍面角度和拍面方向两个方面。

拍面角度：击球时拍面与台面所形成的角度。拍面与水平夹角小于90°时，称为前倾；拍面与水平夹角接近90°时，称为垂直；拍面与水平夹角大于90°时，称为后仰。

拍面方向：击球瞬间拍面所朝向的方向。击球的右侧时，拍面向左；击球的左侧时，拍面向右。

⑧触拍部位。指击球瞬间球体触及球拍的位置。

⑨短球、长球和追身球。短球又称近网球，指落在台面的近网区，一般距球网40厘米以内的球。长球又称底线球，指落在台面的底（端）线区，一般距端线30厘米以内的球。追身球指击到靠近对方身体部位的球。

⑩击球节奏。指击球瞬间由于击球时间、发力大小、摩擦球厚薄等因素而形成在击球速度上的快慢变化。

⑪发力方向与发力方法。

发力方向：击球时球拍用力的方向。同一个拍形可以有不同的发力方向。

发力方法：运动员击球瞬间身体各部位发力顺序及主次关系。从发力方向与球的关系可以区分击球瞬间发力是以撞击为主还是以摩擦为主。

（2）训练术语。

①技术训练。根据一定的目标所进行的提高技术水平的训练。

②手法训练。为了改进和提高手法技术进行的训练。

③步法移动训练。为了改进和提高步法移动能力进行的训练。

④有规律训练。训练的内容是在固定的落点和线路上进行的训练。

⑤无规律训练。训练的内容是在不固定的落点和线路上进行的训练。

⑥多球训练。通过采用多球供球和多球单练的形式所进行的训练。

⑦模拟训练。运动员根据比赛需要，与专门模拟比赛对手的运动员进行的训练。

⑧男帮女练。为了促进女运动员快速提高技术水平，采用由男运动员帮助女运动员进行的训练。

⑨反手对推（拨）。练习双方站在反手位，均用反手推（拨）技术进行的练习。

⑩正手对攻。练习双方站在右半台或左半台，均用正手攻球技术进行斜线或直线的练习。

⑪反手一点对多点。练习双方站在右半台或左半台，一方定点用反手推（拨）打对方的多点（定点或不定点），对方在步法移动中击球。

⑫两直对两斜。一方在左半台用反手推对方直线，另一方在右半台用正手斜线攻回击对方右半台，一方用正手攻直线，另一方用反手推斜线，依次进行练习。

⑬对搓。练习双方站在右半台或左半台，均用反手或正手搓球技术进行斜线或直线的练习。

⑭搓球抢攻。练习双方在搓球过程中，伺机进行进攻练习。

⑮发球抢攻。一方发球，另一方接发球，发球方通过发球制造进攻机会的练习。

⑯接发球抢攻。一方用挑打、摆短、拧等技术接发球后，制造后续进攻机会的练习。

⑰拉削。进攻打法运动员和削球打法运动员进行的一拉一削的练习。

⑱拉吊。针对进攻打法运动员进行拉和吊，削球打法运动员进行削接和上前回短球的练习。

⑲削中反攻。削球运动员在正反手削接过程中，制造机会进行反攻。

(3)器材术语。

①反胶。胶皮颗粒向内粘贴使用的胶皮。

②正胶。胶皮颗粒向外粘贴使用的胶皮。

③生胶。属于正胶的一种类型,其胶粒比正胶略长。

④长胶。属于正胶的一种类型,其胶粒细且长。

⑤海绵。一种经过发泡工艺而产生无数个密闭小孔布满其内,形成无数微型气室的橡胶制品。

⑥海绵硬度。海绵软硬程度的指标,海绵硬度的高低与海绵出球速度成正比。

⑦海绵厚度。海绵厚薄程度的指标,海绵厚度的大小与海绵出球速度成正比。

⑧海绵弹性。海绵的弹性与海绵硬度和厚度有关,更与海绵的发泡程度有关。

⑨套胶。海绵和胶皮已经粘好的海绵胶。

⑩底板。未覆盖海绵和胶皮的球板。

⑪底板指标。包括拍柄形状、重量、板层结构、厚度、长宽、速度。

⑫底板弹性。底板击球后变形恢复的速度。恢复速度快,则球脱板的速度快;反之亦然。

⑬底板"吃球"。底板在击球时产生的微小变形。

⑭底板底劲。击球力量通过底板作用于球时的消耗程度。底板底劲足,意味着其力量传递过程中消耗少。

第二节　乒乓球运动器材与比赛场地

一、乒乓球运动器材

(一)球拍

乒乓球拍由底板、海绵、胶皮组成。人们根据自己的技术特点和打法类型,选择不同类型的底板、海绵和胶皮。同时,比赛中使用的球拍必须符合正式比赛的要求。

(1)底板。底板大多在85~100克之间,厚度在5~7毫米之间。可以是多层木板组成,也可以是复合材料制成。应用碳纤维—木板,以及钛合金—木板复合材料的底板,可以获得更高的弹性、更好的操控性。一般来说,进攻型运动员多选用木质稍硬、弹性略好的底板,防守型运动员多选用木质稍软、弹性略小的底板。从手柄长度和握拍方式上区分,乒乓球拍可以分为横拍(长柄)和直拍(短柄)两大类。木质底板对潮湿、高温、撞击较为敏感,因而平时储存过程中应干燥避光,远离热源,并注意球板与台面以及地面的碰撞。

(2)海绵。海绵即乒乓球拍上的海绵垫,是乒乓球拍必备的配件之一。海绵硬度和厚度,是直接影响球拍击球的速度、旋转和控制效果的两大指标,也是球拍是否适合自己的重要指标。同硬度时,海绵厚度越大,力量越大,速度越快,制造旋转的效率越高,控制性降低。同厚度时,海绵较硬吃球时间较短,能提高击球时的速度;海绵较软增加吃球时间,击球时更易于控制。

(3)胶皮。国际乒联批准的胶皮上面印制国际乒联"ITTF"的标记,国际乒联规定,拍面附着物(包括黏合剂、海绵、胶皮)总厚度不得大于4毫米,球拍两面的胶皮必须一面为鲜红色、另一面为深黑色。

胶皮是球拍表面与球直接接触的部位,因此胶皮的类型直接决定着球拍的性能。胶皮有正贴和反贴两种:颗粒朝上即为正贴,朝下为反贴。正贴包括正胶、长胶和生胶,反贴则包括反胶和防弧胶皮。5种胶皮性能各有不同:

①正胶胶皮。正胶受到来球冲击而产生弹性变形较大,瞬间反弹力较大,回球速度较快。摩擦系数低,制造旋转比较差。从打法需求上看,正胶胶皮适用于近台快攻打法。

②长胶胶皮。长胶的颗粒长而柔软,韧性佳,颗粒有平整光滑和粒子纹路两种。前一种胶粒在反弹时会给球一个反向的旋转力,使击出的球产生与对方来球相反的旋转;后一种胶粒由于颗粒表面有纹路,除了具有前

一种长胶的性能，还能够再次制造旋转，使球的运行变“飘”。长胶胶皮多为削球打法所用，现阶段更多业余爱好者将其使用在反手一面。

③生胶胶皮。生胶的性能介于正胶和长胶之间，既具备长胶部分反旋转和击球下沉的性能，也具备正胶部分击球速度快、易于进攻的性能。生胶适用于进攻型打法，多贴于横板反手一面。

④反胶胶皮。反胶的粒子弹性变形后，加大了拍面对球的反弹力度，从而提高击球的速度。同时，由于反胶击球时加大了击球的摩擦面积，使得摩擦系数增加，从而提高了击球的旋转。反胶更适用于快攻结合弧圈打法和弧圈结合快攻打法。

⑤防弧胶皮。它是专门对付弧圈球的一种胶皮，这种胶皮表面无黏性，较光滑且轻微发涩，击球运行速度较慢、弧线较短，着台后下沉且“飘”，使对手难以按常规判断与击球。

(二) 胶水

胶水是黏合和固定胶皮、海绵、球拍底板之间的材料，分为无机胶水和有机胶水两类。最先的胶水是有机胶水，因成分的缘故，给使用者带来健康隐患。随着国际乒联对无机胶水政策的出台，自 2008 年奥运会之后，现阶段无机胶水彻底占领国内外正规比赛的赛场。

(三) 球的选择

乒乓球为圆球体，呈白色或橙色，且无光泽，直径 40 毫米，重 2.7 克。目前市售乒乓球分为赛璐珞和 ABS 塑料两种材料，新型塑料球采用“40 +”进行标注(图 8 – 1)。

无星球

赛璐珞 40 毫米球

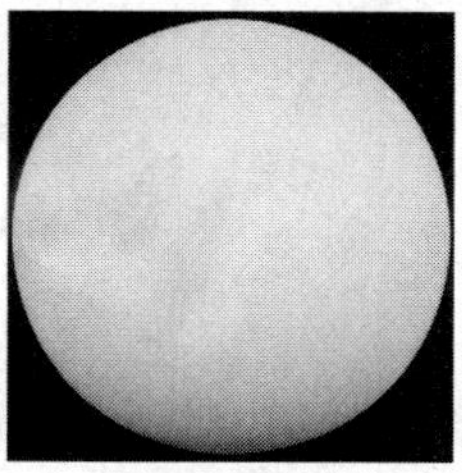
新材料 40 + 球

图 8 – 1　乒乓球

一只质量好的乒乓球，重要的是圆度精准、弹性良好、厚度均一且较为耐用。大部分品牌都将乒乓球分为一星球、二星球、三星球，通常球的硬度和弹性随星级的增加而增加。对于一般初学者来说，选用一星球或二星球即可。正式比赛对球的要求较高，需选用三星球。

(四) 乒乓球台

乒乓球台由两块长方形台桌和一个球网组成。目前常用的乒乓球台有三种类型：非滚动式球台、滚动式单折球台、滚动式整体折叠球台。

(1) 台桌(图 8 – 2)。

图 8 – 2　乒乓球台

①球台的上层表面叫作比赛台面，应为与水平面平行的长方形，长 2.74 米，宽 1.525 米，离地面高 76 厘米。比赛台面不包括球台台面的垂直侧面。

②比赛台面可用任何材料制成，应具有一致的弹性，即当标准球从离台面 30 厘米高处落至台面时，弹起高度应为 23 ~26 厘米，台面摩擦系数小于 0.6。

③比赛台面应呈均匀的暗色，无光泽。沿两个 2.74 米的比赛台面边缘各有一条 2 厘米宽的白色边线，沿两个 1.525 米的比赛台面边缘各有一条 2 厘米宽的白色端线。

④比赛台面由一个与端线平行并垂直于台面的球网划分为两个相等的台区，各台区的整个面子应是一个整体。

⑤双打时，各台区应由一条 3 毫米宽的白色中线划分为两个相等的"半区"。中线与边线平行，并应视为右半区的一部分。

(2)球网(图 8 –3)。

图 8 –3　球网

①球网装置包括球网、悬网绳、网柱及将其固定在球台上的夹钳共 4 个部分。

②球网应悬挂在一根绳子上，绳子两端系在高 15.25 厘米的直立网柱上，网柱外缘离边线外缘的距离为 15.25厘米。

③整个球网的顶端距离比赛台面 15.25 厘米。

④整个球网的底边应尽量贴近比赛台面，球网的两端也应尽量贴近网柱。

二、乒乓球比赛场地

(一) 比赛区域

比赛区域空间应不少于 14 米长、7 米宽、5 米高；比赛区域应由 75 厘米高且颜色相同的深色挡板围起，并与相邻的赛区及观众隔开；球台应摆放在比赛区域的正中，并做到"两对齐"：球台两个台区的分界线(即球网所在的直线)与赛区边线(赛区 14 米长边)中点对齐、球台的中线与赛区端线(赛区 7 米宽边)中点对齐。

(二) 灯光

世界锦标赛和奥运会比赛中，比赛台区照明度不得低于 1000 勒克斯，且整个比赛台区照明度均匀，比赛区域其他地方的照明度不得低于 500 勒克斯；其他比赛中，比赛台区的照明度不得低于 600 勒克斯，且整个比赛台区照明度均匀，比赛区域其他地方的照明度不得低于 400 勒克斯；光源距离地面不得少于 5 米；场地四周一般应为暗色，不应有明亮光源，观众席上的照明度应明显低于比赛区域的照明度，更要避免未遮蔽的窗户透过来的自然光。

(三) 地面

比赛地面颜色不能太浅或反光强烈，地面不能打滑，且表面不得为砖、水泥或石头；比赛地面应为塑胶或经国际乒联批准的品牌和种类的可移动 PVC 塑胶运动地板；乒乓球比赛场地塑胶地板应具有弹性，且没有其他体育项目的标识。

（四）空气与温度

场馆内比赛区域的空气流速控制在 0.2 ~0.3 米/秒之内，温度为 20℃ ~25℃左右。

（五）其他器材

裁判员的座椅应尽量靠近比赛区域边线位置摆放，确保运动员在比赛中拥有尽可能大的活动空间；比赛场地其他条件的可接受性由裁判长依据比赛规则与章程，按照比赛实时需要作出纠正。

第三节　乒乓球运动基本技战术

一、基本身体姿势

两脚分开站立，比肩稍宽，两膝微屈，上身略前倾，重心置于两脚之间，两眼注视来球。持拍手自然弯曲，置于身体稍右侧，手腕适当放松（图 8 –4）。

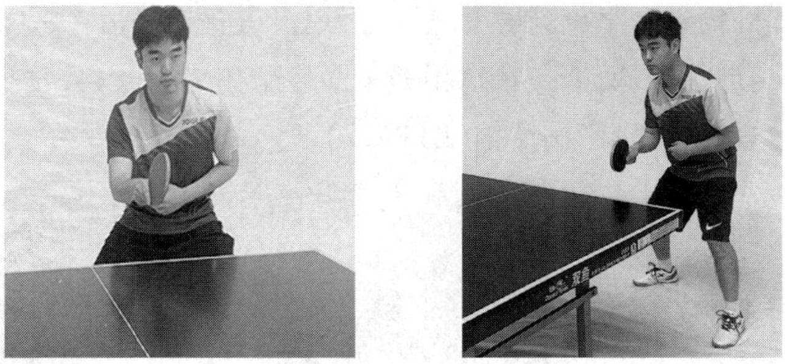

图 8 –4　基本身体姿势

二、常见握拍方法

握拍方法有直拍和横拍两种。两种握拍法由于打法特点不同而在具体握法上有所差别。

（一）直拍握法

特点：手腕灵活，出手较快，正手攻球快速有力，反手攻球因受身体阻碍，较难掌握，防守时照顾面积较小。

拍前：以食指第二指节和拇指第一指节扣拍，拇指与食指之间的距离要适中。拍后：其他三指自然弯曲，中指第一指节贴于拍的背面（图 8 –5）。

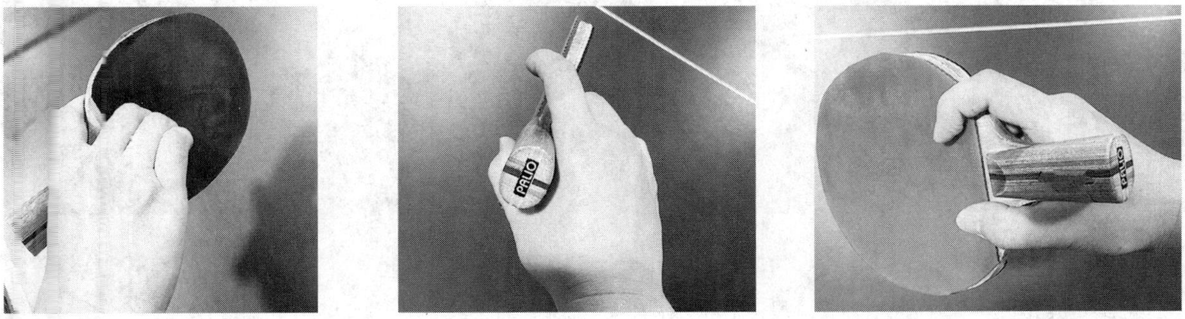

图 8 –5　直拍握法

常见错误和改进方法(图 8 -6):

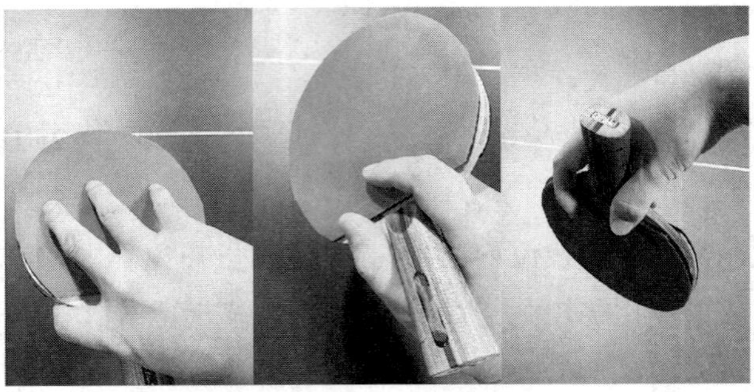

图 8 -6　直拍握法常见错误

(1)球拍背面三指分开过大,不利于反手技术的使用。三指需要并拢。

(2)食指内伸过多,不利于正手发力。应将食指收回放于拍右肩,拇指略前伸。

(3)拍头下垂,吊腕。握拍时拇指略前伸,腕关节稍微用力,维持拍呈横状。

(二)横拍握法

特点:照顾面积比直拍大;正反手攻球便于发力,也便于拉弧圈球;击打左右两面来球时,需要调动手指与手腕,不容易调整拍形;发球和处理近台下旋球时,手腕的运用没有直拍灵活。

中指、无名指和小指自然地握住拍柄,拇指在球拍的正面轻贴在中指旁边,食指自然伸直,斜放于球拍的背面。浅握时,虎口轻微贴拍;深握时,虎口紧贴球拍(图 8 -7)。

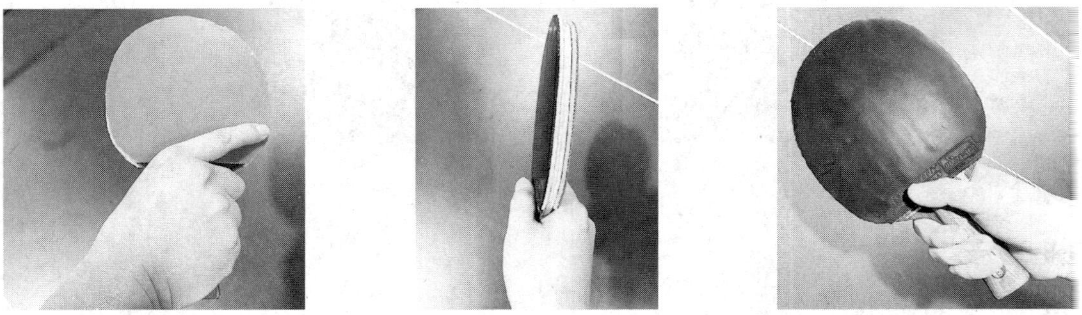

图 8 -7　横拍握法

常见错误和改正方法(图 8 -8):

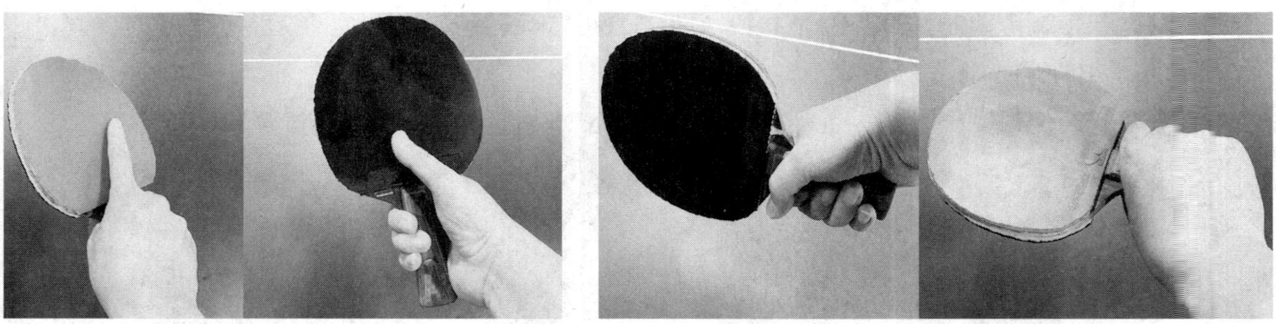

图 8 -8　横拍握法常见错误

(1)拇指或食指过伸。需要收回,轻压在球拍两面靠近边缘处。

(2)握拳式握拍错误。拇指和食指需压在拍的正面和背面。

三、乒乓球球性的培养

（一）托球练习（图 8－9）

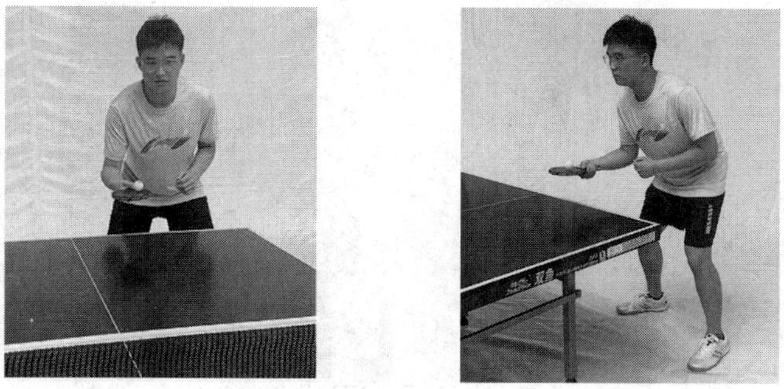

图 8－9　托球练习

（1）原地托球。两脚开立，与肩同宽，执拍手按要求握好球拍，非执拍手将球放在球拍上，身体保持稳定，使球在球拍上停留的时间尽量长且稳定。

（2）托球走（跑）。从原地托球开始，待球稳定后缓缓地向前行走，保持球停留在球拍上。熟练后，可以加快脚步移动速度。

（3）多人托球接力赛。多人分成人数相同的若干个队进行折返接力。第一个人员从原地托球开始，听到起跑口令后，以最快的速度向对面的折返标记跑去，保持球停留在球拍上。若球在半路落地，拣球后要回到球落地的位置上继续向前跑，到达标记处后返回至出发点，用手将球递给下一个接力人员。最终，比一比哪个队最先完成。

（二）颠球练习（图 8－10）

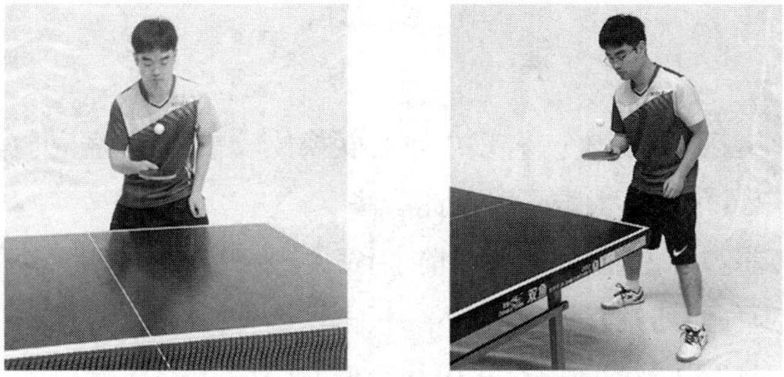

图 8－10　颠球练习

（1）原地颠球。抛球后，执拍手接球，拍面水平，使球垂直弹起；以肘关节为轴，前臂上下运动，球拍在球下落阶段，击球下部，使球重新弹起；控制击球力度，使球弹跳保持于同样高度。

（2）颠球走和颠球跑。从原地颠球开始，待球弹跳稳定后缓缓向前行走或向前跑。

（3）正反面颠球。从原地颠球开始，待球弹跳稳定后，通过持拍手手腕翻转，交替使用球拍正反两面颠球。

（4）多人颠球接力比赛。参考上述多人托球接力办法，进行多人颠球折返接力。

(三)抛球练习(图 8－11)

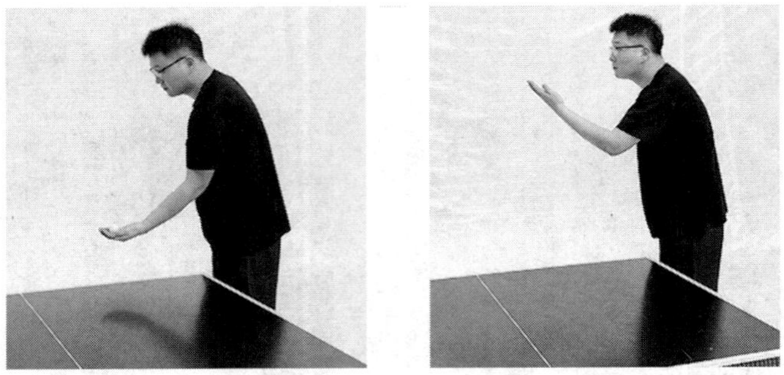

图 8－11　抛球练习

(1)非执拍手低抛球。两脚开立,与肩同宽,执拍手按要求握好球拍;非执拍手大臂贴于身体,肘关节约 90°弯曲,球自然置于非执拍手的手掌上,手掌张开,目视掌心,保持静止;用手将球几乎垂直向上抛起,不使球旋转,并使球在离开非执拍手的手掌之后上升不少于 16 厘米;球下落后,用非执拍手将球接住。

(2)非执拍手高抛球。准备动作与低抛球一致;将球几乎垂直向上抛起,不使球旋转,并使球在离开非执拍手的手掌之后上升高于头部,然后用非执拍手将球接住。

(3)抛球后用球拍接球。低抛球或高抛球之后,球下落至手肘高度,用球拍接球,拍面水平使球垂直弹起。球再次下落时用非执拍手接住。

注意事项:重复练习时,注意每次必须从预备动作开始,将动作做完整。

四、基本步法

步法指击球人员为选择合适的击球位置所采用的脚步移动方法。乒乓球运动步法种类有单步、跨步、并步、跳步、交叉步等。

(一)单步

特点和应用:单步动作简单,移动范围小,移动中重心转换比较平稳,是各种打法运动员需要运用的常见步法。来球离身体一步之内距离或角度不大均可采用此步法。

移动方法:以来球异侧脚前脚掌为轴,同侧脚向前、后或左、右移动一步,身体重心随之落在移动脚上;击球后,移动腿前脚掌内侧蹬地还原,回到原姿势,准备下一板击球。

具体运用于:①接近网小球。②来球落点位于中线稍偏左(右)。

(二)跨步

特点和应用:跨步移动距离比单步大,速度快,重心会有所降低,因此借力还击较多。来球落点离身体稍远,且需借力还击,可采用此步法。

移动方法:来球异侧脚蹬地,同侧脚向来球方向跨一大步,蹬地脚随后跟上半步或一小步,身体重心移到跨步脚上;击球后,移动脚快速蹬地还原,回到原姿势,准备下一板击球。

具体运用于:①近台快攻打法,接离身体稍远的来球。②削球打法,左、右移动击球。

(三)并步

特点和应用:并步移动距离比跨步大,比跳步小;相比于跳步,并步移动过程中身体不腾空,重心起伏小,有利于身体重心保持平衡;相比于跨步,并步既可借力,又可主动发力还击。进攻打法在侧身进攻时或削球打法在距离较小的移动中多采用此步法。

移动方法:来球异侧脚先向另一脚并拢半步或一小步,同时来球同侧脚在并步脚落地后向来球方向移动一步，落地后挥拍击球。

具体运用于：①快攻打法在左右移动中攻（拉）球。②并步侧身攻。

（四）跳步

特点和应用：跳步移动距离比并步和跨步都大；移动时，有短暂的腾空时间且落地后还能主动发力回击来球。快攻打法正手回击侧身位来球或从中台移向正（反）手位大角度击球可采用此步法。

移动方法：来球异侧脚用力蹬地，两脚同时离地向来球方向跳动；蹬地用力的脚先落地，重心落在来球同侧脚上，随即挥拍击球。

具体运用于：①弧圈打法由中台向左、右移动时常用。②跳步侧身攻或拉，在空中需完成转腰动作。③削球选手在接突击球时常采用，但以小跳步来调整站位用得较多。

（五）交叉步

特点和应用：交叉步移动距离和幅度非常大，常用于回击离身体较远的来球，其能充分利用转体的力量，回球威胁大；但其技术动作难度相对于其他步法较大。正（反）手位大角度回球可采用此步法。

移动方法：以靠近来球方向的脚作为支撑脚，该脚的脚尖调整指向移动方向，远离来球方向的脚在体前交叉，向来球方向跨出一大步，身体随之向来球方向转动，支撑脚跟着向来球方向再迈一步，这是前交叉步。后交叉步是在体后完成交叉动作。

具体运用于：①快攻或弧圈打法侧身攻（拉）后扑打右边空当来球。②从右边大角回反手大角度来球。

五、单一技术

乒乓球运动单一技术是指一个技术动作，它是构成结合技术的基本单元。一般来说，单一技术质量的高低往往决定着结合技术质量的高低。

（一）发球

1. 正（反）手平击发球

特点：平击发球不带旋转，是初学者最基本的发球方法，也是掌握其他复杂发球方法的基础。

动作方法：正手发球，左脚在前，身体稍向右转；左手掌心托球，置于身体右侧，右手持拍也置于身体右侧；发球开始时，持球手将球向上抛起，同时右臂稍向后引拍，在球经过最高点向下坠落至胸前高度时，持拍手从身体右后方向前挥拍，拍形稍前倾，击球的中上部；击球后，前臂和手腕继续随势向前挥动，身体重心移至前脚；击出的球先落在本方台面，弹起后再落到对方台面（图 8－12）。反手发球则是右脚在前，将球向上抛起后，右手持拍从身体左后方向前挥动，拍形稍前倾，击球中上部（图 8－13）。

图 8－12　正手平击发球

图 8－13　反手平击发球

2. 正手发奔球

特点：球速急，落点长，冲力大，球的飞行弧线低。从右角发斜线能发出角度较大的球，使对方降低回球质量。

动作方法：将球抛起后，重心压低，持拍手前臂放松自然向后引拍；当球降到约与球网同高时，手臂迅速向左前方挥动，拇指压拍，拍面略向左偏斜；球拍触球的刹那间，手腕向左上方抖动，使拍子从球的右侧向右侧上摩擦；球的第一落点靠近端线小于 20 厘米处，越网后落到对方右角（图 8－14）。

图 8－14　正手发奔球

3. 正（反）手发转与不转球

特点：球速较慢，前冲力小，但旋转力强，不易控制。主要是发球手法近似，以旋转变化来迷惑对方，使其回接困难。发下旋短球能控制对方攻势，发不转球易使对方接出高球或出界，为进攻创造机会。

动作方法：发下旋球时，左脚稍前，抛球时将拍引至肩高，手腕略向外展，拍面稍后仰；球回落时，手腕和前臂迅速向前下方发力，摩擦球的中下部；球拍触球时手腕的发力要大于前臂的发力，这样才能发出比较强烈的下旋球；发不转与转球动作上的区别，在于球拍触球的刹那间减小拍形后仰角度，并稍加前推的力量，使作用力线接近球心，从而形成不转球（图 8－15）。

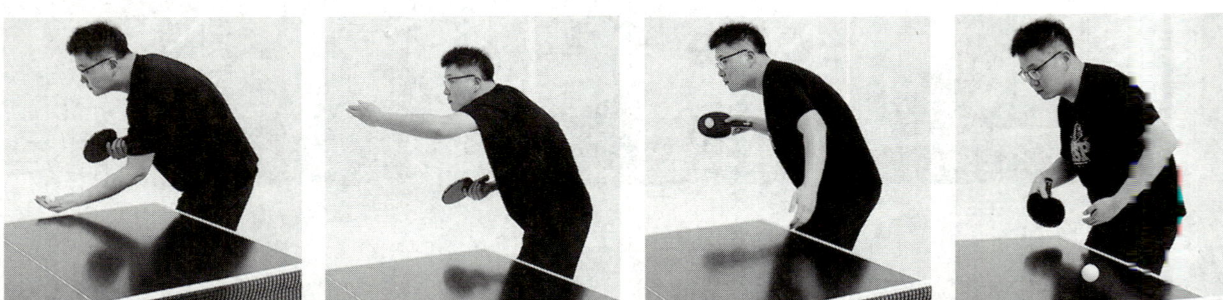

图 8－15　正手发转与不转球

发球时，球拍触球的刹那间拍形稍平，从球的中下部向底部摩擦，手腕的发力要大于前臂的发力。反手发不转球时，球拍触球的刹那间拍形稍立起，击球的中下部，手臂迅速向前方稍加推的力量将球发出，以前臂的发力为主。

4. 正手发左侧上（下）旋球

特点：球速一般不是很急，左侧上（下）旋转力较强，对方挡球后，向其右侧上（下）反弹。

动作方法：发左侧上旋球，左脚在前；抛球时，持拍手向右上方引拍，手腕略向外展；球回落时，手臂迅速向左下方挥动，食指压拍，拍面略向左偏斜约与网等高时击球，前臂和手腕用力向左转动，同时前臂略向外旋，使球拍从球的正中部向左侧上摩擦；球的第一落点靠近端线约20厘米处，越网落到对方左角。发左侧下旋球与左侧上旋球动作上的区别，是手臂应从右后上方向前下挥动，使球拍从球的中下部向左侧下摩擦，球拍触球的刹那间，前臂略向外旋（图8－16）。

图8－16　正手发左侧旋球

5. 反手发右侧上（下）旋球

特点：右侧上（下）旋转力强，对方挡球后，向其左侧上（下）反弹。

动作方法：反手发右侧上旋球，右脚稍前，持拍手位于身前，持球手位于身体左侧。发球时，球拍与球接触的刹那间，前臂带动手腕，用力向右下方挥动，同时前臂略向内旋，拇指压拍，使拍面逐渐向左倾斜，从球的正中部向右上方摩擦，球的第一落点靠近端线约20厘米处，越网落到对方的左角（图8－17）。

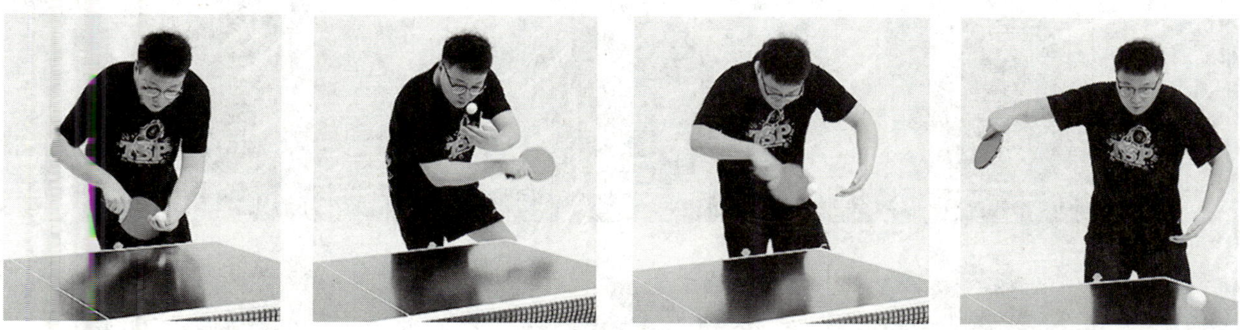

图8－17　反手反右侧旋球

6. 发短球

特点：击球动作小，出手快，球落到对方球台后的第二跳不出台。发短球可以牵制对方，使对方不易发力进攻。

动作方法：发短球主要靠手腕和前臂摩擦发力，向前的用力不要太多，可以加上回收的力量，这样才能发出旋转力比较强的短球。摩擦球的部位同发侧上（下）旋和下旋长球相同，只是要求第一跳落在本方球台中段。

7. 正手发高抛球

特点：将球抛高可以迷惑对方；发球时，利用球下降速度使发出的球速度快、旋转力强。

动作方法：发球时，左脚在前，右脚斜后；持球手将球用力平稳地往上抛直，球离头部1.5米左右，同时腰和腿顺势向上稍挺伸，重心在左脚上；待球下降至接近腰部偏右时（离身体约15厘米），持拍手臂由腰部右后方向左前方挥拍击球，身体重心顺势移到右脚。发侧上旋球时，球拍接触球的刹那，手腕迅速上勾，摩擦球的中部或中下部，食指侧发力多些。发侧下旋球时，集中摩擦球的中下部，球拍由左下方往右中上方摩擦。击球的瞬间，手臂和身体其他部位集中发力摩擦球，其中手腕发力是最主要的（图8－18）。

图8－18　正手发高抛球

（二）反手推挡（拨）球

推挡（拨）球是乒乓球运动的一项基本技术动作，无论是在防守还是在进攻中都有重要的作用，特别是能起到以守转攻的过渡球作用。

特点：是控制球速、落点和稳定球性的有力手段，也是初学者首先应该学习的技术。包括平挡、加力推、减力挡、快推、推下旋等。

动作方法：两脚平行或左脚稍前站立，身体离球台40～50厘米，两脚开立约与肩宽，两膝微屈；球拍置于腹前，上臂带动前臂沿台面作向前平行挥动；击球拍形呈半横状，约与台面垂直；在来球的上升期击球的中部，借助于对方来球的反弹力将球击回（图8－19）。

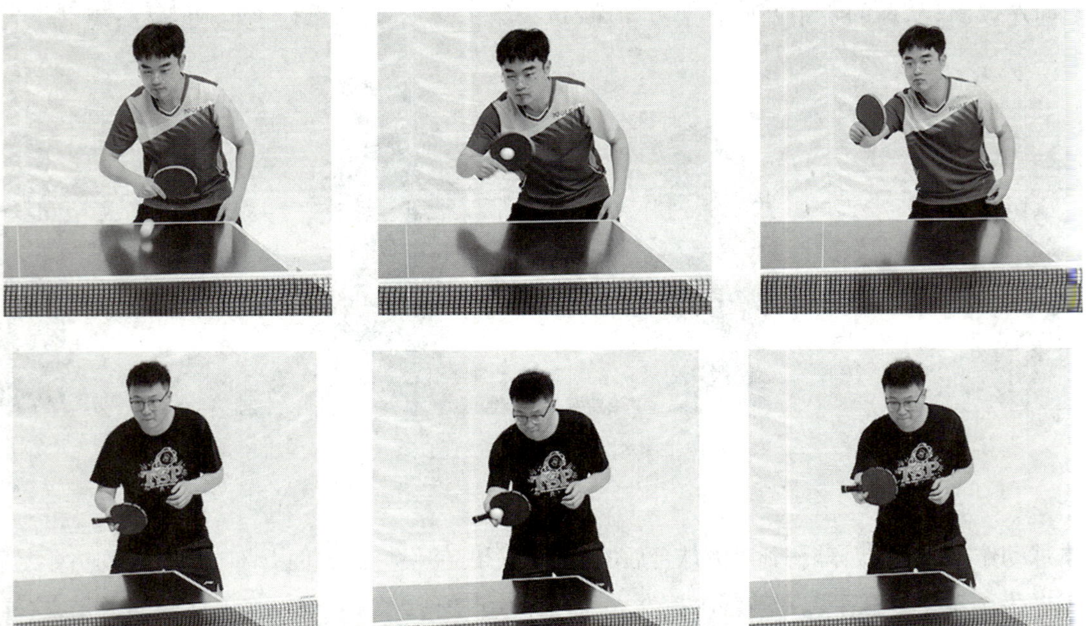

直拍反手推挡（拨）球

图8－19　反手推挡（拨）球

（1）平挡。两脚平行开立，身体靠近球台；击球前，两膝微屈，含胸收腹；击球时，球拍由后向前，球拍触球时拍面与台面近乎垂直；在来球的上升期击球的中部，借助于对方来球的反弹力将球挡回；击球后，迅速还原，准备下次击球。

（2）加力推。击球前，前臂上提，球拍后引；在来球的上升后期或高点期击球的中上部，触球瞬间用力推压；击球后，手臂随势前送。

（3）减力挡。站位与平挡相同；击球时，触球瞬间手臂前移的动作骤停，或调解好拍面角度把球轻轻后移，以削减来球的反弹力；击球后，迅速还原，准备好下一次击球。

（4）快推。身体靠近球台，右脚稍后或两脚平行开立，上臂和肘关节靠近右侧身旁；击球时，前臂向前推出，食指压拍，拇指放松，球拍前倾；在来球的上升期击球的中上部；击球后，手臂随势前送。

（5）推下旋。击球时，拍面与台面近乎垂直；在来球的上升后期或高点期击球，触球瞬间前臂和手腕向前下方发力摩擦球的中部；推击时应适当增大向前的力量，以压低回球的弧线。

（三）正（反）手攻球

攻球是以撞击为主的进攻性技术，也是乒乓球比赛中争取主动和获得胜利的重要技术。具有速度快、杀伤力强的特点，运用好能使对方陷于被动，取得优势。

1. 正手近台攻球

特点：站位离台约50厘米，在来球的上升期或高点期击球；击出的球速度较快，击球的动作幅度较小，借来球的力量发力。

动作方法：左脚稍前；持拍手前臂自然放松，拍面前倾呈半横状；当来球从台面弹起，持拍手臂前伸迎球，前臂和手腕如“敬礼”动作向额头前上方挥动；击球的中部；击球后，随势挥拍至左眼高度；击球时，注意手臂要自然弯曲，手腕与前臂近乎成直线并约与地面平行，前臂和手腕稍向前上方用力（图8－20）。

图8－20　正手近台攻球

2. 正手扣杀

特点：动作大，力量重，球速快，攻击性强，是回击半高球的一种重要得分手段。

动作方法：左脚稍前；持拍手臂向右后方引拍，并高于台面，拍面前倾呈半横状；当球弹起时上臂带动前臂由后向前；触球瞬间，前臂放松加速用力向左前挥击，同时腰部配合向左转动；在来球的高点期击球中上部；击球后，随势将拍挥至左胸前，重心由后脚移至前脚（图8－21）。

图8－21　正手扣杀

3. 横拍反手弹击

特点：是以手腕发力为主的技术动作，具有突然性强、动作小、球速快和弧线低等特点。是回击旋转力偏弱、速度较慢、质量不高的上旋来球的一项高级技术。

动作方法：站位在中近台，重心偏向左腿，前顶肘关节，手腕充分内收；向左后方引拍，引拍位置稍高至胸腹前；在来球的高点期，以肘关节为轴，前臂外展带动手腕向前迎球；触球时，加速向前略下方撞击球的中上部；击球后，前臂继续向右前上方随势挥拍（图 8 – 22）。

图 8 – 22　横拍反手弹击

4. 直拍反手横打

特点：具有旋转力强、动作较大、力量较重的特点，且具有主动性，在对攻中能发挥较大的击球力量；在被动防御时，能用此技术作为反击手段。

动作方法：直拍反面击球，站位离台约 40 ~ 50 厘米；左脚稍前，引拍回收至腹前；手腕内屈，前臂内旋，拍面前倾；在来球的上升期，前顶肘关节，前臂带动手腕向前上挥拍，在来球的高点期击球的中上部；击球时，注意撞击与摩擦相依存在（图 8 – 23）。

图 8 – 23　直拍反手横打

（四）搓球

搓球是近台回击下旋球的一项基本技术。比赛中经常用它为拉弧圈球创造条件，可与攻球结合形成搓攻战术，也可用于接发球作为过渡。对于初学者来说，首先应学习、掌握正反手搓球，在基本熟悉正反手搓球技术之后，再练习其他搓球技术（图 8 – 24）。

反手搓球

正手搓球

图 8－24　搓球

1. 正(反)手慢搓

特点与应用：慢搓动作幅度大、回球较慢、旋转变化多，技术动作容易掌握，是搓球技术学习中的入门技术。比赛中，可通过变化落点和旋转为自己进攻创造条件或直接得分。

反手慢搓动作要领：①引拍。左脚蹬地，右脚向前迈步，球拍后仰，向左后上方引拍。②挥拍击球。在来球下降前期，触球中下部，向底部摩擦。③随势挥拍。击球后手臂顺势向前下方发力。④还原。右脚蹬地，迅速后撤，还原成起始姿势。

正手慢搓动作要领：①引拍。左脚蹬地，右脚向前迈步，球拍后仰，向右后上方引拍。②挥拍击球。在来球下降前期，触球中下部，向底部摩擦。③随势挥拍。击球后手臂顺势向前下方发力。④还原。右脚蹬地，迅速后撤还原，准备下一板来球。

2. 正(反)手快搓

特点与应用：速度快、变化多，既可搓出近网短球，也可搓出底线长球。比赛中往往通过快搓缩短对方准备时间，为自己进攻创造条件。

反手快搓动作要领：①引拍。右脚向前迈步，重心跟上，手臂和手腕自然放松，球拍后仰，向左后上方引拍，引拍幅度较慢搓小。②挥拍击球。在来球上升期，借助于来球冲力，前臂和手腕适当发力，向前下方发力接触球的中下部。③随势挥拍。击球后手臂顺势向前下方发力，随势挥拍距离比慢搓短。④还原。右脚蹬地，身体后撤，迅速还原，准备下一板击球。

正手快搓动作要领：①引拍。右脚向前迈步，重心跟上，手臂和手腕自然放松，球拍后仰，向右后上方引拍，引拍幅度较慢搓小。②挥拍击球。在来球上升期，借助于来球冲力，前臂和手腕适当发力，向前下方发力接触球的中下部。③随势挥拍。击球后手臂顺势向前下方发力，随势挥拍距离比慢搓短。④还原。右脚蹬地，身体后撤，迅速还原成准备击球姿势。

3. 正(反)手摆短

特点与应用:动作幅度小、出手快、回球短、节奏快,是回击近网短球的有效技术。比赛中,合理地有效使用摆短,能有效遏制对方强有力的进攻,为自己进攻创造条件。

反手摆短动作要领:①引拍。右脚往前迈步,身体靠近球台,重心跟上,手臂和手腕自然放松,球拍后仰,向左后上方引拍,注意引拍幅度非常小。②挥拍击球。在来球上升期,借助于来球冲力,前臂和手腕适当发力,向前下方触球的中下部。③随势挥拍。击球后手臂顺势向前下方发力,随势挥拍距离尽可能短。④还原。右脚蹬地,身体后撤,迅速还原。

正手摆短动作要领:①引拍。右脚往前迈步,身体靠近球台,重心跟上,手臂和手腕自然放松,球拍后仰,微向右后上方引拍,注意引拍幅度要小。②挥拍击球。在来球上升期,借助于来球冲力,前臂和手腕适当发力,向前下方触球的中下部。③随势挥拍。击球后手臂顺势向前下方发力,随势挥拍距离尽可能短。④还原。右脚蹬地,身体后撤,迅速还原,准备下一板来球。

4. 正(反)手劈长

特点与应用:球速快、线路长、旋转力强、弧线低平、出手凶狠,常常迫使对方无法获得上手进攻所必需的引拍空间。比赛中,摆短和劈长配合使用,能取得很好的战术效果。

反手劈长动作要领:①引拍。右脚向前迈步,身体靠近球台,重心跟上,手臂和手腕自然放松,球拍后仰,向左后上方引拍,引拍距离大于快搓。②挥拍击球。在来球高点期或下降前期,前臂带动手腕快速向前下方砍下去摩擦球,发力集中。③随势挥拍。击球后手臂顺势向前下方发力,动作幅度大,身体重心向摩擦方向跟出,随势挥拍距离长。④还原。右脚蹬地,身体后撤,迅速还原,准备下一板来球。

正手劈长动作要领:①引拍。右脚往前迈步,身体靠近球台,重心跟上,手臂和手腕自然放松,球拍后仰,向右后上方引拍,引拍距离大于快搓。②挥拍击球。在来球高点期或下降前期,前臂带动手腕快速向前下方砍下去摩擦球,发力集中。③随势挥拍。击球后手臂顺势向前下方发力,动作幅度大,身体重心向摩擦方向跟出,随势挥拍距离长。④还原。右脚蹬地,身体后撤,迅速还原。

(五)弧圈球技术

弧圈球是当代乒乓球运动技术打法中最主要技术之一,具有速度快、旋转力强的特点,容易给对手造成比较大的威胁,在中远台的攻防中具有积极的意义。不管是直拍选手还是横拍选手要想达到高水平的层次,都必须掌握弧圈球技术。常用的弧圈球技术有正手加转弧圈球、正手前冲弧圈球、反手弧圈球。

(1)正手加转弧圈球。两脚开立,右脚稍后,两膝微屈;准备击球时,重心支撑点放在右脚上,持拍手臂随着腰部自然平行向后下方引拍,将球拍向后挥至身后,右肩低于左肩,拍面略为前倾;当来球从台面弹起时,前臂在上臂带动下收缩,手臂向前上方挥动;在来球下降期或高点期摩擦球的中部;摩擦球时,要注意腰部向前方转动的重心转换和两脚蹬地的力量(图8-25)。

图8-25 正手弧圈球

(2)正手前冲弧圈球。两脚开立,右脚稍后,重心支撑点放在右脚上;持拍手臂引拍至右后方约与台面齐高处,拍面前倾;当来球从台面弹起时,腰部由右向左转动,前臂在上臂带动下向前快速收缩,手腕略微转动;在来球高点期或上升期摩擦球的中上部;击球后,重心支撑点移至左脚。

(3)反手弧圈球。两脚平行站立,两膝微屈;引拍至腹部下方,含胸收腹,肘部略向前顶出,手腕内旋,拍面前倾;当来球从台面弹起时,以肘关节为轴,前臂迅速向前上方挥动,结合手腕向前上方转动;在来球高点期摩擦球的中部或中上部;击球过程中保持重心压低,注意重心左右转换(图 8 – 26)。

图 8 – 26 反手弧圈球

(六)接发球技术

(1)接发球的判断。判断的正确与否,直接影响接发球的方式和接发球的成败。为了判断发球的旋转性质、旋转强度及来球线路和落点,应利用各种信息进行综合分析:

①依据对方发球时的站位决定自己接发球站位。

②观察对方球拍触球瞬间摩擦球的方向,判断球的旋转性质。

③观察对方发球时手腕动作幅度和用力方向,判断球的落点和长短。

(2)接发球技术的常见运用。

①接上旋球(奔球、平击球)。运用正反手攻球或推挡回接,拍面适当前倾,击球的中上部。

②接下旋球。运用搓球、拉弧圈球回接,根据来球旋转力的强弱调整拍形及用力方向。

③接左侧上(下)旋球。运用搓球回接,拍面稍前倾(后仰)并向左偏斜,击球的偏右中上(中下)部位,可抵消来球的左侧上(下)旋力。若来球是长球,可运用攻(拉)技术。

④接右侧上(下)旋球。运用搓球回击,拍面稍前倾(后仰)并向右偏斜,击球偏左中上(中下)部位,可抵消来球的右侧上(下)旋力。若来球是长球,可运用攻(拉)技术。

⑤接近网短球。运用快搓、摆短球或劈长回接,主要依靠前臂、手腕和手指的力量。

六、基本结合技术

乒乓球运动结合技术是两个或两个以上单一技术的组合运用。两个单一技术的结合涉及不同手法技术的集合,不同步法技术的衔接,以及不同手法技术与不同步法技术的匹配。比赛中,技术使用基本上都是以结合技术的形式表现出来,结合技术也是战术实施的主要内容。

（一）左推（拨）右攻

技术动作要领（图 8－27）：

图 8－27　左推（拨）右攻

拨球：反手拨球时身体重心放在两脚之间，身体稍前压。根据对方回球的角度和速度，决定拨球的性质，以制造进攻机会。

判断与步法移动：反手拨球后，要判断来球的方向。当对方变线到正手位时，用移动方向的异侧腿蹬地，移动身体重心，运用跨步或小并步加跨步，快速抢到击球位置。

引拍：一般情况下，引拍的距离是根据来球旋转程度和回击力量的大小决定的。来球下旋强，需要加大击球力量，引拍距离就大；反之亦然。

抢攻：在来球的高点期或高点后期，挥拍击球的中上部，用腿的蹬伸力量带动手臂和手腕发力。

还原：击球后，要保持身体平衡，迅速还原。

（二）推（拨）侧扑

技术动作要领（图 8－28）：

图 8－28　推（拨）侧扑

拨球：反手拨球时重心放在两脚之间，身体稍前迎。根据对方回球的角度和速度，决定拨球的性质，以制造进攻机会。

判断与步法移动：反手拨球后，要判断来球的方向。当对方继续压反手位，且回接球的质量不高时，用移动方向的异侧腿蹬地，移动身体重心，运用跨步或小并步加跨步进行侧身，快速抢到击球位置。

引拍：一般情况下，引拍的距离是根据来球旋转程度和回击力量的大小决定的。来球下旋强，需要加大击球力量，引拍距离就大；反之亦然。

抢攻：在来球的高点期或高点后期，挥拍击球的中上部，用腿的蹬伸力量带动手臂和手腕发力。

还原：击球后，要保持身体平衡，迅速还原。

步法再移动：当球回接到正手位时，用移动方向的异侧腿蹬地，用并步加交叉步的方法，抢到正手位的击球位置。

引拍：同上。

抢攻：在来球的高点期或高点后期，挥拍击球的中上部，在前交叉脚落地前，挥拍击球，充分发挥腿的蹬伸力量，带动手臂和手腕发力。

还原：击球后，持拍同侧脚快速进行支撑，保持身体平衡，迅速还原。

（三）发球与抢攻结合

发球与抢攻结合是前三板技术中最具主动性和杀伤力的技术。原因在于：①发球不受对方的影响，可以根据比赛的需要，自主地在旋转、线路和落点上进行合理变化。②在技术效果上，它既能够直接得分，又能为进攻创造机会。③由于发球后有抢攻技术的实施，这使得对方接发球的难度增加，因此失误可能增多。因此，发球和抢攻技术的结合，在乒乓球运动技术中的作用举足轻重。

该技术主要有发球后正手抢攻（拉）技术、发球后侧身抢攻（拉）技术、发球后反手抢攻（拉）技术。

（四）搓接球与抢攻结合

搓接球与抢攻结合是在对来球进行反控制的基础上实施抢攻的结合性技术，也是相互控制过程中下旋转上旋的关键性技术。

该技术主要包括反手搓接后侧身抢攻（拉）技术、反手搓接后正手抢攻（拉）技术、反手搓接后反手抢攻（拉）技术、正手搓接后反手抢攻（拉）技术、正手搓接后正手抢攻（拉）技术等（图 8－27）。

七、乒乓球运动常见战术

乒乓球运动战术是运动员根据比赛对手的打法特点，结合场上形势的需要，通过将单一和结合技术在竞技要素上的综合运用，转化为制胜的相对优势，从而赢得比赛胜利所采用的手段和方法。而且，战术是技术的应用，技术是战术的基础，两者均是竞技能力的重要组成部分，相辅相成，相互依存。常见的战术有发球抢攻战术、接发球战术、对攻战术、拉攻战术、搓攻战术、削中反攻战术等。

（一）发球抢攻战术

发球抢攻战术是各类型打法的运动员普遍采用的战术，主要用来抢占先机，争取场上主动权。常用的发球抢攻战术有以下几种：

（1）正手发转与不转球后抢攻。

（2）侧身正手发左（右）侧上（下）旋球后抢攻。

（3）反手发右侧上（下）旋球后抢攻。

（4）发急长球后抢攻。

（二）接发球战术

接发球的关键点是判断对方发球的落点、旋转等特点，处理好接发球这个环节，可以一定程度破坏发球者的意图，摆脱接发球者被控制的状态。常用的接发球战术有以下几种：

（1）摆短控制战术。

（2）反手拧拉、正手挑打战术。

（3）劈长、撇等战术。

（4）盯出台球，抢攻战术。

（三）对攻战术

对攻战术是进攻类打法的运动员在相持阶段，利用速度、旋转、落点等变化来抑制对方，争取主动的重要手段。常用的对攻战术有以下几种：

(1)压制对方反手,伺机抢攻。

(2)压反手变正手。

(3)调正手压反手。

(4)压中路追身调两边。

(四)拉攻战术

拉攻战术是进攻类打法针对削球打法的主要战术。常见的拉攻战术有以下几种：

(1)拉中路冲两边、拉两边冲中路。

(2)拉吊(搓)结合,伺机突击。

(五)搓攻战术

搓攻战术是进攻类打法的辅助战术之一,通过搓球旋转、落点的变化创造进攻的机会。常见的搓攻战术有以下几种：

(1)快搓与慢搓结合,伺机进攻。

(2)搓中后突击。

(3)搓球控制落点、变线,伺机进攻。

(六)削中反攻战术

削中反攻战术指削球打法的运动员依靠稳健的削球,限制对方进攻质量,为自己创造反攻的机会。常见的削中反攻战术有以下几种：

(1)削长短球,伺机反攻。

(2)削转与不转球,伺机反攻。

(3)削、攻、挡集合,伺机反攻。

第四节　乒乓球运动身体素质练习

多年以来,大家普遍认为乒乓球运动移动范围小,且球也仅有40毫米大,对体能要求不高,主要靠技术赢得比赛。但近年来国际乒联实施的包括小球改大球、21分制改11分制、无遮挡发球、有机胶水改无机胶水、赛璐珞球改塑料球及将要进行球网升高在内的改革都对乒乓球运动员的体能提出了更高要求。因此乒乓球运动员必须加强身体素质训练。身体素质训练的重要性表现在:是技战术训练的基础;能增强运动员的体质,促进身体机能的全面发展;能提高运动员的运动能力,使运动员保持良好的竞技状态;能防止运动损伤的发生,延长运动寿命。

身体素质是人体为适应运动的需要所储存的身体能力要素,通常把身体素质分成五大类:力量素质、速度素质、灵敏素质、耐力素质和柔韧素质。

一、乒乓球运动力量素质

力量素质是身体工作时克服阻力的能力,是身体素质的基础和核心,对其他身体素质的发展起着积极的作用。依据肌肉收缩特点,力量可分为动力性力量和静力性力量;依据力量素质与专项的关系,力量可分为一般力量和专项力量;依据力量素质与运动员体重的关系,力量可分为绝对力量和相对力量;依据力量的表现形式,力量可分为最大力量、速度力量和力量耐力。

(一)乒乓球运动力量素质特点

乒乓球运动具有球小、速度快和旋转变化多的特点,且球台面积相对较小,技术动作主要依靠脚步移动和手臂挥动同时完成,因此乒乓球运动的击球力量属于动力性力量。乒乓球运动中所用力量跟速度力量、相对力量和力量耐力关系密切,而绝对力量使用较少。因此练习重点包括提高脚步起动和移动速度的下肢力量、提高挥拍速度的上肢力量、维持重心稳定的腰腹核心力量训练。

(二)乒乓球运动力量素质练习方法

(1)上肢力量练习。

一般力量练习:

①持哑铃动作。哑铃前平举、侧平举、扩胸、屈伸。

②徒手练习。俯卧撑、仰卧撑。

③杠铃动作。颈后推举、直臂上举、斜上推举等。

专项力量练习:

①持铁质球拍(哑铃片)进行挥拍动作练习。

②执拍手进行掷远练习。

③做连续快速挥拍动作练习。

④拉弹力绳做相应挥拍击球动作。

(2)下肢力量练习。

一般力量练习:

①徒手练习。单腿跳、蛙跳等各种跳跃练习。

②杠铃练习。肩负杠铃半蹲起、肩负杠铃蹲起、肩负杠铃弓箭步走(跳)、肩负杠铃左右跨跳。

专项力量练习:

①肩上负重各种步法练习。

②绑护腿各种步法移动练习。

③并步半蹲左、右移动。

(3)腰腹部核心力量练习。

一般力量练习:仰卧起坐、仰卧举腿、俯卧后屈体、平板(侧)支撑、动态平板支撑。

专项力量练习:借助于平衡球等器械进行卷腹、举腿、背起等练习,躺于平衡球上双手抱哑铃左右转体练习。

二、乒乓球运动速度素质

速度素质是人体快速运动的能力或在最短时间内完成某种运动的能力。按其在运动中的表现可分为反应速度、动作速度和位移速度三种形式。反应速度指的是人体对各种刺激信号的快速应答能力。动作速度是人体或人体某一部位快速完成动作的能力。位移速度则是人体在特定方向上位移的快慢。

(一)乒乓球运动速度素质特点

就乒乓球运动特殊性而言,其速度是指非周期性的单个动作速度,如击球瞬间的挥臂速度或为取得合适位置击球的步法移动速度。因此,乒乓球的速度素质包括反应速度、步法移动速度和挥拍击球速度。

(二)速度素质练习

(1)反应速度练习。

①听"信号",做加速跑、急停、转身跑、各种步法等练习。

②在多球训练中,做不定点击球练习。

③看“手势”，迅速反应做出相应动作的练习。

(2)移动速度移动练习。

①绕半张球台侧滑步竞速练习。

②做徒手并步、跳步、跨步、交叉步等练习。

③结合打法及技术需要，做多球跑动练习。

(3)动作速度练习。

①做加强上肢力量练习。

②限定时间内采用最快速度或频率完成规定挥拍次数练习。

③做小范围快节奏多球练习。

三、乒乓球运动灵敏素质

灵敏素质是人体迅速改变体位、转换动作和随机应变的能力，是多种运动技能和身体素质在运动过程中的综合表现，是一种较为复杂的运动素质。

(一)乒乓球运动灵敏素质特点

灵敏素质具有典型的项目特殊性，乒乓球运动员的灵敏素质表现为对外界变化而准确更换动作作出反应或调整的能力。

(二)灵敏素质练习

(1)技术练习中，采用多球练习，在加强技术动作定型的基础上，变换落点、球速、弧线、节奏等，在一定程度上提高动作灵敏性。

(2)利用多形式的跑、跳绳梯练习，在一定程度上提高脚下灵敏性。

(3)利用标志桶(杆)等，听从口令，进行移动或追逐练习，在一定程度上提高身体灵敏性。

四、乒乓球运动耐力素质

耐力是人体长时间进行肌肉工作的运动能力，也称为抗疲劳能力。其按个体运动时的外部表现可分为速度耐力、力量耐力和静力耐力等；按照该项工作所涉及的主要器官可分为呼吸循环系统耐力、肌肉耐力和全身耐力；按照供能系统需求分为有氧耐力和无氧耐力；按照耐力素质与专项的关系分为一般耐力和专项耐力。

(一)乒乓球运动耐力素质特点

乒乓球运动是一项以有氧供能为主的运动项目，但是磷酸原系统(ATP－CP)在单次击球瞬间起着主要作用。因而乒乓球运动同时需要有氧耐力和专项耐力素质。

(二)耐力素质练习

耐力素质训练通常采用以下方法：

(1)3000～5000米长跑练习。

(2)1500～3000米变速跑练习。

(3)3分钟多球技术动作不间断练习。

五、乒乓球运动柔韧素质

柔韧是指用力做动作时扩大动作幅度的能力。柔韧性越好，动作就越舒展和协调，同时也能减少运动损伤，因而柔韧素质越来越受到重视。

(一)乒乓球运动柔韧素质特点

乒乓球运动属于技能主导类隔网对抗项群,对于柔韧素质的要求相对较低,但对肩、髋和腕关节的柔韧性要求较高。

(二)柔韧素质练习

乒乓球运动柔韧素质练习与其他项目柔韧素质练习差别不大,主要采用压肩练习、正(侧)压腿、侧屈体、踝屈伸、腕屈伸等方式。

第五节　乒乓球比赛基本规则与赛制

一、乒乓球竞赛基本规则

(一)常用术语

(1)"回合"。球处于比赛状态的一段时间。

(2)"球处比赛状态"。从发球时球被有意向上抛起前静止在不执拍手掌上的最后一瞬间开始,直到该回合被判得分或重发球。

(3)"重发球"。不予判分的回合。

(4)"一分"。判分的回合。

(5)"执拍手"。正握着球拍的手。

(6)"不执拍手"。未握着球拍的手。

(7)"击球"。用握在手中的球拍或执拍手手腕以下部分触球。

(8)"阻挡"。对方击球后,在比赛台面上方或向比赛台面方向运动的球,尚未触及本方台区,即触及本方运动员或他穿(戴)的任何物品,即为阻挡。

(9)"发球员"。在一个回合中首先击球的运动员。

(10)"接发球员"。在一个回合中第二个击球的运动员。

(11)"裁判员"。被指定管理一场比赛的人。

(12)"副裁判员"。被指定在某些方面协助裁判员工作的人。

(13)运动员"穿或戴(带)"的任何物品。包括他在一个回合开始时穿或戴(带)的任何物品。

(14)球台的"端线"。包括端线两端的无限延长线。

(二)合法发球

(1)发球时,球自然置于不执拍手的手掌上,手掌张开,保持静止。

(2)发球员须用手把球几乎垂直地向上抛起,不得使球旋转,并使球在离开不执拍手的手掌之后上升不少于16厘米,球下降到被击出前不能碰到任何物体。

(3)当球从抛起的最高点下降时,发球员方可击球,使球首先触及本方台区,然后直接触及接发球员的台区。在双打中,球应先后触及发球员和接发球员的右半区。

(4)从发球开始,到球被击出,球始终在比赛台面的水平面以上和发球员的端线以外。而且从接发球方看,球不能被发球员或其双打同伴的身体或他们所穿戴(带)的任何物品挡住。

(5)球一旦被抛起,发球员的不执拍手臂应立即从球或球网之间的空间移开。球和球网之间的空间由球和球网及其向上的延伸来界定。

(6)运动员发球时,有责任让裁判员或副裁判员确信他的发球符合规则的要求,且裁判员或副裁判员均可判定发球不合法。如果裁判员或副裁判员对发球的合法性不确定,在一场比赛中第一次出现时,可以中断比赛并警告对方。但此后如该运动员或双打同伴的发球不是明显合法,将被判发球违例。

(7)运动员因身体伤病而不能严格遵守合法发球的某些规定时,可由裁判员作出决定免予执行。

(三)合法还击

对方发球或还击后,本方运动员必须击球,使球直接或触及球网装置后触及对方台区。

(四)比赛次序

(1)在单打中,首先由发球员发球,再由接发球员还击,然后发球员和接发球员交替还击。

(2)在双打中,首先由发球员发球,再由接发球员还击,然后由发球员的同伴合法还击,再由接发球员的同伴合法还击。此后,运动员按此次序轮流还击。

(3)在双打中,当配对中至少有一名运动员由于残疾而坐轮椅时,发球员应先发球,接发球员应还击,此后该配对中的任何一名运动员均可还击。该配对中,运动员轮椅及站立运动员脚步的任何部分均不能超越球台中线的假定延长线。如果超越,裁判员将判对方得 1 分。

(五)重发球

回合出现下列情况应判重发球:

(1)如果发球员发出的球触及球网装置后成为合法发球或被接发球员或其同伴阻挡。

(2)如果接发球员或其同伴未准备好时,球已发出,而且接发球员或其同伴均没有企图击球。

(3)由于发生了运动员无法控制的干扰,而使运动员未能合法发球、合法还击或遵守规则。

(4)裁判员或副裁判员暂停比赛。

(5)由于身体残疾而坐轮椅的运动员在接发球时,发球员进行合法发球后,出现下列情况:

①球在触及接发球员的台区后,朝着球网方向运行。②球停在接发球员的台区上。③在单打中,球在触及接发球员的台区后,从其任意一条边线离开球台。

(6)在下列情况下可以暂停比赛:

①要纠正发球、接发球次序或方位错误。②要实行轮换发球法。③警告或处罚运动员。④比赛环境受到干扰,以致该回合结果有可能受到影响。

(六)得 1 分

除被判重发球的回合,下列情况运动员得 1 分:

(1)对方运动员未能合法发球。

(2)对方运动员未能合法击球。

(3)合法发球或合法还击后,对方运动员在击球前,球触及了除球网装置以外的任何物体。

(4)对方运动员击出的球已越过本方端线或比赛台面,且始终没有触及本方台区。

(5)对方阻挡。

(6)对方故意连击。

(7)对方运动员用不符合规定的拍面击球。

(8)对方运动员或其穿戴(带)的任何物品使球台移动。

(9)对方运动员或其穿戴(带)的任何物品触及球网装置。

(10)对方运动员不执拍手触及比赛台面。

(11)双打比赛中,对方运动员击球次序错误。

(12)实行轮换发球法时,接发球方连续十三次合法还击,包括接发球。

(七)一局比赛

在一局比赛中,先得 11 分的一方为胜方。10 平后,先多得 2 分的一方为胜方。

(八)一场比赛

一场比赛由奇数局组成。

(九)发球、接发球和方位的次序

(1)选择发球、接发球和方位的权力应由抽签来决定。中签者可以选择先发球或先接发球,或选择先在某一方位。

(2)当一方运动员选择了先发球或先接发球,或选择先在某一方位,另一方运动员必须有另一个选择。

(3)在获得每 2 分之后,接发球方即成为发球方,依此类推,直至该局比赛结束,或者直至双方比分都达到 10 分或实行轮换发球法时,发球和接发球次序仍然不变,但每人只轮发一分球。

(4)在双打的第一局比赛中,先发球方确定第一发球员,再由先接发球方确定第一接发球员。在以后的各局比赛中,第一发球员确定后,第一接发球员应是前一局发球给他的运动员。

(5)在双打中,每次换发球时,前面的接发球员应成为发球员,前面的发球员的同伴应成为接发球员。

(6)一局中首先发球的一方,在该场下一局应首先接发球。在双打决胜局中,当一方先得 5 分时,接发球方应交换接发球次序。

(7)一局中,在某一方位比赛的一方,在该场下一局应换到另一方位。在决胜局中,一方先得 5 分时,双方应交换方位。

(十)发球、接发球和方位的错误

(1)裁判员一旦发现发球、接发球次序错误,应立即暂停比赛,并按该场比赛开始时确立的次序,按场上比分由应该发球或接发球的运动员发球或接发球。在双打中,则按发现错误时那一局中首先有发球权的一方所确立的次序进行纠正,继续比赛。

(2)裁判员一旦发现运动员应交换方位而未交换时,应立即暂停比赛,并按该场比赛开始时确立的次序,按场上运动员应站的正确方位进行纠正,再继续比赛。

(3)在任何情况下,发现错误之前的所有得分均有效。

(十一)轮换发球法

(1)如果一局比赛进行了 10 分钟仍未结束(双方比分总和达到 18 分除外),或者在此之前任何时间应双方运动员要求,应实行轮换发球法。轮换发球法一经实行,该场比赛的剩余部分必须继续实行,直至该场比赛结束。

(2)时限到时,球处于比赛状态,裁判员应暂停比赛,由被暂停回合的发球员发球,继续比赛;球未处于比赛状态,应由前一回合的接发球员发球继续比赛。此后,每个运动员都轮发 1 分球,直至该局结束。如果接发球方进行了 13 次合法还击(包括接发球),则判发球方失 1 分。

(3)轮换发球法一经实行,一直使用到该场比赛结束。

二、乒乓球竞赛赛制

(一)循环赛

(1)循环赛的概念。循环赛是同组的参赛队(人)之间各相互比赛一次。循环赛分为单循环赛和双循环赛。单循环赛是指参加比赛的队(人/对)之间轮流比赛一次(场)。双循环赛是指重复循环两次,即参加比赛的各方相互之间直接对抗两次。通常采用单循环赛制较多。它不仅是乒乓球竞赛中常用的比赛方法,也是其他球类竞赛中最常用的一种基本比赛方法。

(2)循环赛的优点。①比赛机会多,可充分全面学习和交流。②比较结果的偶然性和机遇性小。③比赛名次相对合理,能够反映出各队(人)的实力。

(3)循环赛的缺点。①比赛场次多,比赛时间长。②无法预知何时进行冠、亚军决赛。③容易出现打假球的现象。

(二)淘汰赛

(1)淘汰赛的概念。淘汰赛是指运动员按照预先排好的秩序进行比赛,胜者进入下一轮,负者淘汰出局,最后一场比赛的获胜者为冠军,负者为亚军。

(2)淘汰赛的优点。①对抗性强,不受第三者影响,只有胜者才有机会继续比赛。②可容纳较多运动员(队),所需时间短,场地少。③比赛逐步走向高潮,在最高潮(即冠亚军决赛)中结束。

(3)淘汰赛的缺点。①比赛名次合理性相对差,若强强过早相遇,负者则无机会继续参加比赛。②机遇性强,抽签决定对手。③大部分参赛选手(队)场次少,且当参赛人数不是2的乘方数时,要用轮空(抢号)的方式补齐。④比赛只能决出冠亚军,其余名次需要安排附加赛才能决出来。

(4)克服淘汰赛弊端的方法。①设定种子,将种子选手分区,以解决合理性差的问题。②有原则地控制抽签,克服机遇性强的缺点。③通过加轮空(抢号)或设置预选赛的方法克服不完整性。④安排附加赛来克服只能决出冠亚军的不足。

三、新世纪乒乓球竞赛规则的革新

自20世纪末以来,国际乒联对乒乓球竞赛规则进行了一系列改革。2000年10月,乒乓球由直径38毫米、2.5克,改为直径40毫米、2.7克。2001年9月,乒乓球比赛由(每局)21分制改为11分制。2002年9月,乒乓球比赛执行发球无遮挡的规定。2008年9月1日起,禁止使用有机挥发溶剂胶水,改用水质胶水黏合球拍与胶皮。2014年7月,赛璐珞球改为新塑料球。2016年吉隆坡世锦赛,国际乒联大会同意了瑞典提出的关于增加球网高度的提议。这些改革的目的是:

(1)增加击球板数,提高比赛的观赏性。

(2)增加比赛胜负的偶然性,打破由少数国家或地区的运动员包揽金牌的局面,促进此项目的综合和良性发展。

(3)扩大乒乓球运动的市场,让更多人参与。

第九章　羽毛球运动

本章要点

本章主要介绍了羽毛球运动基本技术，包括握拍、击球、步法等主要动作要领、技巧及注意事项，在此基础上，详细阐述羽毛球运动基本战术，主要包括单打战术、双打战术、混合双打战术，并进一步介绍羽毛球比赛基本规则，同时阐述了羽毛球运动中常见的损伤及其预防方法，为学生提供了全面、系统的羽毛球知识和技术指导。

学习目标

了解羽毛球运动的起源与发展。

掌握羽毛球运动的基本技术、基本战术和羽毛球比赛基本规则以及羽毛球运动中常见的损伤和预防方法。

培养公平竞争意识、规则意识和热爱运动、团结协作、勇于拼搏的精神；增强推进健康中国建设的能力和使命担当。

第一节　羽毛球运动概述

现代羽毛球运动是一项室内体育运动，比赛在长方形的场地上进行，场地中间有 1.55 米高的球网相隔。比赛双方运用各种发球、击球技术和移动，将球在球网上往返对击，以不使球落在本方有效区域内，或使对方击球失误为胜。

现代羽毛球运动形成于英国。相传在 1860 年的一天，英国格那斯哥郡的伯明顿镇鲍费特公爵家招待客人时玩了一种“毽子板”游戏，后来这种游戏被称为“伯明顿”。这就是现代羽毛球运动英文名称的由来。1893 年，英国成立了世界上第一个羽毛球协会，规定了场地要求和运动的标准。1934 年，国际羽毛球联合会成立，羽毛球运动的最高组织机构诞生。1978 年另一个国际羽毛球组织世界羽毛球联合会在中国香港成立，主要职责是组织羽毛球比赛。1981 年 5 月，世界羽毛球联合会和国际羽毛球联合会在日本东京举行会议，宣布这两个国际羽毛球组织实行联合，联合后使用“国际羽毛球联合会”的名称。2006 年国际羽毛球联合会全体大会通过决议，将“国际羽毛球联合会（IBF）”的正式名称更改为“羽毛球世界联合会（BWF）”。

当今世界羽毛球运动的重要赛事主要包括奥运会羽毛球比赛（单项赛）、世界羽毛球锦标赛（单项赛）、汤姆斯杯（男子团体赛）、尤伯杯（女子团体赛）和苏迪曼杯（混合团体赛）等。1957 年，中国羽毛球队参加在苏联莫斯科举行的“第七届世界青年联欢节羽毛球比赛”国际比赛，为中国羽毛球队参加国际比赛拉开了序幕。经过几十年的发展，中国羽毛球队在国际羽毛球比赛上取得优异成绩，一直保持着高水平竞技状态。

羽毛球运动是一项技术难度较大的体育项目。技术方面包括握拍、发球、接发球、击球、步法等；实战中还涉及战术打法的合理运用，心理状态的调适、意志品质是否坚定等。中国羽毛球运动员的技术风格主要体现在

"快、狠、准、活"四个方面,战术风格则是"以我为主、以攻为主"。

羽毛球运动在全球范围内拥有广泛的群众基础和影响力,是一项历史悠久且深受人们喜爱的体育项目。它不仅是一项竞技体育运动,还是一种休闲娱乐方式。羽毛球运动能够锻炼人的身体协调性、灵活性和反应能力,提高人的身体素质。同时,羽毛球比赛也是展示运动员技艺和智慧的舞台,能够激发观众的观赏热情并传递体育精神。

第二节　羽毛球运动基本技术

羽毛球运动基本技术由准备与握拍技术、发球与接发球技术、击球技术、步法技术等几大部分组成。

一、握拍法

羽毛球运动是以运动员手握球拍还击球的方式进行的,所以握拍法就成了初学者首先要掌握的基本技术之一。掌握正确的握拍法,可以帮助球员更好地掌握和运用各种击球技巧,准确地把球打到对方的目标区域,且有效地减少运动损伤。相反,如果握拍的方法不当,往往会影响球员对球的控制能力,限制一些战术和球路。在完成技术动作的时候,也容易被对方预先判断到自己所要还击的球。握拍法不当,有时候还会影响技术动作的完成和发挥,降低击球的效果和准确性,减弱击球的威力。虽然羽毛球运动技术中的握拍法和指法多种多样,但是基本的握拍法只有两种,即正手握拍法和反手握拍法。

(一)正手握拍法

以右手握拍为例。握拍之前,先用左手拿住球拍,使拍面与地面垂直,再张开右手,使手掌下部靠在球拍的握柄底托部位,虎口对着球拍框,小指、无名指、中指自然并拢,食指与中指稍稍分开,自然弯曲并贴在拍柄上(图 9 – 1)。

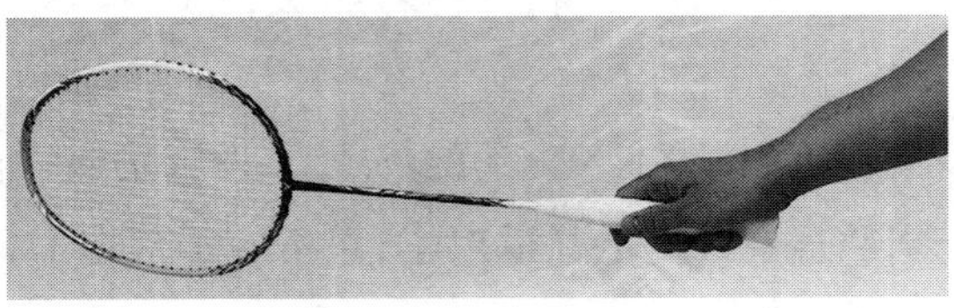

图 9 – 1　正手握拍法

(二)反手握拍法

反手握拍是在正手握拍的基础上把拇指向侧上方移动,拇指前内侧部位贴在拍柄的内侧棱窄面部位,食指往中指、无名指、小指并拢。通常反手握拍的时候,手心与拍柄之间有一定的间隙,这种握拍法有利于手腕力量和手指力量的灵活运用(图 9 – 2)。

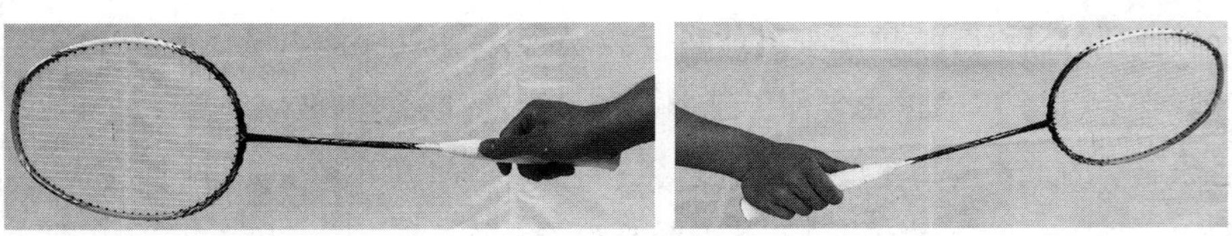

图 9 – 2　反手握拍法

(三)握拍法的关键

无论是正手握拍还是反手握拍,它们共同的技术关键是:一要放松,二要灵活,三要手指能最大限度地发挥力量。击球前,手部的肌肉要适当地放松,食指与中指间有一定的距离(正手握拍时更明显),手心不要靠在拍柄上，手心与虎口之间应留有空隙（反手握拍时更明显）。在击球时，握拍才由放松到握紧，虎口也随之夹紧，食指与中指靠拢，虎口到手心之间的空洞也不见了。在球击出后，要很快地呈放松握拍的姿势。

上述两种握拍法是初学者应掌握的基本握拍法。场上击球方法多种多样，不同的击球方法对握拍法有不同的要求。因此，在作不同的击球时，需要灵活地对握拍法作某些调整，击球才能收到更好的效果。总之，握拍是为击球服务的，不论是哪一种握拍法，最基本的要求都是有利于手腕、手指力量的发挥，有利于手腕的灵活转动，有利于灵活调整拍面朝向，以便控制出球路线和球的落点。

（四）常见的错误握拍法

（1）“拳握法”。五指并拢使劲一把抓的握法，这种握法使手臂的肌肉僵硬，影响手指、手腕的灵活性。

（2）“苍蝇拍握法”。虎口对准拍面的握法，这种握法限制了屈腕动作，妨碍对拍面角度的自由控制。

（3）反手击球时，没有转换成反手的握拍法。

二、发球

发球是羽毛球运动基本的技术之一。通过不同的发球手法，发出不同弧度、不同落点的球来控制对方，为本方创造进攻得分的机会。因此，羽毛球的发球应引起初学者的充分重视。

（一）正手发球

站位：单打发球在中线附近，站在离前发球线1米左右。双打发球站位可靠近前发球线。

准备姿势：身体左肩侧对球网，左脚在前，右脚在后，重心在右脚上，右手持拍向右后侧举起，肘部放松微屈，左手拇指、食指和中指夹住球，举在胸腹间。发球时，身体重心由右脚移至左脚。

（二）反手发球

站位：站在前发球线后10～50厘米及发球区中线的附近，也可以站在前发球线及场地边线附近的地方（双打比赛中，从右场区发球时可以看到）。

准备姿势：面向球网，两脚前后站立（左脚或右脚在前均可），上体稍前倾，身体重心在前脚上。右手反手握拍，左手拇指、食指和中指捏住球的1～2根羽毛，球托明显朝向拍面（避免犯规），球体与地面平行或球托对准拍面放在拍面前方。

（三）接发球

站位：不论是单打还是双打，都应选择一个合理的接发球站位。一般情况下，单打的接发球站位离前发球线约1.5米处；在右发球区应站在靠中线的位置，在左发球区则站在中间稍偏边线的位置，主要防备对方发球攻击反手部位。双打接发球的站位可靠近前发球线，因双打的后发球线距前发球线比单打短0.76米，发高远球易被扣杀，所以，双打发球应以网前小球为主。

准备姿势：单打接发球应左脚在前，右脚在后，侧身对网，重心在前脚，后脚脚跟稍提起，收腹含胸，持拍于右身前，两眼注视对方。双打接发球准备姿势基本同单打，但重心可随意放在任何一只脚上或两脚之间，球拍前伸、高举在肩上，注意力要高度集中。

三、击球技术

（1）前场击球主要有放网前球、搓球、挑球、推球、勾对角球、扑球等技术。

（2）中场击球主要有平抽挡、接杀挑高球、接杀平抽球、接杀勾对角球、接杀放直线前场球等技术。

（3）后场击球主要有后场平高球、高远球、平快球、吊球、杀球、劈吊球、劈杀球、拦吊球等技术。

四、后场击球动作与范围

(1)正手击球动作与范围。在身体右侧及头顶上方运用正拍面击球。

(2)头顶击球动作与范围。面向来球方向,在身体左侧位置,用正拍面绕头顶在左肩头顶上方击球。

(3)反手击球动作与范围。在身体左侧,身体背对球网,用反拍面击球。

五、步法

前场步法主要有前场上网、起跳扑球移动步法,中场步法主要有中场接杀球、起跳腾空抽、杀球移动步法,后场步法主要有正手后场交叉步后退步法、正手后场并步后退步法、正手头顶区后退步法以及反手后退步法等。

常用步法:

(一)前场正手步法

来球在右侧前场区域,运用蹬跨步、交叉步或垫步移动步法向右侧的前场区域移动击球。

(1)前场正手三步上网步法。来球在网前区靠近边线,起动后右脚迅速向右侧前方迈出第一小步,左脚紧接着向前交叉迈出第二小步,同时左脚的前脚掌用力蹬地,右脚再向前跨出第三大步击球。击球后,右脚向中心退回第一步,左脚交叉退回第二步,双脚同时再做一小跳步回位(图9-3)。

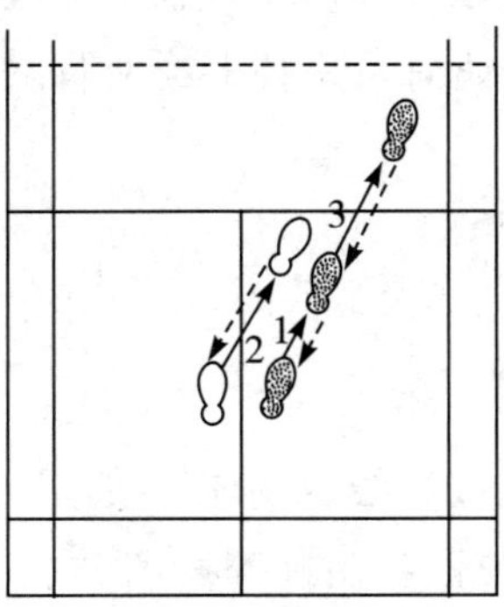

图9-3　前场正手三步上网步法

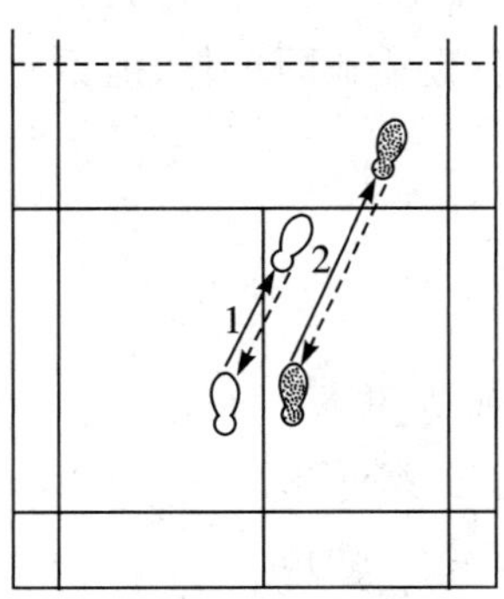

图9-4　前场正手两步上网步法

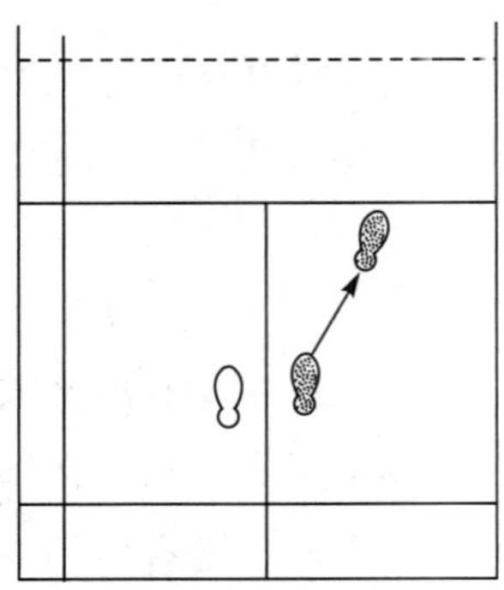

图9-5　前场正手一步上网步法

（2）前场正手两步上网步法。来球在前发球线与球网之间，起动后左脚向右侧前方迈出第一小步，同时用力蹬地，右脚交叉跨出第二大步击球（图 9－4）。击球后，右脚立即往中心撤回第一步，左脚紧跟其后退回第二步回位。

（3）前场正手一步上网步法。来球在前发球线附近，起动后左脚前脚掌用力蹬地，右脚向来球方向跨出一大弓箭步击球（图 9－5）。击球后立即往中心位置退步回位。

（二）前场反手击球步法

来球在左侧前场区域，运用蹬跨步、交叉步或垫步向左前方移动击球。

（1）前场反手三步上网步法。来球在反手网前距离身体较远时，起动后右脚迅速向左侧前方迈出第一小步，左脚向前交叉跨出第二小步，同时左脚前脚掌用力蹬地，右脚再向前跨出第三步击球（图 9－6）。击球后右脚向中心位置撤回第一步，左脚紧跟退回第二步，两脚再向中心位置做一小跳步回位。

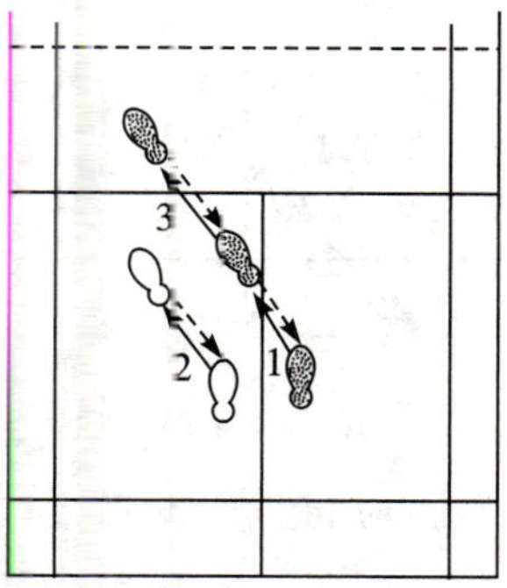

图 9－6　前场反手三步上网步法

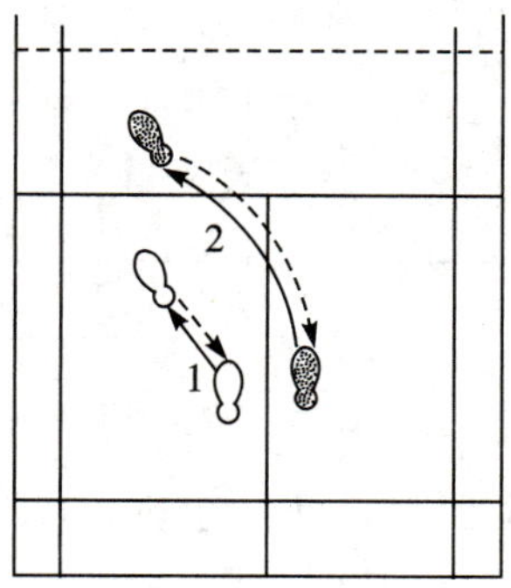

图 9－7　前场反手两步上网步法

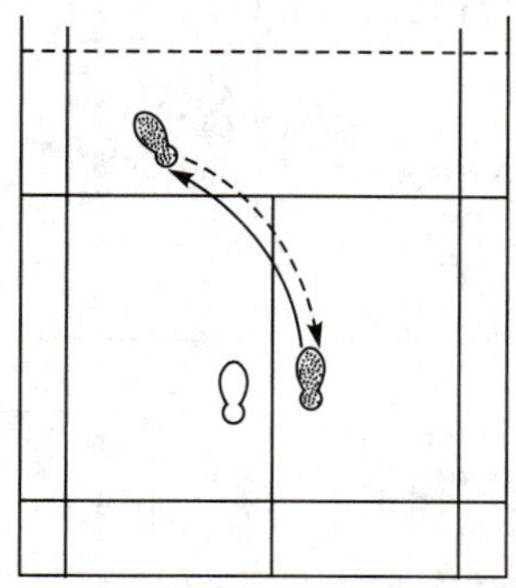

图 9－8　前场反手一步上网步法

（2）前场反手两步上网步法。来球在中前场反手区，起动后左脚向左前方来球方向迈出第一小步，右脚向前方交叉跨出第二步击球（图 9－7）。击球后右脚立即往中心位置撤回第一步，左脚退回第二步，左右脚同时再做一小跳步回位。

（3）前场反手一步上网步法。来球在前发球线附近，起动后左脚蹬地，右脚向来球方向跨大弓箭步击球（图 9－8）。击球后右脚向中心位置撤回一步，左脚再撤一小步回位。

（三）中场正手步法

（1）中场正手两步移动步法。起动后左脚蹬地向右脚迈出第一小垫步，同时向右转体 90°，面向来球方向。右脚向来球方向跨出第二步（图 9－9），准备击球。击球后，跨步脚触地即向中心位置退回一小步，左脚紧随其后向中心位置退回第二步回位。

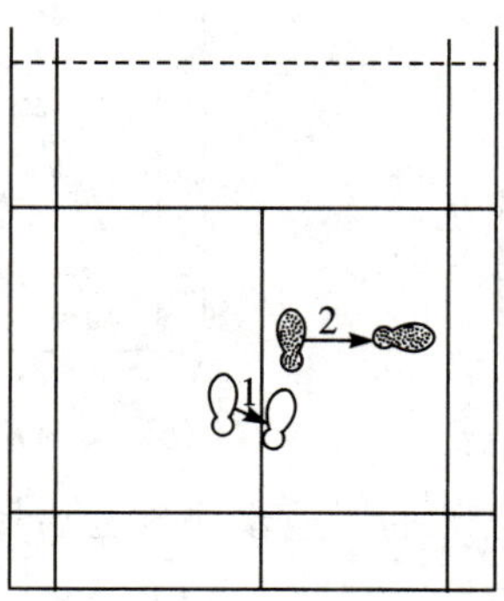

图 9－9　中场正手两步移动步法

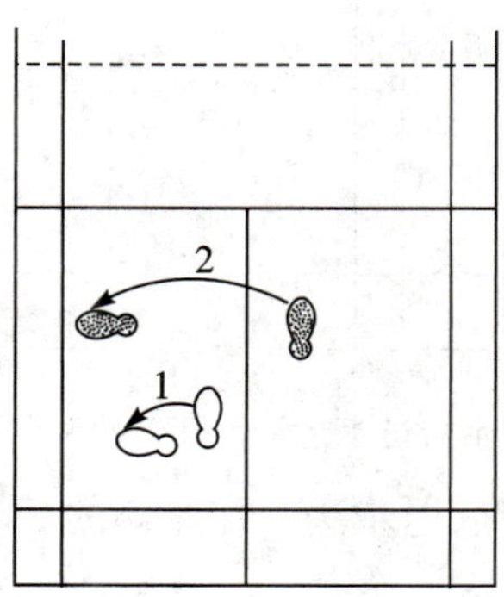

图 9－10　中场反手两步移动步法

(2)中场反手两步移动步法。来球距离身体较远时，起动后左脚蹬地向来球方向迈出第一小步，向左转体，背向球网，身体重心在左脚上。右脚向来球方向迈出第二步蹬跨步(图 9－10)，准备击球。完成击球后，右脚迅速向中心位置退回第一步，同时向右转体，两脚做小跳步完成回位。

(四)后场步法

(1)后场正手两步后退步法。来球距离身体不远时，以左脚的前脚掌为轴心，右脚向右后侧区域的来球落点方向蹬地起动后退步，同时左脚向右脚并步，重心在右脚上，右脚向右后斜方后退第二步跳起(图 9－11)，准备击球。击球后，右脚触地迅速向中心区域迈回第一步，左脚即向中心位置迈回第二步，双脚再接一小跳步，完成回位。

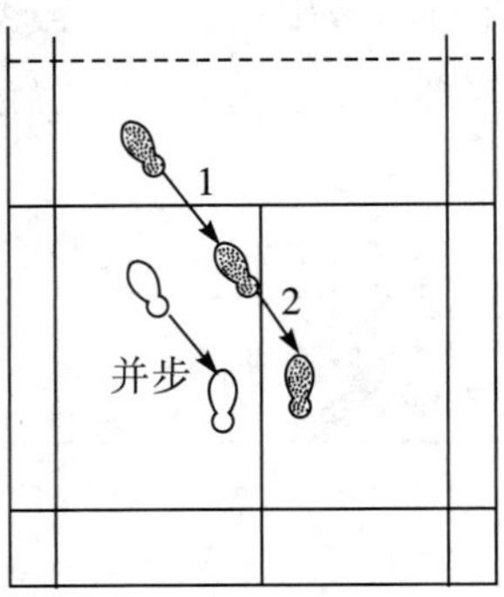

图 9－11 后场正手两步后退步法

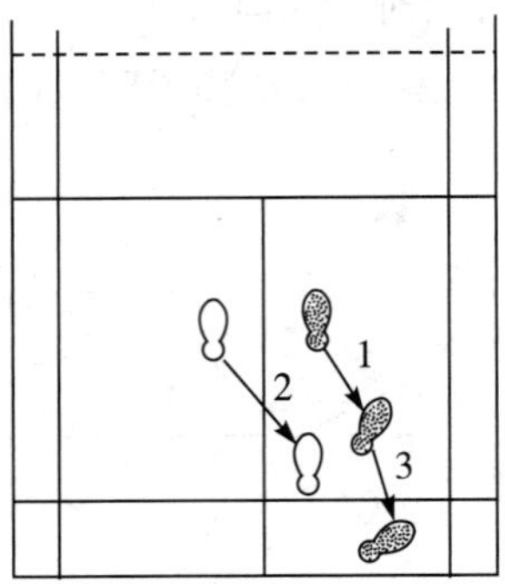

图 9－12 后场正手三步后退步法

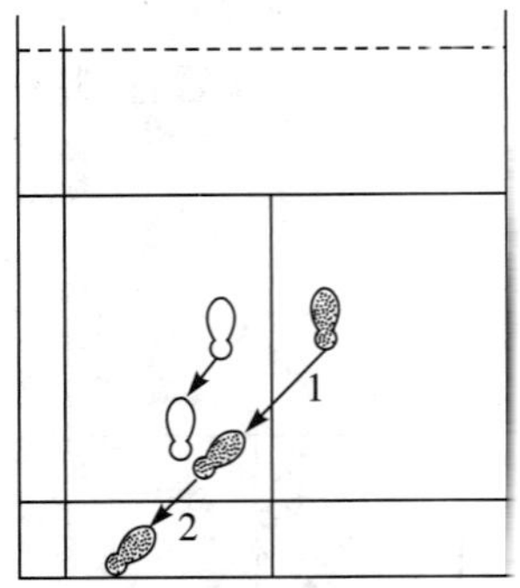

图 9－13 后场头顶两步后退步法

(2)后场正手三步后退步法。来球距离身体过远时，起动后右脚向来球落点方向后退第一小步，左脚经右脚往后交叉退第二步。右脚再交叉退第三步，身体重心放在右脚上，向右后方向斜步起跳(图 9－12)，准备击球。击球后，右脚迅速向中心区域迈回第一步，左脚交叉迈回第二步，双脚再接一小跳步完成回位。

(3)后场头顶两步后退步法。右脚蹬地，转体，向左后侧后场区域的来球落点方向后退第一步，左脚向右脚并步，重心在右脚上(图 9－13)，右脚蹬地向左后交叉后退第二步起跳击球。击球后，左脚触地迅速向中心位置回位。

(4)后场头顶三步后退步法。起动后，右脚蹬地，转体，向身体左后侧区域的来球落点方向后退第一小步，左脚后交叉退第二步，右脚再向左后交叉退第三步(图 9－14)，身体重心在右脚上，交叉步起跳击球。击球后，迅速向中心区域蹬地交叉步回位。

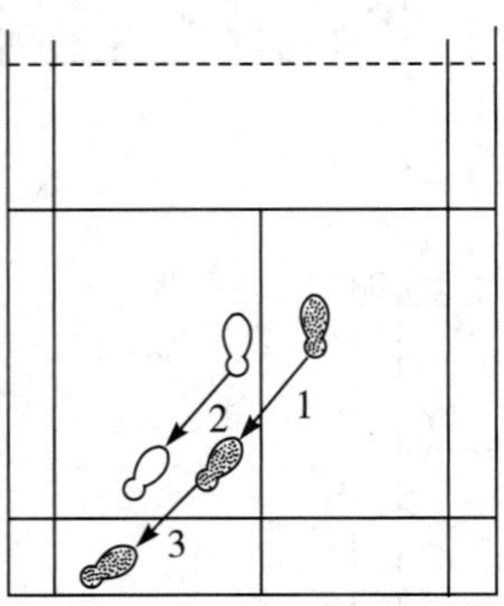

图 9－14 后场头顶三步后退步法

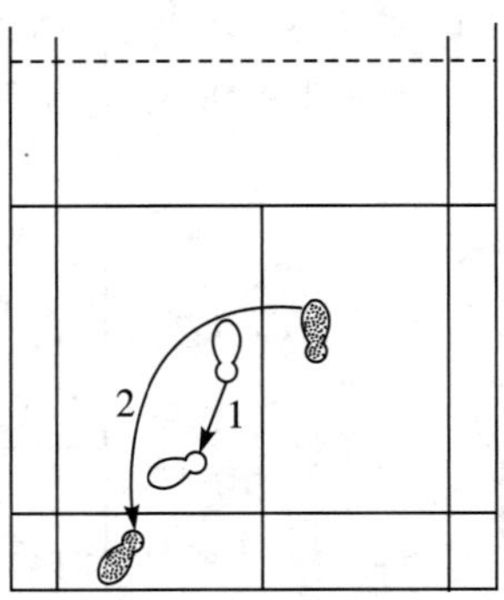

图 9－15 后场反手转身两步后退步法

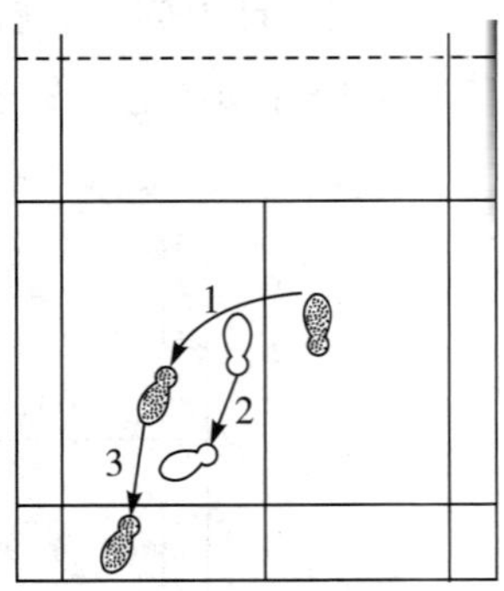

图 9－16 后场反手转身三步后退步法

(5)后场反手转身后退步法。在左侧的后场区域，配合反手击球的后退步法称为后场反手转身后退步法。

①后场反手转身两步后退步法。右脚蹬地向左后场区转体起动，同时左脚向左后侧来球落

点方向迈出第一小步。右脚交叉向来球方向再跨出第二步(图9-15),成背对球网的姿势,右脚触地的同时完成击球,身体迅速右转,右脚向中心位置回位第一小步,左脚交叉向中心区域迈出第二步,完成回位动作。

②后场反手转身三步后退步法。如果来球距离身体较远,则以左脚前脚掌为轴心,右脚蹬地向身体左后侧来球落点方向转体迈出第一小步,左脚紧接其后向左后侧迈出第二步,右脚再交叉向来球落点方向跨出第三步,并同时击球(图9-16)。击球后身体重心在右脚上,迅速蹬地转体向中心位置方向迈出第一小步,左脚随即交叉迈出第二步,右脚再向中心位置迈出第三步,完成回位动作。

第三节 羽毛球运动基本战术

一、单打战术

(一)单打的打法类型

单打的打法是根据比赛者的个人技术特点、身体素质、心理素质等条件而形成的。常见的打法类型主要有以下五种:

1. 控制后场,高球压底

从发球开始就运用高远球或进攻性的平高球压对方后场底线,迫使对方后退,当对方回球不够后时,以扣杀球制胜;或当对方疏于前场防守时,就可以以轻吊、搓球等技术在网前吊球轻取。轻吊必须在若干次高远球大力压住后场,对方又不能及时回到前场的基础上进行。这种打法主要是力量和后场的高、吊、杀技术的较量。对于初学者,这是一种必须首先学习的基础打法。

2. 打四角球,长短结合

在后场,以高远球、平高球和吊球为主,在前场则以放网前球、推球和挑球准确地攻击对方场区前后左右四个角落,调动对方前后左右奔跑,顾此失彼,待对方来不及回中心位置或回球质量差时,向其空当部位发动进攻制胜。这种打法要求进攻队员具有较强的控制球落点的能力和灵活快速的步法,否则很难占上风。

3. 下压为主,控制网前

这是一种主要通过后场的高远球、扣杀、劈杀、吊球等技术先发制人,然后快速上网以搓、推、扑、钩等技术,高点控制网前,导致对方直接失误或被动击球过网,被进攻队员一举击败的打法,通常也称"杀上网"的打法。这种打法是进攻型的打法,能够快速上网高点控制网前,对速度耐力和力量耐力要求较高。这种打法体力消耗较大,如果碰上防守技术好的对手,体力就往往成为成败的关键因素。

4. 快拉快吊,前后结合

这类打法以平高球快压对方后场两底角,配合快吊网前两角(或运用劈杀)引对方上网,当对方被动回击网前球时,即迅速上网控制网前,以网前搓、勾球结合推后场底线两角,迫使对方疲于应付,为前场扑杀和中、后场大力扣杀创造机会。这也是一种积极主动、快速进攻的打法。这种打法要求队员身体素质好,特别是速度耐力要好,技术全面熟练,而且具备突击进攻的特长技术。

5. 守中反攻,攻守兼备

以平高球和快吊球击向对方前后左右四个角落,以调动对方。让对方先进攻,针对进攻方打的高远球、四方球、吊球等,加强防守,以快速灵活的步法、多变的球路和刁钻准确的落点,诱使对方在进攻中匆忙移动,勉强扣杀,造成击球失误,或当对方回球质量较差时,抓住有利战机,突击进攻。这种打法要求队员具有攻中有守、守中有攻的控球和反控球能力,不仅应具备优良的速度耐力、灵活的步法、准确快速的反应和判断应变能力,还应具有顽强的拼搏精神和心理素质,这样队员才能在逆境和被动中保持沉着冷静,并奋起反击。

(二)单打基本战术

1. 发球战术

发球可根据对手的站位、反击能力、回击球的路线等采取不同的方法,发不同性能的球。要求发球动作一致,处理好点与线、高与低、直线与斜线的关系,造成对方判断上的错误,以取得前几拍的主动权。

2. 攻后场战术

如遇到对手技术不熟练,后场还击力量不强,回球路线和落点盲目,以压对方底线为主,造成对方处于被动状态,然后伺机进攻。

3. 控网推压后场战术

对付上网步法较慢的对手,先以吊、放、搓为主,吸引对方到网前,然后再挑、推、杀或发平高球突击对方的后场底线。

4. 拉开突击战术

这种战术是以快速、准确的落点攻击对方场区四角,调动对方忙于奔跑,并在对方重心不稳或来不及回中心位置时,突击进攻其空当部位。

5. 打对角战术

对于灵活性差、转体慢的对手,以打对角线为主较为有效,目的在于使对手奔跑于左右两侧,降低对手的攻击力,造成其被动、失误。

二、双打战术

(一)双打的打法类型

双打的打法是根据双方的技术水平、身体素质和心理素质以及伙伴的配合特点,经过长期训练而形成的。常见的打法大致有以下三种。

1. 前后站位打法

此打法基本上在本方处于发球时所采用。发球的队员站位较前,当发球员发球后立即举拍封堵前场区,另一名球员则负责中场或后场的各种来球。前后站位打法可充分运用快攻压网前搓、吊、推、扑技术,寻找空隙,一举打乱对方站位;或通过后攻前扑,后场连续大力扣杀,前场积极封堵,当回球在网附近时,一举予以致命打击。

2. 左右站位打法

此打法基本上在本方处于接发球状态和受到下压进攻时所采用。对方发球或打来的平高球处于后场,接球方可从原来的前后站位立刻转换为左右站位,两人各负责左右半场区的防守,以平抽、平打压住对方后场底线两角,在对方扣杀球时也能以平抽反击或挑高远球至两底角,造成对方回球无力,一举扣杀或吊球成功。

3. 轮转站位打法

在比赛中,攻守双方总是根据比赛的情况而不断地在前后站位和左右站位间相互变换。对于站位的变换通常具有如下特点:

(1)发球或接发球时前后站位。当回击对方高球至后场偏一侧,对方处于进攻状态时,位于前面的队员要直线后退,后方的队员看情况向侧移动,改换成左右站位。

(2)发球或接发球时处于左右平行站位。在发球后或在对击球过程中,一旦有机会进行下压进攻,一名球员便快速上网封堵,另一名球员则快速移动到后场进行大力扣、吊、杀球,导致对方处于被动地位。

(二)双打基本战术

双打比单打每方增加 1 名队员,而场地宽度仅增加 92 厘米,接发球区则比单打缩短了 76 厘米。因此,双打从发球开始就形成短兵相接的局面。由于进攻和防守都加强了，这就更加要求队员技术全面，能攻善守，反应灵敏。特别是对发球、接发球、平抽、挡、封网、扑、连续扣杀、接杀挑高球及防守反击等诸多技术要求更高。两名队员配合默契，相互信任，打法上攻守衔接及站位轮转协调一致，是打好双打的关键。

1. 发球战术

由于双打的后发球线比单打短，在双打中若发高远球，接发球方可以大力扣杀，直接争取主动，同时又较少有后顾之忧。因此，双打时站位往往压在靠近前发球线处，对发球者造成很大的心理上和技术上的威胁。所以，发球质量、路线的配合、弧线的制造、落点的变化对整个双打比赛的胜负意义极其重大。可以毫不夸张地说，比赛的双方若水平差不多则胜负取决于发球质量。

(1) 发球站位。发球的站位与发球的飞行路线、弧线、落点和第三拍的击球都有关系。

①发球者紧靠前发球线和中线。这种站位始于反手发网前内角，球过网后球托向下，不易被对方扑击。由于站位靠前，也便于第三拍封网。但站位靠前不利于发平快球，一般是发网前内角位球配合双打后发球线的外角位平高球。

②发球者站位离前发球线半米，靠中线。这种站位发球的选择面较广，正、反手都可发网前球、平快球、平高球，并且各种路线都可以发。缺点是球的飞行时间长，对方有较多时间判断处理，发球后如果抢网较慢也容易失去网前主动权。

③发球者站在离中线较远处。这种站位主要用于在右场区以正手和左场区以反手发平快球攻对方双打后发球线的内角位，配合发网前外角。这种发球只能作为一种变换手段。因为这种发球只对反应慢、攻击力差的对手有一定威胁，当对方有了准备时作用就不大了，而且还会使自己陷入被动。

(2) 发球路线和落点的选择需要注意以下几点。

①调动对方站位，破坏对方打法。

②避实就虚，抓住对方弱点发球抢攻。

③发球要有变化。

(3) 发球时间的变化。接发球方在准备接发球时，虽然思想高度集中，但因为受到发球方的牵制，要等球发出后才能判断、起动、还击。所以，发球动作的快、慢也应在规则允许的范围内有所变化，不要让接球方掌握规律。

(4) 发球心理。发球员首先要沉住气，提高发球质量，增强还击第三板的信心。其次发球的路线要善变且无规律。

2. 接发球战术

接发球虽然受发球方的牵制，属于被动等待，但发球时必须连续向前挥动(不许做假动作)、不能迟迟不发，且需要在 1.15 米之下将球击出，所以发球者发出的球不会具有太大的威胁。接发球方如果判断准确、起动快、还击及时，就能在对方发球质量稍差时杀、扑得手或取得主动；反之，会出现接发球失误或还击不利使自己陷入被动。

(1) 接发内角位网前球。以扑或轻压对方两边中场及发球者身体为主要攻击点，配合网前搓、勾等其他技术。

(2) 接发外角位网前球。可以平推对方底线两角，以调动对方一名队员至边角，扩大对方另一队员的防守范围。

(3) 接发内角、外角位后场球。应以发球者为攻击点，力争扣杀追身球。如果起动慢了，可用平高球打到对方底线两角。一般发球者在发后场球之后会后退，准备接杀球，这时可用拦截吊球，落点可选择在发球者的对角。

3. 攻人战术

这是双打中常用的一种战术，就是以人为攻击目标。对付两名技术水平高低不一的对手时，一般都采用这种战术。对付两名实力相当的对手时也可采用这一战术。它集中攻势于对方一名队员，常能起到集中优势兵力歼灭敌人的作用；在另一队员过来协助时，又会暴露出空当，可在其仓促接应、立足不稳时偷袭成功。

4. 攻中路战术

(1) 守方左右站位时把球打在两人的中间。这种战术可以造成守方两人同时抢接球或同时让球，彼此难以协调；限制对手在接杀球时挑大角度高球调动攻方；有利于攻方的封网，由于打对方中路，对方回球的角度也小，网前队员封网的难度就小了。

(2) 守方前后站位时把球下压或轻推左右两侧边线半场区间。这种战术多半是在接发网前球和守中反攻抢网时运用。这种球守方前场队员拦截不到，后场队员又只能以下手击球放网或挑高球，后场两角便会露出很大空当，因而有机可乘，可攻击场内空当或对方身体位。

5. 攻后场战术

这种战术常用来对付后场扣杀能力较弱的对手，把对方弱者调动到后场后也可以使用。此战术多采用平高球、平推球、挑底线把对方一人紧逼在底线，使其在底线两角移动击球，在其还击出半场高球或网前高球时即可大力扣杀，取得该球的胜利或主动。如果在逼底线两角时对方同伴要后退支援，则可攻击网前空当或打后退者的追身球。

6. 后攻前封战术

后场队员积极大力扣杀创造机会，在对方接杀球放网、挑高球或企图反击抽球时，前场队员以扑、搓、勾、推控制网前，或拦截吊、点压封住前半场，使整个进攻连贯而又有节奏变化，使对方防不胜防。

7. 防守战术

(1) 调整站位。为了摆脱被动，伺机转入反攻，防守方首先要调整好防守时的站位。如果是网前挑高球，那么击球者应该直线后退，切忌对角后退。直线后退路线短、落位快，对角后退路线长，也容易被对方打追身球。另一名队员应根据同伴移动后的情况补到空当位。双打防守时的站位调整都是一名队员在跑动击球时，另一名队员根据同伴的移动情况填补空当。

(2) 防守球路。①攻方杀球者和封网队员在半边场前后一条直线上，接杀球应打到另半边前场或后场。②攻方杀球者和封网者在前后对角位上，接杀球可还击到杀球者的网前或封网者的后场。③攻方杀球者杀对角后，另一名队员想要退到后场去助攻时，接杀球可以还击到网前中路或直线网前。④把攻方杀来的直线球挑对角，杀来的对角球挑直线以调动杀球者。

关于防守的方法还有许多，但目的都是破坏攻方的进攻节奏和进攻势头，在攻方进攻势头减弱时，即可采用平抽球或推挡伺机组织进攻。一旦进攻方发生混乱，出现空当，守方即可抓住战机转守为攻，取得主动。

(三) 混合双打基本战术

混合双打是由一名男选手和一名女选手搭配组成的双打，因此，混合双打的基本战术同双打的基本战术大致是相同的。然而，由于女选手在速度、力量等体能方面要比男选手相对差一些，女选手在混合双打中往往是被攻击的主要对象。所以，在进行混合双打时，具体运用战术的方式与双打有些不同之处，突出表现在以下方面。

1. 站位

虽然混合双打也是采用前后站位和左右站位这两种基本站位方法，但具体方式与双打不同。混合双打中女选手后场的攻击能力较男选手弱一些，所以女选手主要在前场，负责封住网前球；而男选手能力强一些，则负责中后场的大范围区域，形成男选手在后、女选手在前的基本进攻队形。为了配合这种队形，男选手发球时站位要后移至中场附近，而此时女选手应站在靠近前发球线的附近。发球后，男选手立即准备守住中后场，而女选手则负责封住前半场。

2. 分工

在混合双打中采用平行站位时同双打的不同之处在于：无论女选手是在左区还是在右区，一般都只负责守住靠近边线一边的三分之一区域，而男选手则负责场区的大部分区域。这样女选手防守范围小，防守起来也相对容易些。女选手在前、男选手在后的前后队形是混合双打的基本队形。女选手只负责网前小部分区域，而男选手要负责场地中后场的大部分区域。

第四节　羽毛球比赛基本规则

一、场地和器材

（一）球场

羽毛球标准场地是一个长13.40米、宽6.10米的长方形。

（二）网柱

羽毛球网柱高1.55米，无论是单打还是双打，网柱均应放置在双打边线的中点上。

（三）球网

球网中央顶端离地面垂直高度不低于1.524米，两端网高1.55米。

（四）球拍

拍框总长度不超过680毫米，宽不超过230毫米。拍弦面长不超过280毫米，宽不超过220毫米。

二、发球

羽毛球的合法发球要注意以下几点：

（1）发球时任何一方都不允许非法延误发球。发球员和接发球员都必须站在斜对角发球区内发球和接发球，脚不能触及发球区的界线；两脚必须都有一部分与地面接触，不得移动，直至将球发出。

（3）发球员的球拍必须先击中球托，与此同时整个球与地面的高度不高于1.15米。

（4）发球开始后，发球员的球拍必须连续向前挥动，直至将球发出。

（5）发出的球必须向上飞行过网，如果不受拦截，应落入接发球员的发球区。

（6）双方队员一旦站好位置，发球员的球拍第一次向前挥动即为发球开始。

（7）发球员须在接发球员准备好后才能发球，如果接发球员已试图接发球则被认为已做好准备。

（8）一旦发球开始，球被发球员的球拍触及或落地即为发球结束。

（9）双打比赛中，发球员或接发球员的同伴站位不限，但不得阻挡对方发球员或接发球员的视线。

三、单打

（1）一局中，发球员的分数为0或双数时，双方队员均应在各自的右发球区发球或接发球。

（2）一局中，发球员的分数为单数时，双方队员均应在各自的左发球区发球或接发球。

（3）接发球员违例或因球触及接发球员场区内的地面而成死球时，发球员得一分。随后，发球员再从另一发球区发球。

（4）发球员违例或因球触及发球员场区内的地面而成死球时，发球员即失去发球权。

(5)首局获胜一方在接下来的一局比赛中率先发球。

(6)当一方在比赛中得到11分后，双方队员将休息1分钟。

(7)两局比赛之间的休息时间为2分钟。

四、双打

(1)一局中，发球方的分数为0或双数时，发球方均应从右发球区发球。

(2)一局中，发球方的分数为单数时，发球方均应从左发球区发球。

(3)接发球方按其上次发球时的位置站位。

(4)接发球员应是站在发球员斜对角发球区的运动员。

(5)发球方每得1分，原发球员则变换发球区再发球，接发球方另一名运动员接发球。

(6)发球必须从两个发球区交替发出。

(7)发球方违例，原发球员即失去发球权，对方得分。

(8)每一回合发球被回击后，由发球方的任何一人和接球方的任何一人，交替在各自场区的任何位置击球，如此往返直至"死球"。

(9)运动员不得有发球顺序错误和接发球顺序错误，或在同一局比赛中连续两次接发球。

(10)发球顺序。每局比赛的发球权必须如下传递：

①首先由首先发球员从右发球区发球。

②其次是首先接发球员的同伴从左发球区发球。

③然后是首先发球员的同伴。

④接着是首先接发球员。

⑤再接着是首先发球员，如此传递。

(11)运动员在比赛中不应有发球、接发球顺序错误或在一局比赛中连续两次接发球(发球区错误处罚的情况除外)。

(12)一局胜方的任一运动员可在下一局先发球，一局负方的任一运动员可在下一局先接发球。

五、交换场区

在以下情况中运动员应交换场区：

第一局结束；

第三局开始前；

第三局中或只进行一局的比赛中，当领先的一方得分为11分时。

六、违例

(1)发球不合法。

(2)发球时，球过网后挂在网上或停在网顶。

(3)球落在球场界线外。

(4)球从网孔或网下穿过。

(5)球触及运动员的身体或衣服。

(6)比赛时，球拍与球的最初接触点不在击球者球网的这一方(击球者击球后，球拍可以随球过网)。

(7)运动员球拍、身体或衣服触及网或网的支撑物。

(8)运动员的球拍或身体从网下侵入对方场区，妨碍对方或使对方分散注意力。

(9)同一运动员两次挥拍连续击中球两次、同方两名运动员连续各击中球一次。

七、计分

(1)羽毛球比赛每场比赛均采用三局两胜制。

(2)每球得分制。

(3)双打和单打先得21分的一方胜一局。

(4)如果双方比分打成20:20，一方需领先对手2分才算获胜。

(5)如果双方比分打成29:29，则率先得到第30分的一方胜本局。

第五节　羽毛球运动中的损伤及其预防

由于羽毛球运动是隔网项目，竞赛双方的身体不会发生直接碰撞，所以它发生损伤的概率与其他运动项目相比，并不算高。但由于它的运动强度大，比赛时间长，身体某一局部负担较大，如果运动方法不当，也会发生一些损伤。

一、羽毛球运动中常见的损伤

（一）擦伤

原因及症状：擦伤是羽毛球运动中较为常见的一种皮肤开放性损伤。它多因摔倒后皮肤与地面摩擦及球拍意外撞伤所致。

处理建议：小面积的、浅层的、创伤面无异物的皮肤擦伤，最好先用生理盐水冲洗消毒，然后在局部涂抹2%的红药水。擦伤，最好不要用暴露治疗，否则容易干裂而影响运动。有异物嵌入皮肤或大面积的擦伤，极易发炎和感染，要用生理盐水彻底冲洗伤口，将污物清除，再用凡士林油纱布覆盖，并以绷带加压包扎。污染严重的伤口，必须由医生进行清创术，施用抗菌药物和注射破伤风抗毒血清。

（二）肩关节损伤

原因及症状：肩关节损伤主要是由于技术动作不合理或局部练习负担过重造成的，表现为挥臂击球时肩关节感到明显疼痛，不能做大力发力动作。常见的肩部运动损伤有肩袖损伤、肱二头肌长头肌腱损伤，不慎摔倒时还可能发生关节脱位。

处理建议：发生急性损伤时，首先要对局部进行冷敷，可以采取冷水冲洗或冰袋冷敷等措施，持续时间15～20分钟，然后用绷带进行加压包扎，休息24小时后方可适当活动。

（三）肘关节损伤

原因及症状：肘关节损伤主要是由于技术动作不合理或局部练习负担过重造成的，表现为肘部不动时无疼痛感，击球发力即疼，肘关节活动范围受到限制。

处理建议：发生肘关节损伤时，可能出现前臂长度改变、肘关节后部出现凹陷、关节活动障碍等现象。这时，必须减少受伤肢体的活动量，特别要减少反拍击球的次数，以利于损伤的恢复。如果发生肘关节脱位，要尽快到医院进行处理，不要让非医务人员进行复位。

（四）手腕关节损伤

原因及症状：手腕关节损伤主要是由于技术动作错误、手腕力量薄弱及手腕局部负荷量过大而引起的，表现为击球发力时手腕无力或疼痛。常见的手腕损伤有腕三角软骨盘损伤、桡骨茎突腱鞘炎。

处理建议：一般的扭伤或撞伤，可在伤处冰敷 20 分钟。冰敷后，如果手腕的活动度仍受到限制并感觉疼痛，应到医院处理。如果活动时的疼痛在可以忍受的范围之内，在保护后可以重新回到运动场。如果伤后 24 小时伤处的肿胀与疼痛持续，则应到医院处理。

（五）膝关节损伤

原因及症状：膝关节损伤通常是由于步法技术动作不合理及膝关节局部负担过重造成的，表现为膝关节酸痛无力或活动时膝部稍一弯曲就疼痛。常见的膝关节损伤有膝关节侧副韧带损伤、十字韧带损伤、半月板损伤等。

处理建议：与发生肩关节急性损伤时处理的过程基本相同。首先要对局部进行 15～20 分钟的冰敷，然后进行加压包扎，限制受伤肢体活动，休息时将伤肢抬高。24～48 小时以后可以进行理疗、按摩等治疗，同时尽快找医务人员进行处理。

（六）踝关节、跟腱损伤

原因及症状：踝关节、跟腱损伤与运动员的技术动作有缺陷或错误、动作比较僵硬或不协调，场地太硬，运动鞋袜质量较差等有关。一般表现为跟腱部位疼痛，尤其是跳起着地、后退支撑或做蹬地动作时。

处理建议：首先要确定是否是跟腱断裂。发生跟腱断裂时常常听到响声，并且产生剧烈疼痛和肢体活动障碍。让伤员俯卧在床上（或桌子上），将两脚伸出床沿，注意观察伤员两个脚跟的位置，如果有一侧明显变长，则可能发生了跟腱断裂，这时必须尽快送医院处理；如果仅是一般性跟腱损伤，则可进行冷敷、加压包扎、限动和抬高伤肢，24～48 小时以后再进行理疗、按摩等治疗。轻微损伤者在伤后 2～3 天可以开始进行简单活动，中度损伤者需要休息一周。在损伤后的训练过程中，要以不引起局部明显疼痛为度，并控制好运动量。

（七）腰背肌损伤

原因及症状：腰背肌损伤通常因为准备活动不充分，用力突然造成肌肉拉伤所致。一般表现为，在运动中，当腰部前屈或后伸用力时即出现疼痛，特别是后仰接头顶区球很吃力。

处理建议：采用正确的技术动作，避免勉强发力造成进一步的损伤。急性损伤期过后，可以适当增加静力性力量训练、核心力量训练，缓解症状。

（八）大腿肌肉拉伤

原因及症状：在肌肉局部负担过重、恢复不充分的情况下，再增加负荷容易出现大腿肌肉拉伤。症状为运动中涉及大腿肌肉收缩或拉长时，该部分肌肉疼痛。在羽毛球运动中，最常见的是大腿后肌群和股内侧肌群损伤，其次是大腿内收肌群、腰背肌、肩肘肌等损伤。

处理建议：及时休息，待急性损伤期过后，加强大腿肌肉力量和伸展性练习，如肩负杠铃做前后交叉跨步练习，负重做左右脚向前、向后、向侧的提腿练习。运动时可用弹力绷带加以保护。

二、运动损伤的预防措施

（1）运动前充分热身，运动结束后积极放松。

（2）避免局部过度负荷。

（3）掌握正确的击球动作。

（4）素质练习要循序渐进。

（5）运动时需有良好的身体状态。

（6）进行必要的场地安全检查。

（7）确保自身配饰的安全性。

第十章 网球运动

本章要点

本章主要阐述了网球运动的起源与发展，网球运动的基本技术，网球运动的基本战术和网球比赛基本规则，通过图片和视频演练解析网球运动的动作要点，生动形象，让学生切身感受这项运动的独特魅力。

学习目标

了解网球运动的起源与发展。

掌握网球运动的基本技术、基本战术和网球比赛规则，培养对网球运动的兴趣，提高自身网球运动的技能水平。

通过对网球运动及其相关文化的学习，培养团队合作精神、坚韧不拔的意志品质和爱国主义精神。

第一节 网球运动概述

一、网球运动的起源与发展

网球运动与高尔夫、保龄球、台球运动合称为世界四大绅士运动。网球运动的起源及其演变可以概括为：孕育在法国、诞生在英国、开始形成及普及在美国、现流行于全世界，被称为世界第二大球类运动。

古代网球运动可以追溯至古希腊时期，它是人们玩耍的一种“掌中游戏”。据考证，这种“掌中游戏”是一位云游诗人传入欧洲的，他把这项运动传给了法国宫廷中的贵族们。当时贵族们所打的“网球”既无网又无拍，球也不能在地上弹。他们用的球由一块布裹制而成，“球网”则是一条绳索，双方用手作球拍将球打来打去，后来逐渐发展到用木制的与乒乓球球拍大小相仿的拍子来做“网球拍”。

现代网球运动诞生于19世纪的英国伯明翰，一个名叫M. 温菲尔特的乡村绅士把这项古老的宫廷游戏搬到了室外，使网球运动走进了寻常百姓家。20世纪，网球运动在世界各地得到广泛发展，并成为一项世界性的体育运动。最受关注的网球比赛是每年举办的四大满贯赛事。

我国网球运动是在19世纪后期，由英、美、法等国商人、传教士和士兵作为娱乐活动传入，打网球活动先在上海、广州、北京等城市教会中出现，后来在教会学校中也开展起来。开展网球活动的学校，有北京的汇文学校、上海的圣约翰书院、广州的岭南学校等。

世界网球运动的组织机构有国际网球联合会（ITF）、国际男子职业网球联合会（ATP）、国际女子职业网球联合会（WTA）。目前影响最大、水平最高的国际网球赛为澳大利亚网球公开赛、温布尔登锦标赛、法国网球公开赛、美国网球公开赛、戴维斯桥网球赛和联合会杯网球赛。这6项著名比赛，前四项为单项比赛，各设男、女单打、双打和混双5个冠军，俗称“大满贯赛”；后两项分别为男、女团体赛。

二、网球运动器材与场地

(一)球拍

1. 球拍的构造

球拍包括拍头、拍颈、拍柄、甜头及拍框等部分。

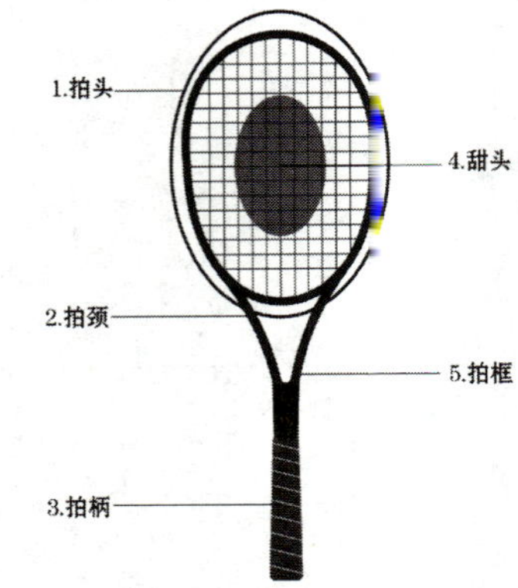

图 10－1　球拍结构示意图

2. 适合初学者的球拍

(1)拍子结构。选择一体式结构网球拍。

(2)拍面大小。选择大甜点拍子。

(3)空拍重量。285～300 克(男),285 克以下(女)。

(4)拍柄粗细。2 号粗细握柄(手掌小的女生可选 1 号)。

(5)球拍材料。碳素和碳纤维等复合材料。

(二)标准网球场

根据《网球竞赛规则》,白线以内(含白线)区域均为球场。白线至界限区域为外球场,界线以外设施称为附属设施。故网球场应是球场、外球场、附属设施的总称。一片标准网球场地的占地面积约 670 平方米(长36.60 米 × 宽 18.30 米),这一尺寸也是一片标准网球场地四周围挡网或室内建筑内墙面的净尺寸。在这个面积内,有效双打场地的标准尺寸是 23.77 米(长)×10.97 米(宽),有效单打场地的标准尺寸是 23.77 米(长)×8.23 米(宽),在每条端线后应留有余地不小于 6.40 米,在每条边线外应留有余地不小于 3.66 米。在球场安装网柱,柱间距是 12.80 米,网柱顶端距地面是 1.07 米。主流的网球场地地面材料为弹性丙烯酸,无障碍物。网球场地地面也有塑胶、红土、人造草和木地板等。不论是采用木板地面还是合成材料地面,都必须保证运动员在比赛中不感到太滑或太黏,且地面有一定的弹性。要注意地面平整,以防出现伤害事故。

第二节　网球运动基本技术

一、握拍方法

握拍是在击球过程中握住球拍击球的一种方式。不同的握拍方法会影响击球时拍面的角度,从而影响击球的速度、旋转和落点等击球效果。网球运动员会在比赛中使用各种握法,如大陆式、东方式、半西方式和西方式等,并且多数运动员会根据他们的击球方式改变握法,来获得最佳击球效果。为了更好地说明各种握拍方法与球拍拍柄的关系,现介绍拍面垂直地面时,拍柄各部位的名称(图 10－2)。

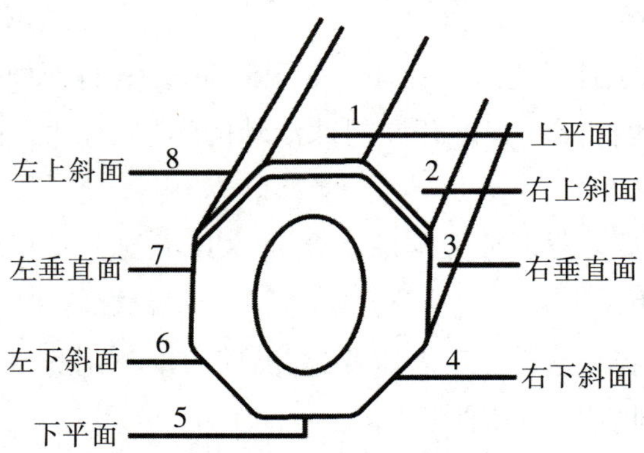

图 10－2　拍柄部位示意图

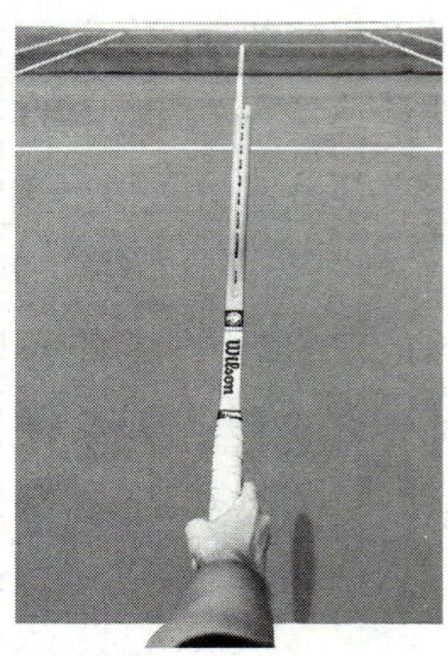

图 10－3　大陆式握拍

(一)大陆式握拍

1. 握拍方法

食指根部关节对准拍柄右上斜面(2 号面),或者将大拇指与食指形成的"V"字形虎口对准上平面(1 号面)与左上斜面(8 号面)的夹棱处。

2. 使用情景

大陆式握拍主要适用于发球、截击球、切削球、放小球以及挑高球等网球运动技术。

在传统网球运动时代,大陆式握拍是典型的正手握拍。但由于弹跳变高、球拍拍面增大等原因,现代网球运动逐渐发展为以上旋打法为主,所以现在很难看到有球员使用大陆式握拍进行正手抽球。但这并不意味着大陆式握拍彻底退出正手击球的选择之列。大陆式握拍常在教练喂球时使用,因为这样喂出去的球力量和旋转都比较适中并且容易控制。也可在难以跑动到位以抽击方式回球而被迫采用正手挑高球时使用。

无论是东方式、半西方式还是西方式握拍,拍面都过于关闭,很难挑出有一定高度的球。而大陆式握拍在击球时拍面是开放的,击球力量会更多地运用到向上的方向中,让球轻易过网保持一定深度且控制在界内。

(二)东方式握拍

1. 握拍方法

食指根部关节对准拍柄右垂直面(3 号面),或者将大拇指与食指形成的"V"字形虎口对准上平面(1 号面)与右上斜面(2 号面)的夹棱处。

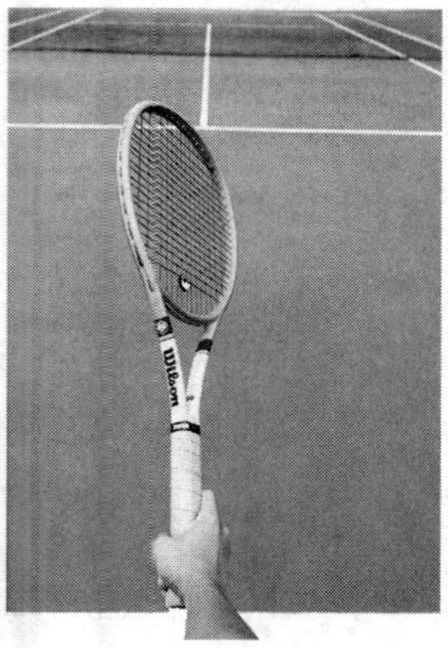

图 10-4 东方式握拍

图 10-5 半西方式握拍

图 10-6 西方式握拍

2. 使用情景

东方式握拍适用于进攻型球员打平击球,可以打出强有力、极具穿透性的球,或者说东方式握拍处理中场球、打制胜分更高效。东方式握拍属于中间握拍,可以很迅速地切换到其他握拍方式,因此是上网型选手的明智选择。相比于偏西握拍,东方式握拍有更大的击球范围,可以在不同位置保证拍面水平面向球网击球。所以建议初学者在一开始学习时先使用东方式握拍,尽量放正拍面打平击球培养手感,等水平提高之后再去追求控制、旋转,握拍方式会在不知不觉中改变。

东方式握拍虽然也可以通过摩擦球击出上旋球,但击出更多的是平击球,稳定性不足,很难适应底线多回合的打法。最佳击球高度大约在腰部附近,不适合处理高球。

(三)半西方式握拍

1. 握拍方法

食指根部关节对准拍柄右下斜面(4 号面),或者将大拇指与食指形成的"V"字形虎口对准右上斜面(2 号面)与右垂直面(3 号面)的夹棱处。

2. 使用情景

半西方式握拍可以让球员打出更多上旋球,使球更容易过网,也更好控制线路,适合底线多回合的打法。这种握拍的击球点比东方式握拍更高、更远,因此更有利于处理高球。

半西方式握拍不适合回击低球。因为拍面自然地呈关闭状态,迫使球员击打球的下部、向上挑,容易给对手进攻机会。而且半西方式握拍转大陆式握拍需要作很大的调整,因此多数半西方式握拍的底线力量型打法的选手不轻易上网。

(四)西方式握拍

1. 握拍方法

食指根部关节对准拍柄下平面(5 号面),或者将大拇指与食指形成的"V"字形虎口对准右垂直面(3 号面)与右下斜面(4 号面)的夹棱处。

2. 使用情景

在西方式握拍中,击球拍面关闭,通过拍面倾斜摩擦球打出强烈上旋球,球过网高度高,过网后下坠快,落地后弹跳高,从而将对手压制在底线之后。

在这四种正手握拍法中西方式握拍的击球点最高最远,对高球有良好的控制,所以非常适合在球速慢、高弹跳的红土场地使用。但西方式握拍有效击球区域有限,对击球点(击球时机)的容错性很小,需依靠很多的击球经验才能精准把握,所以对于一般网球爱好者而言,上手慢,很难掌握。

(五)常见的双手握拍方式

20 世纪七八十年代,当网球双手反拍抽球技术出现之时,许多人对此打法不认可,认为其在网坛不会有立足之地。而如今双手反拍抽球技术已经成为网球运动最重要、最基本的技术之一。

目前人们的握拍方式大都以虎口为定位点。由于每个人手掌的形状、大小等不同,每个人的虎口所能覆盖的拍柄范围存在着很大的差异性。因此,简单地以虎口为定位点来确定握拍方式存在着很大的个人因素。

有研究表明,以食指的指根和小鱼肌的底部为定位点是最合理、最科学的。下面我们参照这种定位方法,以右手持拍手为例,介绍双手反拍的 3 个种类。

1. 东方式双反握拍方法

(1)握拍方法。以食指的指根和小鱼肌底部为定位点,左手的食指指根和小鱼肌底部成一直线握在拍柄的左垂直面(7 号面)上,右手食指指根握在拍柄的上平面上,小鱼肌底部握在拍柄的左上斜面(8 号面)上。

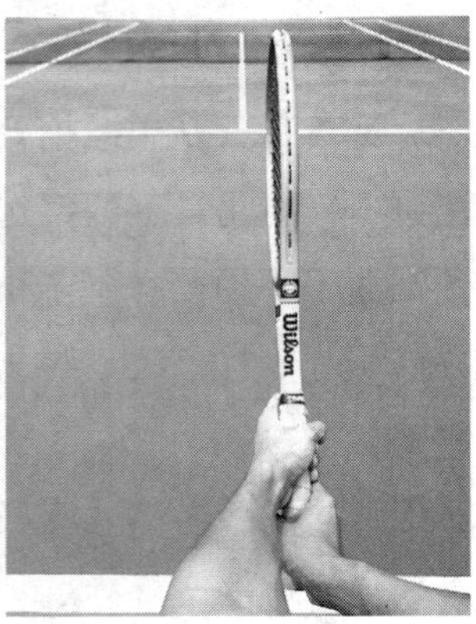

图 10-7　东方式双反握拍

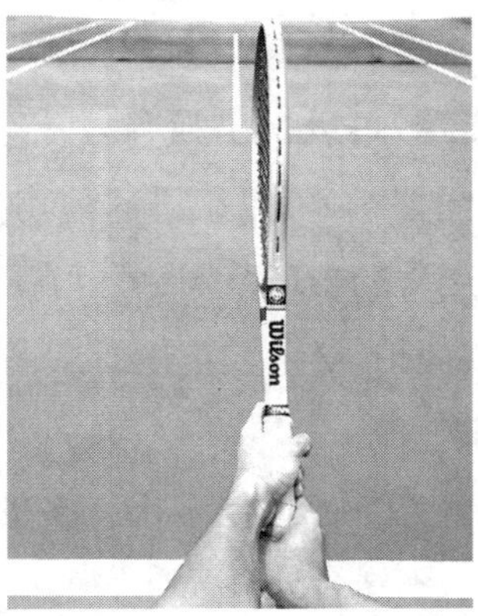

图 10-8　东方、大陆式双反握拍

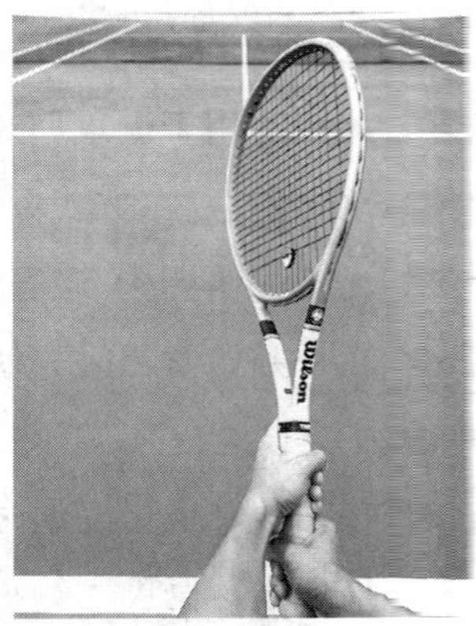

图 10-9　半西方、大陆式双反握拍

(2)东方式双反握拍抽球技术特点。击球时球拍远离身体,两手臂伸直,两臂与肩膀成三角形。击球时多以平击球为主,速度快、力量大,可打出致命的反手直线球,但对身体素质要求较高,是男选手的首选双手反拍的击球方式。

平击球挥拍击球的路线是从后向前上方较平缓地挥击，击球拍面几乎垂直地面，击球的正后部，用同样的力量击球。这种击球方法的球速最快，球的飞行路线最平直，而球落地后的前冲力量也较大。不过准确性较差，尤其在快速奔跑中用平击球的打法很难控制球的准确性，易造成球失误或出界。

2. 东方、大陆式双反握拍方法

（1）握拍方法。以食指的指根和小鱼肌底部为定位点，左手的食指指根和小鱼肌底部成一条直线握在拍柄的左垂直面（7 号面）上，右手的食指指根和小鱼肌底部成一条直线握在拍柄的右上斜面（2 号面）上。

（2）东方、大陆式双反握拍抽球技术特点。击球过程中左手的手臂伸直，右手的手臂弯曲，两臂与肩膀成四边形，球拍略靠近身体。

这种打法对于男女选手都很适用，可以回击出多种变化的来球，是这三种双手反拍握拍中变化最多的击球技术。

3. 半西方、大陆式双反握拍方法

（1）握拍方法。以食指的指根和小鱼肌底部为定位点，左手的食指指根和小鱼肌底部成一直线握在拍柄的左下斜面（6 号面）上，右手食指指根和小鱼肌底部成一直线握在拍柄的右上斜面（2 号面）上。

（2）半西方、大陆式双反握拍抽球技术特点。击球过程中左右手臂都是弯曲的，两臂与肩膀成五边形，球拍紧靠身体。此项技术更适用于女选手，因为女选手重心低，利于运用上髋关节的力量。

这种双手反拍以拉上旋球为主，对球施加上旋即可打出有角度的球或上旋高球。球拍自左后方向前上方挥击，这时球由后下方向前上方旋转，故称为上旋球。要想产生急剧的上旋，需加大向上提拉的幅度。

上旋球的最大优点是便于加力控制，尤其在快速跑动中，因为双手反拍上旋球的飞行路线呈彩虹状，过网后有急剧下降的特点，可以打出短的斜线球，把对方拉出场外回击取得主动，同时也是破坏对方上网的有力武器。

二、正拍击球

（一）定点击球技术要领

（1）握拍和站姿。东方式或半西方式握拍，半开放式站姿。

（2）准备姿势。两脚平行站立，膝盖弯曲，脚尖着地，后脚跟离地，右手东方式（半西方式）握拍，左手扶住拍颈，上半身略往前倾。

（3）后摆引拍。当判断来球落点后，跨步立即右转，左肩推右肩完成引拍。

（4）挥拍击球。当球弹跳至击球区域时，左脚向左前方迈出一步（强调重心下沉），左手顺势打开指向来球方向（保持平衡，且作为参照物），拍头顺着重力下降至腰部高度，球拍由后到前、由下到上挥至身体侧前方，保持拍面垂直于地面，平行于球网，此时固定好手腕；左手在转体的同时，进行内旋回收；右脚蹬地，将重心由后向前转移至左腿。

（5）随挥跟进。右手小臂内旋，由右侧刷至左肩上方，左手接住球拍，完成转体动作，右腿顺势跟进，并还原成准备姿势应对下一次击球。

（二）移动击球技术要领

（1）准备姿势。注意力保持集中，分腿垫步。

（2）移动引拍。横向侧滑步移动，调整身体与球之间的距离。

（3）挥拍击球。重心由后向前过渡，保持身体的稳定与平衡。

（4）随挥跟进。右腿随惯性上步，身体还原成准备姿势。

（5）迅速回位。迅速回到中点附近，准备下一次击球（前交叉步 + 侧滑步 + 分腿垫步）。

(三)课后练习方法

(1)徒手操练习。用手掌代替球拍,保持动作的完整性和流畅性。

(2)空挥拍练习。前期进行空挥拍练习时,尽量进行分解练习,注意体会每个动作环节的细节之处,尤其是易错点;当挥拍练习熟练后,可进行完整挥拍,注意技术动作的流畅与舒展。

(3)单人击球练习。一人进行自抛自打练习,面对围网,左手掌心朝下持球,将球抛至身体的右前方进行击打。前期可先完成引拍后再抛球击打,待动作熟练后,可从准备动作开始抛球击打。

(4)两人配合练习。一人承担喂球者角色,给另一人抛球练习正拍击球。喂球者可在练习者的右前方,掌心朝上进行抛球,应尽量避开直接朝向练习者身体的方向。

三、双反击球

(一)定点击球技术要领

(1)握拍和站姿。左手东方式握拍,右手大陆式握拍,关闭式站位。

(2)准备姿势。两脚平行站立,膝盖弯曲,脚尖着地,后脚跟离地,右手半西方式握拍,左手扶住拍颈,上半身往前倾,拍头向上微翘。

(3)引拍或拉拍。更换握拍姿势,同时将重心移至左腿大腿内侧,上半身一体式向左转动,完成转体。

(4)上步击球。右脚向左前方迈出一步(重心下沉),右手手腕放松,拍头顺着重力下降至腰部高度,球拍由后到前、由下到上挥至身体侧前方,保持拍面垂直于地面,平行于球网,此时固定好手腕;左脚蹬地转跨,将重心由后向前转移至右腿。

(5)随挥动作。顺势将球拍由左至右、由下至上收到颈后,右肩自然展开。击球结束后应立即还原成准备姿势,注意回击下一次来球。

(二)移动击球技术要领

(1)准备姿势。注意力保持集中,分腿垫步。

(2)移动引拍。横向侧滑步移动,调整身体与球之间的距离。

(3)挥拍击球。重心由后向前过渡,保持身体的稳定与平衡。

(4)随挥跟进。右腿随惯性上步,身体还原成准备姿势。

(5)迅速回位。迅速回到中点附近,准备下一次击球(前交叉步 + 侧滑步 + 分腿垫步)。

(三)课后练习方法

(1)徒手操练习。用手掌代替球拍,保持动作的完整性和流畅性。

(2)空挥拍练习。前期进行空挥拍练习时,尽量进行分解练习,注意体会每个动作环节的细节之处,尤其是易错点;当挥拍练习熟练后,可进行完整挥拍,注意技术动作的流畅与舒展。

(3)单人击球练习。一人进行自抛自打练习,面对围网,右手掌心朝下持球,将球抛至身体的左前方进行击打。前期可先完成引拍后再抛球击打,待动作熟练后,可从准备动作开始抛球击打。

(4)两人配合练习。一人承担喂球者角色,给另一人抛球练习反拍击球。喂球者可在练习者的左前方,掌心朝上进行抛球,应尽量避开直接朝向练习者身体的方向。

四、发球

(一)下手发球

下手发球并不是常见的手段,因为在网球运动里面,发球局对选手很重要,利用发球压制对手是获胜的基本条件。下手发球就力量和威力而言,远远不如上手发球,所以在高水平的比赛中几乎见不到。但是在特定时刻，它的出现可以打乱对手的节奏，是另一种战术目的。1989年法网男单半决赛，张德培对伦德尔，在腿部抽筋的情况下，张德培突然作了一个下手发球，而导致伦德尔击球出界，获得了出奇制胜的效果。

（1）准备姿势。上身面对球网站立，膝关节稍微弯曲，身体的重心落在前脚掌，左手持球，右手放松。

（2）引拍阶段。上身向右后方扭转，球拍后摆，左脚向前上步，左手将球稍向上抛，眼睛盯住球。

（3）击球阶段。球拍稍微降低、下垂，手腕关节微打开，肩膀向前扭转，在球落地前，在身体一侧的前面击球，拍面从垂直变为稍稍打开。

（4）挥拍阶段。击球手臂和球拍顶端应尽可能长地向前上方随挥，球拍放低并且做好回球的准备。

（二）上手发球

在现代网球运动中，发球技术是非常重要的，是唯一由自己掌握的击球方法，它可以不受对方制约，在较大的程度上，能够发挥个人的特点，为自己的进攻创造有利的条件。

1.技术要领

（1）握拍方法。大陆式握拍或者东方式反拍握拍。

（2）准备姿势。全身放松，侧身站在端线外中场标记近旁边（单打），左肩对着左边网柱，面向右边网柱，两脚分开约同肩宽，左脚与端线约成45°，右脚约与端线平行，重心在左脚上。左手持球轻托球拍在腰部，拍头指向前方。呼吸均匀，精神集中。

（3）抛球与引拍。抛球与后摆拉拍动作是同步开始的，持球手拇指、食指和中指三指轻轻托住球，掌心向上。当球拍向下向后引拍时，持球手同时下降至右腿处，紧接着当球拍从身后向头上方作大弧度形摆动，身体作转体、屈膝、展肩时，持球手柔和地在身前左脚前上举，直至伸高及头顶。抛球动作要协调、平稳，球送至最高点再离开手指抛向空中。此时右肘向后外展约同肩高，拍头指向天空，左侧腰、胯成弓形状，身体重心随着抛球开始先移向右脚，然后平稳地开始前移。此刻，肩与球网成直角。

（4）挥拍击球。当左手抛出球时，球拍继续向上摆起，这时握拍手的肘关节放松，可以使向前转动的身体和右肩自动地使手臂产生一个完美的绕圈。当球下降至击球点时，迅速向上挥拍击球，左脚上蹬，使手臂和身体充分伸展。当身体向前上方伸展击球时，肩、手臂已经回转，双肩与球网平行。挥拍击球时，持拍手腕带动小臂有一个旋内的'鞭打"动作，这就是发球发力的关键动作，也是其他诸如重心前移、蹬腿、转体、挥拍等力量聚集的总和。

（5）随挥动作。球发出后，身体向场内倾斜，保持连续、完整的向前上方伸展的随挥动作。球拍挥至身体的左侧，重心移向前方，做到完全自然地跟进并保持身体平衡。发球后，应立即分腿垫步，并积极回位准备回击下一球。

2.发球的分类及其方法

发球基本分三种：平击发球、切削发球和上旋发球。每一种发球都有自己的特点和用途，好的发球具有相当大的攻击力。发球时速度、力量、旋转和落点要有变化。

（1）平击发球。平击发球在诸多发球中是球速最快的发球法，也叫炮弹式发球。其不但球速快，而且反弹低。如果身材高大就可以借助于高点击球的空中优势直接进攻对方，如果身材较矮小或是女选手就不宜使用平击发球。这种发球虽然力量大、球速快、威胁大，但命中率比较低。

发平击球时的击球点应在右眼前上方，以拍面中心平直对准球，击球的后中上部。因此手腕的向前拌甩和前臂的"旋内鞭打"非常重要，身体充分向上向前伸展，以获得最高击球点，提高发球命中率。

(2)切削发球。这是一种以右侧旋转为主的发球法,由球的右上往左下切削击球。其不但球速快、威胁大,而且容易提高发球命中率。因此被世界各国多数运动员所采纳。

发球时把球抛到右侧斜上方,球拍快速从右侧中上方至左下方挥动。击球部位在球的中部偏右侧,使球产生右侧旋转。

(3)上旋发球。这是以上旋为主、侧旋为辅的发球法。球的上旋成分多于切削发球,使球产生一个明显的从上向下的弧形飞行轨迹过网,发力越强,旋转成分越多,弧形就越大,命中率也越高;落地后高反弹到对方的左侧,迫使对方离位接球,给对方造成很大压力,同时为发球上网带来足够的时间。

发上旋球时把球抛到头后偏左的位置,击球时身体尽量后仰成弓形,利用杠杆力量对球加旋转,球拍快速从左向右上方挥动,从下向上擦击球的背面,并向右带出,使球产生右侧上旋。

五、接发球

(一)接发球的技术要领

1. 正确的握拍法

大陆式握拍的正、反拍击球无需换握拍;东方式或西方式、混合式握拍的正、反拍击球需换握拍。当球离开对方的球拍,就应该决定是否要转变握拍。向后小拉拍时改换握拍要做到迅速及时,只有这样才能还击好来球,特别是在快速场地上更需要争取那点滴的时间。

2. 准备姿势及站位

接发球的准备姿势只要能以最快的速度还击球就行。当对方发球前,膝盖可以弯曲,两腿叉开。当对方抛球准备击球时,重心可以升起,两脚快速交替跳动,并判断来球迎前回击。接发球站位要根据对方的发球水平和自己的接发球水平、习惯、场地和战术需要来确定,一般应站在对方能发到内外角的中角线上,接第一发球时站位稍后些,接第二发球时站位略前。

3. 击球动作

击球动作根据对方发球好坏、速度快慢而定。动作一般介于底线正、反拍击球动作和截击球动作之间。对发球差的选手,可用自己的底线正、反拍动作来接对方的发球;而对发球好、速度快的选手,可用网前截击球的动作来顶接对方的发球,这样接出的球很有威胁。

4. 击球后的回位

接发球后,要积极回位准备下一拍击球。

(二)接发球的注意事项

接好发球的关键在于:快速灵敏的判断、反应和充分的准备。接球点在身体前面的发球时,在判明来球的方向后,即向后转动双肩,马上向前迎击来球。接大力平击发球时,靠近身体大多向左侧身用反拍顶击球。用正拍侧身抢攻需要有更快更早的动作。迎上去顶击球时,要握紧球拍,手腕保持固定,使拍面正对着来球,身体的向前动作加上发球者的球速将提供所有接发球者所需要的力量。

第三节　网球运动基本战术

在网球比赛中,一名球员的竞赛水平的高低,取决于技术、战术、身体素质和心理素质四要素,其中技术和战术往往是分不开的,一般被合称为技战术。战术是运动员整场比赛的指导思想,是针对不同选手制定的比赛方案,一个科学且可行的战术会带领球员走向胜利。网球比赛的战术一般包括单打战术和双打战术。

一、单打战术

（一）发球战术

发球是网球比赛开始后使用的第一项技术，发球方拥有战术实施的优先选择权和主导权，发球方可通过控制击球的速度、力量、旋转和落点等，达到得分的目的。一般来说，好的发球是旋转和落点的完美结合。在比赛中，球员第一次发球会采用速度较快的平击球，发向对方场地的外角和内角，而第二次发球会采用旋转足、稳定性强的侧、上旋发球，发向对方的技术薄弱处，如对方的反拍处。

单打发球站位一般来说距离中点较近，因为有利于准备下一次击球，但根据自身的特点和对手的站位可有所变化。在右区时，通常用平击球发对手的内角，用带切的侧旋球发对手的外角，用强烈的上旋球发对手的中路追身；在左区时，通常采用平击球发对手的外角，用带切的侧旋球发对手的内角，用强烈的上旋球发对手的中路追身或外角。此外，还有一些打法激进且强势的选手，会根据自身发球的质量和对方接发球的质量，在发球后选择直接来到网前，通过截击球或者高压球来快速得分。

（二）接发球战术

接发球是网球比赛开始后使用的第二项技术，一般来说接发球会处于被动地位，但是处理得好能减少被动，甚至化被动为主动。最安全且有效的接发球是回击斜线球。首先，斜线球从球网中间穿过，而球网中间的高度较两侧低，回球不容易下网，同时斜线球较直线球飞行距离长故不容易出界。接发球时，相比较回球速度和力量来说，回球的落点需尽量深，也就是球的落点要尽量靠近底线。当发现对方采用发上旋球战术时，可将球回向对方的脚下，即采用过网急坠球或者采用挑高球的方式，越过对方头顶落到后方场地，避免对方的网前得分，注意挑高球的高度要高且落点要深。

（三）底线相持球战术

底线型选手一般分为进攻型和防守型两种，在底线相持阶段，可采用以下几种回球思路。

（1）斜线。斜线球回球不容易下网，且斜线球较直线球飞行距离长故不容易出界。同时，回击斜线球后，球员回位所需移动的距离相对较短，对步伐的要求相对较低。此外，斜线球对拉，为球员的下一拍回击创造空当，制造得分机会。因此，在底线相持阶段，多选择斜线球，安全、省力且有效。

（2）空当。一般来说，球员通过大角度回球调动对方跑动，制造对方防守的空当，利用自己的致命正手得分。如底线正反拍左右调动、放小球结合挑高球前后调动等。

（3）变化。在比赛中，回球的速度、力量、旋转以及落点等要素，都要积极变化，不能采用一个思路和节奏与对方相持。否则，等到对方适应击球节奏和战术时，会让自己陷入困境。通常，球员会积极变换自己的击球节奏和线路，如压制对方反拍随即上网、绕开反拍侧身正拍进攻、对角线调动对手、放小球结合挑高球前后调动对手等。

二、双打战术

（一）双打的站位

（1）前后交叉站位。双打队员分工明确，球员 A 位于中点和双打线之间，发球后可直接上网或者与对方底线相持；球员 B 纵向位置站在发球线与球网之间、横向位置站在双打边线与中线之间，以便往前封网与抢网，这是网球双打比赛中最常见的站位。

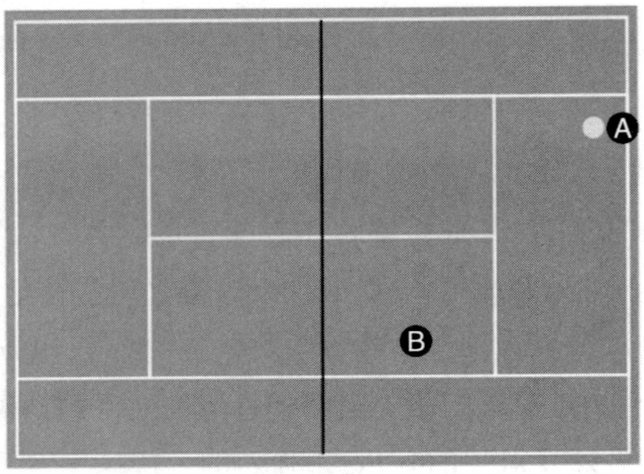

图 10－10　前后交叉站位

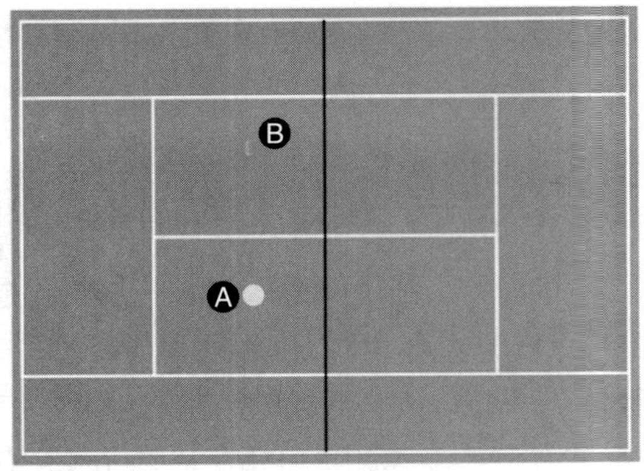

图 10－11　双网前站位

(2)平行站位。一般分为积极型的双网前站位和防守型的双底线站位。如果队员双方的打法激进且具有出色的网前技术，底线队员可以击球后立即上网，配合搭档网前抢网得分；若处于被动局面，如对方高压球时，两人需立即后撤，回到底线进行防守。

图 10－12　双底线站位

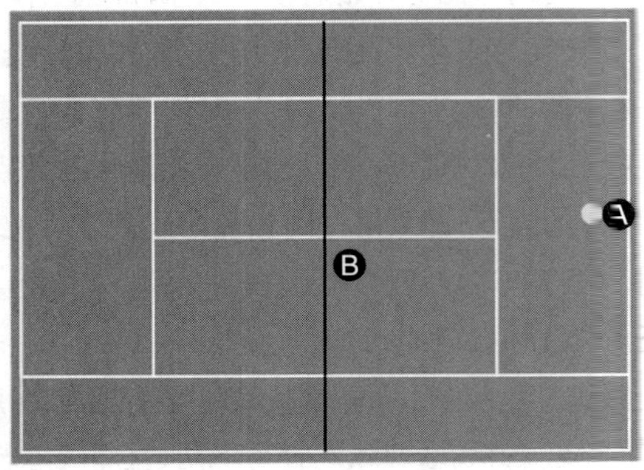

图 10－13　澳式站位

(3)澳式站位。球员 B 蹲于中线处且离球网很近，发球后搭档双方按计划移动路线进行抢网，让对手措手不及。球员 A 需进行反方向移动补位，避免对方攻击空当得分。

(二)协作与配合

(1)发球。在双打比赛中，发球强调旋转和落点的结合，更加注重一发的成功率。发球前应与搭档沟通发球的落点，以便搭档进行抢网。

(2)接发球。①尽量拉开角度，回击斜线。②回击到上网球员的脚下或以挑高球越过头顶。③等待时机直线穿越。

(3)换位与补位。①网前球员第一要义是守好直线。②底线球员根据网前球员位置进行补位。③网前球员漏球或过顶球，需由底线球员救球，同时网前球员要进行左右位置互换。④当对方高压球时，本方队员都需后撤进行防守。

(4)抢网。网前球员横向或斜前方移动拦截对方的回球。通常双打比赛赢在网前，但抢网要求网前球员必须有高度集中的注意力、灵活敏捷的移动步伐、清晰准确的线路预判。因此，是否进行抢网需要两人事先商定。

第四节　网球比赛基本规则

网球比赛分为单打和双打两种形式。每位球员的目的都是尽力将球打到对方的场地上去。就这样一来一回，直到有一方将球打出界或没接到球为止。在正式比赛前，需要确定由谁先发球。整个比赛中，双方球员轮流发球。发出的球应从网上越过，落在对角的对方发球区内。每局第一分球记为“15”，第二分球为“30”，接下来为“40”。每局比赛中，至少要比对手多 2 分才能结束该局比赛；双打新规则规定只多 1 分就可以赢。

一、发球规则

（一）发球前

发球员在发球前应先站在端线后、中点和边线的假定延长线之间的区域里，用手将球向空中任何方向抛起，在球接触地面以前，用球拍击球（仅能用一只手的运动员，可用球拍将球抛起）。球拍与球接触时，即算完成球的发送。

（二）发球时

发球员在整个发球动作中，不得通过行走或跑动改变原站立的位置，两脚只准站在规定位置，不得触及其他区域。

（三）击球中

（1）每局开始，先从右区端线后发球，得或失 1 分后，应换到左区发球。

（2）发出的球应从网上越过，落到对角的对方发球区内。

（四）发球失误

主要包括：未击中球；发出的球，在落地前触及固定物（球网、中心带和网边白布除外）；违反发球站位规定。如果球下网或落到对角发球区外，则发球失误。发球员第一次发球失误后，应在原发球位置上进行第二次发球。

（五）发球无效

过去的规则是擦网发球作废，重新发球，但 2013 年国际网联修改了规定，擦网不再影响发球是否成功，以球擦网后的落点判断。擦网后，球落在规定发球区域内，视为无效发球，可重发；落在发球区域外，视为发球失误。或对方接球员未作好接球准备，可重发。

（六）交换发球

第一局比赛终了，接发球员成为发球员，发球员成为接发球员。以后每局终了，均依次互相交换，直至比赛结束。

二、比赛通则

（一）计分

1. 胜一局

每局比赛从 0∶0 开始，每胜一球得 1 分，胜第一分记为“15”，胜第二分记为“30”，胜第三分记为“40”，先得 4 分记为胜 1 局。当双方各得 3 分时，则记为“平分”。“平分”后，一方先得 1 分时，为“发球占先或接发球占先”。“占先”后再得 1 分，才算胜 1 局；如一方“占先”后，对方又得 1 分，则仍为“平分”。以此类推，直到一方净胜 2 分后，为胜 1 局。

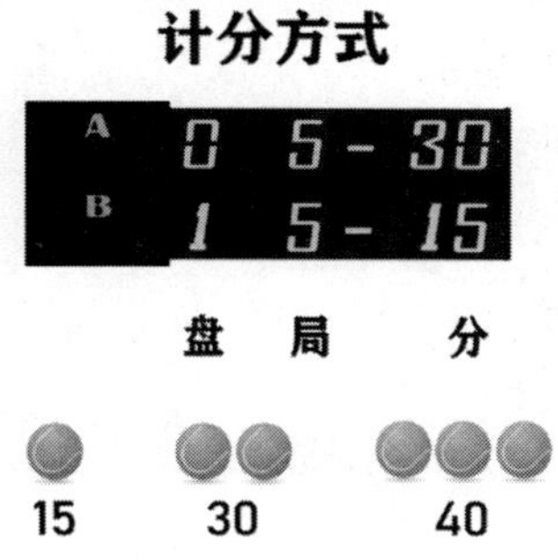

图 10－14　网球比赛计分示意图

2. 胜一盘

基本上，率先获得 6 局比赛胜利并领先对手至少 2 局的选手赢得该盘；当双方在一盘比赛战至 6∶6 时，会举行一局特殊的“决胜局”，又称“抢七局”。赢得抢七局的选手就以总局数 7∶6 赢得该盘。在抢七局中，率先获得 7 分并领先对手至少 2 分的选手获胜。

大多数比赛由多盘组成，总盘数一般为单数。大满贯男子单打比赛有 5 盘 3 胜制和 3 盘 2 胜制，而在业余比赛中一般采用 1 盘定胜负。有时为了缩短比赛时间，还会采用 4 局平局决胜制。

(二)失分

活球时发生下列任何一种情况，均判失分：

(1)活球状态下，在球连续两次触地前不能回球过网。

(2)球员在活球状态下的回球触到了对方场地界线以外的地面、固定物或其他物体。

(3)用球拍拖带或接住处于活球状态中的球，或故意用球拍触球超过一次。

(4)在活球状态下的任何时候，球拍(无论是否在球员手中)及球员穿戴或携带的任何物品触到球网、网柱、单打支柱、网绳或钢丝绳、中心带或对手场地的地面。

(5)球触到了除球员手中球拍以外的身体或其穿戴或携带的任何物品。

(6)抛拍击球并且击到球。

(7)在球过网前就截击，即过网击球。

(三)交换场地

双方在每盘第 1、3、5 等单数局结束后，或决胜局比分之和为 6 的倍数时，交换场地。在交换场地的时候，从这一局(第一局除外)的最后一分球结束时开始计算，到下一局的第一分球被击出时为止，最多有 1 分 30 秒的时间。

第十一章 手球运动

本章要点

手球运动是综合篮球运动和足球运动的特点而发展起来的一种用手打球、以球攻入对方球门得分的球类运动。本章主要介绍了手球运动的特点、基本技术、基本战术以及手球比赛基本规则,使学生对手球运动有一个较为全面的了解,能够掌握基本的手球技术,培养顽强拼搏、团结协作等意识。

学习目标

了解手球运动的起源与发展、特点。

通过手球运动中的跑、跳、投、掷等提高身体素质,养成自觉锻炼的习惯,形成终身体育的意识。

通过手球运动练习,不断提升集体荣誉感,培养爱国主义精神和集体主义情怀。

第一节 手球运动概述

手球运动是综合篮球运动和足球运动的特点而发展起来的一种用手打球、以球攻入对方球门得分的球类运动,是一项运用移动、传球、接球、运球、射门、封抢断球等技术以及各种攻防战术进行对抗的集体性项目,在欧洲各国盛行。国际上手球运动的重大赛事有奥运会手球(男女)比赛和世界手球(男女)锦标赛。除此之外,还有世界青年手球锦标赛、欧洲俱乐部冠军杯赛及各种地区性和传统性的国际比赛。目前手球在世界各地发展较为迅速,逐渐成为人们喜爱的球类运动之一。

一、手球运动的起源与发展

据记载现代手球运动始于19世纪末,关于其发源地众说纷纭,有人认为是丹麦,有人认为是捷克斯洛伐克,也有人认为是德国。

19世纪末,手球运动作为一种游戏流行于欧洲的一些国家。1925年9月13日,德国与奥地利在德国的哈勒举行了第一次国际室外手球比赛。此后,手球运动逐渐在欧洲的罗马尼亚、荷兰、南斯拉夫、波兰等国家传播开来。1928年,在荷兰的阿姆斯特丹进行的第9届奥运会期间,国际业余手球联合会成立。1935年3月8日,在哥本哈根,丹麦队与瑞典队进行了世界上第一场国家之间的室内手球比赛。1946年,在丹麦与瑞典的倡导和邀请下,由丹麦、芬兰、法国、荷兰、挪威、波兰、瑞典和瑞士8个国家共同发起成立了国际手球联合会,并将1946年7月11日确定为创始日。1950年后手球运动传入美洲,此后手球运动在世界各地兴起。

二、手球运动的特点

(一)对抗性强

在手球比赛中,允许双方队员合理利用身体阻挡对方的移动路线,封、挡对方的传球和射门角度,允许双方为了各自的攻守目的,在地面和空中展开激烈的争抢。

（二）节奏迅速

手球规则规定：只要进攻队员身体没有失去平衡，还能继续进攻或进行配合，裁判员不要中断比赛。这一规则决定了手球比赛的快速和连续性。在手球比赛中，双方攻防速度和节奏都很快，包括传球速度快、跑动快、战术配合快等，所以在手球比赛中，观众可以充分感受到手球运动速度节奏的魅力。

（三）动作精彩

手球比赛中，运动员为了获得更大的出手空间和出手角度，多会采用鱼跃的方式起跳射门，在空中辗转腾挪，慢慢地，演变出各式各样的空中射门动作，非常精彩。同时还有各种隐蔽式的精妙传球和守门员闪电般的扑救，等等，都给激烈的比赛增添了更多动人的色彩。

三、手球比赛的场地与器材

（一）场地

手球比赛场地为长方形，长 40 米，宽 20 米，长界线称边线，短界线称端线。端线包括球门线（球门柱之间）和外球门线（球门的两侧）。球场两端线中央各放置一球门，球门前各有一扇形的球门区和一个比赛场区。场上的线均属于它们各自界定的场区的一部分，球门线为 8 厘米宽，其余各线为 5 厘米宽。比赛场区周围应有安全区，离边线至少 1 米，离外球门线至少 2 米（图 11－1）。

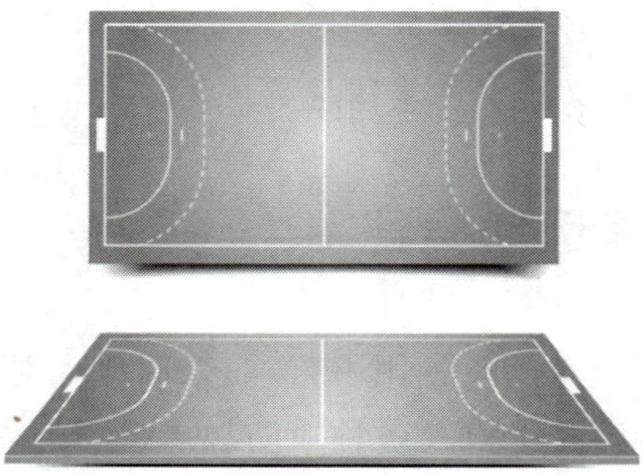

图 11－1　手球比赛场地

图 11－2　手球

（二）球

手球比赛用球需得到国际手球联合会的正式批准并印有认可标志。国际手球联合会的标志为彩色，高 3.5 厘米，OFFICIALBALL（正式用球）字样为拉丁字母，字体高 1 厘米（图 11－2）。

奥运会男子手球采用 3 号球，周长 58～60 厘米，重 425～475 克；女子手球采用 2 号球，周长 54～56 厘米，重 325～400 克。

（三）球门

球门位于各自球门线的中央。球门内径高 2 米，宽 3 米。球门应用同样的木质、轻金属或合成材料制成。球门横梁和立柱的截面为 8 厘米×8 厘米。球门由对比鲜明的两种颜色（相间为 20 厘米，通常为黑色和白色、蓝色和白色或红色和白色）漆成，必须牢固地置于地面。球门立柱的后沿应与球门线的外沿齐平。

球门内应缚挂一张网，使掷入球门的球不会立即弹回。在球门后 1.5 米处，应挂一张宽 9～14 米、高 5 米的垂直挡网。

（四）服装

同一队球员所穿着的服装必须统一，两队的服装颜色和图案也须有明显区别。守门员的服装颜色，必须与双方队员和对方守门员有所区别。球员的球衣号码应为 1 至 20 号，号码颜色必须与服装颜色及图案有明显分别。印于球员球衣背后的号码，高度必须不少于 20 厘米。双方队长须在上臂戴上臂章。

第二节　手球运动基本技术

手球运动的基本技术是进行手球比赛的基础，是实现手球战术的唯一手段。手球运动技术分为进攻、防守和守门员技术三个部分，主要内容有移动、持球、传接球、运球、突破、射门、假动作、封挡球、断球和守门员技术等。

一、移动技术

手球运动的移动技术主要是以下肢的踝、膝、髋关节为轴，与蹬、跨、移、碾结合起来的包括起动、跑、急停、转身、滑步等各种脚步动作。

（一）基本站立姿势

动作方法：两脚前后或左右开立，与肩同宽，前脚掌着地，两膝微微弯曲，身体重心落在两脚之间，上体微向前倾，两臂屈肘自然置于体侧，两眼平视观察场上情况（图 11－3）。

图 11－3　基本站立姿势

（二）起动

动作方法：从基本站立姿势开始，起动时身体重心迅速转移至两脚前脚掌，以后脚（向前起动）或异侧脚（向侧起动）快速有力蹬地。同时，两臂协调摆动，充分利用蹬地的作用力与反作用力，两脚迅速交替向移动方向迈出。起动时步幅要小，步频要快，利用前两三步短促而连续有力的蹬地和迅速摆臂，在最短的时间内发挥出最快的速度（图 11－4）。

图 11－4　起动

（三）跑

1. 变速跑

动作方法：行进中，变速跑加速时，在原有速度的基础上，利用前脚掌加大用力，快而短促地向后蹬地。同时上体前倾，重心向前移动，跑动频率加快，前两三步步幅稍小，手臂相互协调摆动。减速时用向前迈出脚的前脚掌用力抵地，减缓前冲的力量，步幅放大，上体立起，从而减慢跑动速度（图 11－5）。

图 11－5　变速跑

2. 变向跑

动作方法：变向时（以向右变向跑为例），用左脚前脚掌内侧用力向左前下方蹬地，同时脚尖稍内扣，腰部内转带动左肩向右前方移动，重心右移，上体向右前侧倾，右脚向右前方跨出一步并迅速用力蹬地，左脚快速跟上向右前方跨出，加速急跑（图 11－6）。

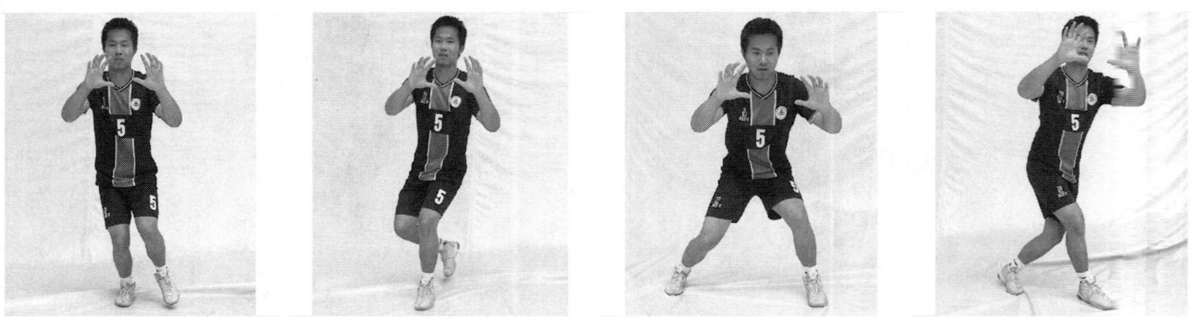

图 11－6　变向跑

3. 侧身跑

动作方法：跑动时，脚尖对着前进方向，上体和头部放松扭转向侧后，形成一肩前一肩后、上体侧对前进方向的姿势。两臂自然屈肘摆动，前肩手臂摆动幅度稍小，后肩手臂摆动幅度稍大，保持快速跑动，注意观察场上情况，两手随时准备接球（图 11－7）。

图 11－7　侧身跑

4. 快速弧形跑

动作方法：跑动时，上体稍向球门区方向倾斜，两个手臂自然屈肘于体侧摆动。身体重心不应太高，步幅不要太大，但频率要快，眼睛应看着球，跑动时不允许踩球门区线。

（四）急停

1. 跑动急停

动作方法：快速行进间急停时，向前跨出一大步的同时重心下降，脚尖内扣，身体稍向后坐，以减缓向前的冲力。当第二步着地时，前脚掌内侧用力蹬地，身体稍向侧转，两膝弯曲并向内收，重心落在两脚之间，两臂自然屈肘于体侧，维持身体平衡。

2. 跳步急停

动作方法：行进间急停时，单脚（或双脚）跳起，上体稍后仰，两脚平行或稍分前后同时落地。落地时，两膝弯曲，重心下降并落在两脚之间，两臂自然屈肘于体侧，维持身体平衡。

（五）转身

1. 前转身

动作方法：转身前两膝微屈，上体稍前倾，重心落在两脚之间，向左（右）作前转身时，以左（右）脚为中枢脚，重心移到左（右）脚，左（右）脚前脚掌用力碾地，右（左）脚前脚掌内侧蹬地，以肩带腰向左转动。右（左）脚蹬地后迅速从左（右）脚前面跨步落地。转身过程中，身体重心要在一个水平面上，不要上下起伏（图 11－8）。

图 11－8　前转身

2. 后转身

动作方法：转身前两膝微屈，上体稍前倾，重心落在两脚之间，向右（左）作后转身时，以右（左）脚为中枢脚，重心移到右（左）脚，右（左）脚前脚掌用力辗地，左（右）脚前脚掌内侧蹬地，同时用力向右（左）后方转胯、转肩。左（右）脚蹬地后，迅速从右（左）脚后面跨步落地（图 11－9）。

图 11－9　后转身

（六）滑步

1. 侧滑步

动作方法：以向右滑步为例，由两脚左右站立，两膝较深弯曲，上体稍前倾，两手屈肘侧伸的基本姿势开始，滑步时左脚前脚掌内侧向左下方用力蹬地，右脚迅速向右侧跨出，在右脚落地的同时，左脚顺着地面紧随滑动。

可连续作向右滑步，在实际运用时重心要平稳，不要上下起伏(图 11 －10)。

图 11 －10　侧滑步

2. 前滑步

动作方法：由两脚前后站立，前脚的同侧手前上举，另一手臂屈肘稍抬起置于体侧稍偏后的准备姿势开始，向前滑步时，后脚的前脚掌内侧蹬地，前脚向前跨出一小步，着地的同时后脚迅速向前滑动(图 11 －11)。

图 11 －11　前滑步

3. 后滑步

动作方法：后滑步的动作与前滑步相同，只是向后移动(图 11 －12)。

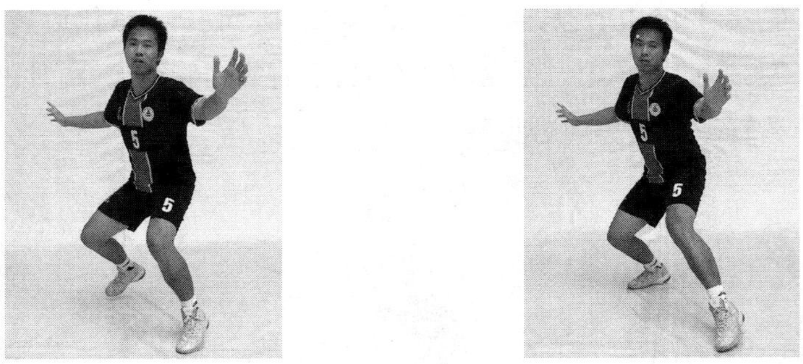

图 11 －12　后滑步

(七) 交叉步

动作方法：以向右移动为例。移动时，左脚前脚掌内侧用力蹬地向右侧跨出与右脚形成交叉，左脚一落地，右脚前脚掌外侧用力蹬地并迅速向右侧跨出，上体随着脚步的移动协调转动，同时要控制好身体重心，便于后面动作的衔接(图 11 －13)。

图 11－13　交叉步

（八）移动的教学与训练方法

（1）以基本姿势站立，听信号进行起动快跑。

（2）原地跳起。落地接起动快跑。

（3）20 米×6 次折返跑。

（4）原地双脚向上跳起。

（5）左右滑步接跳起。

（6）左右交叉步接跳起。

（7）直线快跑中作跑步急停。

（8）快跑中听信号作跑步急停。

（9）快跑中跑步急停后接转身起动快跑。

（10）看手势作侧、前、后滑步。

二、持球

（一）双手持球

动作方法：双脚前后或左右开立，略比肩宽，两膝稍弯曲，重心落在两脚之间，双手五指自然分开，用指根以上部位握球的两侧，两拇指成“八”字形，两肘关节微外展，双手持球于胸腹之间（图 11－14）。

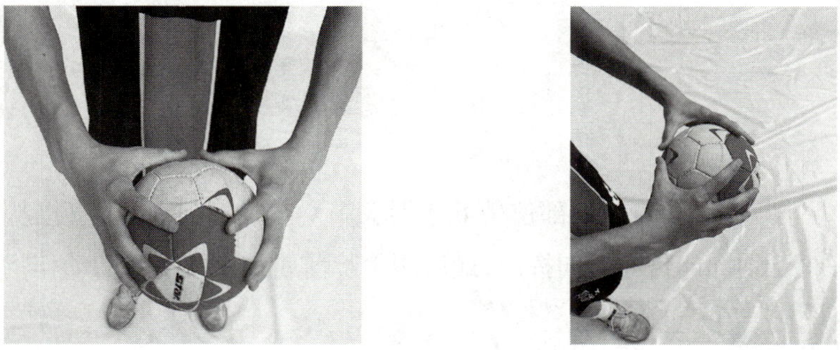

图 11－14　双手持球

（二）单手持球

动作方法：以右手持球为例。两脚左右或前后开立，略比肩宽，两膝稍弯曲，重心落在两脚之间，五指分开持球，用指根以上部位接触球，以拇指与无名指进行对掌运动，用五指的最后一个指节的合力将球牢固拿住，持球于体侧前方（图 11－15）。

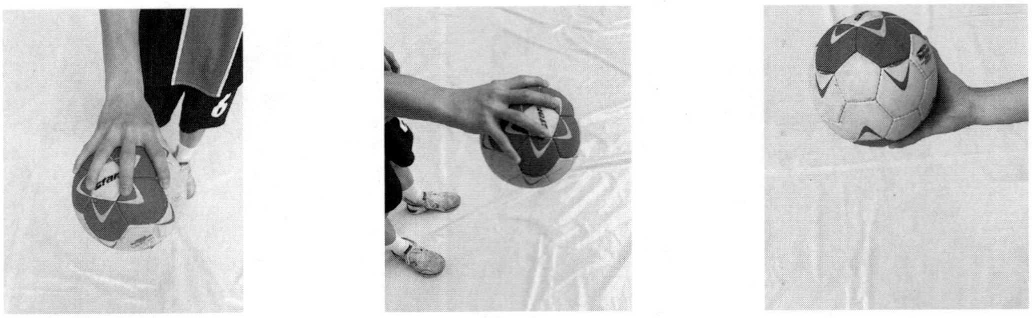

图 11－15　单手持球

三、传接球

传接球是手球运动中一项非常重要的技术。手球比赛节奏快，攻防转换快，主要通过两名运动员双向完成这一传接球任务。虽然传接球动作本身相对于射门、运球技术而言比较简单，但其是在攻、守双方对抗、激烈争夺的情况下完成的。因此，传接球是实现战术、组织配合所必须具备的基本技术。

（一）传球（以右手为例）

1. 单手肩上传球

动作方法：接球后左脚向前迈出，双手持球于体前，面对或侧对传球方向，双脚左右开立，比肩稍宽，膝关节微屈。传球时，右手直接将球经体前向上引至右肩后上方，随着引球，身体重心移至右脚上，右腿稍弯曲，此时小臂和大臂形成大于 90°的夹角。传球出手时，右脚蹬地，腰部用力转动，带动身体迅速左转，同时收腹并带动手臂加速前挥，以前臂迅速前甩下压，屈腕拨指将球协调传出（图 11－16）。

图 11－16　单手肩上传球

2. 单手体侧传球

动作方法：两脚开立，两腿弯曲，手持球的部位稍低于肘关节。传球时，持球臂直接从腰间经体侧向前作弧线伸出，虎口朝上，持球臂平行于地面向传球方向挥甩，最后用手腕前屈和手指拨球的动作将球传出（图 11－17）。

图 11－17　单手体侧传球

3. 体前甩腕传球

动作方法:单手或双手持球于胸腹前,传球时,右脚向前跨一小步,身体稍侧转,同时前臂在腹前从左向右沿水平方向横摆,手腕外旋,掌心对准接球同伴,并以肘关节为轴,用小臂、手腕急促向右甩动,手指用力拨球,将球传出(图 11－18)。

图 11－18　体前甩腕传球

(二)接球

1. 双手接平球

动作方法:由基本站立姿势开始,两臂自然而放松地向来球方向伸出,五指自然张开,两拇指相对成“八”字形,其余手指指尖向上,掌心向前似持球状,肩、臂、腕、指的肌肉放松。当手指触球时,屈臂缓冲,两手牢牢地握住球,并将球引至胸前或肩上,准备衔接下一个技术动作(图 11－19)。

图 11－19　双手接平球

2. 双手接高球

动作方法:双手接高球时,两眼看球,两臂向额前上方伸出迎球,手腕稍后仰,手型与双手接平球相同。两手触球瞬间,屈臂向下缓冲握球于胸前或顺势向后缓冲引球上肩(图 11－20)。

图 11－20　双手接高球

(三)传接球的教学与训练方法

(1)两人相距 6 ~ 8 米进行原地基本传接球手法练习。

(2)两人相距 10 ~ 12 米进行跑动传接球手法练习。

①两人一组直线全场传接球。

②三人一组“8”字交叉全场传接球。

③四人一组对角传接球。

四、运球

因为手球比赛快速、连续的特点,多采用传接球的方式完成传接球任务,但在快攻或过人时,运球技术也是必不可少的一项技术。运球技术的关键在于手对球的控制和支配能力,脚步移动的熟练程度以及手和脚的协调配合。

(一)运球

动作方法:五指自然分开,掌心向下,手臂上扬下压,指、腕柔和用力,拍按球的后上方,球的落点在身体的侧前方(图 11 -21)。

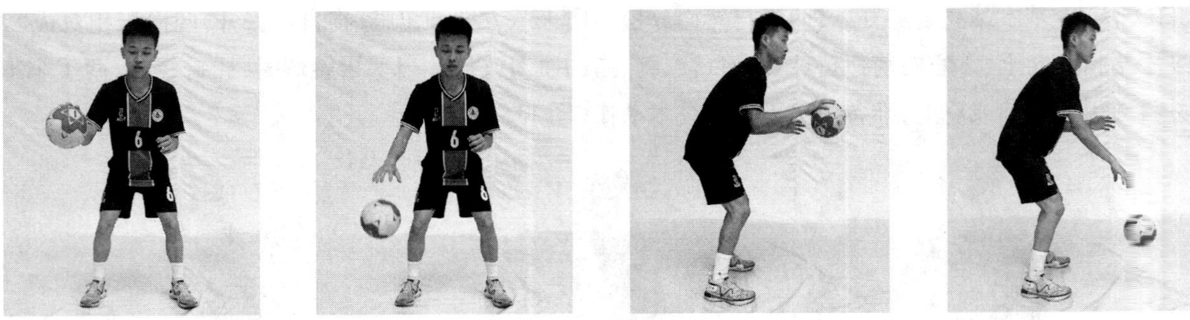

图 11 -21　运球

(二)点拍球

动作方法:队员获球后,向前跑一至三步或直接引球至肩的前上方,接着持球手用指、腕的力量将球拍向地面后再跑一至三步,然后接球进行传球或射门。

(三)运球的教学与训练方法

(1)原地高低运球。

(2)行进间直线高低运球。

(3)9 米线外进行点拍球接传球。

(4)9 米线外进行点拍球接射门。

五、突破

突破是指徒手、运球、持球队员灵活地运用脚步动作快速超越对手的一项攻击性很强的技术,是个人进攻的重要手段之一。熟练地运用突破技术,能够增强个人的攻击能力,打乱对方的防守布局,为自己和同伴创造良好的射门机会,给防守极大的威胁。

(一)徒手突破

徒手突破又称徒手摆脱,是指无球进攻队员利用脚步的变化摆脱和突破防守队员,达到接球、射门和战术的配合。徒手突破分为变速突破、变向突破和转身突破三种。

（二）持球突破

1. 同侧突破

动作方法：突破时左脚掌内侧蹬地，同时右脚向右侧前方迈出第一步，步子不要过大，借助于惯性，左脚前脚掌蹬地向右迈出第二步，步幅稍大一些。然后右脚前脚掌内侧用力蹬地，快速迈向球门，随后右脚蹬地跃起进行射门或传球或运球（图 11－22）。

图 11－22　同侧突破

2. 异侧突破

动作方法：向防守队员左侧跳步急停或跑动时右脚一步急停后，右脚向右下方用力蹬地，左脚迅速向前方跨出一步，右脚快速向左脚前方跨出一步，身体左转，持球于左侧腹部，重心降低，右脚触地，运用同侧脚跳起射门（图 11－23）。

图 11－23　异侧突破

3. 转身突破

动作方法：当防守队员贴身防守或背对球门接球时，可结合后转身、打门等动作突破对手（图11－24）。

图 11－24　转身突破

(三)突破的教学与训练方法

(1)徒手做突破脚步的动作练习。

(2)自运自突进行同侧、异侧的突破练习。

(3)结合移动中的传接球和假动作进行突破练习。

六、射门

射门是手球运动的一项重要的进攻技术,是手球比赛唯一的得分手段。手球射门的方式有很多种,根据脚步和体态的不同,分为原地射门、跳起射门、倒地射门等。

(一)原地单手肩上射门

动作方法:身体侧对球门,两脚前后开立,左脚在前,右脚在后,两脚间的距离宽于肩,两脚在一条线上。射门时,右手引球上肩,投掷臂右肘高于肩,小臂与大臂夹角约为120°。发力射门时右脚蹬地,转髋转体,左脚支撑地面,随即以蹬转、收腹的力量带动右臂前挥,利用上臂快速挥甩、屈腕鞭打和食指、中指、无名指压拨球的动作,将全身的力量通过指尖作用于球上,使球快速射向球门(图11-25)。

图11-25　原地单手肩上射门

(二)跳起射门

动作方法:左脚起跳同时,身体右转侧对球门,右腿弯曲从右侧上抬,提腰展体与向上引球相配合。右手持球直接引球上肩,身体腾空至最高点时,利用转体、收腹带动手臂弧线挥甩,以前臂与手腕的快速鞭打动作,通过手指的压拨将球射出(图11-26)。

图11-26　跳起射门

(三)倒地射门

动作方法:起跳时重心落在左脚并用力跳起,起跳同时上体向左侧倾倒,直接从体前引球至肩上,挺身侧展体,整个身体横在空中,运用转体、收腹带动手臂前挥,以前臂手腕鞭打动作将球从头上射出。左脚先右脚后屈膝并跑动缓冲,或滚翻倒地缓冲来保护身体维持平衡。

(四)射门的教学与训练方法

(1)两人一球对传练习,不发全力体会射门发力方法,以传代射。

(2)对墙、挡网或球门进行射门练习。

(3)移动中接传球进行多种射门练习。

第三节 手球运动基本战术

手球运动战术是比赛中队员个人技术的合理运用和同伴之间相互协同配合的组织形式。手球比赛中,要根据自己队伍的特点,合理地运用各种战术,以己之长,攻彼之短。手球运动战术主要包括战术基本配合、任意球战术等。

一、战术基本配合

(一)传切配合

传切配合是指利用传球和切入技术组成的简单配合。这种配合主要在前场任意球线附近使用。

示例1:A持球向B作同侧突破,吸引C的协防,当C过来补位协防时将球传给D,D顺势切入射门,形成传切配合(图11-27)。

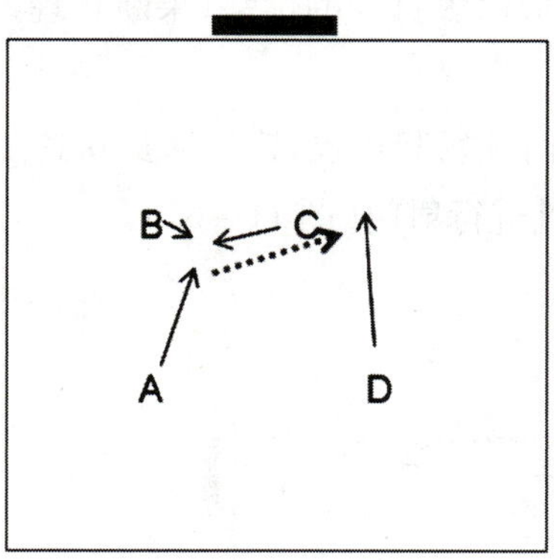

图11-27 传切配合一

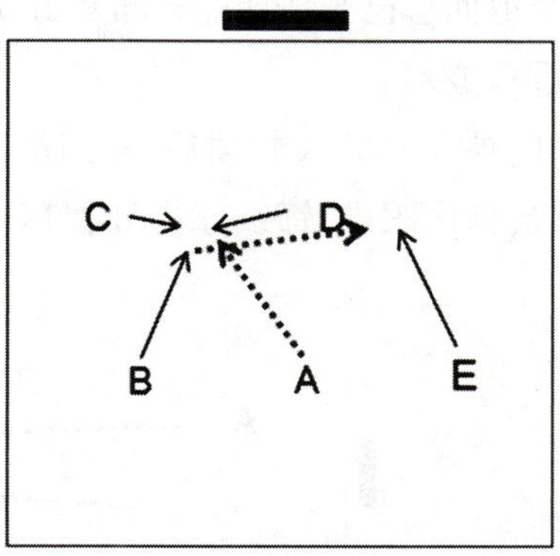

图11-28 传切配合二

示例2:A持球,B徒手摆脱向C、D中间切入并接A传球,C、D关门防守后将球传给切入的E,E接球后起跳射门(图11-28)。

(二)突分配合

进攻队员利用持球突破超越对手或空切接球,从而吸引另一名防守队员前来防守,持球队员立即分球给无人防守的同伴射门的方法,称为突分配合。

示例:A起动接B传球后,向C和D中间快速突破,如C不进行协防,则A坚决起跳射门,如遇C补位协防,则分球给E,E接球后进行起跳射门(图11-29)。

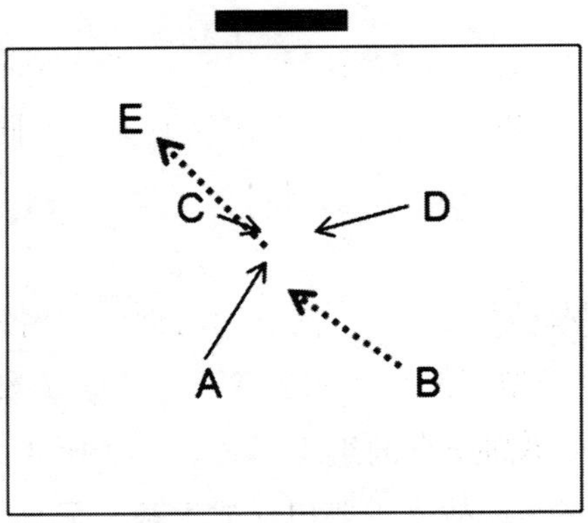

图 11－29　突分配合

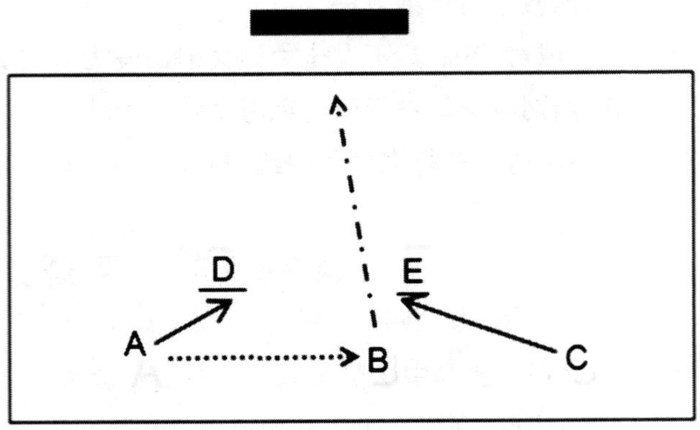

图 11－30　掩护配合

(三)掩护配合

进攻队员以自己的身体,用合理的动作挡住紧盯自己同伴防守者的移动路线,使同伴摆脱对方的防守,获得进攻机会的配合方法,称为掩护配合。

示例:A 将球传给 B 后,A 和 C 迅速跑向 D 和 E 面前给 B 作掩护,B 顺势进行跳起射门(图 11－30)。

(四)快攻战术

快攻是由守转攻时进行攻击的一种进攻组织形式,是指以最快的速度、最短的时间将球推进对方球门前,趁对方队员还未完全退回自己半场或还未布置好防守阵型,造成以多打少的优势,果断合理地利用快速配合方法进行攻击的一种进攻战术。

示例:当对方射门被守门员 A 封堵后,守门员 A 快速掷球门球发起进攻,锋线队员快速从两边快下准备接守门员一传,其他球员梯次跟进,锋线球员 B 接球后迅速向前跳进行射门(图 11－31)。

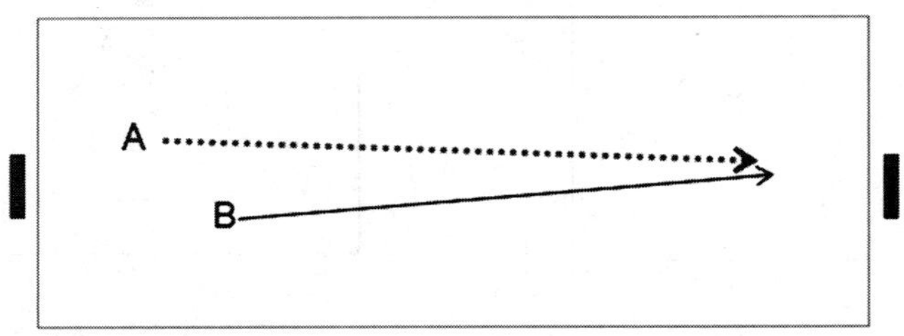

图 11－31　快攻战术

(五)防守战术

手球比赛规定,进攻队必须在球门区线外进行攻击。因此,防守队员分区防守并联成一线(或二、三线)围守球门是比较可靠的。目前,集体配合防守在手球比赛中是主要的防守形式,集体配合防守的基本阵型主要有"6－0""5－1""4－2""3－2－1"等。

1.“6－0”防守阵型

6 名防守队员站在球门区前,形成一道密集的防线,把身材高大、防守技术较好的队员安排在中间,把身材较矮的边锋安排在两侧防守,因对方在两边射门角度较小,不易射门,对球门威胁较小。

2.“5－1”防守阵型

1 名防守队员顶上前于任意线附近,其他 5 名队员成一线分布在球门区前形成两线防守阵型,顶在最前面的队员应该为攻守能力均衡的队员,既能参与防守,也能进行防守反击。

3."4－2"防守阵型

前面2名防守队员分别位于任意线与球门线约45°角的位置，其他4名队员站成一线分布在球门区前形成两线防守阵型。前面2名防守队员应该是脚步灵活、移动速度快的队员，以紧逼对方后卫限制其远射。同时要积极移动，尽量切断对方球员相互之间的联系。

4."3－2－1"防守阵型

1名队员突前站在中线和任意线之间，距球门12米左右，2名防守队员分别位于任意线附近与球门线45°夹角的位置，其他3名队员站成一线，分布在球门区前，形成三线防守阵型。最前面的防守队员应该是攻守技术全面、移动速度快的队员，中间2名队员应是防守意识较好、对抗能力较强的队员。

二、任意球战术

（一）任意球进攻战术

手球比赛因身体对抗激烈，攻防转换节奏快，且多在球门区附近进行，因为大量的身体接触不能确保完全规范，所以被判罚任意球的机会较多。在比赛中，应充分珍惜任意球的机会，争取破门得分。

（1）B、C、D这3名进攻队员背向球门并站在任意球线外，C持球，发动进攻时，C将球传给A，同时B、C、D这3名队员后退压缩防线造成前掩护，A接球后向上跳起进行射门（图11－32）。

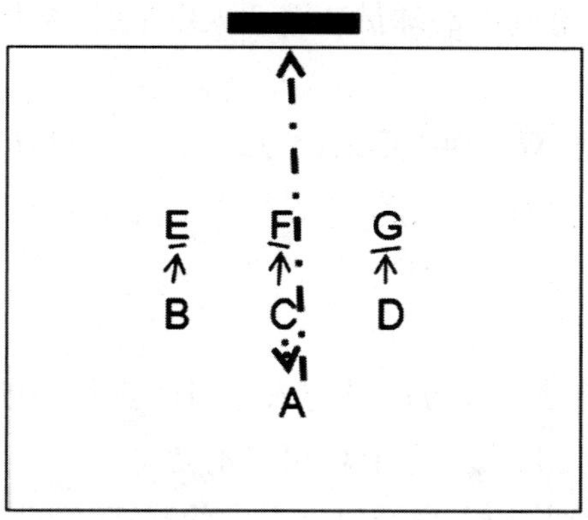

图11－32　任意球进攻战术一

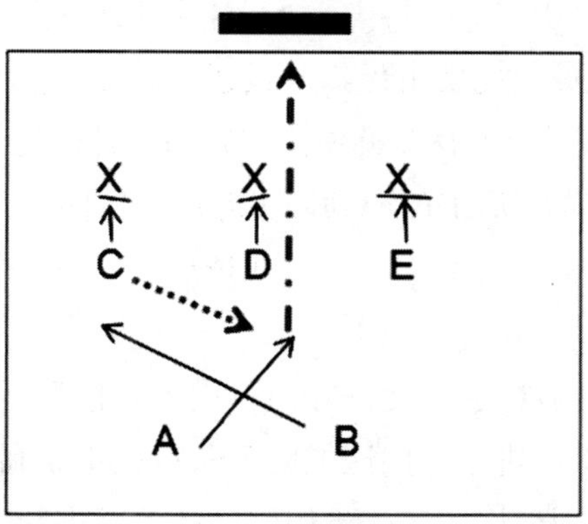

图11－33　任意球进攻战术二

（2）C、D、E这3名队员背向球门并站在任意球线外，C持球，发动进攻时，B假跑佯装射门，紧接着A与B进行交叉换位，C将球传给A的同时C、D、E这3名队员后退压缩防线造成前掩护，A接球后进行起跳射门（图11－33）。

（二）任意球防守战术

在手球比赛中，在防守任意球时，必须迅速采取措施组织防守线，组织人墙封堵对方的射门和传球配合进攻。在防守任意球时应注意以下几点：

（1）快速组织好人墙。

（2）组织人墙时要有一名队员进行指挥。

（3）当对方任意球是传球配合时，应快速分散，调整防守位置。

第四节　手球比赛基本规则

一、时间规定

(1)手球比赛时间分为上、下半时,各为 30 分钟;中间休息时间通常为 10 分钟。上、下半时每队各有一次暂停(只有本方获有持球权,方可获得暂停时机,即向记录台递交暂停申请牌),暂停时间为 1 分钟。

(2)如果在正常比赛时间结束时双方打成平局,而竞赛规程要求必须决出胜方,则在休息 5 分钟后进行决胜期的比赛。决胜期由两个 5 分钟组成,中间休息 1 分钟(双方交换场地)。

(3)如果第一个决胜期后仍为平局,休息 5 分钟后再进行第二个决胜期的比赛。第二个决胜期仍为两个 5 分钟,中间休息 1 分钟。如果第二个决胜期后仍为平局,将选定一方球门进行掷罚 7 米球,以决出胜方。即双方各出 5 名队员,分别依次掷罚;如仍为平局,则进行 1 对 1 掷罚,直至决出胜方。

二、人员规定

(1)每支手球队由不超过 12 名的球员组成,其中,每队上场球员不得超过 7 人,且必须有 1 位守门员。比赛开始时,每队上场球员不得少于 5 人。但比赛期间,某队在场上的球员减至 5 人以下,比赛仍可继续进行,只有裁判有权决定是否终止比赛。

(2)手球比赛中,所有球员须在本方的替补区进出场地,双方换人不需经过记录台和裁判员允许,只要遵守在本方换人区内先下后上的原则即可。

三、犯规罚则

手球竞赛规则规定,只允许守门员进入球门区,不允许攻守双方队员进入球门区获利,但进攻队员在完成射门动作,球出手后进入球门区或防守队员在不获利的情况下进入球门区,可以不受罚。

手球竞赛规则允许防守队员用张开的手臂进行防守,允许用手拨开对方手中的球;防守队员可以用身体阻挡对方持球或不持球队员的移动,可以用弯曲的手臂从正面接触进攻队员。

手球竞赛规则允许守门员在球门区内防守时,运用身体任何部位接触球;守门员在球门区内的一切持球活动,亦不受场上队员规则的限制,如出现违例、犯规等行为,裁判会根据情况给予一定的判罚。

(一)违例

手球竞赛规则规定,允许进攻队员持球走 3 步,运球后还可走 3 步,持球不得超过 3 秒,如违犯,将被判违例。违例的队员要被判罚出场 2 分钟,并在受罚时间内其他队员不能替换,即场上减员。

(二)犯规

手球竞赛规则不允许参赛球员做以下列行为:抢夺或打击对方球员手中的皮球,用手、手臂、大腿或身体任何部位阻挡或挤开对方球员,拉、抱、推对方球员(身体或衣服);跑、跳起来撞开对方球员,以违反规则的方式干扰、阻挡或危及对方持球或不持球的队员。

(三)判罚

手球竞赛规则对运动员犯规的处罚有 4 种:警告、罚出场 2 分钟、取消比赛资格、开除出场。如参赛球员针对对手而不是球,做出犯规行为,将受“个人惩罚”。个人惩罚是指除犯规球员的球队会被判罚“任意球”或“7 米球”外,其个人亦会受到惩罚。有关惩罚以警告开始,继而是被罚出场 2 分钟,最后是取消比赛资格和开除。基本上,处罚会随犯规次数增加逐渐加重。

“任意球”:当拥有控球权的球队犯规,或防守球队由于犯规而使进攻球队失去控球权,裁判会中断比赛,并判由犯规球队对方掷任意球重新开始比赛。

“7 米球”:当防守球员使进攻球员失去控球权或身体平衡,从而失去明显得分机会,裁判会判“7 米球”。此外,如球员因错误信号或未经允许的人员进入场地,从而破坏了明显得分的机会,裁判也会判决“7 米球”。

作为一名专业球员,场上的每一个点都要非常熟悉;在场上的每一次跑位和与队友的每一次配合都要在规定的区内完成,并且不能做出犯规的动作。因此,一支手球队伍要取得比赛的胜利,队友间默契的配合及熟练掌握各种技战术是非常必要的。

第十二章 武 术

本章要点

武术是以技术动作为主要内容，以套路、格斗、功法为主要运动形式，注重内外兼修的中国传统体育项目。本章主要介绍了武术的起源与发展、武术基本功和基本动作、武术套路技术动作等内容，通过图片展示和视频演练为学生提供全面、系统的武术动作指导。

学习目标

了解武术的起源与发展、内容与分类。

掌握武术基本功和基本动作、武术套路技术动作以及短兵的基本动作与技法。

通过练习武术基本动作，学会正确处理竞争与合作的关系，形成良好的体育道德与合作精神；学习和弘扬中华武术这一优秀民族传统文化，增强民族文化自信，培养正义感及爱国主义精神。

第一节 武术概述

武术是以中华文化为理论基础，以技击动作为主要内容，以套路、格斗、功法为主要运动形式，注重内外兼修的中国传统体育项目。

一、武术的起源与发展

（一）武术的原始形态

武术起源于中国，是中华民族在长期的生产劳动、与大自然的搏斗和冷兵器时代的战争中逐步形成与发展起来的一种体育项目，具有健身、护体、防敌、制胜的作用，其本质是技击。

远古时期，兽多人少，自然环境十分恶劣，人们在与自然进行斗争的过程中，创造了拳打脚踢、指抓掌击、跳跃翻滚等初级攻防手段，后来又学会了制造和使用石制或木制的工具作为武器，掌握了徒手和使用器械的搏斗捕杀技能，这就是武术的萌芽。

在旧石器时代，出现了尖状石器、石球、石手斧、骨角加工的矛。到新石器时代末期，又出现了大量的石斧、石铲、石刀和骨制的鱼叉、箭镞，甚至还有铜钺、铜斧等。这些原始生产工具和武器，后来大部分成了武术器械的前身。

原始社会末期，部落战争频繁发生，促进了武术的发展。在部落战争中，远距离使用弓箭、投掷器，近距离使用棍棒、刀斧、长矛。凡是能用于捕斗搏击的生产工具都成为战斗武器。

（二）古代武术的发展

先秦时期，各国诸侯都非常重视培养和训练将士们的搏击技术，使剑术得到发展。汉代，带有表击性质的“角抵”已有广泛基础，还发明了铁兵器，出现编排起来的攻防连续套路。晋代，练武活动已有“口诀要术”，此时武术初见雏形。明朝以前，武术泛指军事技术，主要以“军阵”“格杀”为主题，以格杀技术与兵械使用技术为主要内容。明朝以后，军事技术流入民间，出现了“单练”“对搏”等形式。

（三）近现代武术的发展

中华人民共和国成立后，武术成为国家体育事业的一个组成部分，受到党和政府的高度重视，开始蓬勃发展。1956 年中国武术协会在北京成立；1958 年国家体委（现国家体育总局）制定了第一部《武术竞赛规则》；1982 年中华全国体育总会召开了武术工作座谈会，倡导发展武术运动；1985 年首届国际武术邀请赛在西安举行，有 18 个国家和地区参赛；1989 年散手被国家体委（现国家体育总局）列为正式竞赛项目；1990 年国际武术联合会在北京成立。

二、武术的内容与分类

武术内容丰富且种类繁多，按拳术性质划分，可分为内家拳、外家拳等；按地域划分，可分为南派武术、北派武术等；按名山大川划分，可分为少林派、峨眉派等；按价值功能划分，可分为竞技武术、健身武术、学校武术等。本教材按运动形式的分类方法，将武术分为套路、格斗、功法。

（一）套路

套路是指以技击动作为内容，以攻守进退、动静疾徐、刚柔虚实等矛盾运动的变化规律为依据编成的组合及整套练习。按照人数练习的多少可以分为单练、对练和集体演练。

1. 单练

单练是指个体独自进行套路练习的方式。根据练习时是否手持器械，单练又分为拳术和器械两类。

（1）拳术：长拳、太极拳、南拳、形意拳、八卦拳等。

（2）器械：刀、枪、棍、剑、扇、九节鞭、流星锤等。

2. 对练

对练是指在单练基础上，由两人或两人以上，在预定条件下进行的假设性攻防练习的套路形式。其中包括徒手对练、器械对练、徒手与器械对练。

3. 集体演练

集体演练是指多人（竞赛中通常要求 6 人以上）徒手、手持器械或徒手与手持器械同时进行演练的套路形式。练习时可变换队形，可用音乐伴奏，要求队形整齐，动作协调一致。

（二）格斗

格斗是两个人在一定条件下按照一定的规则进行斗智、较力、较技的实战攻防格斗。如散打、推手、短兵、长兵等。

（三）功法

功法是以单个动作练习为主，以掌握和提高武术套路和格斗技术、诱发武技所需的人体潜能为目的，重点提高身体某一运动素质或锻炼某一特殊技能而进行的专门练习。如站桩、打坐、金刚指、铁砂掌等。

第二节　武术基本功和基本动作

一、基本手型和手法

（一）基本手型

（1）拳。四指并拢紧握，拇指弯曲紧扣在食指和中指第二关节处，拳握紧、拳面平、直腕。平拳拳心朝下

（图 12－1）；立拳拳眼朝上（图 12－2）。

（2）掌。四指并拢伸直，拇指弯曲紧扣在虎口处。手指要直、掌指要紧、掌心外撑（图 12－3）。

（3）勾。五指指尖捏拢成勾，屈腕（图 12－4）。

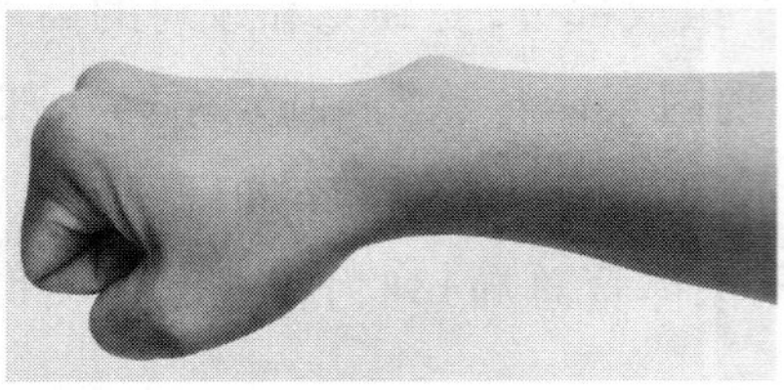

图 12－1　平拳

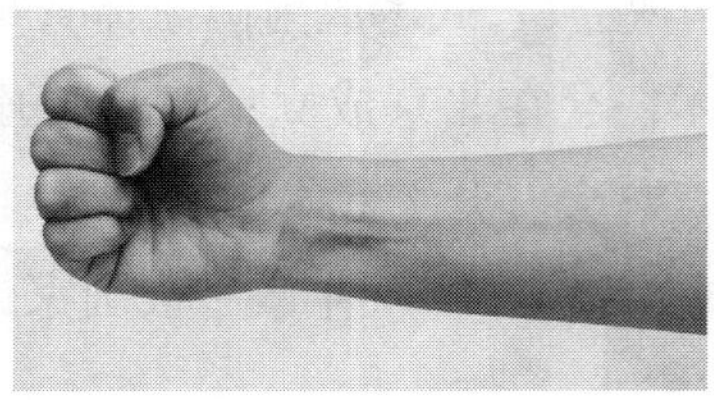

图 12－2　立拳

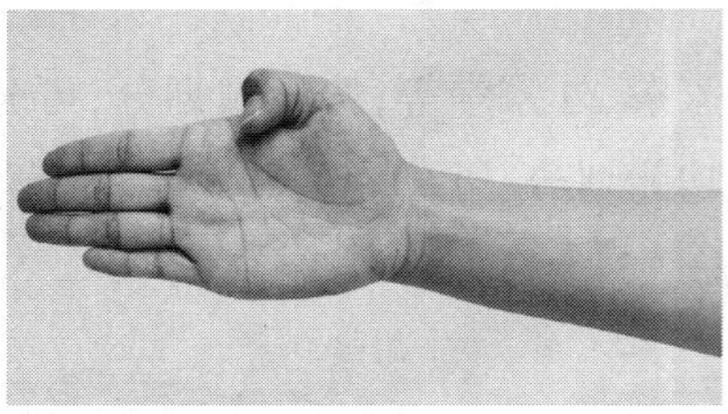

图 12－3　掌

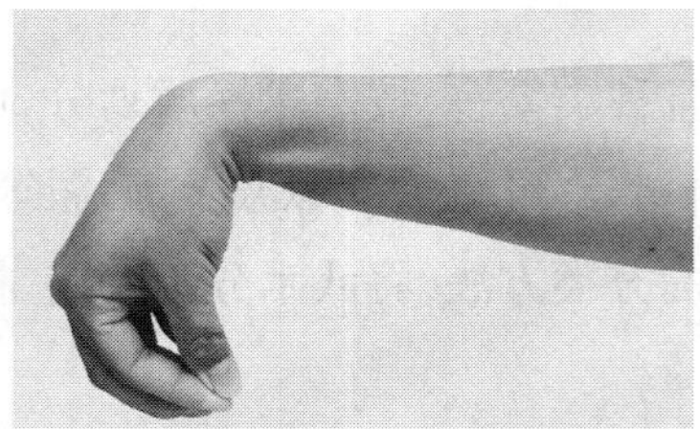

图 12－4　勾

（二）基本手法

1. 冲拳

准备姿势：两脚左右开立，与肩同宽，两拳抱于腰间，拳心朝上，挺胸、收腹、夹肘（图 12－5）。

动作说明：右拳从腰间向前猛力冲出，转腰、顺肩，在肘关节过腰时，前臂内旋发力，使拳背朝上，力达拳面，手臂伸直，与肩齐平，目视前方（图 12－6）。

图 12－5　准备姿势

图 12－6　冲拳

图 12－7　架拳

2. 架拳

准备姿势：与冲拳相同。

动作说明：右拳向下、向左、向上经头前旋臂向右上方画弧架起，拳眼朝下，头向左转（图 12－7）。

3. 推掌

准备姿势：与冲拳相同。

动作说明：左拳变掌，在肘关节过腰时，前臂内旋发力，以掌根外侧为力点向前猛力推出，使掌指朝上，力达掌根，手臂伸直，腕与肩平，目视前方（图 12－8）。

4. 亮掌

准备姿势：与冲拳相同。

动作说明：右拳变掌，拇指向上，向身体右侧直臂甩出，目随右掌，上动不停，至头顶右上方时，抖腕亮掌，使手臂成弧形，掌心向上，同时头向左转，目视左侧方（图 12－9）。

图 12－8　推掌

图 12－9　亮掌

二、基本步型和步法

（一）基本步型

（1）马步。两脚平行左右分开（约为脚长的 3～4 倍），脚尖向前，屈膝半蹲使大腿接近水平，膝盖不能超过脚尖，全脚着地，重心位于两腿中间，目视前方，双手抱拳于腰间（图 12－10）。

图 12－10　马步

图 12－11　弓步

图 12－12　仆步

（2）弓步。一腿向前迈一步（约为脚长的 4～5 倍），脚尖微内扣，屈膝半蹲使大腿达水平，小腿垂直于地面，膝盖不能超过脚尖，另一只腿膝关节伸直，脚尖内扣，两脚全着地，身体正对前方，眼睛目视前方，抱拳于腰间。右腿在前为右弓步，左腿在前为左弓步（图 12－11）。

（3）仆步。两脚左右开立，一腿全蹲，大腿和小腿靠紧，臀部接近小腿，全脚着地，膝与脚尖稍外展，另一只腿伸直平仆，脚尖内扣，全脚着地，手臂伸直展开，立掌（图 12－12）。

（4）虚步。两脚前后开立，后脚脚尖外展 45°，屈膝半蹲，大腿达水平，前腿微屈，脚面绷平，脚尖稍内扣，虚点地面。重心位于后腿，两手双架掌于体前，目视前方（图 12－13）。

（5）歇步。两腿交叉靠拢全蹲，前脚全脚着地，脚尖外展；后脚脚跟离地，膝部贴近前腿外侧，臀部外侧紧贴后小腿，抱拳于腰间（图 12－14）。

图 12－13　虚步

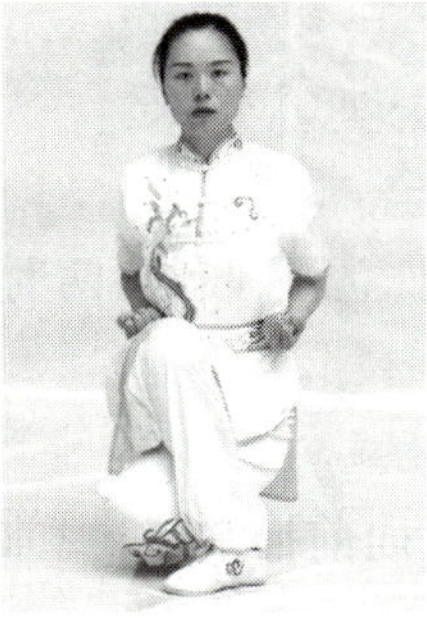

图 12－14　歇步

(二)基本步法

进攻和防守多是在移动中进行的,用于调整与对手的距离,寻找和创造进攻与防守的最佳时机。在接近对手时的身体移动即为步法,主要包括上步、进步、退步、垫步、插步等。

三、基本腿法

(1)直摆性腿法。正踢腿、外摆腿、里合腿、侧踢腿。

(2)屈伸性腿法。弹腿、蹬腿、侧踹腿、鞭腿。

(3)扫转性腿法。前扫腿、后扫腿。

(4)击响性腿法。拍脚、离合击响、外摆击响。

四、跳跃动作

跳跃是两脚蹬地起跳、身体在腾空时完成攻防招数的各种动作,是武术中难度较大的一类技术动作。如大跃步前穿、腾空飞脚、旋风脚、腾空摆莲、侧空翻等。

第三节　武术套路技术动作

一、长拳

长拳是以手型、手法、步型、步法、腿法、平衡以及跳跃等动作与技术组成的拳术,具有手快、眼快、身灵、步稳、动作舒展大方、节奏鲜明等特点。长拳套路可分为单练套路和对练套路,也可分为规定套路和自选套路。

(一)初级长拳

初级长拳为单练自选套路,是进行长拳基础训练的套路,其内容丰富,由简到繁,由易到难,既不复杂又不失长拳风格,适合初学者练习。

起势

1. 预备势

两脚并拢站立、挺胸、收腹、立腰、头正、下颏微收、目视前方(图 12-15)。

图 12-15　预备势

图 12-16　并步抱拳

图 12-17　马步双推掌

图 12-18　半马步格打

2. 并步抱拳

两脚并拢抱拳于腰间,挺胸、立腰、收腹、两肘向后夹紧、目视前方(图 12-16)。

第一段

1. 马步双推掌

左脚开步成马步,同时双手向前推掌,目视前方(图 12-17)。

2. 半马步格打

身体左转,重心移至右腿成半马步,同时左手向左格打,右手收至腰间,拳心朝上,目视左方(图 12-18)。

3. 左弓步冲拳

右腿蹬地转腰成左弓步，同时左手收至腰间抱拳，右手向前冲拳。蹬腿、转髋、拧腰、顺肩与冲拳要连贯协调，快速有力（图 12－19）。

4. 弹腿冲拳

重心前移至左腿，右腿屈膝提至接近水平时迅速绷脚前弹，力达脚尖，右拳收至腰间抱拳，左拳向前冲出，目视前方（图 12－20）。

图 12－19　左弓步冲拳

图 12－20　弹腿冲拳

5. 右弓步推掌

右腿落地成右弓步，同时右手向前推掌，左手收至腰间抱拳，目视前方（图 12－21）。

图 12－21　右弓步推掌

图 12－22　换跳步马步

6. 换跳步马步

压肘，重心移至左腿，右腿提膝同时两臂抡绕成立圆，左脚蹬地向右后跳转 180°成马步，右手收至腰间抱拳，左臂压肘，力点达前臂接近肘关节处，拳心朝内，目视前方（图 12－22）。

7. 马步抓肩

保持马步不变，左手按右肩，肩部肌肉要有上顶之势，但不可耸肩（图 12－23）。

图 12－23　马步抓肩

图 12－24　震脚栽拳

图 12－25　并步双摆掌

图 12－26　右弓步顶肘

8. 震脚栽拳

重心移至左脚，收右脚震脚，同时右手自上而下垂直栽拳，力达拳面，震脚后屈膝，两脚并拢（图 12－24）。

第二段

9. 并步双摆掌

两腿站直同时两手变掌由右向上、向左摆至身体左侧，均成立掌，手指朝上，左臂伸直，右掌位于左肩处，目随双掌转视（图 12－25）。

10. 右弓步顶肘

右脚迈出成右弓步，左掌推右拳，以右肘尖向右顶出，力达肘尖，高与肩平，目视右侧（图 12－26）。

11. 提膝穿掌

右腿伸直，重心移至左腿，身体稍向左转，左掌收至腰侧，掌心朝上，右拳变掌由下向上、向左划弧盖压于头上方，掌心朝前（图 12－27）。

图 12－27　提膝穿掌一

图 12－28　提膝穿掌二

图 12－29　仆步穿掌

左腿蹬直，右腿提膝，绷脚背，左掌从腰侧经右臂内侧向左前上方穿出，掌心朝上；右掌收至左胸前成立掌，目视左掌（图 12－28）。

12. 仆步穿掌

左脚全蹲，右腿铲出成右仆步，左臂不动，右掌由左胸前向下经右腿内侧向右脚面穿出，穿掌时两臂要成一条线，力达掌指尖，目随右掌转视（图 12－29）。

13. 震脚掳手

左腿蹬地伸直成右高弓步，左臂由上向下、向右摆至体前，右手握住左腕（图 12－30）；旋臂拧握，左掌变拳，左脚迈出位于右脚前震脚落地，同时左拳回收，目视前方（图 12－31）。

图 12－30　震脚掳手一

图 12－31　震脚掳手二

图 12－32　右蹬脚

14. 右蹬脚

重心移至左腿，右腿提膝向前蹬出，脚尖勾紧，抬腿与蹬击不可断劲（图 12－32）。

15. 右弓步冲拳

右脚落地成右弓步后，右手搂手收至腰间抱拳，左手向前冲拳，目视前方(图 12－33)。

16. 马步侧冲拳

身体左转成马步，同时右手向右侧冲拳，左手收至腰间抱拳，目视右方(图 12－34)。

图 12－33 右弓步冲拳

图 12－34 马步侧冲拳

17. 震脚砸拳

重心移至左腿，右腿提膝同时右臂向上伸直，拳心朝左，左臂向下按掌，掌心朝下(图 12－35)。

右脚落地震脚，两腿微屈，两脚并拢，同时砸拳，砸拳、震脚完整一致、干脆有力(图 12－36)。

收势

并步抱拳，两腿站直，双手抱拳位于腰间，挺胸、立腰、目视前方(图 12－37)。

双手变掌，掌心紧贴大腿外侧，挺胸、收腹、立腰、头正、下颏微收(图 12－38)。

图 12－35 震脚砸拳一

图 12－36 震脚砸拳二

图 12－37 收势一

图 12－38 收势二

(二)长拳二段

中国武术段位制是国家体委(现国家体育总局)为增强人民体质，推动武术的发展，提高武术技术和理论水平，建立规范的全民武术体系，而特别制定的。根据个人从事武术锻炼和武术活动的年限，掌握武术套路技术和理论的水平，研究成果，武德修养，以及对武术发展所作出的贡献，设初段位、中段位、高段位。本教材所介绍的长拳二段属于初段位考段规定套路。

预备势

两脚并拢直立，两手自然垂于体侧，目视前方(图 12－39)。

1. 起势

并步抱拳：两拳迅速上提于腰间，拳心向上；同时迅速向左侧甩头，目视左前方(图 12－40)。

正踢腿：头向前转正，两拳变掌经体前交叉向上向外摆至体侧，掌心向外与肩同高，目视前方。左脚上步，重心前移，右脚勾脚挺膝，直腿向额前正前方上踢(图 12－41)。

弓步看拳:右脚向前落地,两拳体前交叉,两臂稍屈,目视两拳方向。左腿蹬直,右腿屈膝成右弓步,左拳向侧冲出,拳心向下,右拳外旋抱于右腰间,拳心向上,目视左拳方向(图 12－42)。

图 12－39　预备势

图 12－40　并步抱拳

图 12－41　正踢腿

图 12－42　弓步看拳

2. 跃步劈掌

重心移至左脚,右膝提起,两拳保持不变,左脚蹬地,右脚向前迈出,身体腾空,两拳变掌抡摆,右脚前落,左脚随之向前落地,右脚蹬直变弓步,左拳收抱于腰间,拳心向上,右掌向前抡劈,力达掌外沿,目视前方(图12－43)。

3. 马步架冲拳

身体右转 90°,左脚内扣成马步,右掌上架,左拳向左侧冲出,拳心向下,力达拳面,目视冲拳方向(图 12－44)。

4. 提膝亮掌

身体立起,左拳变掌,两臂体前交叉,掌心向上,目随两手;重心右移,左膝高提,两臂向身体两侧划弧分开,左掌变勾手摆至身后,右掌弧形上摆至头正上方亮掌,掌心向上,目视左前方(图 12－45)。

图 12－43　跃步劈掌

图 12－44　马步架冲拳

图 12－45　提膝亮掌

5. 弓步双架掌

左脚下落,右脚后退一步成左弓步,左手变掌,双掌体前十字交叉,向额前上方架起,右掌在外,掌心向外,目视前方(图 12－46)。

6. 右蹬脚

重心前移,右脚提起向前蹬出,力达脚跟,两掌变拳收抱于腰间,拳心向上,目视前方(图 12－47)。

7. 左鞭腿

重心前移,右脚前落;重心移至右腿,身体右转,右脚尖外展,左腿提起,脚面绷直,大腿带动小腿弧形向前鞭打,力达脚背及小腿前侧;右臂屈肘上摆,左臂伸直,目视左脚鞭打方向(图 12－48)。

图 12－46　弓步双架掌

图 12－47　右蹬脚

图 12－48　左鞭腿

8. 勾手侧踹

左脚落于身体左侧，脚尖外展，身体微左转，两臂屈肘于胸前；重心移至左腿，身体左转，向左倾斜，右脚提起，向前横脚踹出，右手变勾手摆至体后，左手摆至头上亮掌，身体自然侧倾，目视踹腿方向（图 12－49）。

9. 虚步护身掌

右脚落地，脚尖内扣，身体左转，左脚向右脚并步，两掌划弧收至腰间；右腿屈膝下蹲，左脚提起前伸成虚步，两掌向前推出，左掌掌心向前，右掌附于左肘内侧，目视前方（图 12－50）。

10. 弓步架拳

左脚上步成左弓步，左掌变拳，左臂向前上方屈臂架起，右掌变拳收抱于腰间，目视前方（图 12－51）。

图 12－49　勾手侧踹

图 12－50　虚步护身掌

图 12－51　弓步架拳

11. 马步格挡

身体右转，左脚内扣，两腿屈膝成马步；左臂屈肘外旋向前、向内格挡，力达左前臂内侧，目视格挡方向（图 12－52）。

12. 搂手勾踢

重心移至左脚，身体左转，两拳变掌于体前交叉，右手在上；右脚尖向前、向上勾踢；两掌向下拍压后，顺势变勾手摆至体后，勾尖向上，目视前方（图 12－53）。

13. 弓步反劈拳

提右膝，左勾手变掌，抡臂向前按掌，掌心斜向下与胸同高，右勾手变拳收于腰间；右脚前落成弓步，右拳于体前划弧向前上方反拳劈打，左掌置于右肘下，目视反劈拳方向（图 12－54）。

图 12－52　马步格挡

图 12－53　搂手勾踢

图 12－54　弓步反劈拳

14. 丁步勾手亮掌

重心后移,右脚回收至左脚内侧成右丁步;右拳变勾手摆至身后,勾尖向上,左掌摆至头上方抖腕亮掌,视右前方(图 12 -55)。

15. 马步双推掌

身体右转,右脚抬起转身震脚,左脚顺势收至右脚内侧,脚尖点地,两手随转体上摆,击响后下按收于腰间,掌心朝前;左脚侧迈一步成马步,两掌同时向前推出,掌心朝前力达掌根,目视推掌方向(图 12 -56)

16. 翻身跳

身体右闪成右弓步,两臂随身体右倾向左摆动,目视左侧。左右脚依次成弧形上步,右脚蹬地;身体腾空左转翻身跃起旋转一周,两臂随体抡摆,目视左掌。左右脚依次落地,左腿伸直,右腿全蹲,脚尖外展成左仆步。左臂随身体翻转向上抡摆一周后置于左腿上方,掌指朝前,拇指一侧向上;右臂摆至身体右后侧,拇指一侧向上,目视左掌方向(图 12 -57)。

17. 虚步护身掌

身体微右转,左脚收至右脚内侧成并步,两臂收至腰间;右腿屈膝下蹲,左脚提起前伸成虚步,两掌向前推出,左掌掌心向前,右掌附于左肘内侧,目视前方(图 12 -58)。

图 12 -55　丁步勾手亮掌

图 12 -56　马步双推掌

图 12 -57　翻身跳

图 12 -58　虚步护身掌

18. 收势

重心右移,两脚碾地,右脚尖外展,左脚尖内扣成右弓步,同时两手臂打开(图 12 -59)。

左脚迅速向右脚并拢,两腿直立,两掌变拳收抱于腰间;迅速向左甩头,目视左侧(图 12 -60)。

两拳变掌自然垂于体侧,头向右转,目视前方(图 12 -61)。

图 12 -59　收势一

图 12 -60　收势二

图 12 -61　收势三

二、心意六合拳

心意六合拳,又称心意拳、六合拳,是我国著名的集搏击、健身、防身、养生于一体的优秀拳种,是中国传统拳术之一,也是中国武文化和东方神秘文化的重要组成部分。由心生意,又由意转化为拳招。

据传心意拳为明末清初山西姬际可所创造，后由河南马学礼传承至今。2007 年被列入首批河南省省级非物质文化遗产名录。2008 年 6 月 7 日，心意六合拳经国务院批准列入第二批国家级非物质文化遗产名录。

（一）基本手型

1. 捶（拳）

四指并拢紧握，拇指弯曲压在食指和中指第二关节处（图 12－62）。拳谱曰："握拳如卷饼。"意思是要握紧拳头。

2. 虎爪

五指分开并弯曲一二关节，手心成圆形（图 12－63）。

3. 单把

五指分开，坐腕，后手掌外侧压于前手虎口处（图 12－64）。

4. 双把

双手五指分开，两大拇指交叉相扣，手心内含（图 12－65）。

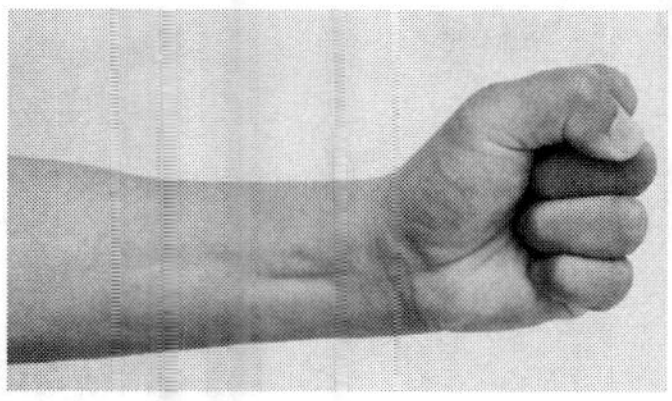

图 12－62　捶（拳）

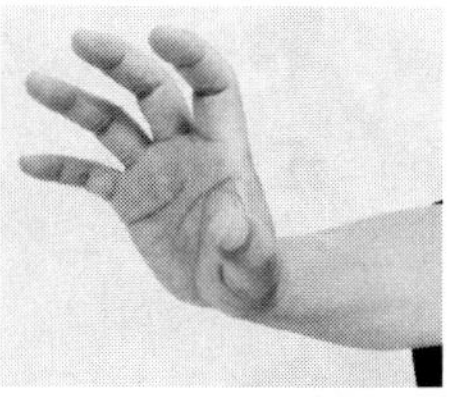

图 12－63　虎爪

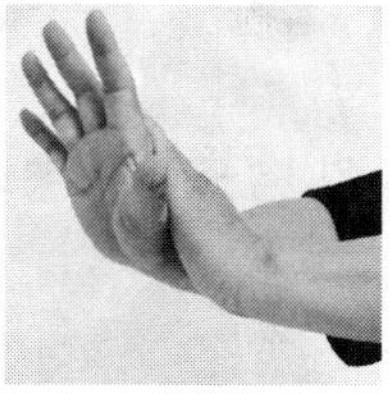

图 12－64　单把

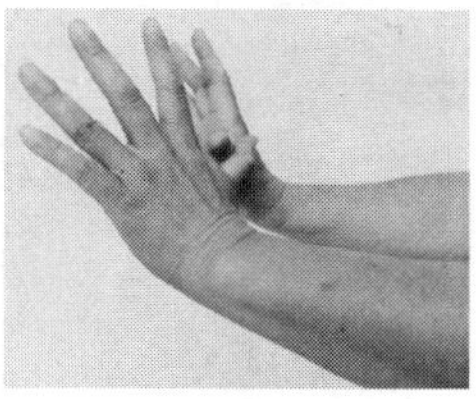

图 12－65　双把

（二）基本步型

1. 鸡步

两脚前后开立，左脚在前，脚尖内扣 15°，后腿屈膝下蹲，大小腿夹角成 90°，膝胯内裹，右手大拇指朝前，四指朝下，贴于左膝关节外侧；左手大拇指朝上，四指朝前，手心贴于腰胯之际；身体向左拧转，下颏微收，鼻尖、右肩尖、左脚尖三尖一线，眼睛平视正前方（图 12－66）。

图 12－66　鸡步

图 12－67　弓箭步

图 12－68　熊出洞

图 12－69　横拳

2. 弓箭步

两脚前后开立，左腿屈膝 90°，脚尖内扣 15°，上身前倾后腿蹬直，前手置于膝关节内侧，掌心向右，后手置于小腹前，掌心斜向下（图 12－67）。

（三）基本动作

1. 熊出洞

左侧身站立，右腿屈膝半蹲，脚尖斜向前，左腿膝关节微屈，脚跟虚点地面；左手臂前伸，肘关节微屈，手腕放松，五指自然松开，后手屈肘护于左肋部，含胸收腹，下颏微收，目视左侧前方（图 12－68）。

2. 横拳

熊出洞式，左脚向前踩出一步，同时左手成掌右手握拳手心相合由下向前上冲打而出，两肘微屈，手与胸齐高，头顶项竖，目视前方（图 12－69）。拳谱曰："打横拳如挎篮。"

3. 挑领

熊出洞式，右脚向前踩跨一步，同时右臂外旋直臂上挑，掌指贯劲，大臂贴耳，左手下按护裆，目视前方（图 12－70）。

图 12－70　挑领

图 12－71　虎抱头

图 12－72　预备势

图 12－73　熊出洞

4. 虎抱头

熊出洞式，右脚向前踩跨一步，同时右臂外旋屈肘上挑，左手护于右肘内侧，目视前方（图 12－71）。

（四）心意六合拳——四把捶

预备势

两脚并拢直立，两手自然垂于体侧，目视前方（图 12－72）。

1. 熊出洞

身体左转，右脚后撤，右臂内旋前撩；重心后移，抬左腿，右腿屈膝半蹲，左脚跟虚点地面，同时左手经右臂上方向前伸出，两手腕放松，肘关节微屈，前手置于体前，后手护于左肋部，下颏微收，目视左侧前方（图12－73）。

2. 鹰捉

承上势，抬左腿，左脚稍离地面，同时双手回收于小腹前，右脚蹬地，左脚顺势向前踩出，双掌下按于裆前，目视前方（图 12－74）。

图 12－74　鹰捉

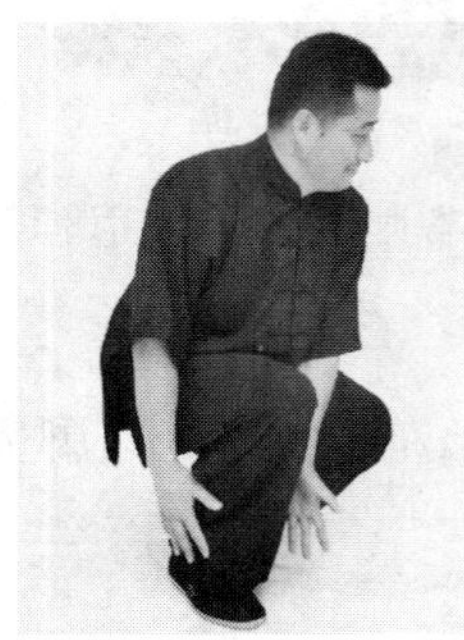

图 12－75　虎坐窝

3. 虎坐窝

左脚后撤，重心后移，双腿屈膝沉身下坐，左手置于两腿之间，掌心向右，右手掌心向左，置于右腿外侧，目视前方（图 12－75）。

4. 过步箭穿

承上势，以头领身，以身带步，左脚向前踩出一步，两手前伸，右脚过左脚向前踩出，左脚提起与右脚并步，同时沉身下坐，左手置于两腿之间，掌心向右，右手掌心向左，置于右腿外侧，目视前方（图 12－76）。

图 12－76　过步箭穿

图 12－77　横拳

5. 横拳

承上势，起身，右脚蹬地，左脚向前踩出一步，同时左手掌右拳心相合由下向前上冲打而出，两肘微屈，手与胸齐高，头顶项竖，目视前方（图 12－77）。

6. 转身鹞子入林

承上势，右后转身 180°，同时左臂上撩，掌心斜向后，右臂曲肘内裹，肘尖置于肚脐处，掌心斜向上；两腿直立，右脚回收半步，脚跟虚点地面，右肩领前，目视右侧前方（图 12－78）。

7. 丹凤朝阳

身体向右拧转，左脚过右脚向前跨出半步，脚跟虚点地面，同时右手由下向上斜撩，左手下按至小腹前，左肩领前，目视左侧前方（图 12－79）。

8. 沉劈

右脚过左脚向前跨出半步，脚跟虚点地面，同时右手握拳下劈至右脚内踝处，左腿屈膝下蹲，左掌心向内护于右肩旁，目视前方（图 12－80）。

图 12－78　转身鹞子入林

图 12－79　丹凤朝阳

图 12－80　沉劈

9. 挑领

承上势，以头领身，以身带步，右脚向前踩出一步，同时右手拳眼朝上直臂上调，大臂贴耳，左手下按护裆，目视前方（图 12－81）。

图 12－81　挑领

图 12－82　撤步迎架

图 12－83　鹰捉把

图 12－84　虎坐窝

10. 撤步迎架

右脚后撤一步，起身，左脚前出，脚跟虚点地面，身体侧向前，同时左手经右臂上搓，翻转掌心架于额前上方，左手掌根置于右手虎口处，掌心斜向上（图 12－82）。

11. 鹰捉把

承上势，重心向前移动，以头领身，以身带步，左脚向前跨出一步，同时双手由上向下捉按，落于裆前，目视前方（图 12－83）。

12. 虎坐窝

同前第 3 势（图 12－84）。

13. 过步箭穿

同前第 4 势（图 12－85）。

14. 横拳

同前第 5 势（图 12－86）。

15. 转身鹞子入林

同前第 6 势（图 12－87）。

图 12－85　过步箭穿

图 12－86　横拳

图 12－87　转身鹞子入林

16. 丹凤朝阳

同前第 7 势（图 12－88）。

图 12－88　丹凤朝阳

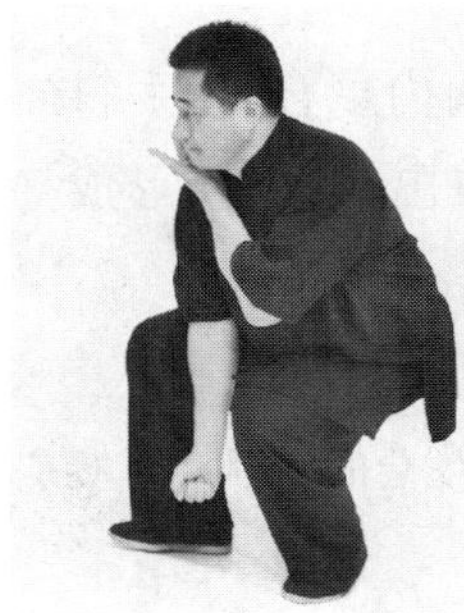

图 12－89　沉劈

图 12－90　挑领

图 12－91　撤步迎架

17. 沉劈

同前第 8 势(图 12－89)。

18. 挑领

同前第 9 势(图 12－90)。

19. 撤步迎架

同前第 10 势(图 12－91)。

20. 鹰捉把

同前第 11 势(图 12－92)。

图 12－92　鹰捉把

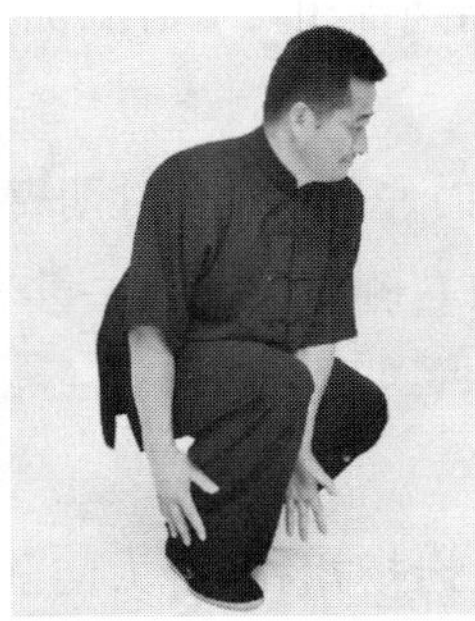

图 12－93　虎坐窝

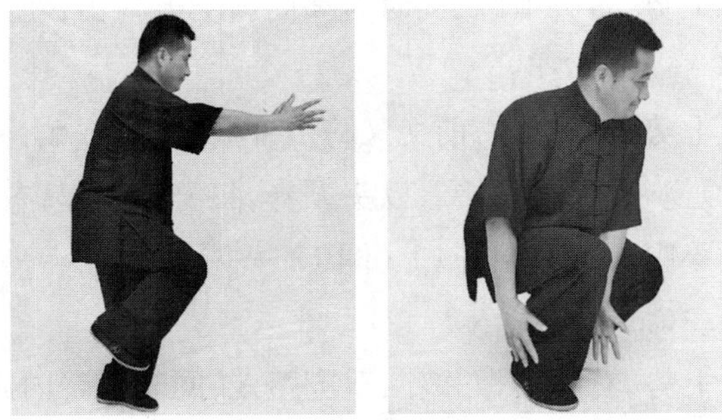

图 12－94　过步箭穿

21. 虎坐窝

同前第 12 势(图 12－93)。

22. 过步箭穿

同前第 13 势(图 12－94)。

23. 横拳

同前第 14 势(图 12－95)。

图 12－95　横拳

图 12－96　回身虎观山

24. 回身虎观山

右脚过左脚向前跨出一步，身体向左后转体 180°，两臂向内裹合，左手斜插于右腋下，右手上合于左肩上，抬左脚向前踩出一步，同时左掌前撩，掌心向左，右掌向后撩出，与左手形成挣力，左肩领前，目视左前方（图 12－96）。

25. 迎面铁臂

左脚向前踩进一小步，同时提右膝向上冲顶，脚尖勾起，右拳向上冲打，拳心向左，左拳护于右肘上，两臂合劲，含胸拔背，顶颈竖项（图 12－97）。

图 12－97　迎面铁臂

图 12－98　斩捶

图 12－99　怀抱顽石

26. 斩捶

承上势，右脚下踩，同时右拳向斜下方猛击，左拳护于小腹前，拳心斜向上，右肩领前（图 12－98）。

27. 怀抱顽石

承上势，左脚向右前交叉跨步，两腿屈膝下蹲，身体向左拧转，同时两臂由内向外经两侧合抱于体前，掌心向上，似抱一巨石；紧接着以头领身，将身体领起，右脚向右侧前方踩出一步，身体向右拧转，两臂顺势向右屈肘回带于小腹前，两掌心向上（图 12－99）。

28. 双把

承上势，右脚后撤并步，双脚蹬地，同时两臂内旋，大拇指相扣，合力向前击出，目视前方（图 12－100）。

图 12－100　双把

图 12－101　撤步迎架

图 12－102　鹰捉把

图 12－103　[illegible]坐窝

29. 撤步迎架

右脚后撤一步，左脚跟虚点地面，身体侧向前，同时左手经右臂上搓，翻转掌心架于额前上方，左手掌根置于右手虎口处，掌心斜向上（图 12－101）。

30. 鹰捉把

同前第 20 势（图 12－102）。

31. 虎坐窝

同前第 21 势(图 12－103)。

32. 过步箭穿

同前第 22 势(图 12－104)。

图 12－104　过步箭穿

图 12－105　横拳

33. 横拳

同前第 23 势(图 12－105)。

34. 回身虎观山

同前第 24 势(图 12－106)。

图 12－106　回身虎观山

图 12－107　迎面铁臂

35. 迎面铁臂

同前第 25 势(图 12－107)。

36. 斩捶

同前第 26 势(图 12－108)。

图 12－108　斩捶

图 12－109　怀抱顽石

37. 怀抱顽石

同前第 27 势(图 12－109)。

38. 双把

同前第 28 势(图 12－110)。

图 12－110　双把

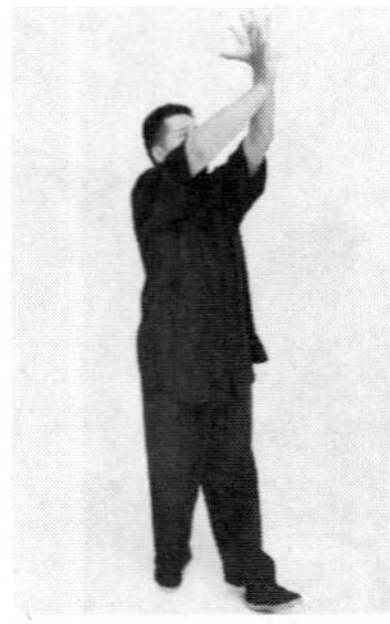

图 12－111　撤步迎架

图 12－112　鹰捉把

39. 撤步迎架

同前第 29 势(图 12－111)。

40. 鹰捉把

同前第 30 势(图 12－112)。

41. 收势

收左脚与右脚并拢,两手臂左右分开上提,经头上下按,同时呼气(图 12－113)。

图 12－113　收势

三、初级刀术

初级刀术除起势与收势外,全套共 32 个动作。全套分为 4 段,每段 8 个动作。从起势至收势往返 2 个来回。它的技法包括扎、斩、撩、挂、劈、扫、挑、砍、按、带和缠头、裹脑等主要刀法和各种步法、身法、眼法等。

初级刀术便于自学,既可单人练习,亦可集体演练。它是属于长拳类的刀术。它的演练风格是快速勇猛,与少林刀的风格基本相同。从难易程度上讲,它是初学者的套路。

起势

并步站立,左手抱刀,右手贴于右胯侧(图 12－114)。

左手向上提刀,刀背贴靠于前臂内侧,右手按掌至右腰侧,摆头目视左侧(图 12－115)。

右手向右上方绕环上举至左腋下,两手交叉向前上方穿出,右手经胸前上举至头顶,抖腕亮掌,同时左手抱刀至左腰侧,成左虚步,目视左侧(图 12－116)。

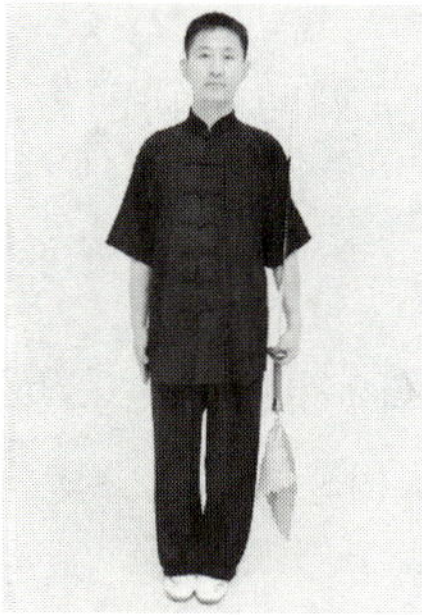

图 12－114　起势一

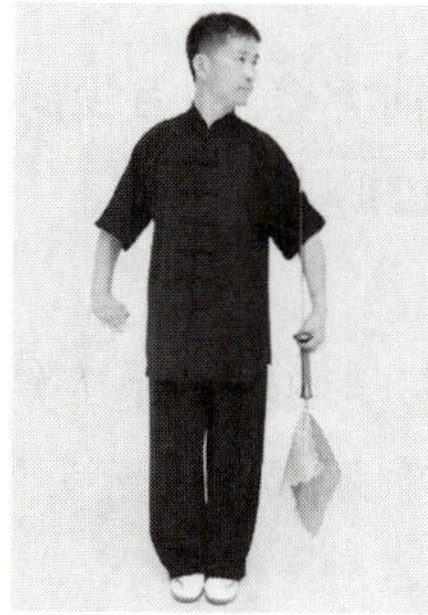

图 12－115　起势二

图 12－116　起势三

第一段

1. 弓步缠头

左脚向左侧开步，成左弓步，右手持刀经左肩缠头绕至左腰侧。左臂屈肘上举，至头顶上方成横掌，目视前方（图 12－117）。

图 12－117　弓步缠头

图 12－118　虚步藏刀

图 12－119　弓步前刺

2. 虚步藏刀

上身右转，右手持刀做裹脑刀，左手平伸左侧，收于右腋下，右手持刀顺势带刀于右腰侧后方，左手向前推出，左脚收回成左虚步。目视左掌（图 12－118）。

3. 弓步前刺

左脚稍前移踏实，右脚上步成右弓步，左掌变勾手向上、向后直臂弧形绕环，至身后平举；右手持刀前刺，刀尖朝前。目视刀尖（图 12－119）。

4. 并步上挑

左脚不动，右脚回收至左脚处。右手持刀向上挑起，刀背贴靠背脊；左勾手侧平举，与肩同高。目视前方（图 12－120）。

图 12－120　并步上挑

图 12－121　左抡劈

图 12－122　右抡劈

5. 左抡劈

左脚不动，右脚向左前方上步，右手向左斜前方劈下，刀尖向上翘。同时左脚向左斜前方上步成左弓步，左臂上举至头顶上方成横掌。目视刀尖（图 12－121）。

6. 右抡劈

重心后移至右腿，左脚向右斜前方上步。左掌向左侧下方绕环，右脚向右斜前方上步，成右弓步。同时右手持刀经上向左斜前方劈下，刀尖稍向上翘；左掌弧形绕环至头顶上方成横掌（图 12－122）。

7. 弓步撩刀

右手持刀臂外旋屈肘使刀刃朝上，右脚提起离地，随即向前落步。右手弧形绕下，左掌按于刀背；左脚上步成左弓步。右手持刀向前撩起，刀尖斜朝下；上身前倾，目视刀尖（图 12－123）。

图 12－123　弓步撩刀

图 12－124　弓步藏刀

图 12－125　提膝缠头

8. 弓步藏刀

上身右转，右脚向身后撤步，右手持刀做裹脑动作，收于右胯侧，同时左脚退步成右弓步，左掌向前直推。手高与眉平齐（图 12－124）。

第二段

9. 提膝缠头

左脚上步右脚提膝同时做缠头动作，左手上举至头顶成横掌。目视右前方（图 12－125）。

10. 弓步平斩

左脚不动，右脚向右落步，成右弓步。右手持刀经左肋处向前平斩；左掌同时经上向后平落，掌指朝后。目视刀尖（图 12－126）。

图 12－126　弓步平斩

图 12－127　仆步带刀

图 12－128　歇步下砍

11. 仆步带刀

右手持刀，臂外旋，使刀刃朝上，向左屈肘带回，同时左腿屈膝全蹲，成右仆步。左掌同时屈肘附于刀把内侧，拇指一侧朝下。目视右前方（图 12－127）。

12. 歇步下砍

右手持刀，经右肩外侧做裹脑刀，向右前方斜砍；左脚插步成歇步，左掌随之向左上方摆成横掌。目视刀身（图 12－128）。

13. 左劈刀

身体起立，向左后转一周，同时右手持刀，做缠头刀，左脚向左斜前方上步成右虚步，右手持刀向左侧作抡劈。左掌附于右腕处。目随刀动（图 12－129）。

图 12－129　左劈刀

图 12－130　右劈刀

图 12－131　歇步按刀

图 12－132　马步平劈

14. 右劈刀

右脚上步，右手持刀作右抡劈。左掌随之附于右腕处（图 12－130）。

15. 歇步按刀

左脚上步，右脚经身后向左侧插步成左歇步，同时右手持刀绕环向左侧下按，左手附于刀背，刀尖朝身后。目视刀身（图 12－131）。

16. 马步平劈

上身向右后转 180°成马步，同时右手持刀经左经头顶划弧向右劈下，刀尖向上；左掌在头顶上方屈肘成横掌。目视刀尖（图 12－132）。

第三段

17. 弓步撩刀

左掌绕环至右肩经左胸向前、向后绕环上举，右脚向左上步，成右弓步。同时右手持刀向前撩起，刀刃斜朝上，刀尖斜朝下。目视刀尖（图 12－133）。

图 12－133　弓步撩刀

图 12－134　插步反撩

图 12－135　转身挂劈

18. 插步反撩

上身左转成左弓步，右手持刀经体前向左、向后绕环反撩，刀刃朝上，随即左掌向左侧成横掌推出。目视刀尖（图 12－134）。

19. 转身挂劈

以两脚掌为轴碾地，身体向左后翻转。右手持刀做挂劈刀。右脚上步，右手经体前向后挂刀，左掌附于右腕。右脚向右跨步，右腿伸直，左腿提膝，上身右倾，右手持刀经上向右用力下劈，刀尖上翘，左掌上举至头顶成横掌。目视刀尖(图 12－135)。

20. 仆步下砍

左脚向左侧落步，成右仆步。右手持刀做裹脑刀向右前下方平砍；左掌同时屈肘举于头顶上方成横掌。目视刀身(图 12－136)。

图 12－136　仆步下砍

图 12－137　架刀前刺

图 12－138　左斜劈

21. 架刀前刺

左腿向前上步，身体右转一周，右手持刀内旋向上横架，同时左掌附于右手腕上。以左脚掌为轴碾地，右腿提起，右手持刀向前直刺，同时左掌向左后方平伸。目视刀尖(图 12－137)。

22. 左斜劈

右手持刀，刀背沿左肩外侧向后绕环，左手平摆至右腋下，左腿屈膝提起，右手持刀向左下劈；左掌附于右前臂，上身略前倾。右臂内旋屈腕，使刀尖向左后上方摆起(图 12－138)。

23. 右斜劈

左脚向前落步，身体后转，右腿随之提膝离地；右手持刀向右前下方斜劈，左掌随之向左侧斜上方举伸。目视刀尖(图 12－139)。

图 12－139　右斜劈

图 12－140　虚步藏刀

图 12－141　旋转扫刀

24. 虚步藏刀

右脚向后落步成左虚步，右手持刀做裹脑刀收至右腰，侧肘略屈，刀尖朝前，同时左掌向前直推。目视左掌(图 12－140)。

第四段

25. 旋转扫刀

左脚外撇，身体左转，右脚向前方上步，左掌附于右腕处。左脚插步，两腿屈膝全蹲成歇步，左掌经右向左平摆。右手持刀手心朝上，经右肩外侧向前下方平扫一周。目视刀身(图 12－141)。

26. 翻身劈刀

身体右转，右手持刀向右侧下劈，左掌附于右前臂。右脚向左侧方摆起，左脚蹬地跳起，上身向左后翻转一周，右脚与左脚同时落步，成右仆步，上身前倾；左掌随提转绕环立圆一周，屈肘成横掌。右手持刀转身经上向下劈。目视刀尖（图 12－142）。

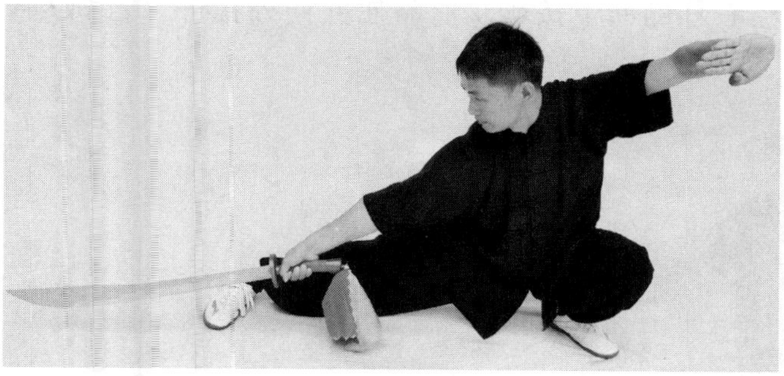
图 12－142　翻身劈刀

图 12－143　缠头箭踢

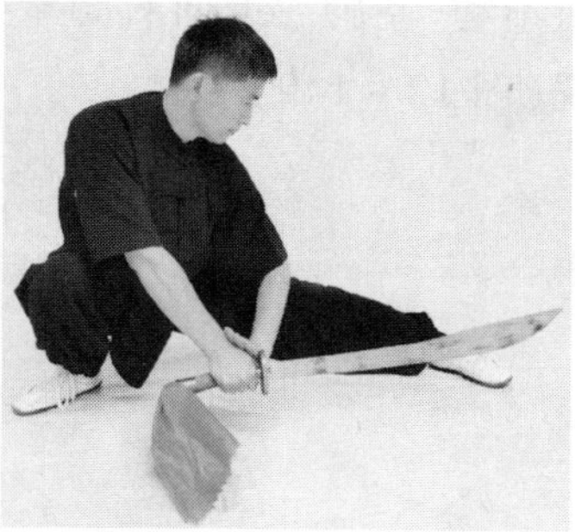
图 12－144　仆步按刀

27. 缠头箭踢

左脚蹬直使上身立起，右手持刀做缠头刀动作，右脚蹬地同时左脚向前摆起，紧接右脚向前弹踢，左右手持刀缠头平扫，左掌随之屈肘上举至头顶上方成横掌，左脚此时即用前脚掌落地（图 12－143）。

28. 仆步按刀

左脚蹬地纵起，向右后转身换跳，成左仆步；同时右手持刀向后下方劈刀，左手随提转展开后附于右手腕，刀刃朝下。目向左平视（图 12－144）。

29. 缠头蹬腿

右腿直立，左膝提起，脚尖绷直。右手持刀收于右腰侧，同时左掌向前推出。左脚向前落步屈膝半蹲，右腿挺膝伸直，成左弓步。右手持刀做缠头刀动作贴靠左肋，左掌随之屈肘上举至头顶上方成横掌。右脚脚尖上翘，用脚跟向前上方蹬腿。目视脚尖（图 12－145）。

图 12－145　缠头蹬腿

图 12－146　虚步藏刀

图 12－147　弓步缠头

图 12－148　并步抱刀

30. 虚步藏刀

右脚向前落步，左脚向前跃步，右脚趁势提起，上身右转踏实，左脚尖点地成虚步。右手持刀随转身裹脑平扫一周收于右腰侧，刀尖朝前；左掌同时向前推出，目视左掌（图 12－146）。

31. 弓步缠头

左脚向左前方半步，右腿挺膝伸直成左弓步，同时右手持刀做缠头动作，左掌屈肘上举至头顶上方成横掌。目向前平视（图 12－147）。

32. 并步抱刀

上身右转，右手持刀向右平扫，两手握刀，左脚靠并右脚站立，目视前方（图 12－148）。

收势

左手抱刀，刀背贴靠臂肘，两脚向后各退一步。同时右掌经下向后、向上绕向右耳侧成横掌，左手握刀不动，左脚后退向右脚靠拢，并步直立。右掌随即经右耳侧向下按落。肘略屈并向外撑开。目向左平视（图 12 – 149）。

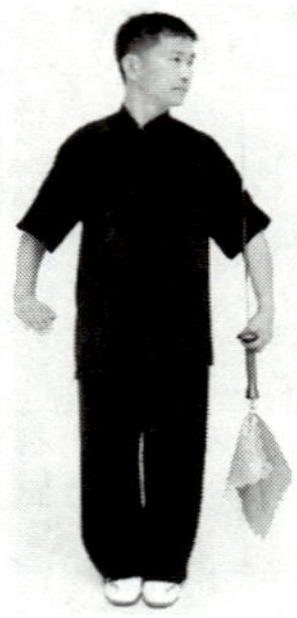

图 12 – 149　收势

第四节　武术短兵

短兵是运用武术中刀、剑的攻防方法，按照一定的规则要求，两人进行实战或比赛的一种对抗性竞技体育项目。练习短兵，可以培养勇敢顽强的意志品质，提高对抗性技能，促进身体素质的全面发展。

武术短兵是我国民族传统体育中具有特色和风格的一项新型竞技项目。

中华人民共和国成立后，国家体委（现国家体育总局）对武术工作给予了高度重视，武术短兵曾于 1952 年在天津民族形式体育表演比赛大会中被列为比赛项目。尔后，短兵被列为体育院校的一门课程，但未作为一个竞技项目进行比赛。1979 年在全国武术挖整工作中，对抗性运动项目再度受到国家重视，相关人员对散打、短兵、太极推手三个对抗性项目进行了专门的整理研究，并在北京体育学院、武汉体育学院和浙江省体委进行实验。继之，于 1979 年在第 4 届全运会武术赛区，进行了散打和短兵的公开表演。1981 年在沈阳举办了内部交流比赛。2001 年 2 月，国家体育总局武术运动管理中心下发了《关于同意西安体育学院承担研究、试点武术短兵运动的批复》，并于 2001 年 8 月在山东青岛召开了《武术短兵竞赛规则》论证会，与会专家、教授对竞赛规则的有关条文进行了认真的论证，并达成共识，确定了武术短兵今后发展的初步框架。

一、基本动作与技法

（一）短兵结构

短兵结构如图 12 – 150 所示。

图 12 – 150　短兵结构

（二）持短兵礼与握短兵方法

（1）持短兵礼。并步站立，左手持短兵，屈臂抬起，使短兵身贴前臂外侧，斜置于胸前。右手成掌，以掌外缘附于左手食指根节，高与胸齐，两手与胸间距离为 20 ~ 30 厘米（图 12 – 151）。

(2)握短兵方法。虎口贴紧短兵护手盘,拇指与其余四指相对握拢短兵柄(图 12－152)。

图 12－151　持短兵礼

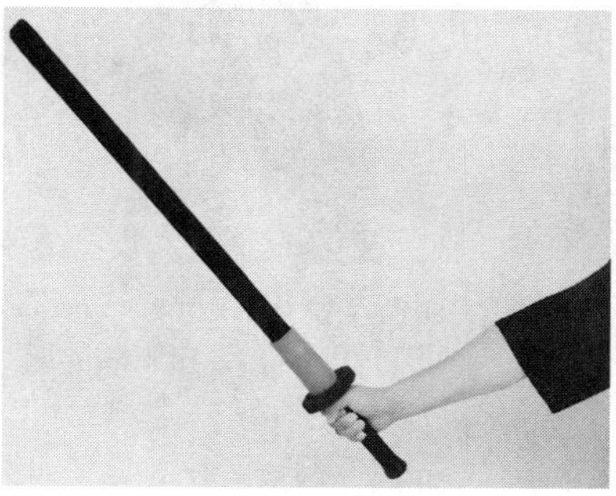

图 12－152　握短兵方法

(三)预备势

左手倒握短兵的把柄,兵尖朝后下方,两脚并步站立,两臂垂于身体两侧,呈立正姿势。目视前方(图12－153)。

图 12－153　预备势

图 12－154　实战姿势

图 12－155　正架

(四)实战姿势

(1)左手以拇指和食指靠近短兵护手盘握紧短兵身,其余三指松握,使短兵斜置于身体左侧(图 12－154)。

(2)右手虎口朝护手盘握短兵柄向前提起,右脚向前迈出一步成半马步,身体重心落于两脚之间,右脚尖朝右前方(与右臂伸出方向一致),左脚尖朝左前方,上体保持正直。右臂微屈,手心朝左,兵尖斜朝前上方;左掌伸向左侧后方。此势为正架(图 12－155)。

如左脚在前,则为反架。本教材全部以正架为例。

(五)基本步型

步型是在短兵运动中,运动员完成技术动作时脚步上相对静态的动作。它关系到动作闪转、进退、腾跳的到位、深度等灵活变化的程度。

(1)开立步。两脚左右开立,略比肩宽,脚步平行向前,两膝微屈,重心在两脚之间。该步型便于左右起动,向前上步、双手持兵常用之(图 12－156)。

(2)丁八步。两脚前后开立,略宽于肩,前脚掌外展,脚尖对着进攻方向,脚后跟正对后脚足弓;后脚尖内扣,直对本前方向,重心为前三后七,或前四后六。该动作多用于基本姿势(图 12－157)。

(3)弓步。两脚前后开立,前脚脚尖外展向前,全脚掌着地,屈膝半蹲,大腿成水平,膝部约与脚尖垂直;另一腿挺膝伸直,脚掌内扣,全脚掌着地(图 12－158)。

(4)丁步。两脚并拢屈膝并蹲,一脚全脚掌着地,脚尖朝前,另一脚与支撑脚内侧相靠,脚跟提起,脚面绷直,前脚掌点地(图 12－159)。

图 12－156　开立步

图 12－157　丁八步

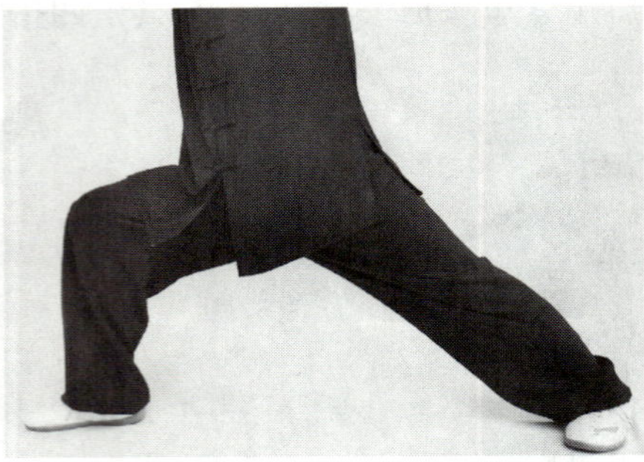

图 12－158　弓步

图 12－159　丁步

(六)基本步法

(1)上步。右脚向前进一步,左脚随即向前跟进一步(图 12－160)。

图 12－160　上步

(2)退步。左脚向后退一步,右脚随即向后移一步(图 12－161)。

图 12－161　退步

图 12－162　闪步

图 12－163　前跳步

(3)闪步。右脚向右横跨一步,同时左脚也向右侧移动一步(图 12－162)。

(4)前跳步。左脚经右腿内侧向前跃出一步,右脚随即经左腿内侧也向前跃进同样大的一步(图 12－163)。

(七)基本技法

1. 进攻动作

(1)刺。右臂伸直,手心向左,虎口朝前,使短兵直向前刺出,力达短兵尖(图 12－164)。

(2)劈。右臂伸直,手心向左,使短兵身由上向下劈出,力达短兵前端(图 12－165)。

(3)砍。右臂外旋向内摆,手心向上,使短兵身由右向左砍出,力达短兵前端(图 12－166)。

图 12－164　刺

图 12－165　劈

图 12－166　砍

(4)斩。右臂内旋向外摆，手心向下，使短兵身向右横击，力达短兵前端(图 12－167)。

(5)点。右手提腕，使短兵尖由上向下点击，力达短兵尖(图 12－168)。

(6)崩。右手沉腕，使短兵尖由下向上崩击，力达短兵尖(图 12－169)。

图 12－167　斩

图 12－168　点

图 12－169　崩

2. 防守动作

(1)上架。右臂内旋向右上方举起，手心向前，使短兵身横架于头上方，短兵尖稍高于柄，手臂微屈(图 12－170)。

图 12－170　上架

图 12－171　里格

图 12－172　外格

图 12－173　里挂

(2)里格。右前臂外旋并向里摆，使短兵向左、向里格挡，短兵尖斜朝上，力达短兵后端(图 12－171)。

(3)外格。右前臂内旋并向外摆使短兵向右、向外格挡，短兵尖斜朝上，力达短兵后端(图 12－172)。

(4)里挂。右臂内旋并微屈，手心向右，使短兵向左侧下挂，短兵尖斜向下，力达短兵前端(图 12－173)。

(5)外截。右臂微内旋向下、向外摆，手臂微屈，手心向后，使短兵向右侧下截，短兵身斜置于身体右下方，短兵尖斜朝下，力达短兵前端(图 12－174)。

(6)提膝。右腿屈膝上提躲闪(图 12－175)。

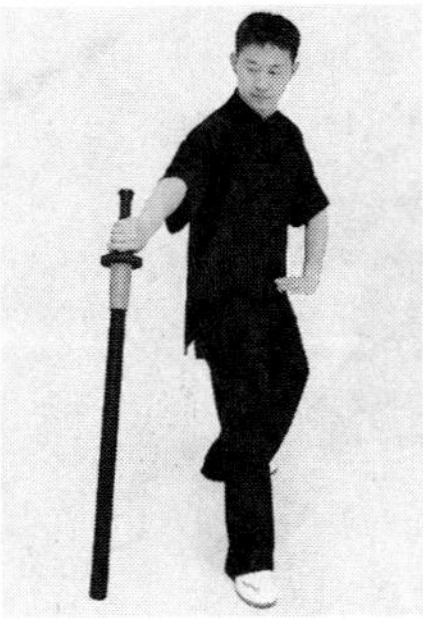

图 12－174　外截

图 12－175　提膝

二、基本技法的应用

（一）劈法

甲向前上步，同时右臂前伸，使短兵劈向乙方的头、肩等部位，乙正架防守（图 12－176，图中左侧为甲，右侧为乙，以下同）。

甲向前上步，同时右臂前伸，使短兵劈向乙方的头、肩等部位，乙反架防守（图 12－177）。

图 12－176　劈法一

图 12－177　劈法二

（二）砍法

甲向前方上步，同时右臂外旋，向下、向左摆，使短兵砍向乙的腿、膝等部位（图 12－178）。

乙向前方上步，同时右臂内旋，向下、向右摆，使短兵砍向甲的腿、膝等部位（图 12－179）。

图 12－178　砍法一

图 12－179　砍法二

（三）斩法

乙向前上步，身体稍向左闪，同时右臂内旋，向前、向右摆，使短兵斩向甲的臂、肋等部位（图 12－180）。

甲向前上步，身体稍向右闪，同时右臂外旋，向前、向左摆，使短兵斩向乙的臂、肋等部位（图 12－181）。

图 12－180　斩法一

图 12－181　斩法二

(四)刺法

乙向前上步同时右臂前伸,使短兵刺向甲的肩、面等部位,甲里格防守(图 12－182)。

乙向前上步同时右臂前伸,使短兵刺向甲的肩、面等部位,甲外格防守(图 12－183)。

图 12－182　刺法一

图 12－183　刺法二

第十三章　健美操运动

本章要点

本章主要介绍了健美操的起源与发展、项目与特点、基本技术、基本动作等内容。其中健美操的基本技术和基本动作部分用了一系列图片来展示，便于为学生提供直观的学习材料。

学习目标

了解健美操的起源与发展、分类与项目特点。

掌握健美操的基本技术和基本动作，培养对健美操的兴趣，塑造健康体型。

增强自信心，锻炼顽强的意志品质，培养审美意识，塑造正确的人生观，同时培养团队意识和爱国主义精神。

第一节　健美操概述

一、健美操的定义及发展历史

健美操是在音乐伴奏下，以身体练习为基本手段、以有氧运动为基础，达到增进健康、塑造形体和娱乐目的的一项体育运动。作为一项受到广大民众喜爱的体育运动，健美操的历史可追溯至1968年。当时，为满足太空人的体能训练需求，美国太空总署的医生库帕博士设计了这项融合体操、舞蹈、音乐等多种元素的运动。这项运动不仅注重身体的全面训练，更强调动作的协调性和灵活性，尤其注重髋部动作，有助于减少臀部和腹部的脂肪积累。

随着人们健康意识的提升，健美操在20世纪80年代初开始在世界范围内普及和发展。1983年和1984年，美国和日本分别举办了首届健美操比赛，标志着健美操正式成为一项竞技性运动项目。这些比赛的成功举办，进一步推动了健美操在全球范围内的流行。

在我国，健美操的兴起始于20世纪70年代末，北京、上海、广州等地相继举办了各种健美操培训班，并通过各类新闻媒介向公众介绍国外的健美操，从而推动了健美操在我国的广泛传播。随着健美操普及度的提高，越来越多的大专院校开始开设健美操课程，将其纳入体育教育体系。1987年，北京举办了首届全国健美操邀请赛，该赛事逐渐成为一年一度的传统赛事，并更名为全国锦标赛。这为我国健美操的发展提供了重要的推动力。1992年，中国健美操协会的成立更是标志着我国健美操运动进入有组织、有计划的发展新阶段。

二、健美操的分类及项目特点

（一）健美操的分类

健美操是一种融合健美与健身元素的运动方式，旨在通过科学的锻炼方法，促进人体健康与形态美的发展。具体有如下分类：

（1）按目的与任务。竞技健美操强调高难度动作的完成与表现，健身性健美操注重增进健康，表演健美操则追求艺术表现与视觉效果。

（2）按年龄结构。老年、中年、青年、少年、儿童与幼儿健美操，针对不同年龄段提供相应的锻炼方案。

（3）按人体解剖结构活动部位。头颈、肩部、胸部、臂部、腹部、髋部、腿部健美操，针对特定部位进行锻炼。

（4）按练习形式。徒手、持轻器械与专门器械健美操，根据使用器械的不同，提供多样化的锻炼方案。

（5）按人数。单人健美操、双人健美操、三人健美操、六人健美操、八人的有氧舞蹈，满足不同人数参与的需求。

（二）健美操的项目特点

（1）健美与健身结合。健美操以人体解剖学、运动生理学等科学理论为基础，通过锻炼促进身体健康与形态美的发展。

（2）节奏与韵律感强。健美操紧密结合音乐节奏与韵律，提升运动的乐趣与艺术性。

（3）综合性强。健美操融合舞蹈、体操等多种运动形式的特点，全面提升身体各项功能。

第二节　健身性健美操基本技术

健身性健美操基本技术包括落地技术、弹动技术、半蹲技术和身体控制技术。

落地技术要求脚落地是由脚跟过渡到全脚掌或由前脚掌过渡到全脚掌，然后迅速屈膝屈髋缓冲，所有动作应在瞬间依次完成，用以分解地面对人体的冲击力。同时，躯干与手臂保持良好的姿态，肌肉用力保持动作的稳定性和控制性。

弹动技术是健身性健美操最重要的基本技术之一，体现健身性健美操最基本的特征，是用以区别其他项目的重要因素之一。弹动主要依靠踝关节、膝关节、髋关节的小幅屈伸而产生。

半蹲技术要求身体重心下降时，腿部向后下45°方向用力，膝关节不应超出脚尖垂直面，腰部、腿部和大腿肌肉收紧，上体保持正直，重心在两腿之间，起落要有控制。分腿半蹲时，膝盖要与脚尖方向一致。

身体控制技术指脊柱处于正常生理曲线位置，并始终保持腰腹和背部肌肉收缩控制，身体在运动过程中应有所控制而不僵硬、保持放松而不松懈。身体基本姿势如图13－1所示。

正面吸腿站立姿势　　正面基本站立姿势　　正面分腿站立姿势

图13－1　身体基本姿势

第三节　健身性健美操基本动作

健美操基本动作是健美操运动的基础，是最小单位的元素动作。千姿百态的健美操组合动作都是在基本动作的基础上变化和发展起来的。将健美操基本动作按一定的需要进行不同的组合和编排则会产生不同难度、不同强度、不同风格及不同视觉效果的动作。健美操基本动作并不复杂，只要我们掌握了元素动作及其变化规律，健美操的学习过程就变得简单多了。

一、基本手型

健美操中手型有多种，它是从爵士舞、芭蕾舞、西班牙舞、武术等手型中吸收和发展的。手型的运用可以使手臂动作更加生动活泼。常见的手型如图 13－2 所示。

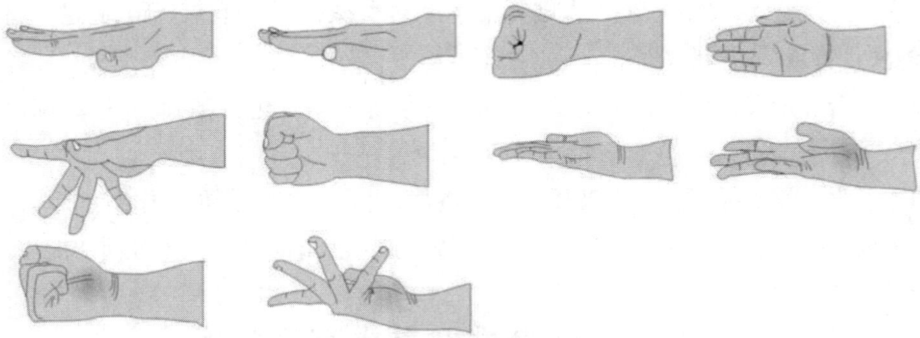

图 13－2　健美操常见手型

注：该图引自《2022—2024 周期评分规则·竞技健美操》。

二、基本步法

（一）健身性健美操基本步法

1. 低冲击力步法

（1）踏步类。此类动作是指两脚依次抬起，在下落时膝、踝关节有弹性地缓冲的动作。

A 字步

图 13－3　A 字步动作示范

一字步（Easy walk）

图 13－4　一字步动作示范

V 字步(V - step)

图 13 - 5　V 字步动作示范

(2)点地类。此类动作是指两腿有弹性地屈伸,点地时,主力腿稍屈,另一腿伸直(脚尖或脚跟点地)的动作。

脚尖前点地

图 13 - 6　脚尖前点地动作示范

(3)迈步类。此类动作是指一脚先迈出一步,同时移动身体重心,另一脚点地、并步或抬起的动作。

侧交叉步

图 13 - 7　侧交叉步动作示范

(4)单脚抬起类。此类动作是指支撑腿有控制地稍屈膝弹动，另一腿以各种形式抬起，同时收腹、立腰的动作。

吸腿

图 13－8　吸腿动作示范

踢腿

图 13－9　踢腿动作示范

前弹踢

图 13－10　前弹踢动作示范

侧弹踢

图 13－11　侧弹踢动作示范

2. 高冲击大步法

(1)双脚起跳类。此类动作是指双脚起跳、双脚落地的动作。

开合跳

图 13－12　开合跳动作示范

弓步跳

图 13－13　弓步跳动作示范

(2)单腿起跳类。此类动作是指先抬起一腿、另一腿跳起的动作。

吸腿跳

图 13－14　吸腿跳动作示范

(3)后踢腿跑类。此类动作是指两腿依次蹬地离开地面,轻快跑跳的动作。

侧并小跳(小马跳)

图 13-15　侧并小跳动作示范

3. 无冲击力步法

此类动作是指两腿始终接触地面的动作。

弓步

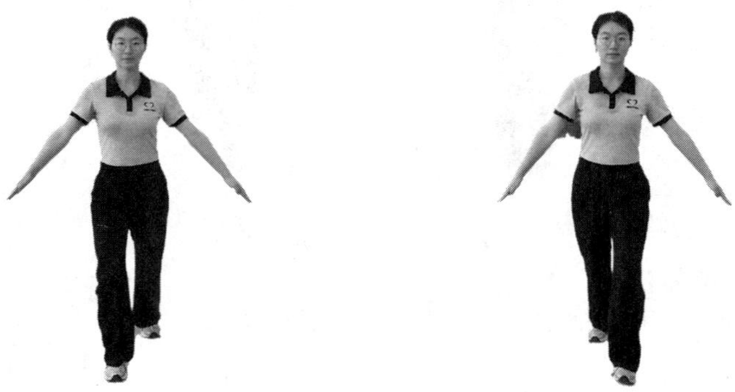

图 13-16　弓步动作示范

(二)健身性健美操组合

健身性健美操组合是指将健美操基本动作元素进行合理组合形成的健美操舞段落。通常以 4 个八拍为宜。健身性健美操套路指以一首完整的音乐为旋律构成的健美操完整组合。

健身性健美操的动作虽然简单,但建议学习者在学习中按循序渐进原则,由静态姿势至动态组合,由单个动作至小节动作,再逐渐至组合甚至套路的积累。尤其在整个学习训练过程中应注意健美操动作姿态美的重要性。

本教材的实践教学组合和套路以国家体育总局体操运动管理中心制定、修改的《全国健美操大众锻炼标准》(成人动作)为素材,重点包括第二套大众健身锻炼标准和第三套大众健身锻炼标准,以及 2019 年版全国大众健身操舞成人动作(教学视频可通过网络搜索)。

（三）竞技健美操基本步法及动作标准（表 13－1）

表 13－1　竞技健美操基本步法及动作标准

名称	动作描述（所有步伐需展示髋、膝、踝的弹性）		标准示范
March 踏步	• 腿屈于体前：髋与膝保持弹性。 • 踝关节动作清晰，足尖—滚动—足跟。 • 整体感觉向上，不要下坠。 • 上半身以脊柱为中轴，保持自然直立。	• 上体表现出核心控制，无附加动作：前后、左右摇晃。 • 幅度：以额状轴为准，踝关节充分伸展，髋与膝弯曲 30°～40°。	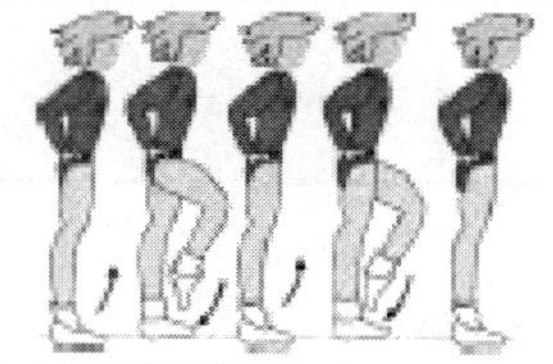
Jog 后踢腿跑	• 摆动腿最大限度地屈向臀部。 • 膝关节保持直立或轻微弯曲或伸展（角度不超过 10°）。 • 膝关节弯曲。 • 脚面在最高位置时绷直至最大。	• 脚步动作表现出控制，按照足尖—滚动—足跟的缓冲顺序。 • 上半身以脊柱为中轴，保持自然直立。 • 幅度：以额状轴为准，髋关节弯曲 0°～10°，膝关节弯曲 110°～130°，踝关节充分伸展。	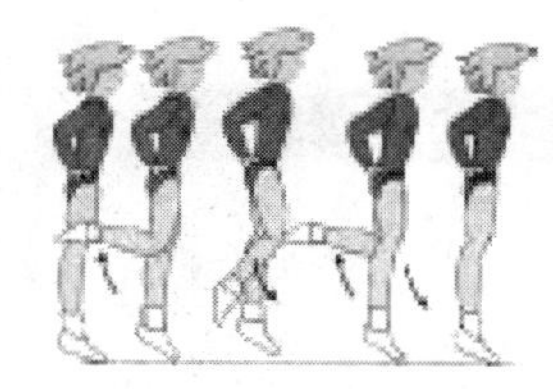
Skip 弹踢腿	• 起始动作为髋部伸展的后踢腿跑，膝踝后屈至臀部，然后向下方踢腿，髋关节弯曲 30°～45°，膝关节 0°，完成一次弹踢腿。 • 髋与膝的动作均要求被观察到。	• 整个动作过程中表现出很好的控制，摆动腿表现出股四头肌的动作制动。 • 上半身以脊柱为中轴，保持自然直立。 • 幅度：以额状轴为准，髋关节弯曲 30°～45°，膝关节由充分屈至完全伸直。	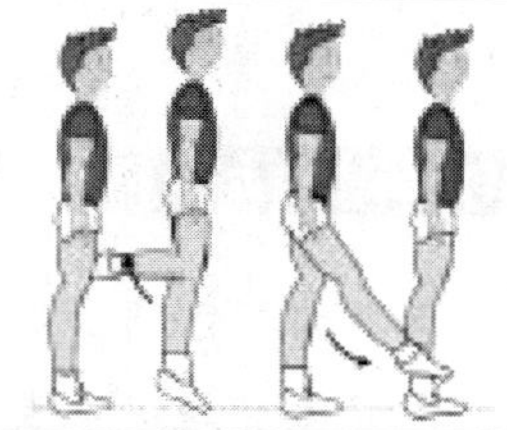
Knee lift 吸腿跳	• 摆动腿表现出髋与膝关节的高程度弯曲，两关节最小弯曲角度均为 90°。 • 当摆动腿抬高至最高点时，小腿垂直于地面，绷直脚背。 • 摆动腿脚背需在肌肉控制下绷直。	• 支撑腿伸直，髋与膝最大弯曲角度接近 10°。 • 上半身以脊柱为中轴，保持自然直立。 • 幅度：以额状轴为准，摆动腿的髋与膝关节最小弯曲角度为 90°。	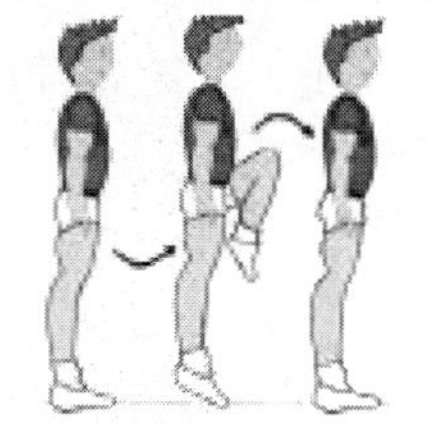
Kick 踢腿	• 直腿高踢，足跟最低达到肩关节的高度，接近 145°。 • 只做屈髋踢腿动作，支撑腿膝盖伸直没有多余动作。 • 动作过程中脚背绷直。	• 支撑腿伸直，髋与膝最大弯曲角度接近 10°。 • 上半身以脊柱为中轴，保持自然直立。 • 幅度：以额状轴为准，髋关节弯曲 150°～180°，膝关节在整个过程中充分伸展。	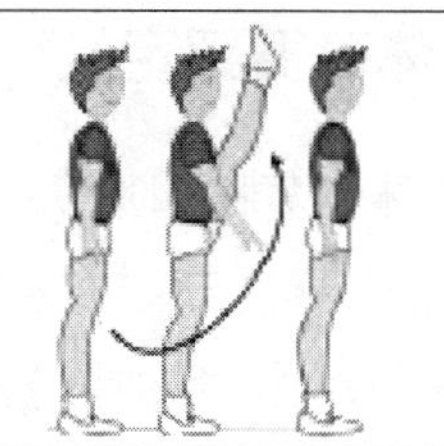
Jumping jack 开合跳	• 双脚向外跳开，膝关节自然弯曲，髋关节自然向外展开。 • 落地时大于双脚间距大于肩宽，双脚膝盖和脚尖向外。 • 起跳落地控制有力，动作精准并且有控制地表现为踝与脚—脚尖—滚动—足跟的缓冲过程。	• 向内跳回：双脚/足跟并拢，脚尖向前（外）开。 • 上半身以脊柱为中轴，保持自然直立。 • 幅度：以矢状轴为准，分开腿的距离接近肩宽加两脚宽，髋关节与膝关节自然外开 25°～45°。	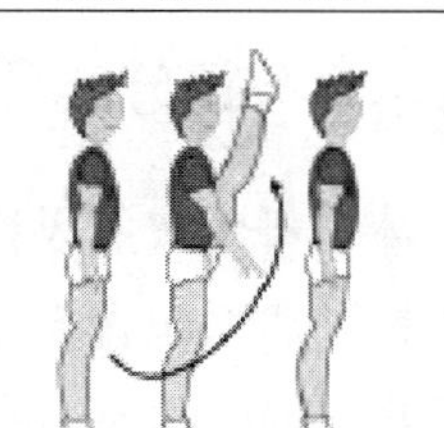
Lunge 弓步跳	• 腿/脚由并拢或与肩宽开始，髋关节不外展，一腿向后蹬直，前后呈一直线。 • 足跟有控制地压低。 • 双脚前后呈一直线，整个身体成一整体进行移动（侧向）。	• 低冲击：身体微前倾（前腿负重），颈部跟足呈一直线。 • 高冲击：双脚前后交替跳动，犹如户外雪橇动作，重心位于两脚之间。 • 幅度：前后间距接近 2～3 个脚长（弓步变化＝不同的幅度）。	

注：该表引自《2022—2024 周期评分规则·竞技健美操》，有修改。

第十四章 体育舞蹈

本章要点

体育舞蹈是既有文化艺术内涵又具备锻炼价值的一种深受世界各国群众喜爱的体育活动。本章主要介绍了体育舞蹈的类型、起源与发展和体育舞蹈基本舞步与推荐组合等内容,为学生提供了全面、系统的体育舞蹈知识和技术指导。

学习目标

了解体育舞蹈的起源与发展,厘清体育舞蹈的舞种。

掌握体育舞蹈基本姿势及舞步,增强身体素质,改善形体条件,同时提高审美情趣。

通过参与体育舞蹈活动,培养自身的社会责任感与公民意识,能够做到文明礼貌、宽以待人。

第一节 体育舞蹈概述

一、体育舞蹈定义

体育舞蹈(Dance Sport)又称国际标准舞,是一种由男女双人配合,在界定的音乐和节奏范围内,正确展示和运用身体技术与技巧,包括身体姿势的控制能力、动作力量的表现能力、地板空间的应用能力等能突显舞蹈质感的动作,并结合艺术表现力来完成的具有规范性和程序性的运动项目。

二、体育舞蹈分类及介绍

体育舞蹈按照风格特点进行分类,分为两大舞系,即标准舞系(Standard Dance)和拉丁舞系(Latin Dance),其中标准舞系包含5支舞蹈,分别为:华尔兹(Waltz)、探戈(Tango)、狐步(Slow Foxtrot)、快步(Quick Step)和维也纳华尔兹(Viennese Waltz);拉丁舞系也包含5支舞蹈,分别为:伦巴(Rumba)、恰恰恰(Cha-Cha-Cha)、桑巴(Samba)、斗牛(Paso Doble)和牛仔(Jive)。按照竞赛形式划分,又可以分为拉丁舞比赛、标准舞比赛和集体舞比赛。

体育舞蹈起源于世界各地,各舞种的风格受到历史、地理、环境、生产生活方式以及社会文化的不同而差异明显,每一支舞背后都具备民族特征。整体而言,标准舞系端庄、典雅、含蓄稳重而不失绅士风度,舞步流畅且轻柔洒脱、起伏有序,富于技巧性,是老少皆宜的舞蹈。拉丁舞系因其手势和脚步变化多样,形式丰富,动作豪迈粗犷,速度多变,富于激情,节奏鲜明且强烈,具有热情、奔放、浪漫的风格。各舞种风格特征如下(表14-1):

表 14－1 **体育舞蹈各舞种风格特征**

舞系	名称	发源地	风格特征
标准舞系	华尔兹	德国	音乐袅娜、舞态雍容、步伐婉转曼妙
	探戈	阿根廷	音乐华丽、舞态刚劲、步伐顿挫磊落
	狐步	英国	音乐恬愉、舞态潇洒、步伐行云流水
	快步	美国	轻快活泼、富于激情、舞步洒脱自由、饱含动力感和表现力
	维也纳华尔兹	奥地利	动作舒展大方、连绵起伏、节奏清晰、旋律活泼、舞步轻快流畅、旋转性强
拉丁舞系	伦巴	古巴	舒展优美、婀娜多姿
	恰恰恰	墨西哥	舞姿花哨、诙谐
	桑巴	巴西	动作粗犷、舞步风吹摇曳
	斗牛	法国	舞步刚劲有力、舞态威猛
	牛仔	美国	舞步自由多变、有跃动感

三、体育舞蹈的鉴赏

（一）形体美

在体育舞蹈的欣赏过程中，形体美占据着至关重要的地位。形体美，指的是舞者通过身体线条、比例和姿态所展现出的美学价值。在体育舞蹈的表演中，男女舞者需要保持优雅且流畅的身体线条和匀称且协调的身体比例，以此呈现出最佳的美学效果。

在形体美的表现中，男女舞者的配合同样至关重要。他们需要以默契的配合，通过各自的体态和动作，将所要表达的情感和形象完美地呈现出来。男子舞者应展现出阳刚之气，女子舞者则应体现出阴柔之美，形成阴阳和谐、相互映衬的美学效果。

此外，在体育舞蹈中，舞者的身体素质也是形体美的重要体现。通过长期的舞蹈训练，舞者的肌肉更加发达、骨骼更加健壮，展现出健康的身体形态。同时，他们还需要保持良好的肌肤状态，展现出肌肤的光泽和弹性。

（二）服饰美

体育舞蹈的服饰美主要体现在舞者的服装款式和搭配上。这些服装不仅突显了舞者的体型和气质，也增添了舞蹈的观赏性和艺术性。

例如，在摩登舞中，男士通常穿着燕尾服，这种服装结构严谨，造型优美，能够展示男士修长挺拔的身材曲线，同时也传递出一种舞者精神上的自信和行动上的潇洒。女士则穿着晚礼服式的露背长裙，这种服装能够完美地展现女士身材的窈窕、形态的妩媚以及曲线的优美。

而在拉丁舞中，男士的服装通常采用“上紧下松”的搭配，紧身宽袖的上装配以收臀式灯笼裤，展现出健壮有力的阳刚之美。女士的服装则多以简洁明快的不对称线条为主，展示出阴柔之美。

这些具有鲜明特色的服装款式，不仅让舞者风采倍增，也让观众在欣赏的同时，感受到服饰所带来的美感和艺术享受。

（三）韵律美

体育舞蹈的韵律美是指音乐、舞蹈在节奏基础上形成的旋律线，通过音乐、动作和队形的变化，构成其艺术形象整体的美感。在体育舞蹈中，韵律美是极其重要的审美特征之一。

体育舞蹈的韵律美体现在音乐的选择上。音乐是体育舞蹈的灵魂，节奏和旋律的变化，能够引导舞者的动作和情绪，营造出不同的氛围和情感。音乐的选择要与舞蹈的风格和主题相符合，能够引起观众的共鸣和情感共振。

体育舞蹈的韵律美还体现在舞者的动作上。舞者需要通过身体的语言，将音乐的韵律和节奏转化为具体的舞蹈动作。舞者的动作要流畅、自然，富有韵律感和动感，能够展现出舞蹈的魅力和内涵。

体育舞蹈的韵律美还体现在队形的变化上。在体育舞蹈中，队形的变化是极其重要的，通过不同的队形和构图，能够展现出不同的画面和意境。队形的变化要与音乐和动作相协调，形成完美的整体效果。

四、体育舞蹈的发展

（一）国际体育舞蹈的发展

体育舞蹈，又称国际标准舞，简称国标舞，是一个历史较为悠久的舞蹈。其最早历史可以追溯到原始时期的土风舞。土风舞洋溢着最为原始的热情和活力，展示了人们对生活的向往与热爱，在经历过对舞、圈舞、行列舞、集体舞的形式演变之后，逐渐形成了近代意义上多种风格的舞蹈种类。早在14—15世纪，意大利流行起了社交舞，这种舞蹈逐渐融入当地的文化传统中。

16世纪，随着这种社交舞在法国的传播，它被上层社会吸纳，成为上流社会的生活方式之一，逐渐在欧洲大地广泛地传播开。

18世纪，社交舞风靡整个欧美，1768年，随着巴黎第一家交际舞厅的开设，专业的舞蹈表演和交流的平台出现。在舞厅里，舞者身着华服，展现了各自的魅力和风采。

20世纪初，在英国皇家舞蹈教室协会的主导下，相关人员对社交舞进行了系统性的整理。这一整理，标志着社交舞在技艺和美学上递进了一个层次。

1925年，摩登舞中华尔兹、探戈、狐步、快步这四种舞蹈的步伐正式颁布，标志摩登舞的诞生。因摩登舞旋律高雅，舞步优雅，学习摩登舞的人越来越多，摩登舞成为一种备受人们喜爱的体育运动。

二战后，美国人将摩登舞传到了世界各地，这种舞蹈风潮迅速蔓延全球。同时，摩登舞也成为国与国之间，民族与民族之间文化交流和沟通的桥梁。

1950年，由英国ICBD（世界舞蹈组织）在英国小镇黑池举办了首届世界性的舞蹈大赛“黑池舞蹈节”，标志着国际标准舞的发展进入竞赛阶段。随后，规范后的舞步被正式命名为“国际标准交谊舞”，国际标准舞成为一个独立的体育项目。

现代以来，体育舞蹈的发展经历了调整、扩充等一系列活动，形成了现代意义的体育舞蹈。国际标准舞在全球范围内得到了广泛的推广与发展。它不仅在各大赛事中频频亮相，而且体育舞蹈在2010年成为亚运会正式比赛项目，将国际标准舞提升到了新的发展高度。

（二）我国体育舞蹈的发展

从20世纪初开始，我国的体育舞蹈便逐渐受到欧美国家体育舞蹈的影响，欧美国家的体育舞蹈以其独特的艺术魅力，在我国国内文化生活中占据了一席之地。

在初始阶段，我国的体育舞蹈主要处于模仿学习的阶段，我国舞者通过电视、录像等媒介，积极向国外优秀的舞者学习。尽管我国体育舞蹈起步晚、基础薄弱，但我国舞者凭借着对舞蹈艺术的热爱和对技艺的不懈追求，逐渐缩小了与国外舞者的差距。

进入21世纪，随着改革开放的深入推进，我国的体育舞蹈迎来了崭新的发展阶段。在这一时期，我国体育舞蹈的竞赛体系逐步健全，选手的竞技水平也稳步提升，开始在国际舞台上崭露头角。

中国体育舞蹈公开赛、全国锦标赛等一系列国际、国内赛事的举办，为我国的体育舞蹈选手提供了展示才华的平台。这些赛事不仅促进了国内外舞者的交流，也推动了我国舞者舞蹈技艺的不断提升。在这一背景下，我国的舞者们勇于探索、敢于创新，形成了许多具有独特风格和韵味的舞蹈作品。

第二节　体育舞蹈比赛基本规则

一、竞赛场地

体育舞蹈是一个在规范和标准的场地上进行的竞赛运动，舞者通常是在 23 米 ×15 米的木地板上（相当于标准篮球场大小）进行比赛。

（一）舞程线

舞程线是指舞者沿舞池向逆时针方向运行的路线，如图 14－1 所示。

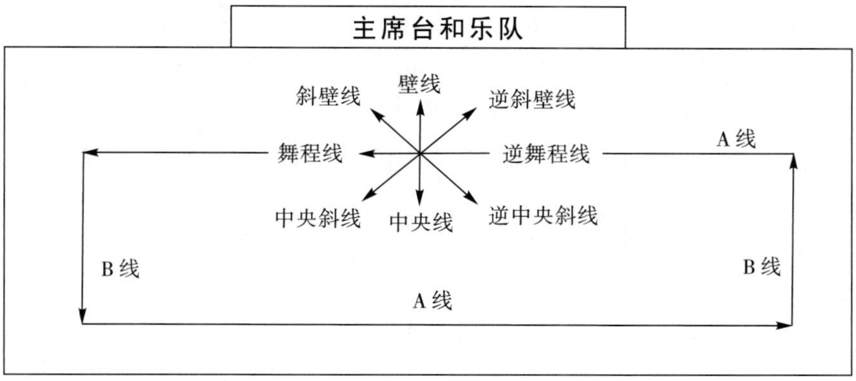

图 14－1　舞程线示意图

（二）舞程向

在一个舞池中，为避免互相碰撞而严格规定舞者必须按照逆时针方向行进，这个行进方向叫舞程向。

（三）越过舞程线

指在舞蹈过程中，假想由起始位置，两脚平行状态延伸一条与舞程线平行的线，下一步出步需要向侧（或侧前或侧后）穿越该假设的线，则被视为越过舞程线。

（四）舞池中线

与舞池的两条长线相平行并穿过舞池的正中央即为舞池中线，一般不允许选手在比赛时直接从长线上穿越中线。

二、足法、作用腿与步位常识

（一）足法常识

在体育舞蹈学习中，正确的足法运用是动作规范性的根基，也是舞蹈整体质量得以保证的根本性手段，常见的足法包含以下几种（图 14－2）。

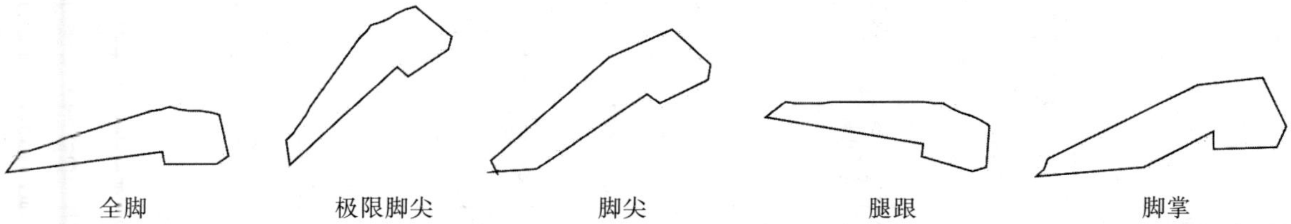

图 14－2　足法示意图

（二）作用腿常识

主力腿：指在动作中承载身体重量的腿。力量驱动身体时身体和脚部向地面施加压力，通过胯、膝、踝关节的屈伸作用使重心降低或上升，从而带动身体升降。

动力腿：指在动作中不承载身体重量的腿，动力腿在出步以后成为支撑腿。

摆荡腿：一侧身体，包括肩部、胯部、腿部做前后摆荡，一般应用在狐步中，这就是摆荡腿的动作。

（三）步位常识

步位指舞步进行时足部的相关位置，如图 14－3 所示。

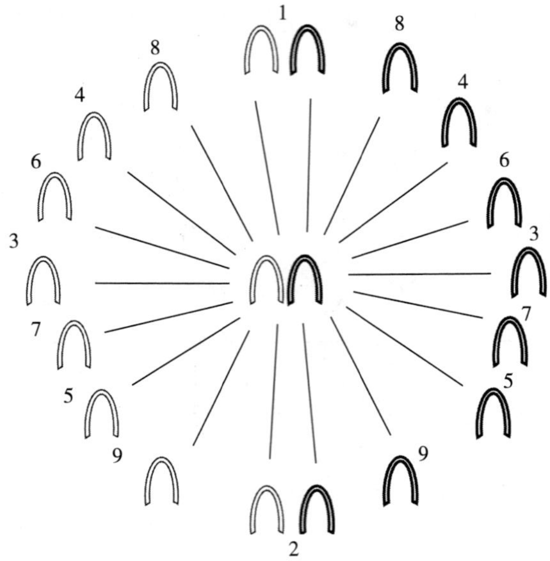

图 14－3　步位示意图

三、方向常识

旋转时以每转 360°为 1 周；旋转 45°，为 1/8 周；旋转 90°，为 1/4 周；旋转 135°，为 3/8 周；旋转 180°，为 1/2 周；旋转 225°，为 5/8 周；旋转 270°，为 3/4 周；旋转 315°，为 7/8 周（图 14－4）。

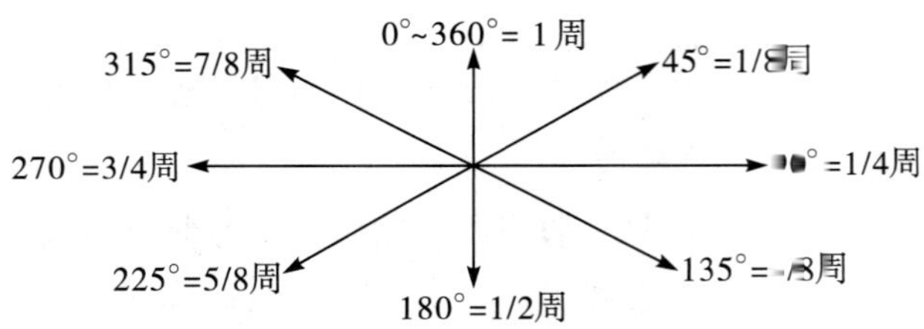

图 14－4　方向示意图

四、体育舞蹈节拍

节拍：指每一小节中有多少拍。体育舞蹈各舞种节拍如下表所示。

表 14－2　体育舞蹈各舞种节拍

系列	舞种	每分钟小节数	节拍
标准舞系	华尔兹	28～30	3/4
	探戈	31～33	2/4
	维也纳华尔兹	58～60	2/4
	狐步	28～30	4/4
	快步	50～52	4/4
拉丁舞系	伦巴	25～27	4/4
	恰恰恰	30～32	4/4
	牛仔	42～44	4/4
	桑巴	50～52	2/4
	斗牛	60～62	2/4

第三节 体育舞蹈基本舞步与推荐组合

一、标准舞基本舞步与推荐组合

（一）华尔兹

1. 身体姿态

华尔兹舞者的身体姿态是一种严谨、稳重的艺术表达形式，它要求舞者以理性的态度来展现优美的舞姿。

（1）站立姿势。舞者需保持直立，双脚并拢或适度分开，以确保重心均匀分布在双脚之间。膝盖需保持微屈，以便于进行步伐的移动。同时，背部需保持挺直，但不应过分僵硬，以维持自然的身体曲线。

（2）头部姿势。头部应自然挺直，目光注视舞伴的右肩或稍上方的位置。在跳舞过程中，头部应保持稳定，避免随意晃动。

（3）肩膀姿势。舞者需放松肩膀，避免高耸或过分紧张。让肩膀自然下沉，与背部和颈部保持协调的姿态。

（4）手臂姿势。手臂应自然放松，平伸至身体两侧或稍微向前倾斜。手臂的动作需保持优雅流畅，与舞伴的身体姿态和舞步动作相协调。

2. 基本舞步

左脚前进并换步

图 14－5　左脚前进并换步动作示范

右脚前进并换步

图 14－6　右脚前进并换步动作示范

左转步

图 14－7　左转步动作示范

右转步

图 14－8　右转步动作示范

3. 单人推荐组合

左脚前进并换步—右转步—右脚前进并换步—左转步。

4. 双人推荐组合

左脚前进并换步—右转步—右脚前进并换步—左转步—左脚前进并换步—右脚前进并换步。

（二）探戈

1. 身体姿态

探戈是一种具有独特魅力的舞蹈，舞者身体姿态对于展现探戈的优雅和力量至关重要。以下是探戈舞者身体姿态的几个关键要点：

（1）姿势挺直。探戈要求舞者保持挺直的姿势，保证身体线条流畅且端庄。舞者背部应该挺直并略微前倾，肩膀放松并自然下沉。这种姿势有助于展现舞者的自信和力量，并使动作更加优雅。

（2）重心稳定。在探戈中，舞者需要时刻保持重心的稳定，重心应放在两脚之间，轻微偏向一只脚，以便进行转动和移动。稳定的重心有助于舞者保持平衡，使动作更加流畅和有力。

（3）身体线条。探戈强调舞者身体的线条美，舞者需要通过身体各部位的协调运动来展现优美的身体线条，包括手臂、腿部、躯干等部分的协同工作。

（4）头部姿态。在探戈中，舞者头部姿态也非常重要。舞者需要保持头部端正，目光专注但不过于僵硬。舞者通过头部的轻微转动和姿态变化，可以表达自身的情感和意图，增强舞蹈的表现力。

2. 基本舞步

常步

图 14－9　常步动作示范

旁步

图 14－10　旁步动作示范

3. 单人推荐组合

两常步接原地分身—刷点步—两前进常步—分式左转步—两前进常步—右摇转步。

4. 双人推荐组合

两次前进常步接并步—两次后退常步接并步—两次前进常步—旁步—刷点步—两常步—分式左转—左转。

二、拉丁舞基本舞步与推荐组合

（一）拉丁舞身体姿势

1. 站立姿势

双脚并立，自然放松。抬起横膈膜，伸直脊椎骨，不要耸肩。当任意一只脚向侧方向迈出一步时，伸直支撑腿，身体重心转移到支撑腿上，骨盆可以自由转动，重心在支持腿的脚跟处。支撑腿的膝盖向后锁住，骨盆移动的程度以身体上部不受影响为宜。

2. 身体动作

因为身体重心移动和横膈膜平移会带动肩膀和胯位，使身体处在一个起伏飘摇的状态，所以气息要下沉，身体要下压。

3. 手臂姿态

手臂是身体的延伸，它的舞动始终和身体动作相协调。常用的手臂动作有向侧延伸、向侧缩回、向前缩回、穿过身体缩回等。

（二）伦巴

1. 基本舞步

律动步（原地换重心）

图 14－11　律动步动作示范

时间步

图 14－12　时间步动作示范

方形步

图 14－13　方形步动作示范

四分之一转

图 14－14　四分之一转动作示范

2. 单人推荐组合

原地律动步—时间步—基本步—方形步—四分之一转—库克拉恰。

3. 双人推荐组合

方形步—扇形位—曲棍球步—阿列曼娜—纽约步—臂下左转—臂下右转—手接手—侧行走步—库克拉恰—定点转—肩对肩—定点转。

(三)恰恰恰

1. 基本舞步

律动步

图 14－15　律动步动作示范

时间步

图 14－16　时间步动作示范

方形步

图 14－17　方形步动作示范

四分之一转

图 14－18　四分之一转动作示范

2. 单人推荐组合

原地律动步—时间步—基本步—方形步—四分之一转—手接手。

3. 双人推荐组合

方形步—扇形步—曲棍球步—纽约步—定点转—手接手—定点转—时间步—臂下左转—肩对肩—臂下右转。

第十五章　啦啦操

本章要点

啦啦操是一项集舞蹈、体操、音乐、健身、娱乐为一体的体育项目。本章主要介绍了啦啦操的起源与发展、特点、基本要素以及啦啦操创编与竞赛规则，一方面为学生练习啦啦操提供动作指导，另一方面是为了培养学生团结合作意识和不怕吃苦的进取精神。

学习目标

了解啦啦操的起源与发展。

掌握啦啦操的基本要素和基本动作，增强身体素质，改善身体形态，保持健美的体形。

通过参与啦啦操表演与竞赛，培养规则意识和良好的体育道德精神，增强爱国主义情怀。

第一节　啦啦操概述

啦啦操（Cheerleading）是一种体育运动，它结合了音乐、舞蹈、技巧等元素。在比赛中，啦啦操运动员通过高难度的舞蹈动作、跳跃、托举、口号等形式，展现出青春活力，提升参赛运动员的士气。啦啦操不仅是一项体育竞技运动，更是一种团队精神和集体荣誉感的体现。

一、啦啦操起源与发展

啦啦操，这一体育运动源远流长，其演进过程体现了人类对于团结、合作与积极进取的不懈追求。从远古社会的仪式化舞蹈，到现代竞技场的精彩表演，啦啦操始终扮演着振奋人心、提升士气的角色。啦啦操的起源可追溯至远古部落的仪式活动。在这些仪式中，族人们通过舞蹈、欢呼和鼓掌，为外出狩猎或作战的族人提供精神支持，以期他们平安归来、凯旋而胜。这些仪式中的振奋元素，逐步演化为啦啦操的核心精神。

随着时间的推移，啦啦操逐渐发展成为一种有组织的体育运动。19 世纪末，啦啦操在美国的大学校园中开始流行，学生们通过热情洋溢的助威口号和充满活力的舞蹈，为参赛队员加油打气。这种形式的出现，标志着啦啦操正式成为一种体育运动。

进入 20 世纪，啦啦操得到了进一步的规范化与专业化发展。1948 年，美国国家啦啦操协会的成立为啦啦操的发展奠定了坚实基础。随着技巧的不断完善和创新，啦啦操逐渐成为一项备受瞩目的体育运动，吸引了越来越多的参与者。

20 世纪 50 年代，啦啦操开始在小学和初中校园中得到普及，成为了校园文化的重要组成部分。学校纷纷成立啦啦操队伍，教授学生基本的啦啦操技巧，培养学生团队合作精神和集体荣誉感。

随着啦啦操运动的发展，其竞技性也逐渐凸显。20 世纪 70 年代，啦啦操开始走出校园，成为一种竞技运动。国际啦啦操联合会的成立更是推动了啦啦操运动的全球化发展。每年的世界啦啦操锦标赛成为各国优秀运动员展示技艺、交流学习的平台。

二、我国啦啦操的发展历程

自1998年中国大学生篮球协会成立以来，啦啦操这项源自美国的体育运动便在中国土地上扎根生长。最初，啦啦操只是作为篮球比赛的助兴表演，但凭借其独特的魅力，很快便在其他各类体育赛事中崭露头角，成为了一道独特的风景线。

随着啦啦操在我国的逐渐普及，1999年，我国迎来了第一支专业舞蹈啦啦队——NaNa Team的诞生。这支队伍的出现，标志着啦啦操在我国开始向着专业化、规范化的方向发展。

进入21世纪，我国啦啦操的发展迎来了新的机遇。2000年，美国啦啦操协会主席亲自来到广州进行讲学，为我国的啦啦操爱好者和从业者带来了宝贵的经验和启示。在他的指导下，我国的啦啦操队伍在技艺和表演水平上有了显著提升，也逐渐形成了自己的风格和特色。2001年9月，“统一冰红茶”迎九运首届中国大学生动感啦啦队比赛在广州举办。这场比赛的成功举办，不仅吸引了更多人对啦啦操的关注，也为我国啦啦操的发展注入了新的动力。通过比赛，各地的啦啦操队伍得以展示自己的实力和风采，也促进了彼此之间的交流和学习。

随着时间的推移，我国的啦啦操运动逐渐走向成熟。2006年，我国开始选拔啦啦操队伍参加世界啦啦操锦标赛。这一举措标志着我国的啦啦操运动开始走向世界舞台。通过参加国际比赛，我国的啦啦操队伍不仅提升了自己的技艺水平，也扩大了国际影响力，赢得了荣誉和尊重。

为了进一步推动啦啦操在我国的发展，2010年12月，国家体育总局体操运动管理中心制定了《全国啦啦操规定套路》，并向全国进行推广和实行。这一举措为我国啦啦操的发展提供了更加明确和规范的方向，也为广大啦啦操爱好者提供了更加系统的学习和训练体系。通过规范套路的推广和实行，我国的啦啦操运动在技艺水平、表演形式和组织管理等方面都得到了显著提升。

如今，啦啦操在我国已经成为一项备受人民关注和喜爱的运动形式。无论是在体育赛事的现场还是在校园文化的舞台上，我们都能看到啦啦操队员们的身影。他们用激情和汗水诠释着啦啦操的精神内涵，也为观众带来了无尽的惊喜和感动。随着更多人的参与和支持，啦啦操在我国将会成为一项具有广泛影响力的体育运动。

三、啦啦操运动的特点

啦啦操运动，作为一项新兴的体育运动项目，其特点鲜明，具有高度的规范性和严谨性。

（一）形式规范、庄重典雅

啦啦操运动在形式上要求规范，动作设计需遵循严格的规范和标准，展现出典雅的艺术美感。其舞蹈动作流畅而有力，既体现了体育运动的活力，又展现了艺术表演的精致。

（二）高度协调、精准无误

啦啦操运动要求参与者之间保持高度的协调性，无论是在队形转换、手部花样还是在其他技术动作上，都需要精准无误地配合。这种协调性体现了参与者的专业素养和团队的默契配合，展现了啦啦操运动的独特魅力。

（三）体现团队协作精神、凝聚集体力量

啦啦操运动以团队的形式进行，要求参与者之间相互信任、相互支持，共同为团队的荣誉而努力。拖举、抛接、金字塔组合等动作，能彰显团队的凝聚力和协作精神，展现集体力量的伟大。

四、啦啦操的分类

根据动作风格和特点，啦啦操可以分为舞蹈啦啦操和技巧啦啦操。

(一)舞蹈啦啦操

舞蹈啦啦操通常包括多种不同的舞种和风格，如爵士舞、街舞、现代舞等，这些元素被巧妙地融合在一起，形成了独具特色的舞蹈啦啦操。

街舞啦啦操：这种啦啦操形式以街舞的舞蹈元素为基础，结合啦啦操的项目特征，对运动员的协调性和节奏感要求甚高。

爵士啦啦操：其成套动作主要由爵士舞风格的舞蹈动作、难度动作以及过渡连接动作等内容组成。这种啦啦操通过队形、空间、方向的变换形成独特的表现力。其动作技术特征主要体现为肢体动作由内向外的延伸感，通过延伸制动实现爵士啦啦操特有的力度感。

中国风啦啦操是一种融合了中华传统文化元素的啦啦操表演形式，它在啦啦操的基础上，融入了中华传统文化元素，如中国舞蹈、武术、民间传统音乐等，呈现出独特的风格和魅力。表演中，选手们身着华丽的服饰，手持道具，通过精湛的技巧和灵活的动作，展现出中华文化的博大精深和独特魅力。

(二)技巧啦啦操

技巧啦啦操是在音乐的伴奏下，以跳跃、托举、叠罗汉、翻筋斗、抛接和跳跃等技巧性难度动作为主要内容的啦啦操形式。它配合口号、啦啦操基本手位、舞蹈动作及过渡连接动作等，充分展示运动员高超的技能技巧。

第二节　啦啦操基本要素

一、口号

啦啦操成套动作开始前参赛队伍全体队员集体上场，在30秒时间内通过口号、道具配合基本手位、难度动作等内容来展现自己的激情，鼓舞同伴的士气，打动观众，为赛场上的运动员呐喊助威，渲染赛场气氛。口号是啦啦操的一个重要组成部分。

(一)口号的基本要求

(1)口号是啦啦操成套动作的一个重要组成部分，要求体现队伍积极向上的精神面貌。

(2)队伍的名称、吉祥物、学校或国家的名称以及简短的激励人心、鼓舞士气的词语或名言警句都可以作为口号的内容。口号应含义清晰，切勿选取发音复杂、难以提高音量的词语，同时应避免使用隐晦、易产生歧义的词语。

(3)发出口号前要深呼吸，整个咽喉放松，当肺活量处于最大值时发出口令，使身体的共鸣腔扩展到最大以产生最佳声音效果。

(4)口号还要做到简短有力，喊口号时声音要洪亮，要有激情。

(二)口号的组成

组成口号的句子或词语多来自学校、比赛内容和队伍本身，这些句子或词语组成了振奋人心、慷慨激昂的口号。

(1)来源。口号来源于学校名、队名或啦啦队的吉祥物、比赛主题等。

(2)颜色。学校通常有一种代表或象征性的颜色，如校旗的颜色，啦啦队也可采用一种类似的颜色。

(3)词语。激励、鼓舞人的一系列词语，如加油、团结、拼搏等。

(4)特定词语。专门为各种比赛而设立的一些口号，多针对比赛本身的形式或内容。

二、音乐

音乐作为啦啦操的一个重要组成部分，在啦啦操中起到烘托现场气氛与激发灵感的作用。

音乐是声音的艺术，它作为一种完整的艺术形式，有着自己独特、系统、完整的结构和完备的表达方式与方法。啦啦操的动作在音乐的衬托下，更加具有艺术性和生命力。如果说动作构成了啦啦操的原始竞技冲动，那么音乐则为啦啦操注入了灵魂，并促使啦啦操队员内心的激动表现出来。

音乐的速度与节奏，严格地控制着动作的速度与节奏。所以，音乐在很大程度上控制着运动的强度。就速度与节奏而言，时间一定，节奏越快、动作越复杂，则运动强度越大，反之则运动强度越小。

音乐的风格控制与引导着动作的风格。音乐风格受作者、民族、时代、地域和环境等因素的影响。只有动作与音乐协调，音乐才能更加有力地支撑起动作。

音乐的强弱变化是动作的力度与起伏的内在条件，使动作与音乐在结构上发生联系。曲调与节奏的幻化加之动作的起伏使得韵律感产生，从而增加啦啦操运动的韵律美。

音乐有刺激脑细胞的作用，因此在音乐的配合下训练与比赛可以延缓疲劳的出现。音乐同样可以影响人的情绪，这也是啦啦操多选择欢快、节奏感强的音乐作为伴奏音乐的重要原因之一，欢快的音乐使人兴奋。同时，用作比赛的音乐要求质量达到专业化水准，确保清晰、稳定，音乐的节奏要清晰明快、热情、奔放、动感，具有震撼力和感染力，符合啦啦操的基本特征。

三、基本手位

啦啦操手臂动作主要以肩关节为轴，如我们常使用的最典型的 K 手位和上 V 手位动作。手臂伸展时应直臂，弯曲时应有一定的角度，手型多为握拳。手臂动作要求完成动作清晰、有力，即在最短的时间内完成向下一个动作的转变，其转变过程不得有多余的无控制形态出现，手臂到达下一个动作所规定的位置时不能有明显的晃动现象，同时手臂动作应处于身体额头面前方。手臂动作要求在移动迅速、定点准确的基础上，以拳带动发力，选择最短的路线到达下一个动作。下面所列为基础的 36 个啦啦操手位（图 15－1 至图 15－36）。

图 15－1

图 15－2

图 15－3

图 15－4

图 15－5

图 15－6

图 15－7

图 15－8

图 15－9

图 15－10

图 15－11

图 15－12

图 15－13

图 15－14

图 15－15

图 15－16

图 15－17

图 15－18

图 15－19

图 15－20

图 15－21

图 15－22

图 15－23

图 15－24

图 15 - 25

图 15 - 26

图 15 - 27

图 15 - 28

图 15 - 29

图 15 - 30

图 15 - 31

图 15 - 32

图 15 - 33

图 15 - 34

图 15 - 35

图 15 - 36

四、身体姿态

啦啦操区别于健美操的一大特点就是身体姿态的要求。在健美操中，从头部开始到髋部结束，这段位置的身体躯干是保持直立的。而在啦啦操中，尤其是舞蹈啦啦操，对我们胸部、腰部的柔软度与协调度的要求是极高的，需要用我们身体的每个关节跟肌肉来展示这个项目的激情与活力。

五、步伐

啦啦操的步伐跟手臂动作一样，都要求在最短时间内到达准确位置，且发力迅速、制动明显，踝关节始终保持收紧状态，每个步伐清晰而有力度。常见的步伐有锁步、吸腿站立、弓步以及侧弓步等。

第三节　啦啦操创编与竞赛规则

一、啦啦操创编

为了提高创编效率及质量，啦啦操的创编主要按照如下程序进行（图 15－37）。

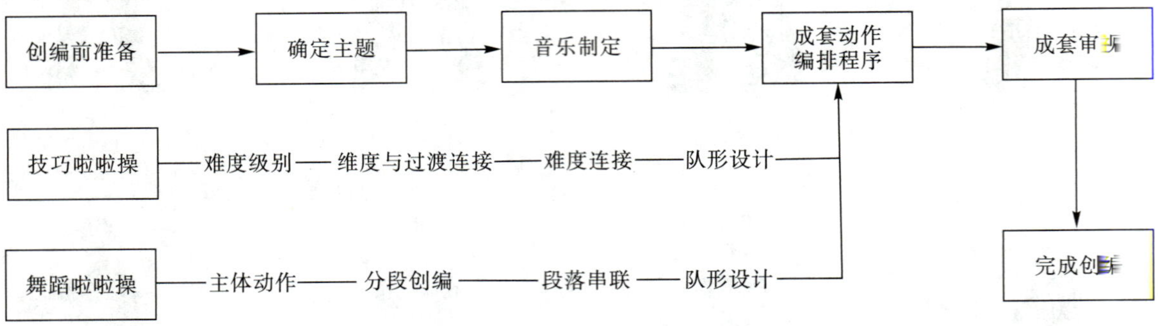

图 15－37　啦啦操创编流程图

二、舞蹈啦啦操竞赛规则

舞蹈啦啦操包含花球啦啦操、街舞啦啦操、爵士啦啦操、高踢腿啦啦操（非世界啦啦操锦标赛正式项目）四个项目，我国国内还有一项独具特色的自由舞蹈啦啦操。舞蹈啦啦操各项目之间主要从技术、风格、表现形式等元素进行区别。以下主要对花球啦啦操、街舞啦啦操、爵士啦啦操进行详述。

花球啦啦操是传统的舞蹈啦啦操项目之一，成套全程要求使用花球。在竞赛中需要从一致性、视觉效果、正确的花球手位动作以及干净、有力、准确的技术表现等方面进行评判。另外，成套的视觉效果非常重要，视觉效果包括：层次变化、团队配合、队形变化和队员整体的同步性等，花球啦啦操成套应在保留更多传统啦啦操元素的前提下融入街舞啦啦操和爵士啦啦操的元素。

街舞啦啦操融合了受传统街头风格影响的动作和律动，规则评判重点为完成度、风格性、创意性、身体各部位的分离和控制、律动感、一致性和对音乐的诠释。街舞啦啦操队员需要穿着能够明显体现出街舞文化的服饰。

爵士啦啦操需要融合并展现传统且具有爵士风格的动作和组合，规则评判重点为完成度、延展、控制、身体姿态等技术配合动作力度、冲击力、情感表现等对音乐的诠释。爵士啦啦操应有效地利用音乐，展现出快节奏的、生动的、能量充沛的、积极的、与音乐保持和谐的动作。

第十六章　舞龙舞狮运动

本章要点

本章主要介绍了舞龙舞狮运动的起源与发展、舞龙舞狮运动的基本技术和裁判法等内容。采用图片说明、视频演练等方法讲解动作技术要领，多维呈现技术动作，为学生提供了全面、系统的舞龙舞狮技术动作指导。

学习目标

了解舞龙舞狮运动的起源与发展。

掌握舞龙舞狮运动的基本技术和基本裁判法。

通过学习舞龙舞狮运动的相关知识，增强对中国传统文化的认同感，培养爱国主义和集体主义精神。

中国是舞龙舞狮运动的发源地，舞龙舞狮运动一直颇受人民群众的喜爱，历代相传，鼎盛不衰。近年来，中华民族传统的舞龙舞狮运动经国家体育总局有关部门的不断挖掘和整理，已发展成为颇具民族特色、极具喜庆色彩、兼具观赏价值的正式体育竞赛项目。这种象征着吉祥喜庆、欢乐幸福的舞龙舞狮运动已经成为我国广大城乡喜庆佳节最具有代表性的民俗活动，同时，也是目前我国重要的大众体育项目之一。

1995 年，随着中国龙狮协会的成立，舞龙舞狮运动逐渐发展为一项民族传统体育竞技比赛项目。2003 年，随着“全国百校龙狮进课堂推广计划”的持续推进，龙狮项目在全国高校普及开展，目前加盟高校已达 300 多所。特别是 2017 年第十三届全运会中，舞龙比赛已经被列为正式的群众比赛项目。2002 年国际龙狮总会制定并推出了国际舞龙竞赛规则和裁判法，推动了世界各国舞龙运动的蓬勃发展，并使舞龙运动在保持传统风格的基础上走上了规范化、科学化和国际化的轨道。

第一节　舞龙运动

舞龙运动是指舞龙者在龙珠的引导下，手持龙具，随鼓乐或音乐伴奏，通过运动和姿势的变化，完成龙的游、穿、腾、跃、翻、滚、戏、缠、组图造型等动作和套式，充分展示龙的精、气、神、韵等内容的一项民间的民族传统体育项目。舞龙运动反映了中华民族团结向上、不屈不挠、喜庆祥和的精神风貌，这项古老的民族传统体育项目独具深厚的文化内涵，有利于弘扬中华优秀传统文化。

一、基本握法

（一）正握把

双手持把，左手握把位末端，左臂微曲，与胸同高；右臂伸直，手握把的中部，两手之间保持一臂距离，左手紧握,右手松紧适度灵活(图 16-1、图 16-2)。

图 16-1 正握把 1

图 16-2 正握把 2

(二)滑把

一手握把端不动,另一手握把上下滑动。注意滑动要连贯均匀。

(三)换把

结合滑把动作,在滑动手位接近固定手位时,双手转换,即滑动手位变成固定手位,固定手位变成滑动手位。注意换把时,要保持平稳,并随龙体轨迹运行。

二、舞龙基本步型和步法

(一)基本步型

1. 正步

两脚靠拢,脚尖对前方,重心在双脚上。

要点:挺胸,立腰,眼平视前方。

2. 八字步

两脚平行开立,与肩同宽。

要点:挺胸,立腰,眼平视前方。

3. 丁字步

左脚跟靠拢右脚足弓处,右脚尖呈立正方向。

要点:挺胸,立腰,膝直,眼平视前方。

4. 虚步

两脚前后开立,右脚外展 45°,屈膝半蹲,左脚脚跟离地,脚面绷平,脚稍内扣,虚点地面,膝微屈,重心落于后腿上。左脚在前为左虚步,右脚在前为右虚步。

要点:挺胸,塌腰,两眼向前平视,双脚虚实分明。

5. 弓步

左脚向前迈出,屈膝,小腿垂直,脚尖朝前,右腿蹬直,脚尖稍内扣。重心在两腿中间,上身与左脚尖同方向。左脚在前为左弓步,右脚在前为右弓步。

要点:挺胸,塌腰,沉髋;前腿弓,后腿绷,前脚同后脚成一直线。

(二)步法

1. 台步

先出左脚,膝直勾脚尖,重心前移过渡到全脚掌,步幅小,重心稳,左右脚依次行进。

要点:挺胸,塌腰,身型正直,身体重心平稳。

2. 圆场步

双脚沿圆形路线行进，左脚上一步，脚跟先着地，逐渐过渡到全脚掌，双脚依次交替行进。逆时针动作左脚尖稍外展，右脚尖稍内扣，顺时针动作相反。

要点：大腿靠拢，膝微屈放松，无论是快走还是慢走，身体都要求平稳。

3. 矮步

两腿屈膝半蹲，迅速勾脚尖，连续地从脚跟到脚尖滚动向前行进。

要点：挺胸，塌腰，身型正直。身体重心要平稳。在落步时，脚跟过渡到全脚掌要迅速，注意步幅。

4. 双碾步

站正步，以双脚跟为轴，双脚尖同时向右（或左）碾动，然后再以双脚尖为轴双脚跟同时向右（向左）碾动，反复按此进行。

要点：重心在双脚上，必须同时碾动，膝放松，动作连贯，碾动时保持身体平稳。

三、舞龙基本技术

（一）8 字舞龙动作

舞龙者将龙体在人体左右两侧交替作 8 字形环绕的舞龙动作，可慢可快，可原地，可行进，也可利用人体组成多种姿态，用多种方法作 8 字形状舞动。

要点：龙体运动轨迹要圆顺，人体造型姿态要优美，快舞龙要突出速度和力量；8 字舞龙每个动作左右舞龙不少于 4 次；单侧舞龙每个动作上下舞龙不少于 6 次。

基本动作：原地快速 8 字舞龙、行进快速 8 字舞龙、快舞龙磨转、靠背舞龙、绕身舞龙等。

难度动作：跳龙接摇船快舞龙、跳龙接直躺快舞龙、依次滚翻接单跪快舞龙、挂腰舞龙、站肩舞龙、直体躺肩舞龙、K 式舞龙、靠背蹬腿舞龙（图 16－3）。

图 16－3　8 字舞龙动作——靠背蹬腿舞龙

（二）游龙动作

舞龙者较大幅度奔跑游走，通过龙体快慢有致、高低、左右的起伏行进，展现婉转回旋、左右盘翻、屈伸绵延等龙的动态特征。

要求：龙体循着圆、曲、弧线的规律运动，舞龙者协调地随龙体起伏行进。

基本动作：起伏行进、单侧起伏小圆场、快速跑斜圆场等，曲线起伏行进如图 16－4 所示。

难度动作：站肩双杆行进（6 次以上）。

图 16－4　游龙动作——曲线起伏行进

（三）穿腾动作

龙体运动路线呈纵横交叉形式，龙珠、龙头、龙节依次从龙身下穿过，称“穿越”；龙珠、龙头、龙节依次从龙身上越过，称“腾越”。

要求：在穿越和腾越时，龙形应保持饱满，速度均匀，运动轨迹流畅，穿腾动作轻松，不碰踩龙体、不拖地、不停顿。

基本动作：穿龙尾、越龙尾、首尾穿（越）肚、龙穿身、龙脱衣、穿尾越龙身等。

难度动作：连续穿越腾越行进、快速连续穿越行进（3 次以上，如图 16－5、图 16－6 所示）。

图 16－5　穿腾动作——快速连续穿越行进 1

图 16－6　穿腾动作——快速连续穿越行进 2

（四）翻滚动作

龙体呈立圆、斜圆或平圆状连续运动，展现龙的腾越、翻滚的动势。龙体做立圆或斜圆状连续运动，当龙身运动到舞龙者脚下时，舞龙者迅速向上腾起依次跳过龙身，称“跳龙动作”；龙体同时或依次作 360°翻转，舞龙者利用翻滚越过龙身，称“翻滚动作”。

要求：翻滚动作必须在不影响龙体运动速度、幅度和美感的前提下完成，龙体运动轨迹要流畅，龙形要圆顺，运用翻滚技巧动作要准确规范。

基本动作：龙翻身、快速逆（顺）向跳龙行进（2 次以上）、大立圆螺旋行进（3 次以上）等。

难度动作：快速连续斜盘跳龙（3 次以上）、快速左右螺旋跳龙（各 3 次以上）、快速连续首尾跳龙（4 次以上）、快速连续螺旋跳龙（4 次以上）（图 16－7）。

图 16－7　翻滚动作——快速连续螺旋跳龙

(五)组图造型动作

龙体在运动中组成活动的图案或相对静止的造型。

要求：活动图案构图清晰准确；静止造型形象逼真，以形传神，以形传意，组图造型连接、解脱要紧凑顺畅。

基本动作：龙门造型、龙出宫造型、组图造型、龙舟造型、曲线造型等。

难度动作：大横 8 字花慢行进（成型 4 次以上）、首尾站肩盘柱造型、站肩高塔造型自转一周（图 16－8）。

图 16－8　组图造型动作——站肩高塔造型自转一周

四、舞龙基本裁判法

(一)场地

竞赛场地为边长 20 米的正方形，要求地面平整、清洁。场地边线宽 5 厘米，边线内为比赛场地。边线周围至少有 1 米宽的无障碍区。

(二)器材

(1)龙珠。球体直径不少于 0.33 米，杆高（含珠）不低于 1.7 米。

(2)龙头。龙头重量不得少于 2.5 千克，杆高（含龙头）不低于 1.85 米。

(3)龙身。以九节龙参赛，龙身为封闭式圆筒形，直径不少于 0.33 米，全长不少于 18 米，龙身杆高（含龙身直径）不低于 1.6 米，两杆之间距离大致相等。

(4)龙体、龙尾、龙珠的重量不限。

(三)赛制

舞龙比赛按竞赛类型可分为单项赛、全能赛；按性别可分为男子组、女子组；按年龄可分为成年组（18 周岁以上，含 18 周岁）、少年组（12 周岁至 17 周岁，含 12 周岁）、儿童组（不满 12 周岁）；按竞赛项目可分为规定套路(单龙,9 把 1 珠)、自选套路(单龙,9 把 1 珠)、传统套路(形式不限)、技能舞龙(单龙,9 把 1 珠),舞龙比赛套路的时间为 7～10 分钟。舞龙比赛可用音乐伴奏,也可选用鼓乐、吹打乐等多种形式。

(四)评分方法

舞龙比赛属技能类、表现性,由裁判员评分的竞分性集体竞赛项目。自选套路和规定套路评分满分为 10 分。5 名或 7 名裁判评分时,取中间 3 个有效分的平均值作为该运动队的应得分,9 名裁判评分时,取中间 5 个有效分的平均值作为该运动队的应得分。

第二节　舞狮运动

舞狮运动是我国一项历史悠久、极具民族特色的民间的民族传统体育项目。舞狮运动起源于三国时期,盛行于南北朝,先在军队中流行,然后传于民间。每逢喜庆佳节,人们就会舞起吉祥的狮子。舞狮是中华民族向往美好事物的精神寄托。舞狮是指由两个表演者合作扮演狮子,舞狮者全身由狮被遮盖,下身穿着和狮被同样颜色的裤子和花靴,双脚着地,举着狮头起舞,盖着狮尾的另一同伴,随着狮头摆舞;另有一引狮员,手持彩球作为引导,引诱狮子起舞。舞狮运动量大,对发展力量、耐力、灵活性、协调性有着很大作用,同时,能够培养团结互助、勇敢机智、刻苦耐劳、拼搏进取的精神。

一、基本握法

(一)狮头的握法

两手掌四指并拢,从外握,大拇指分开从内握住狮头把手。

(二)狮尾的握法

1. 双手扶位

狮尾队员双手虎口朝上,大拇指插入狮头队员腰带,四指并拢握住扶拉狮头队员腰带。

2. 单手扶位

狮尾队员单手扶拉狮头队员腰带,另一手扶拉狮被。

3. 脱手扶位

狮尾队员双手松开狮头队员腰带,扶拉狮被两侧下摆。

二、狮头的基本手法

(一)摇

双手扶头圈,双手交替向前、向上、向后、向下做回旋动作。手的运动路线呈立圆。

(二)点

双手扶头圈,身体向右侧回旋,与地面的倾角成 45°,左右手的运动路线为上下交替运动,左侧动作与右侧动作相同,方向相反。

(三)摆

双手扶头圈,上左步时狮头摆至左侧,重心放置左腿;行走时右侧动作与左侧动作相同,方向相反。

(四)错

双手扶头圈,然后双手拉至狮头向右侧做预摆动作,右手与右腰侧转,同时,腰、臂齐发力,摆于身体左侧,成半马步,重心放置右腿。右侧动作与左侧动作相同,方向相反。

（五）叼

一手扶头圈，另一手用小臂托头圈，手伸至狮嘴中央处拿绣球。

三、舞狮的基本步法

（一）行步

狮头、狮尾队员重心微蹲，迈步时狮头队员先迈左脚，狮尾队员同时迈右脚，保持节奏一致。

要点：重心要平稳，不可上下起伏。

（二）跑步

要求同行步相同，节奏要快。

（三）盖步

狮头队员向右盖步，左脚经右脚前先向右跳扣步，同时右脚向右跳半步亮相，狮尾队员与狮头队员动作相同；向左盖步，动作相同，方向相反。

要点：狮头队员与狮尾队员起跳动作要协调一致，同时到位。

（四）错步

狮头、狮尾队员同时向身后45°斜后方先左脚后右脚同时退步。

要点：转体、转头与退步要协调一致。

（五）碎步

狮头、狮尾队员同时向左（或右）小步平移，节奏要快、一致。

要点：移步步幅要小、密，节奏要快；狮头、狮尾队员要配合协调。

（六）颠步

狮头、狮尾队员按顺（或逆）时针方向跳步行进，狮头队员迈左脚时，狮尾队员迈右脚，步法协调一致。

要点：狮头与狮尾队员协调配合。

舞狮运动经过上千年的流传，流派众多，风格各异，舞狮的技艺方法也各有不同，主要分为南狮和北狮两大流派。南狮和北狮在技术动作体系方面主要包括狮头狮尾的基本握法，狮头的基本手法，舞狮的基本步法，以及北狮引狮员的基本动作等内容。北狮表演重于“武狮”，舞动以扑、跌、翻、滚、跳跃、擦痒等动作为主。南狮表演偏于“文狮”，动作造型很多，有起势、常态、奋起、疑进、抓痒、迎宾、施礼、惊跃、环视、酣睡、出洞、发威、过山、上楼台等。在发展过程中，南、北狮部分技术动作有将二者的舞法融合的趋势。

四、北狮基本技术

（一）形态动作

1. 亮相

狮头队员呈偏右（或左）马步，使狮头由右（或左）下向上、向左（或右）下摆头；同时狮尾队员做左（或右）仆步配合。

要点：狮头队员摆头与狮尾队员仆步配合同时到位，动作整齐一致。

2. 卧势

狮头队员两腿开放夹角呈90°坐势，大小腿夹角呈130°，吸气时使狮头由左下向右上、向前摆转；同时狮尾队员右手支撑地、左手一手拉扶狮头队员腰带呈侧倒姿势，随吸气动作左手肘关节慢慢向上抬起，使狮肚呈球状，呼气时狮头队员使狮头由右上向下、向左摆转；同时狮尾队员左手肘关节慢慢放下。

要点：呼气与吸气时狮头队员与狮尾队员动作要缓慢一致。

3. 高举（转体 90°、180°）

狮头队员原地震脚给信号，上跳，头稍向后领，躯干与下肢在空中呈“V”字形，两脚面绷平；狮尾队员在狮头队员原地上跳时借力上举，两臂伸直，向左或右转体 90°或 180°。下落时狮尾队员后撤步使狮头队员垂直下落，向左或向右摆头亮相。

要点：头尾发力配合协调，动作舒展。

4. 侧滚翻

狮头队员原地震脚给信号，狮头队员和狮尾队员同进向左（或向右）滚翻，狮头队员要先转狮头再滚翻，狮尾队员滚翻时单手抓囊。

要点：狮头队员原地震脚时，震左脚则向左翻，震右脚则向右翻，头尾滚翻配合协调、整齐。

5. 金狮直立

狮头队员原地上跳、提膝，脚尖外展，同时狮尾队员借力上提，使狮头队员脚尖外侧顺两肋下滑至大腿上，呈马步支撑。

要点：起跳、上提要协调一致，马步支撑要稳定。

6. 金狮独立转体 180°

金狮直立动作后，狮头队员在狮尾队员腿上做单腿提膝动作，同时狮头左右上下晃动。狮头队员动作保持不变，狮尾队员以支撑腿脚跟为轴，带动狮头队员原地转体 180°。

要点：提膝脚面要平，马步支撑要稳定；狮头队员动作要稳定，狮尾队员旋转要平稳、单腿支撑要稳固。

7. 舔

狮头队员半马步亮相，使狮头张嘴向前脚小腿、大腿、肋部三处自上而下分 3 次舔出；狮尾队员配合节奏左右晃动尾部。

要点：每次舔出时，要使狮头先低头向里、再向下、向前弧形舔出。

8. 啃

狮头队员半马步亮相，做完舔的动作后，把狮头自前腿甩至后腿方向，重心前移成仆步，然后顺后腿脚面向上经大腿、肋部左右抖动 6 ~ 8 次上拉；狮尾队员同时也变仆步配合节奏左右晃动尾部。

要点：狮头队员做啃的动作时，向上抖动幅度要小，节奏要快。

9. 挠

狮头队员做完舔尾动作后，拧腰转头使狮头后脑向斜下方，等狮尾队员抬起一只脚放在脑后时，同时摇头晃脚 4 ~ 6 次。

要点：头尾要协调一致。

10. 甩尾

狮头正对低条案一角亮相（左脚在前），狮头队员向右后回摆狮头，然后向左后甩头，接右里合腿扣至左腿外侧，落地后转腰拧胯带动狮尾队员左腿上步、起跳腾空落至狮头队员身后，亮相。

要点：头尾用力衔接要协调一致。

（二）神态动作

1. 楞相

双手扶于头圈，拉狮头面向身体左侧做轻微预摆，然后由斜上 45°方向摆至身体左侧，动作幅度要小。

2. 美相

双手扶于头圈，使狮头做上下回旋，做开心愉快神态，身体要协调配合。

3. 惊相

双手扶于头圈，右手先拉狮头于右肩侧，做受惊吓神态，然后顺势向左下摆头亮相。

4. 怕相

双手扶于头圈，两手腕内收、提至狮嘴下，做害怕神态，边后退边向下做轻微回旋动作，然后由下至上将狮头慢慢抬起。

5. 急相

双手扶于头圈，做前后交替回拉动作，随之双脚与狮尾队员同时做急速震脚动作（震脚动作要低、快），做出得不到引狮球而生气着急的神态。

五、南狮基本技术

南狮又称醒狮，以广东狮最有代表性。表演时，由两人扮一狮，前面一人两脚着地，双手举着狮头，不时地做出摇摆颤抖的姿态；后面一人弯着腰曲着背藏于由一块红布、蓝布或黑布制成的六、七尺长的狮被内，随着狮头摆舞。南狮表演较注重形象，舞狮时的动作主要有：上腿，站肩、坐头，上桩，桩上飞跃、连续飞跃，环回快走，壁虎功，翻滚，钢索，过桥等。其中，凌空横推进过三桩上单（双）腿、凌空推进接新转体 180°坐头、挂单桩悬挂接横跃钳双桩、钢索上 180°连续回头跳为难度较大的动作。

南狮的种类繁多，可分为鹤山狮和佛山狮，而佛山狮又可分为七彩狮（俗称文狮）和黑白狮（俗称武狮）。佛山艺人还创造出一种“软彩狮”：明牙活眼，前额饰有二龙戏球，金光耀眼，舞时更为引人注目。

六、舞狮基本裁判法

舞狮比赛按竞赛类型可分为单项赛、全能赛；按性别可分为男子组、女子组；按竞赛项目可分为南狮和北狮的规定套路、自选套路、传统套路、技能套路，比赛套路时间为 7 ~ 10 分钟。舞狮比赛的鼓乐以打击和演奏为主，并可采用吹打乐等。比赛在地毯上进行，竞赛场地为边长 20 米的正方形平整场地，场地边线宽为 0.05 米，边线周围至少有 1 米宽的无障碍区。

对器材的要求：狮头、狮身尺度大小匀称、协调，其中，南狮有狮头和桩阵；北狮有引球、狮身、高台、梅花桩。

舞狮比赛套路评分满分为 10 分。5 名裁判评分时，取中间 3 个分值的平均值作为运动员的应得分；7 或 9 名裁判评分时，取中间 5 个分值的平均值作为运动员的应得分。

第十七章　田径运动

本章要点

田径运动是最古老的体育项目，也是各项运动的基础。田径运动在全民健身方面起到了主导作用，参加田径运动的人数越来越多。本章介绍了跑、跳跃、投掷的基本技术和技能、田径锻炼的方法以及如何发展速度、耐力、灵敏等运动素质和有氧耐力、肌肉力量、肌肉耐力等健康素质等内容。

学习目标

了解田径运动的特点、起源与发展。

掌握跑、跳跃、投掷的基本技术和技能，懂得如何安全地进行田径锻炼，发展速度、耐力、灵敏等素质。

培养顽强、拼搏、进取的意志品质，增进责任感和集体主义精神。

第一节　田径运动概述

在上古时代，人类为了获得生活资料，为了生存，在日常劳动生活中，在和大自然及禽兽作斗争中，不得不走或跑相当的距离，跳过多重障碍，投掷石块和使用各种捕获(猎)工具。在劳动中不断地重复这些动作，便逐渐形成了走、跑、跳跃和投掷的各种技能。值得注意的是，这些动作或活动仅仅是人类求得生存的基本技能，远远不是田径运动的雏形，更称不上是现代田径运动的雏形。

田径竞赛包括径赛和田赛、公路赛跑、竞走、越野跑和山地赛跑等。

田赛项目：以远度和高度计量成绩的跳跃和投掷的项目。

径赛项目：以时间计算成绩的跑、接力和跨栏跑的项目(竞走、公路赛跑和山地赛跑同样以时间计算成绩)。

一、田径运动的特点

(一)体能的基础性(田径被称为“运动之母”的主要依据)

走、跑、跳、投掷是人类生活和运动的基本能力，不仅是田径运动项目中最基本的运动形式，而且是大多数运动项目的体能和运动基础。

(二)激烈的竞争性

田径运动竞赛是体能、技术和心理的较量，无论是径赛、田赛还是全能项目，其比赛或者需要长久的时间考验，或者是在瞬间决定胜负，运动员需要具有坚强、果敢的意志品质。

(三)严格的技术性

田径运动项目就技术动作本身而言，既不同于技巧项目，如体操、花样滑冰，也不同于一些直接对抗性项目，如篮球运动、足球运动等。尽管田径运动不如体操等技巧性项目技术难度大，动作结构和运动中的变化也不如篮球运动等直接对抗性的项目那么复杂，但是它对运动员技术发挥的稳定性、精确性和技术性要求特别高

（四）活动组织的复杂性

田径运动会的特点是项目多、参赛运动员多、运动员的组别多、裁判员和工作人员多、场地大、比赛所需器材和设施多，如马拉松跑和长距离的竞走项目，其比赛路线长，观看比赛的观众多，这就使赛事活动组织具有一定的高难度和复杂性。

（五）广泛的群众性

田径运动是最普及、参赛人数最为广泛的运动项目。在群众体育中，它是群众健身的主要活动方式之一；在学校体育中，它是规定的重点教学内容。田径运动项目受到欢迎的主要原因有针对性强，可选择余地大，受条件限制因素小，受时间、气候影响小，适合不同性别、不同年龄、不同身体状况的人参与其中。

二、田径运动的价值

（一）田径运动的教育价值

首先，田径运动能培养人的勇敢顽强、拼搏进取的意志品质；其次，它能使人遵守纪律，增进责任感和集体主义精神；再次，它有助于人的个性形成，有助于心理素质的培养。

（二）田径运动的健身价值

田径运动的各个项目都能够全面地锻炼人的各项身体素质。

（三）田径运动的竞技价值

在竞技体育中，田径是公认的奖牌最多的大项目，素有“得田径者得天下”之说。现代奥运会田径项目有46项，是奥运会的第一运动，在全国运动会、省市区运动会中田径项目也是设项最多的。

三、现代田径运动的演变与发展

（一）现代田径运动的演变

现代田径运动起源于欧洲，英国对于现代田径运动的发展起到了十分重要的作用。19世纪的英国，工业和技术革命带动了经济的突飞猛进，现代体育运动也随之形成，现代田径运动中许多项目都是在这一时期逐步成型完备起来的（现代跨栏运动起源于牧场，是在英国大学里成型、完善的）。大部分的田径运动都是在欧洲各大学校园里形成和发展起来的，因此我们也可以说大学校园是现代田径运动成型、发展的摇篮，大学生们对于现代田径运动的发展起到了重要的推动作用。

（二）现代田径运动的发展

（1）探索阶段（1896—1912年）。

①运动员的技术主要表现为自身体能素质和自然动作，总体上看技术比较粗犷。

②每一届奥运会的田径比赛项目变化较大，许多项目都是昙花一现，项目的内容和标准也不统一。

（2）基本定型阶段（1920—1956年）。

①大浪淘沙，优胜劣汰，项目的内容和标准基本趋于统一和定型。

②女子运动员探索性进入奥运会田径正式比赛的系列。

③运动员技能技术逐步完善、成熟。

（3）快速发展阶段（1957—2004年）。

①以男子项目为基本框架，女子项目在数量上向男子项目趋近。

②女子项目在内容与标准上日益趋近男子项目。

③田径运动各项技术快速发展，科学化程度日益提高。

④塑胶跑道出现。

(4)不断完善阶段(2004 年以后)。

①田径竞赛规则的不断充实和完善,使得田径运动各个项目的发展更为规范和严谨。

②反兴奋剂和不良竞争成为这一时期的重要任务。

③运动员突破新的世界纪录越来越难。

④田径运动未来将会朝着更为有利于大众观赏和娱乐的方向进行改革和发展。

第二节　田径运动基本技术

一、短跑基本技术

短跑是田径径赛项目的其中一类,一般包括 50 米跑、60 米跑、100 米跑、200 米跑、400 米跑、4 ×100 米接力跑、4 ×400 米接力跑等项;其运动特性是人们同时以最快的速度,在田径跑道上跑完规定的距离,并以最先跑完者为获胜者。

(一)起跑

起跑的任务是获得向前冲力,使身体迅速摆脱静止状态,为起跑后加速创造有利的条件。

(1)起跑器的安装。起跑器安装的方法有“普通式”“拉长式”两种。通常采用“普通式”,前起跑器安装在起跑线后一脚半(约 40 ~45 厘米)处,后起跑器距离前起跑器一脚半;前后起跑器的支撑面与地面分别成 40° ~45°角和 70° ~80°角;两个起跑器的中轴线间隔约 15 厘米。

图 17 –1　起跑器的安装

(2)起跑技术。起跑技术包括“各就位”“预备”“鸣枪”(或“跑”)三个阶段。

听到“各就位”口令后,做 2 ~3 次深呼吸,轻快地走到起跑器前,两手撑地,两脚依次踏在前、后起跑器的抵足板上,后膝跪地,两手放在紧靠起跑线后沿处,两臂伸直,肩与起跑线平行,两手间隔比肩稍宽,四指并拢和拇指成“八”字形支撑,颈部自然放松,两眼注视前下方约 40 ~50 厘米处,注意听“预备”口令。

图 17 –2　“各就位”口令后的起跑姿势

听到“预备”口令后，随之吸一口气，平稳地抬起臀部，与肩同高或稍高于肩，重心适当前移，肩部稍超出起跑线，这时重心主要落在两臂和前腿上。“预备”姿势应该稳定，两脚贴起跑器抵足板，注意力高度集中。

图 17－3 “预备”口令后的起跑姿势

听到枪声，两手迅速推离地面，两臂屈肘有力地作前后摆动，两腿迅速蹬离起跑器，使身体向前上方运动，前腿快速有力地蹬伸髋、膝、踝三个关节。

图 17－4 枪响后的起跑动作

(3)起跑后的加速跑。起跑后的加速跑是从后腿蹬离起跑器，到途中跑之间的一个跑段。其任务是充分利用向前的冲力，在较短距离内尽快地获得高速度。

当后腿蹬离起跑器并结束前摆后，便积极下压着地。第一步的着地应尽量靠近身体重心投影点，脚着地后迅速转入后蹬，前腿在蹬离起跑器后，也迅速屈膝向前摆动。

起跑后的最初几步，两脚沿着两条相距不宽的直线前进，随着跑速的加快，两脚着地点就逐渐合拢到假定的一直线两侧。加速跑的距离，一般为 25～30 米。

图 17－5 加速跑

(二)途中跑

途中跑是短跑全程中距离最长、速度最快的一段。其任务是继续发挥和保持高速度跑。摆动腿的膝关节，迅速有力地向前上方摆出，支撑腿在摆动腿积极前摆的配合下，快速有力地伸展髋、膝和踝关节，脚蹬离地面，形成支撑腿与摆动腿协调配合动作。

图 17－6　途中跑

(三)弯道跑

从直道进入弯道跑时,身体应有意识地向内倾斜,加大右腿的蹬地力量和摆动幅度,右臂亦相应地加大摆动的力量和幅度,有利于迅速从直道跑进弯道。

弯道跑中,身体应向圆心方向倾斜。后蹬时右脚用前脚掌的内侧用力,左腿用前脚掌的外侧用力。弯道跑的蹬地与摆动方向都应与身体向圆心方向倾斜趋于一致。

图 17－7　弯道跑

(四)终点跑

终点跑是全程跑的最后一段。其任务是尽力保持途中跑的高速度跑过终点。

要求在离终点线 15～20 米处,尽量保持上体前倾角度,加快两臂摆动的速度。在跑到距离终点线一步时,上体急速前倾用胸部或肩部撞终点线,并跑过终点,然后逐渐减慢跑速。

图 17－8　终点跑

二、中长跑基本技术

中长跑是中距离跑和长距离跑的简称,属 800 米以上距离的田径运动项目。

奥运会项目中的中距离跑项目有男、女 800 米和 1500 米,长距离跑项目有男、女 5000 米和 10000 米(女子

3000 米为非奥运会项目)，另外还有男、女马拉松及 3000 米障碍赛。

中长跑是历史悠久且开展普遍的运动项目。在 2000 多年前的古代奥运会上就有中长跑比赛。19 世纪，中长跑在英国已盛行，后来世界各国也都相继开展起来。中国从 1910 年起也有了中长跑的比赛。

(一) 呼吸

中长跑的距离长，能量消耗大，机体对氧气的需求量也大。因此掌握正确的呼吸方法至关重要。中长跑能量消耗大，机体要产生一定的氧债，为了保证机体对氧气的需求，呼吸必须有一定的频率和深度，还必须与跑的节奏相配合，一般采用两步两吸，两步两呼。呼吸时采用口进行呼吸的方法。随着速度的加快和疲劳感的出现，呼吸的频率有所增快。

(二) 上体姿势

上体正直或稍前倾，头部与脊柱成一条直线，胸部正对前方，下颏微收，两眼平视，颈部放松，整个躯干自然而不僵硬。这里要格外注意上身不要过大幅度地左右晃动。

(三) 摆臂姿势

两臂弯曲约成 90°，两手放松或半握拳，肩带放松，以肩为轴，自然地作前后摆动。前摆时稍向内，后摆时稍向外。摆动幅度随速度变化而变化，速度快时臂的摆幅大。

(四) 腿部动作

(1) 抬高大腿。跑步的速度是由步幅和步频共同决定的，因此有大的步幅是非常重要的。而要获得大的步幅最重要的就是抬高大腿，因为只有抬高大腿才便于前脚迈得更远。

辅助动作练习：原地高抬腿跑和行进中高抬腿跑。

(2) 迈出小腿的同时送髋及加强脚步后蹬。要想获得大的步幅，只有抬高大腿是不够的，还要把小腿充分迈出去。而小腿要充分地迈出去，需要送髋及加强支撑脚的后蹬。由于迈小腿对大腿根部韧带的柔韧性要求较高，所以可以加一些练习大腿根部的柔韧性的练习(如正压腿、侧压腿)。

辅助动作练习：正压腿侧压腿；原地做抬大腿迈小腿动作；高抬腿跑动中的迈小腿练习。

(3) 前脚掌后扒地。跑步的原理是脚步受到向前的摩擦力使身体向前移动，跑步过程中如何获得更大的向前的摩擦力是非常重要的。而要获得更大的向前的摩擦力就是借助于脚步给地面一个向后的力，根据作用力与反作用力原理，自然地面会给脚面一个向前的摩擦力，而要做到这一点就是靠前脚掌向后扒地。

辅助动作练习：小步跑。

(五) 起跑及起跑后的加速跑

(1) 站立式起跑。各就位时，运动员从集合线走到起跑线处，两脚前后开立，将有力的腿放在前面，前脚尖紧靠起跑线后沿，后脚距前脚一脚距离左右，两脚左右自然开立，上体前倾，两膝弯曲，两臂一前一后，身体重心主要落在前脚上，保持稳定姿势，集中注意力听枪声。

图 17－9　中长跑起跑准备动作

(2)起跑后的加速跑。起跑后上体保持前倾，脚尖着地，腿的蹬地和前摆以及两臂的摆动都应快速积极，逐渐加大步伐和加快速度，随着加速段的延长，上体逐渐抬起，进入途中跑。加速段距离的长短和速度应根据个人特点、战术需求和临场情况而定。

(六)途中跑

(1)直道跑技术。跑直道时要求两脚沿平行线跑，抬腿既不靠内也不靠外，正直往前，用两脚前脚掌去扒地跑。

(2)弯道跑技术。弯道跑时要求左脚前脚掌外侧、右脚前脚掌内侧着地，左腿膝关节外展和右腿膝关节内扣，身体重心向内倾斜协调用力，速度越快倾斜角度越大，右臂的摆幅稍微大于左臂摆幅。

(七)冲刺跑

冲刺跑是临近终点前一段距离的加速跑。运动员主要任务是运用自己的全部力量，克服疲劳，力争在最后阶段跑出好成绩。技术特点是加快摆臂速度和加大摆幅的同时配合腿部动作加快频率。冲刺跑的距离根据自己的体力情况、战术要求和临场情况而定。在接近终点一步前身体躯干前倾，做出撞线动作。

三、接力跑基本技术

接力跑技术包括起跑技术和传接棒技术。

(一)起跑

持棒起跑：第一棒传棒人以右手持棒，采用蹲踞式起跑，按规则接力棒不得触及起跑线和起跑线前的地面。持棒起跑技术和短跑起跑技术相同，持棒方法主要有三种：

(1)右手的食指握住棒的后部，拇指与其他三指分开撑地。

(2)右手的中指、无名指握住棒的后部，拇指、食指和小指成三角撑地。

(3)右手的中指、无名指和小指握住棒的后部，拇指和食指分开撑地。

接棒人起跑：接棒人站在接力区后端线或者预跑线内，选定起跑位置，两脚前后开立，两膝弯曲，上体前倾。二、四棒(三棒相反)接棒人应站在跑道外侧，左腿在前，右手撑地保持平衡，身体重心稍偏右边，头部左转，目视传棒人的跑进和自己起动的标志线。当传棒人跑到标志线时，接棒人便迅速起跑。

(二)传接棒

(1)上挑式。接棒人的手臂自然向后伸出，手臂与躯干约成40°～50°角，掌心向后，拇指与其他四指自然张开，虎口朝下。传棒人将棒向前上方送入接棒人的手中。

这种传棒方法的优点是接棒人向后下方伸手臂的动作比较自然，传棒人传棒动作也比较自然，容易掌握。缺点是接棒人接棒后，手已握在接力棒的中部，如不换手再传给下一棒时，则只能握住接力棒的前部，容易造成掉棒和影响快速前进。

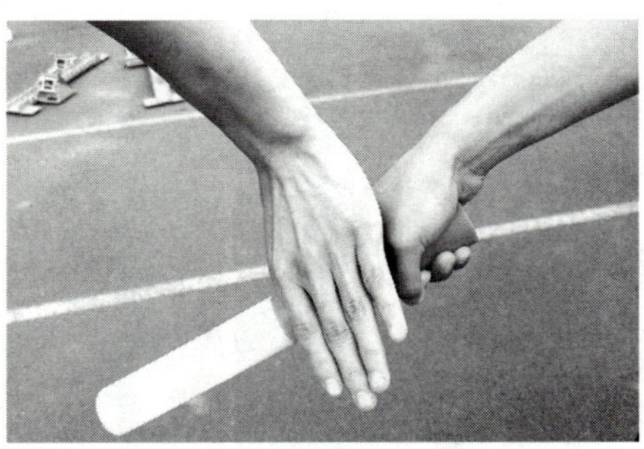

图 17－10　上挑式

(2)下压式。即“向前推送”的传接棒方法。在传棒时，手臂不要太高，而是用手腕动作将棒向前下方推送入接棒人手中。并且，传棒人可以用手腕动作来调整传棒动作的准确性。所以在做此动作时，接棒人的手臂向后伸出，手臂与躯干约成50°～60°角，手腕内旋，掌心向上，拇指与其他四指自然张开，虎口朝后，传棒人将棒的前端由上向下传到接棒人手中。

下压式传接棒技术的优点是每一棒次的接棒，接棒人都能握住棒的一端便于持棒快跑。缺点是接棒时，接棒人的手臂比较紧张，不够自然。

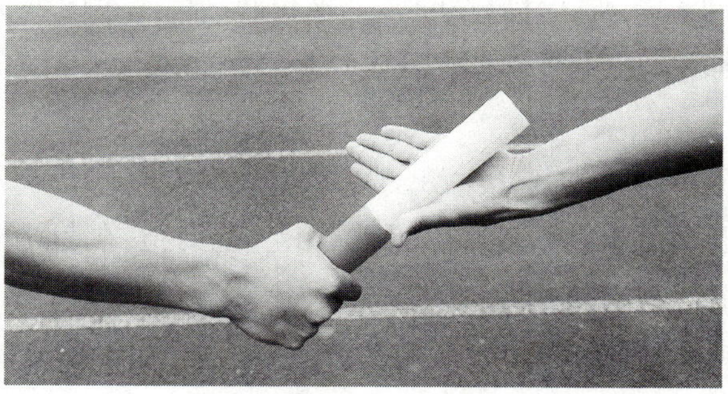

图 17－11　下压式

(3)混合式。第一棒用“上挑式”传棒，第二棒用“下压式”传棒，第三棒仍用“上挑式”。

传接棒的位置和起跑标志线的确定：

①传接棒的位置。接棒人站在预跑线内或接力区的后端，待传棒人到达标志线时便迅速起跑，和传棒人跑进接力区后，在最合适的位置将接力棒迅速无误地传给接棒人。

②标志线的确定。接力跑各棒次的标志线是接棒人起跑的标志，它是根据传棒人和接棒人的跑速和传接棒技术熟练程度确定的。标志线设置的位置一般是在预跑线的后面，也可以设置在预跑线前面。

四、跨栏跑(直道)基本技术

跨栏跑是在一定距离内，跨过规定高度和数量的栏架、技术性较强的短跑项目，属田径运动中径赛的一种。国际比赛男子为110米高栏、栏高106.7厘米，女子为100米低栏、栏高84厘米，栏数均为10个。

摆动腿：先过栏的腿。

起跨腿：上栏时蹬地向前，后过栏的腿。

起跑至第一栏的技术：

起跑的过程与短跑基本相同，起跑至第一栏起跨点一般采用8步起跨，起跑时应把起跨脚放在前起跑器上。起跑后上体抬起要比短跑时来得快。

(一)过栏技术

过栏是跨栏技术的关键部分，它由起跨、腾空过栏和下栏着地等动作组成。

(1)起跨前应保持较快的跑速，最后一步比前一步的步长小一点，也就是“栏前短步”。当起跨腿脚掌着地时，摆动腿由体后向前摆动，大小腿在体后开始折叠，膝关节摆至超过腰部高度。两腿蹬摆配合完成起跨，运动过程中上体随之加大前倾，摆动腿异侧臂往前上方摆出，另一臂屈肘摆至体侧，形成“攻栏姿势”。

(2)腾空过栏。腾空后身体重心沿着起跨所形成的腾空轨迹向前运行。起跨腿蹬离地面后，摆动腿大腿继续向前上方摆至膝关节超过栏架高度，小腿迅速前摆，当脚掌接近栏架时，摆动腿几乎伸直，脚尖微微上翘。摆动腿的异侧肩臂一起伸向栏架上方。上体加大前倾使头部接近或超过摆动腿的膝，略高于踝。

(3)下栏着地。摆动腿积极下压，起跨腿加速向前提拉，以髋为轴完成两腿剪绞动作。摆动腿脚掌移过栏架的同时，起跨腿屈膝外展，小腿收紧抬平，脚尖勾起足跟靠臀，以膝领先经腋下加速前拉。当脚掌过栏后，膝继续收紧向身体中线高抬，脚掌沿最短路线向前摆出，身体成高抬腿跑的姿势。伸直下压的摆动腿在接触地面时，前脚掌做积极扒地动作。

（二）栏间跑技术

110 米栏间三步步长不等，每步步速和支撑、腾空时间的关系都有变化，这就构成栏间跑所特有的节奏。

栏间跑第一步的水平速度因过栏有所降低，蹬地起步时膝关节始终伸直，因而第一步短于后面两步。第二步的动作结构和支撑及腾空时间关系大致与短跑的途中跑相同。第三步因准备起跨形成一个快速短步，动作特点与跨第一栏的最后一步相同。

五、跳远基本技术

跳远，又名急行跳远，属于田径运动跳跃项目。运动员沿直线助跑，在起跳板前沿线后用单足起跳，经腾空阶段，然后用双足在沙坑落下，比赛时以跳的远度决定名次。

跳远是由助跑、起跳、腾空和落地四个部分组成的。它们是一个完整的统一体。因此，正确地完成跳远技术的各个部分动作，以及实现各部分动作的有机结合是跳远技术的关键。

（一）助跑

跳远的助跑速度与跳远成绩密切相关。跳远助跑的任务就是获得最高的助跑速度，并为准确踏板和快而有力的起跳做好技术、身体和心理上的准备。

跑是跳的基础，跳是跑的发展与结果。跑不好，就跳不好。日常生活中经常可以见到这种现象：当欲跳越一定宽度的壕沟时，人总要加上几步助跑。当汽车穿越同样的坡度时，快速行驶的汽车总比慢速行驶的汽车冲得要远得多。这足以说明，快速助跑对提高跳远成绩有一定的积极作用。

图 17－12　跳远助跑

（1）助跑的起动姿势。助跑的起动姿势直接影响助跑的稳定性与准确性。助跑的起动姿势有两种：一种是从静止状态开始，一般采用两腿微曲、两足左右平行站立的“半蹲式”，或两腿前后分立的“站立式”起动姿势。另一种是走几步或走跳步结合踩上第一个标志点，行进间开始的起动。第一种方法，前三步的步幅和速度变化较小，有利于提高助跑的准确性。第二种方法，助跑则比较自然，动作比较放松，但由于是动态，每次踩上标志的位置和速度不易控制，对准确踏板提出了更高的要求。

（2）助跑的加速方式。助跑的加速方式有两种：一种是积极加速，另一种是逐渐加速。积极加速方式是从助跑一开始就跑得很积极，步频始终保持在较高水平上，这种加速方式能较早地摆脱静止状态，并获得较高的助跑速度。其特点是助跑开始几步的步长较短，步频较快，上体前倾也较大。这种助跑方式适合于绝对速度较快的运动员。但因助跑动作紧张，起跳的准确性差，所以世界优秀运动员很少采用这种方法。逐渐加速方式一般是在加大步长或保持步长的基础上提高步频。这种加速时间较长，加速过程比较均匀平稳。因此，跑的动作比较轻松、自然。起跳的准确性较好，每次试跳成绩也较稳定。

（二）跳跃

跳跃是跳远项目最关键的部分。

图 17－13 跳远起跳

（1）原地模仿起跳练习。两脚前后站立，摆动腿在前稍屈膝，起跳腿在后，身体重心落在前脚上。动作开始时，摆动腿蹬地，起跳腿积极地由后向前迈步，模仿向下放脚的踏板动作，全脚掌滚动着地，随即缓冲和蹬伸起跳，同时两臂要配合双腿的动作积极摆动。要和身体各部分配合协调，起跳腿蹬伸迅速，摆动腿向前上方摆动积极，身体重心迅速跟上。

（2）在跑道上连续做缓跑三步或五步结合起跳的练习，用摆动腿落地。

（3）进行起跳后腾空步动作的练习。在跑道上助跑四至六步，起跳后完成腾空步动作。下落时以摆动腿落进沙坑，接着向前跑出。

（4）辅助练习。

①在离起跳标志 2 米左右处设置一个高约 60～80 厘米的跳箱，学生起跳后，摆动腿落在跳箱上。

②在沙坑边摆放一个低栏架（或拉一根高度约 30～50 厘米的横皮筋），短距离助跑后，起跳完成腾空步，摆动腿越过障碍物后下落沙坑并向前跑出。

③助跑起跳成腾空步，用头部触及前上方的悬挂物。

（5）短、中程距离助跑起跳练习。短程距离约 8 步，中程距离约为 12 步。助跑距离的估量方法可以用步数折算。如：8 步助跑跳远，助跑距离≈8（步）×2－2，量出后试跑 1～2 次，进行适当调整即可。此种练习，要求起跳快速，应有一定的腾起高度，尽量保持腾空步动作的时间。还应注意保持较固定的助跑起动方式，起跳时用力集中、协调。

（6）全程助跑起跳练习。此种练习每个学生首先应根据自己的实际，确定自己全程助跑的距离。做法是：学生在跑道上做 40～50 米的冲刺跑，测量出每个人发挥出最大速度的那一段距离，找出每次冲刺跑时起跳脚落地的足印，经若干次练习，即可大致确定符合自己实际的全程助跑距离，以此距离在跳远助跑道上进行助跑起跳练习，经适当调整后，全程助跑距离就可确定下来。用钢尺将此距离测量记录下来。以后便可按此距离进行全程助跑跳远。全程助跑起跳练习，应注意助跑起动的方式和姿势要保持固定。助跑要快速、放松，跑直线、稳定而有节奏，起跳时要做到摆（摆臂和摆腿）、蹬（起跳腿蹬伸）、挺（挺胸）、拔（拔腰）、顶（顶头）诸方面协调一致，用力集中。

（三）腾空

起跳离地以后可以用“蹲踞式”“挺身式”或“走步式”的动作使身体在空中保持平衡并为落地动作做好准备。在空中保持起跳姿势，然后两腿在体前抬起伸直落入沙坑，就是“蹲踞式”跳远动作。“挺身式”的跳法是在空中上体充分伸展或稍有挺身动作，为使动作更加舒展、自然、连贯，两臂可经身体两侧向下后方摆，同时两膝微屈保持在空中平衡滑行，当滑行进入下落时，两臂自体侧继续向上向前绕环，同时两腿由身后摆至身前，抬起伸直，落入沙坑。有更多的人采用“走步式”和更接近于跑步式的动作。“走步式”更有利于把助跑、起跳、腾空和落地协调而自然地结合为一个完整的连续动作。一些身材相对矮小而动作灵活的运动员往往是上体充分伸展，两腿以髋关节为轴，做大幅度的前后摆动。而身高高的运动员多是上体直而稳定，两腿的动作幅度不大，几乎完全是在空中跑步的动作。

图 17－14 跳远腾空

臂的动作和跑时的摆动一样，是以肩为轴与同侧腿相反而与异侧腿一致做绕环动作，以保持身体的平衡。空中动作是按个人保持在空中平衡的需要而产生的。腾空阶段是起跳的继续，是落地的准备。无论跳哪一种姿势，都必须把起跳动作做充分。

（四）落地

运动员在空中进入下降阶段，开始准备落地。首先是两腿同时或先后屈膝至体前，然后小腿随惯性摆出伸直，这一系列动作主要由收腹举腿的力量完成，上体应保持稳定。两臂自上方经前向下的绕环动作是保持平衡的补偿动作，当两脚进入沙坑时，脚尖应勾起，两脚间保持约 30 厘米的距离。落入沙坑后要立即屈膝缓冲，两臂上提以提高身体重心，顺势立起。

图 17－15 跳远落地

优秀运动员熟练地掌握了技术，可以利用向前的惯性在空中做充分的滑行，因此在落地时应有"自由落体"的感觉。落地时向前扑倒、后倒、侧倒的方法会使完整动作遭到破坏，往往达不到更好的成绩。

六、铅球基本技术

铅球是田径运动的投掷项目之一，它对增强体质，特别是发展躯干和上下肢力量有显著的作用。最早期是采用原地推铅球的技术，后来经过时间的演变，逐渐出现了林林总总的方法，如侧向前、侧向滑步推。用废弃的铅制炮弹代替石头进行模拟训练，是现代铅球的直接起源。

（一）动作要领

握球手的手指自然分开，把球放在食指、中指和无名指的指根上，大拇指和小拇指支撑在球的两侧，以防止球的滑动和便于控制出球的方向。掌心不触球。

握好球后，身体左侧对投掷方向，两脚左右开立比肩稍宽，左脚尖指向斜前方并与右脚弓在一条直线上；右膝弯曲，上体向右倾斜扭转，重心落在右腿上；左臂微屈于胸前，使球的垂直线离开右脚外侧，以加长用力距离和拉紧左侧肌肉。

图 17－16　持球

推球时，右脚迅速用力蹬地，脚跟提起，右膝内转，右髋前送，使上体向左侧抬起，朝着投掷方向转动。当身体左侧接近于和地面垂直一刹那，以左肩为轴，右腿迅速伸直，身体转向投掷方向，挺胸、抬头，右肩用力向前送，右臂迅速伸直将球向前上方约 40°～42°角左右推出。球离手时手腕要用力，并用手指拨球。在推球的同时，左腿用力向上蹬直，以增加铅球向前和向上的力量。球出手后，右腿迅速与左脚交换，左腿后举，降低身体重心，缓冲向前的力量，以维持身体的平衡。

图 17－17　原地推铅球完整动作

（二）推的技术方法

1. 圈外徒手滑步练习

（1）摆动腿的摆动练习。左手拉住同肩高的固定物或同伴的手。左腿回收接近右腿时，快速向抵趾板方向摆出。

（2）方法同上。但左腿向投掷方向摆动前身体重心略向后移，接着左腿摆动，右腿蹬伸，推动身体向投掷方向移动。

（3）拉收右腿的练习。两腿前后直立（两脚肩宽），体重在两腿之间，上体稍前屈。从这个姿势开始，迅速将小腿收至重心下负担身体重量，并保持平衡。当右脚收至重心下快着地时，左腿快速向后撤步，形成最后用力前的姿势。

（4）徒手滑步练习。高姿站立，摆动腿摆到一定的高度后，在回收过程中，同时右腿逐渐弯曲，降低重心。当左腿回收到接近右腿时，完成屈膝团身，待身体稳定后，立即开始作滑步动作，动作熟练后可作连续滑步。

2. 持较轻铅球滑步

教学实践中，学生虽然已初步掌握徒手滑步的技术，但是持球后往往由于负荷了一定重量，较难完成。为了保证动作的协调，开始持球滑步时，可用较轻的铅球，以后逐渐增加重量。

3. 滑步推铅球

滑步推铅球是在初步掌握了滑步和最后用力的基础上进行的。

4. 最后用力

滑步结束时，右脚比左脚先着地。右脚着地后，右腿积极蹬伸，推动右髋向投掷方向转动。上体在转动中逐渐抬起，同时躯干的肌群积极收缩。左臂和左肩高于右肩，铅球尽可能保持较低位置，体重大部分仍在弯曲而压紧的右腿上。右腿蹬伸，进一步将右髋向投掷方向送出，右臂迅速而有力地将球推出。铅球快出手时，手腕稍向内转同时屈腕，快速而有力地拨球，使铅球从手指离开。铅球离开后，两腿弯曲或交换，降低重心，缓冲向前的冲力，维持身体平衡，防止出圈犯规。

5. 注意事项

在具体教学步骤上，练习滑步推铅球首先要反复练习滑步后右腿蹬伸与左腿支撑的协调动作，再解决滑步后与推球动作的衔接，其次采用较轻的铅球在圈外进行滑步推球。

第三节　田径运动训练内容与训练方法

一、田径运动的训练内容

(1) 身体训练。发展力量、速度、耐力、灵敏、协调和柔韧性等身体素质的训练。

(2) 一般身体训练。也称全面身体训练，目的是使各项身体素质得到专项所需要的均衡发展，为专项训练做好充分的准备。

(3) 专项身体训练。与专项有密切关系，能直接促进掌握专项技术和提高专项成绩的身体训练。专项身体训练的内容主要是发展专项所需要的肌肉力量、速度、耐力和运动协调性等。

(4) 战术训练。运动员在比赛中根据自己的训练水平及其对对手的分析，为争取最好的成绩和名次所采用的专门比赛方法的训练。

(5) 恢复训练。训练与比赛结束时采用各种手段与方法消除生理和心理疲劳的训练。

(6) 心理训练。使运动员在心理上适应训练和比赛的训练。

(7) 力量。人体肌肉工作时克服阻力的能力。

(8) 速度。人体在尽可能短的时间内完成动作的能力，由反应速度、动作速度和位移速度组成。

(9) 反应速度。人体对外界刺激反应的快慢程度。

(10) 动作速度。人体快速完成单个动作的能力。

(11) 位移速度。单位时间内人体位移的距离。

(12) 耐力。按所要求的强度尽可能长时间工作的能力。

(13) 一般耐力。人体以中等或小强度长时间从事运动或工作的重复能力。

(14) 专项耐力。人体长时间、大强度地完成专项运动的能力。

(15) 柔韧性。人体大幅度完成动作的能力，它取决于关节的灵活性和肌肉韧带的伸展能力。

(16) 灵敏和协调。人体的运动技能和各种身体素质在运动活动中的综合表现。

(17) 多年训练计划。对运动员多年训练过程的远景规划。

(18) 全年训练计划。是根据多年训练计划所规定的本年度训练任务及在总结上年度训练完成情况的基础上制定的。它是教练员和运动员组织运动训练过程的一个重要文件。

(19) 身体素质敏感期。指在一定的年龄阶段发展某一身体素质，可取得良好的训练效果。

二、田径运动的训练方法

田径运动训练者的身体素质包含了速度、力量、耐力、灵敏、柔韧等基本身体素质，这些素质是紧密联系、不可分割的，在运动训练中必须根据各个时期的训练任务和训练者的具体条件选择有效的训练方法。下面介绍几种田径运动最基本的训练方法。

（一）小步跑

身体重心向上，上身重心微微向前，两眼平视前方，两臂前后摆动配合两腿动作。小步跑要求步幅小，频率快而放松。小腿自然伸开，用前脚掌着地，支撑腿三关节充分伸展，骨盆前送，两臂前后摆动配合两腿动作。

（二）高抬腿

高抬腿跑的主要作用是训练腿部力量，提高下肌肉群的蹬撑能力。长期练习可以增强腿部力量，扩大步幅，增强髋关节、膝关节、踝关节等下肢关节的力量、柔韧性、协调性。

（三）后蹬跑

体会积极着地技术与后蹬、摆腿、送髋技术，发展腿部（蹬摆）力量及膝踝缓冲技巧，提高后蹬能力，加大步长。与高抬腿跑相比，高抬腿跑以高抬大腿为主，后蹬跑突出后蹬与前摆，充分蹬伸，以体前移为主，其特点是跳着跑，重心在体前。

（四）变速跑

变速跑就是在跑的过程中慢跑一阵后再快跑一阵，慢跑与快跑交替进行的跑法，以期提高肌肉的有氧代谢能力和改善肌肉进行无氧代谢的能力。但是，如果变速跑组合不当，对人体能量的供应和恢复、疲劳的消除等都有影响。

（五）折返跑

折返跑既可以锻炼训练者的腿部短距离爆发力，又可以锻炼训练者的肌肉耐力。

（六）车轮跑

车轮跑是短跑的专门性练习，它是扩大运动员的步幅、提高运动员跑步的重心的有效的练习手段。车轮跑的要点是抬高大腿。抬高大腿需要有良好的髂腰肌的力量，练习时可以适当放慢行进的速度，注意一定高重心跑。

（七）后踢腿跑

上体正直或稍前倾，两臂前后自然摆动。足前掌着地，离地时足前掌用力扒地，离地后小腿顺势向后踢，与大腿折叠，膝关节放松，足跟接近臀部。

第十八章　击剑运动

本章要点

击剑运动是一项以速度、耐力为主要特点的具有对抗性、开放式的运动项目。本章主要介绍了击剑运动的起源与发展、佩剑特点、佩剑基本技术、佩剑基本战术以及佩剑比赛基本规则。

学习目标

掌握佩剑的基本技术和基本战术，熟悉佩剑的一些常用的动作要领和练习方法。

通过练习佩剑的一些基本技术，发展速度、力量、灵敏度、耐力、柔韧性和协调性等身体素质，培养勇敢、顽强、灵敏、机智、独立、沉着等品质。

通常学习击剑运动的相关知识，培养自身的文化自信心、正义感和爱国主义精神。

第一节　击剑运动概述

一、击剑运动的起源

击剑运动是一项历史悠久的传统体育运动项目。早在远古时代，剑就是人类为了生存同野兽进行搏斗和猎食所使用的工具。随着人类历史的发展，剑由最初的石制、骨制发展到青铜制、铁制，最后到钢制，并作为战争的武器，逐步走上历史舞台。击剑在古代埃及、希腊、罗马、阿拉伯等国家十分盛行。早在公元前 12 世纪，古希腊就出现了击剑课，并有剑师讲课。在希腊、埃及等国家中的一些历史建筑和纪念碑上都可见到关于击剑的浮雕。

在中世纪的欧洲，击剑与骑马、游泳、打猎、下棋、吟诗、投枪一起被列为骑士的七种高尚运动。为了研究和推动击剑技术的发展，欧洲各国纷纷成立击剑行会（协会和学校）。西班牙被认为是现代击剑运动的摇篮。14 世纪在西班牙、法国和意大利出现了骑士阶层，他们以精湛的剑术纵横天下，博得了广泛的美誉。此后各国贵族纷纷效仿，击剑一时间成为上流社会的时尚，以至于发展到贵族之间解决纠纷，动辄拔剑相向，一剑定生死。

击剑运动真正得到全面的发展是在法国亨利三世和亨利四世时期。1776 年，法国著名击剑大师拉 · 布瓦西埃发明了面罩。人们戴上面罩、手套，穿上击剑服，就可以安全地进行一连串的攻防交锋。面罩的问世是击剑运动发展的一个里程碑。法国成为当时欧洲击剑运动的发展中心。

二、击剑项目介绍

（一）花剑

花剑形成于 16 世纪末 17 世纪初，决斗盛行于欧洲的骑士、剑客、贵族、绅士们之间，人们为了满足用剑决斗的需要而又不至于伤害生命，设计出一种剑身较短呈四棱形，剑尖用兽皮包裹的剑，这是现代花剑的雏形。从此，在欧洲的习武厅、击剑厅及击剑学校，花剑受到普遍的欢迎并得到迅速推广，在推广中不断得到完善。

现代花剑比赛分男子和女子项目，均有个人赛和团体赛。比赛时，只准刺对方躯干有效部位，不可劈打。花剑击中的有效部位由金属衣裹覆，这样，电子仪器便可以分出有效和无效击中。花剑重500克，长110厘米。花剑比赛也讲究击中优先权，先攻击而击中者得分。被攻击者须先做出有效抵挡动作后再进攻击中才有效。双方同时击中均不得分。由于花剑轻巧，有效击中面积小，因此对技术、战术尤为讲究。1995年起使用电动裁判器。奥运会有男子个人（1896年列入）、团体（1904年列入）、女子个人（1924年列入）、团体（1960年列入）4个花剑比赛项目。

（二）重剑

重剑出现于1885年，热衷于决斗的贵族、绅士们觉得花剑太轻，不够刺激，在习武时使用一种三棱形的剑，交锋部位不受限制，全身均为有效击中部位，这就是延续至今的重剑。

现代重剑比赛分男子和女子项目，均有个人赛和团体赛。比赛时运动员全身都是击中有效部位，只准刺，不准劈打，重剑是最早采用电动裁判器的击剑运动项目。击中有效部位包括全身，即躯干、腿脚、手及臂以及头盔。重剑最多不能超过750克重，长110厘米。它比花剑重，剑杆也硬。与花剑及佩剑不同，重剑每次击中都有效。若双方在四分之一秒内相互击中，双方各得一次击中数。最容易被击中的部位是手。奥运会有男子个人（1900年列入）、团体（1908年列入）、女子个人（1996年列入）、团体（1996年列入）4个重剑比赛项目。

（三）佩剑

佩剑问世于18世纪末，匈牙利人对东方的波斯、阿拉伯及土耳其人早期骑兵使用的弯刀进行改良，在剑柄上装上一个半月形的护手盘，起到护手和格挡的作用。后来，意大利击剑大师朱赛普·拉达叶利将其进一步改进，使它能在击剑练习和决斗中使用；并根据骑兵作战的特点，规定击中有效部位为腰带以上，这便是现代佩剑的前身。

现代佩剑比赛分男子和女子项目，均有个人赛和团体赛。佩剑重500克，长105厘米。比赛时以劈为主，也可刺，腰部以上（包括头部和股）为击中有效部位。运动员穿金属衣盖住有效部位，戴金属面罩。击中有效部位时，电动裁判器显示彩灯；击中无效部位时不显示灯。互相击中时，主裁判按优先裁判权原则进行判决。若双方同时进攻，并同时击中，不作判决，在原地重新开始比赛。佩剑由于动作幅度较大，进攻速度快，威胁性强，对运动员步法的灵活性和战术快速应变能力等要求高。1989年起使用电动裁判器。奥运会有男子个人（1896年列入）、团体（1908年列入）、女子个人（2004年列入）、团体（2008年列入）4个佩剑比赛项目。

三、中国击剑的发展

中国击剑协会成立于1973年。1974年5月17日在摩纳哥蒙特卡洛举行的国际击剑联合会代表大会上，中国击剑协会正式加入国际击剑联合会。

中国击剑队是一支拥有光荣历史、屡创奇迹的队伍。在1978年马德里世界青年击剑锦标赛上，栾菊杰首次为中国在国际剑坛升起了五星红旗，打破了欧洲人垄断世界剑坛的局面。在1984年洛杉矶奥运会上，栾菊杰历史性地夺得中国首枚击剑奥运金牌，这也是亚洲人首次登上奥运击剑冠军的领奖台，终止了击剑这项古老运动由欧洲人称霸88年的局面。

多年的深厚积累换来了中国击剑项目整体实力的稳步提升，进入新世纪，中国击剑队逐步收获了属于自己的荣耀，花剑、重剑、佩剑三个剑种多次问鼎世界之冠，尤其是中国女子重剑，世界排名始终位于三甲之列。

在2002年世界击剑锦标赛上，谭雪获得女子佩剑个人金牌，这是中国第一个击剑世锦赛冠军。在2006年击剑世锦赛上，李娜、张莉、骆晓娟、仲维萍夺得女子重剑团体金牌，这是中国击剑史上第一个世界团体冠军，男子重剑运动员王磊夺得了第一枚男子击剑项目世锦赛个人金牌。中国男子花剑团体在2010年、2011年击剑世锦赛上蝉联冠军。在2011年击剑世锦赛上，李娜、孙玉洁包揽女子重剑个人金银牌。在2015年击剑世锦赛上，由许安琪、孙玉洁、孙一文、郝佳露组成的女子重剑团体再获金牌。

在奥运会上，中国击剑队不断取得骄人战绩，至今已摘得4金7银3铜：

1984年洛杉矶奥运会，栾菊杰夺得女子花剑个人金牌，这是中国首枚击剑奥运金牌；

1992年巴塞罗那奥运会，王会凤夺得女子花剑个人银牌；

2000年悉尼奥运会，中国男子花剑"三剑客"——王海滨、叶冲与董兆致合力夺得男子花剑团体银牌，同时女子重剑团体夺得铜牌；

2004年雅典奥运会，男子花剑团体获得银牌、王磊获得男子重剑个人银牌、谭雪获得女子佩剑个人银牌；

2008年北京奥运会，仲满夺得男子佩剑个人金牌，实现了中国男子击剑奥运金牌零的突破，同时女子佩剑团体获得银牌；

2012年伦敦奥运会，中国击剑队共收获2枚金牌，雷声获得男子花剑个人金牌，由李娜、骆晓娟、孙玉洁、许安琪组成的女子重剑团体获得金牌，孙玉洁获得女子重剑个人铜牌；

2016年里约奥运会，女子重剑获得团体银牌，同时孙一文获得女子重剑个人铜牌。

2021年东京奥运会，孙一文获得女子重剑个人金牌。

四、击剑比赛基本规则

2000年悉尼奥运会举行前，国际击剑联合会向外界宣布，击剑比赛将首次使用无线频率探测器计算有效点击数，以此取代流行了半个世纪的电子仪器。

击剑是双人比赛，比赛中，一方用剑尖刺击对手，使剑尖准确无误地刺在有效部位并具有刺入的性质。最后有效点击数多的一方为胜。按规则，循环赛在4分钟内5次击中，淘汰赛在9分钟内15次击中。最先击中对方达有效次数，或时间到后击中对方次数多者为胜。团体赛中，最先击中对方达45次的团队为胜。

重剑、花剑、佩剑的有效击中点及比赛规则有所不同，它们各有其竞技特点。相比而言，花剑更具运动性，佩剑速度最快，重剑则更需要技巧和准确性。

（一）预备

比赛在1.5米到1.8米宽，14米长的剑道上来进行。当裁判宣布准备比赛时，双方队员在离中心线两米处紧急就位。队员们应该侧身站着，手中剑必须指着对手，未握剑的手靠在背后。运动员每得一分都得回到这个姿势重新比赛。

（二）得分

使用重剑、花剑、佩剑击中，就是用剑尖刺击对手，使剑尖清楚、准确无误地刺在有效部位并具有刺入的性质。到达对手身体的任何部位的击中，都是有形的、实体的、实质性的击中。为了击中有效并得分，落点必须在有关剑种规定的有效部位内。

重剑是完全刺击武器。只有剑尖击中才有效，剑身横击无效。两位选手的剑尖分别装有红光和绿光探测器。击中发生时，剑尖会产生一束强光。

花剑也是完全刺击武器。只有剑尖刺中才有效，剑杆横击无效。

佩剑是既劈又刺的武器。在实战中，以劈中得分为多。佩剑比赛速度最快，往往用的时间也最短。

如果电子仪器显示一位队员得分，裁判会当即中止比赛，双方队员预备后继续进行比赛。

（三）平局

在9分钟内，如果双方为平分，那么将加赛1分钟，使用突然死亡法。为了防止双方过分防守，加赛前抽签决定如果加时赛中双方都未得分,那谁会是胜者。

(四)团体比赛

团体比赛中,每一位选手与对方的三位选手轮流比赛。先获得5分的选手为胜,然后选手交叉进行比赛,最先获得45分的团队为胜。

(五)犯规与处罚

比赛重新开始后,一般情况都是从同一地点开始比赛(判罚丧失场地除外)。判罚丧失场地一般是把比赛的现场向犯规的团体移一米。如果选手的双腿都触底线,将被罚击中一剑。

警告后,重犯同一错误,也会被罚击中一剑。像在佩剑中的冲刺冲撞,在花剑中故意作身体接触,在重剑中推挤对手也属于故意身体接触行为,都会被罚击中一剑。

转身背向对手、剑尖在场地上非法拖划和重刺或者用不持剑手遮盖避免被击中都是犯规行为。第一次给以黄牌警告,如果再犯,将出示红牌判罚被对方击中一剑。对那些更为严重的犯规,比如报复与粗暴冲撞以及与对手串通舞弊,将会直接出示黑牌驱逐出场。

第二节　佩剑特点

佩剑在技战术上有其自身的特点。规则规定佩剑的攻击动作方法除用剑尖刺外,主要是用剑刃、剑背和整个剑条劈击对手有效部位,有效部位为腰部以上躯干部位,包括头、手、臂;剑的形态和结构也区别于其他剑种。佩剑剑身柔韧性最好,并有剑背、剑刃之分,护手盘呈月牙状,剑柄系宽背、微弯的直把手柄。佩剑技术与其他剑种的区别,表现在握法、手指发力和手上动作,剑的运用及脚步动作的要求的特殊性。

第一,实战姿势持剑臂要靠近躯干,便于防守与保护。握剑的方法和手指发力要适应剑的结构和攻防动作。

第二,以劈为主的动作方法,动作发力和运动轨迹、形状有其特殊性,振幅较大,交锋距离远于其他剑种,其准备时间较充分。因此进攻时部位选择、攻击点、真假动作及转移变化多而频繁。

第三,以劈为主的攻击动作,相比其他剑种增加了进攻和防守部位的选择变化的难度,同时攻防转换多而快,导致控制与反控制、发挥与反发挥的多次交锋回合的出现,并要求在动作节奏上善于变化,如动作幅度的大小、用力大小、动作快慢、时间间隔长短的有机配合,使动作衔接连贯流畅。

第四,由于劈的技术特殊而形成佩剑的交锋距离比其他剑种远,因此要求脚步动作灵活多变,特别是距离远近的判断调节和转换变化要求准确、快速、协调,手脚动作有机配合,只有这样才能达到攻防动作的目的。

第五,由于佩剑交锋中快速多变供双方调节的时间短,因此在高度集中注意力、判断、预计和随机应变等方面比其他剑种要求更高。现代击剑运动是一项具有高智商、高体能要求的器械类对抗性项目。特别是佩剑比赛,其特点是攻击动作以劈为主、刺为辅,剑身的弹性大,运动时剑的振幅大,以360°角攻击对手任意一面有效面积都符合击剑规则,运动轨迹不易判断,形成了佩剑独特的技战术打法和攻防特点。

第六,简单快速对攻战术,主导佩剑比赛。简单快速对攻战术是佩剑运动员必须掌握的基本技能,其优点是易掌握先机,从开始就控制着比赛的节奏,以获得心理和气势上的优势,在佩剑比赛中发挥着重要的作用,它是一种高效的得分战术。技术动作过程简单实用、脚下步伐与出手速度衔接变化、真实意图的掩藏与决定性进攻是简单快速进攻技术鲜明的特点。

第七,优先裁判权规则使复杂进攻在比赛中成功率最高。复杂进攻在比赛中有两种条件才可发生,第一种是攻防转换后,一方处于保持防守距离后退,另一方转换后积极向前作调整进攻。第二种是主动的战术后退,为战术的成功创造条件。绝大多数复杂进攻发生在第一种攻防转换后产生的紧逼进攻、跟进进攻、调整进攻、转移进攻、击打进攻中。后退方因优先裁判权规则限制，不敢轻易向前进攻、对攻，而武器防守成功率又低，只能采取控制距离后退威胁、划圆击打干扰结合后拉、击剑线威胁或击剑转换战术，一旦后退到端线后只能采取武器防守加后仰上身躲避进攻、点手臂、抢攻、对抗反攻，成功率都很低。反之，紧逼进攻、跟进进攻、调整进攻、转移进攻成功率就很高。

第八，武器防御是本能，距离防守得分才是能力的体现。佩剑进攻劈的动作是立体的，武器防守相对花剑和重剑要困难得多，形成了易攻难守的技战术打法，但武器防守也是每一名佩剑运动员必须掌握的基本技能。在实战中，武器防守还击运用成功往往可以压制对手得分气势，激励着运动员继续战斗。武器防守还是佩剑防守的最后一道防线，运用成功则得分，反之失分。

第九，及时反攻与一般反攻使用率、成功率低于其他技术。一般反攻包括后退时点手臂、点头盔、后退时击打、前后移动中第 3 第 4 对抗劈、前后移动中摆脱击打的劈、刺，击剑线刺。抢攻与反攻在实战中有着本质的区别，一般反攻成功的特点是在第一击剑时间及第一个进攻动作没有击中或同时击中，大部分反攻是向后移动中得分，而抢攻虽然是向后移动或原地出手，但一定是在第一击剑时间对方未形成攻击前抢先击中对方，剑尖运动轨迹和发力方向一直向前，其技术突出点在“抢”上面，及时反攻的称谓应回归抢攻更合适。及时反攻与一般反攻在实战中没有技战术优势。

第三节　佩剑基本技术

一、准备姿势

（一）握法

动作要领：由于佩剑的剑柄微弯曲，背面较宽，后端与护手盘的月牙相连，因此握柄时将剑柄握在大拇指和食指第一指节之间，拇指指腹自然贴在剑柄宽面背上并略弯曲，食指离护手盘软垫约一指宽与拇指对合用力，其余手指自然勾握住剑柄侧面，小指和无名指最后关节握住剑柄后部，掌心要空，不接触剑柄，便于灵活地操纵剑身。握柄要求手指自然放松，切忌握得太紧太死，手腕向上外展，便于手指与手腕相互配合。

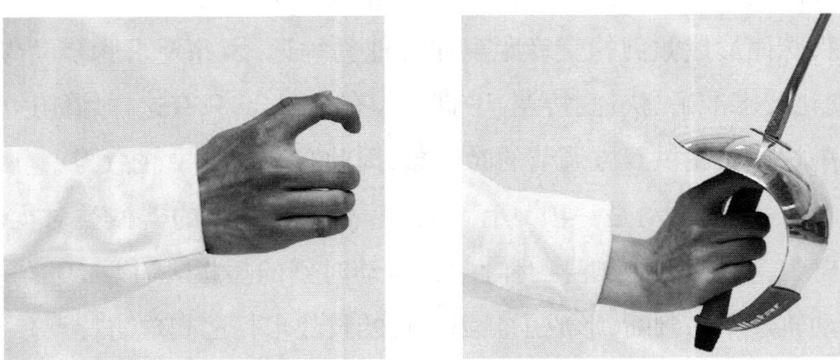

图 18－1　握法

练习方法：

（1）先把剑柄握在拇指和食指之间，其余手指自然握住剑柄后部。手心要空，然后检查和纠正易犯的错误，基本掌握正确的握法。

（2）练习体会握住剑柄时，通过手指带动手腕协同配合用力来控制剑身、剑尖的动作。

（3）通过练习进一步体会握住剑柄进行正劈、反劈刺和击中瞬间的手指、手腕配合用力的动作。

(二)实战姿势

动作要领:

(1)实战姿势站位两脚呈丁字形自然分开与肩同宽,前脚与持剑手臂同一方向,两膝自然弯曲,前膝向前后膝向左,躯干直立,面向前方,重心在两腿之间。

(2)持剑臂向前自然弯曲,上臂、肘部靠近体侧,前臂与地面平行,手腕不高于肘,并伸(背屈)手腕,使手心向内与水平略成45°,护手盘月牙朝向前偏外以保护手的外侧和下面,剑尖指向对手头部及其正中线位置成第三姿势。

(3)不持剑手叉腰或在体侧自然放松下垂,保持身体平衡。

图 18-2　实战姿势

练习方法:

(1)先按脚、腿、躯干、持剑手与臂、不持剑手与臂的顺序逐一分别进行练习。再按脚与腿的位置,头与躯干的姿势和身体重心,持剑臂和手、不持剑臂与手的姿势三方面分别练习。

(2)按实战姿势的规范进行反复练习,达到基本掌握实战姿势规范。

(3)用实战姿势进行移动练习。注意身体姿势要自然放松,前脚尖对准正前方,前后移动保持重心平稳,防止上下起伏,并保持正确的实战姿势。

二、进攻技术

佩剑进攻技术是合理有效击中对手的动作方法。劈和刺是佩剑击中对手的动作方法,是进攻技术的核心,劈和刺中是最终目的。佩剑剑身柔韧性较大,有剑尖、剑刃、剑背之分,护手盘呈月牙状,剑柄形状特殊,击中有效面积较花剑大。因此,除刺的动作方法与其他剑种基本相似而又有所不同外,劈击是佩剑独有的动作方法。劈的动作主要是用剑的前三分之一的剑刃、剑背及两侧偏平部分。用剑刃和两侧偏平部分的劈为正劈,用剑背的劈称反劈。劈较刺用得多,劈、刺时剑身的振幅大于其他剑种,进攻距离较远,有较充裕的准备时间进行部位选择。佩剑的刺分为直刺、角度刺、转移刺、对抗刺等。持剑手臂向前伸直时向内旋转,手心向下,剑尖略降低,刺向对方有效部位。

劈是佩剑进攻的主要方法。劈击可以分为正劈、反劈和角度劈、转移劈、交叉劈、击打劈、对抗劈等。劈的动作方法有:

第一,要正确用力。击中时要求亮灯即可,不必用很大力量去砍对手。过分用力反而导致动作粗暴过大,影响劈的准确性与连贯流畅。因此,劈时用力要轻巧,肩部、手臂、手腕、手指不要过于紧张,劈的动作要适度。正确的用力体现在用力的顺序、方向和着力点上,这也是劈的准确性的重要条件。用力要以手指、手腕和肘关节的顺序进行,方向要指向对手的有效部位,着力点在剑的前端。

第二,在佩剑进攻过程中,剑身应当是在持剑臂桡骨的延长线上,手腕带形成一定角度,劈的方向与月牙、剑刃的方向是一致的,共分八个方向,成“米”字形。

劈头采用上线正劈，劈前臂下面采用下线反劈，劈外侧从外侧正劈，劈内侧从内侧正劈。这就形成十字劈击方向。另外，劈左脸、胸部、不持剑臂和右脸、持剑臂上臂，可以采用上内斜线和上外斜线的正劈来完成。劈持剑前臂外侧和内侧，可分别采用下外斜线正劈和下内斜线反劈来完成。这样就合理形成佩剑劈击八个方向的动作方法。同时为了避开对手的防守和获得优先裁判权，又有了角度劈、转移劈、交叉劈、击打劈、对抗劈等。

第三，要想完成好劈（刺）技术，必须做到眼、脑、手、脚、体位的互相配合。必须通过敏锐观察获得对手的信息，经过脑的分析综合判断作出劈的决定，而劈时手脚体位的动作要有机协调。必须先伸臂（即剑身先动）后上步。击剑比赛规则规定佩剑先伸臂，剑尖威胁对手的有效部位，持剑臂的肘角必须大于135°，才算是进攻。同时，佩剑持剑臂比花剑更靠近体侧，其手腕伸（背屈）保持一定紧张度，剑同前臂形成一定的角度，在持剑臂接近伸直时，才由手指、手腕配合完成劈击动作。因此，必须十分强调上臂的放松自然，前臂与地面平行，肘关节保持弯曲度和一定力度，剑的前端应该指向对手头的正中，以保证剑前端快速击中对手有效部位。步法的配合要平稳、协调、连贯，只有这样才能确保剑劈向目标的准确性。

（一）直接劈

动作要领：

（1）从实站姿势开始，以剑前端领先带动剑身和手臂，平稳地前伸的过程中，转动护手盘月牙，剑刃指向目标，完成同一条线上的进攻。

（2）剑身接近目标时，手臂充分伸展，手腕微伸（背屈），手指控制剑柄使剑刃指向有效部位。

（3）在完成伸臂动作的最后阶段，接近攻击目标时，运用拇指与食指相对用力，其余三指配合快速用力紧扣剑柄下部，带动手腕，快而脆地劈击目标。

（4）击中目标时振荡反弹，手臂放松，手腕回到原伸（背屈）位置。

（5）反劈时持剑臂前伸，以手指、手腕控制剑身向前下方快速移动，使剑背前三分之一置于对手前臂内下侧，并以手指带动手腕向前上方发力，用剑背的前三分之一反劈中目标。

练习方法：

（1）持剑向前伸臂时，注意动作平稳隐蔽，手臂放松，剑与前臂桡骨保持在一条线上，剑刃转向目标，手不能高于肩。

（2）手臂接近伸直时，保证拇指、食指、其余三指在剑柄上配合用力，加速击向目标。

（3）连续击中目标数次，并使剑前端弹回几厘米、剑身和剑柄回到原来的位置上。

（4）慢速伸臂，突然加速伸直劈中目标，放松回到原位。

（二）劈头

动作要领：

（1）从实战姿势开始，在向前伸臂的同时，调节好剑刃和护手盘月牙的方向，用正劈对准面罩顶部劈击。

（2）劈时持剑臂保持适度的弯曲，手腕外展，剑前端对准面罩顶部，完成直接劈头。

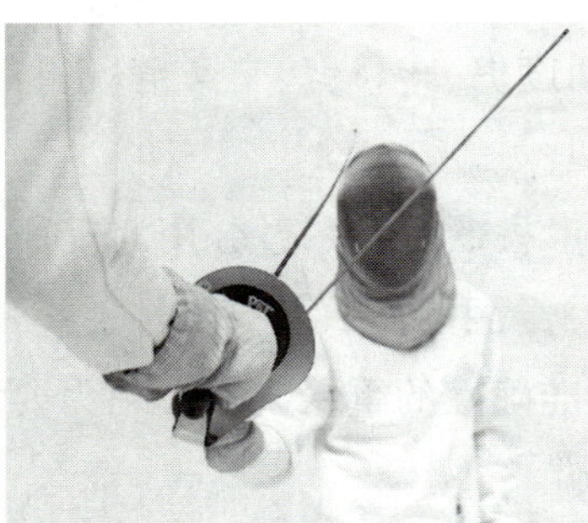
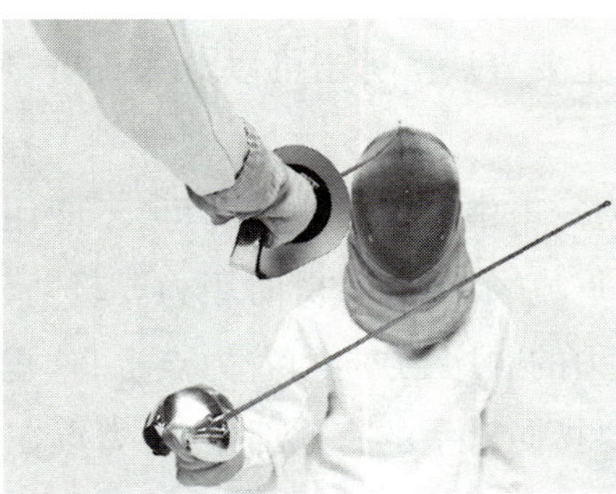

图 18－3　劈头

练习方法：

(1)劈头是直接劈技术中最基础的动作，要注意直接劈动作顺序和发力劈出的时机。

(2)强化第三部位持剑姿势时持剑臂的屈度、剑前端的高度、手腕外展的角度。

(3)反复练习手指带动手腕的发力及完成劈头的动作。

(三)劈右脸和外侧(肋部)

动作要领：

(1)从实战姿势开始，手臂前伸的同时内旋，用手控制护手盘月牙、剑刃方向。

(2)剑刃指向对手右脸或外侧(肋部)目标，快速向前劈出。要求动作连贯放松。

(3)剑身保持与桡骨延长线一致，剑前端略高于护手盘。

(4)对手右脸位置较高，右侧肋部位置较低，因此劈右脸时剑尖稍高，向内移动角度较小，而劈右侧肋部时，剑尖稍低，向内移动角度较大。

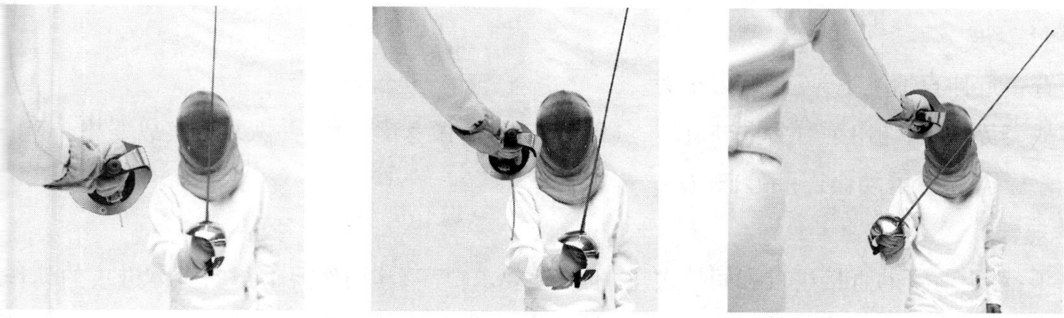

图 18-4　劈右脸和外侧

练习方法：

(1)劈靶练习。从实战姿势开始，伸臂并内旋，剑刃对准目标(劈右脸剑刃稍高，劈外侧肋部稍低)，手臂逐渐前伸，直接劈中目标，然后恢复成正确持剑姿势。

(2)分解练习。

①手臂接近伸直，持剑对准目标连击数下，然后还原成正确持剑姿势。

②从实战姿势开始，伸臂并内旋，剑刃对准目标劈，剑前端高于护手盘。还原成实战姿势。

(3)完整练习。把分解动作连接起来做。

(四)劈左脸和内侧部位(胸腹部)

动作要领：

(1)从实战姿势开始，手臂向前逐渐前伸并外旋，用手指控制护手盘月牙，剑刃指向目标，直接劈对手左脸和内侧部位(劈内侧部位有两种方法：一种如上述；另一种可用剑的扁平部劈)。

(2)击中时，剑前端高于护手盘，动作连贯放松。用正劈完成动作。

(3)对手左脸位置较内侧高，因此劈左脸时剑尖位置较高，向外移动的角度较小，劈内侧时剑尖位置较低，向外移动的角度较大。

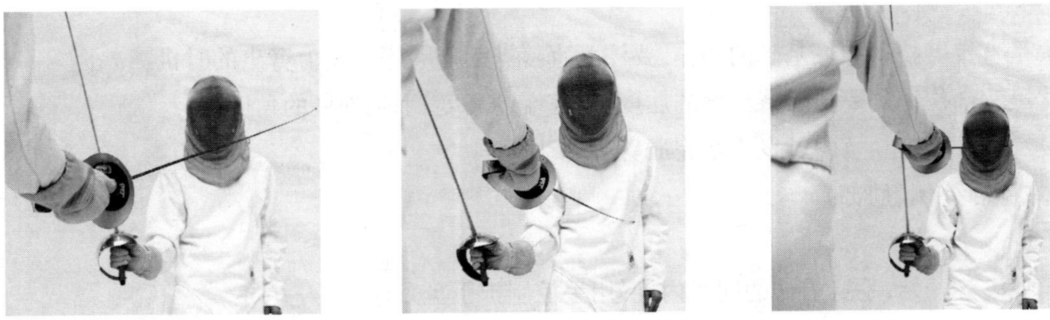

图 18－5　劈左脸和内侧

练习方法：

(1)劈靶练习。从实战姿势开始，手臂逐渐前伸的同时，外旋前臂，剑刃对准目标，完成直接劈左脸和胸腹部。在基本掌握动作的基础上，可以进一步练习用剑身扁平部劈击目标的动作，然后恢复成正确实战姿势。

(2)分解练习。

①在手臂接近伸直情况下，反复练习正劈。

②从实战姿势开始，伸出手臂并向外旋转，剑刃对准目标，做劈出动作，并恢复成实战姿势。

(3)完整练习：把分解动作连接起来做。

(五)劈前臂

动作要领：对于前臂的直接进攻和间接进攻，准确性要求很高，其动作要求与向身体进攻的动作相似，只是手臂的目标小，要根据距离和情况的变化，调整劈的角度。进攻时剑与手臂之间夹角较大，可运用三指手腕充分自由地做劈前臂上、下、内、外部位的动作。

(1)劈前臂内侧。手臂近于伸直时使剑的前端指向对手前臂内侧。手略向外，既完成略带角度的劈，又保护自己的手。

(2)劈前臂内侧下部。手略向外，手臂近于伸直时使剑刃指向目标。可以用剑背反劈对手前臂内侧下部。注意动作要隐蔽，快速出其不意地完成动作。

(3)劈前臂外侧。手臂近于伸直使剑尖指向对手袖外侧，手臂向内旋 90°，向对手护手盘下沿前臂外侧快速果断完成劈动作。

(4)劈前臂上部。手臂接近伸直时，突然抬高持剑手，剑向下，护手盘月牙偏向前劈对手的前臂上部。

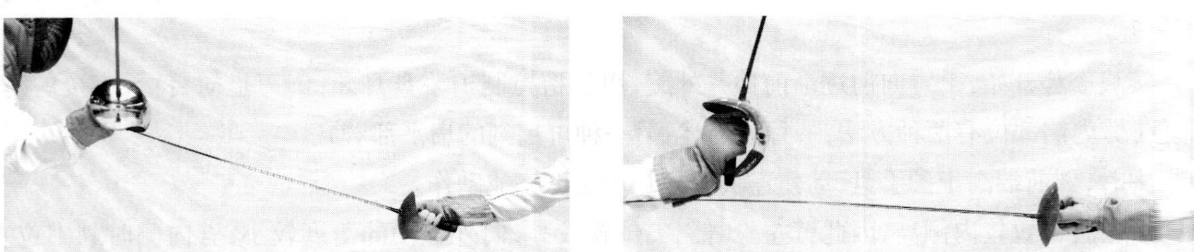

图 18－6　劈前臂

练习方法：学习劈手臂前部的进攻，必须以熟练对身体部位进攻为基础。因为对前臂进攻的准确性要求较高，所以必须按下列顺序练习。

(1)做近距离劈的练习。集中注意剑与手臂前伸角度，手指用力及手腕的角度。

(2)做中距离配合弓步练习劈。解决持剑臂与后腿蹬地动作的配合，手上动作要快，在弓步前脚落地前击中目标。

(3)做远距离劈的练习。在熟练掌握弓步劈前臂动作后,可进行向前一步或跃步接弓步劈前臂的练习,这两种练习都要求在完成向前一步或跃步双脚落地时,手臂完全伸直,要反复熟练后脚一着地时伸直手臂立即与弓步动作的配合。

(4)完成三种距离变化过程的时机配合。即用原地、弓步、向前一步接弓步三种距离变化组合练习,以提高在距离变化中完成动作的能力。

(5)在熟练完成上述练习后,在前移步中,做向前一步、跃步、小跃步、弓步、垫步等步法练习,在不断变换距离和步法节奏的对抗中,寻找最有利时机完成向前臂的劈。

(6)动作配合提示。

①以第二姿势持剑挑引,进攻前臂外侧。

②以第三姿势持剑挑引,指向肋部,进攻前臂外侧。

③向第三部位假进攻挑逗引诱或对胸腹部假进攻接进攻前臂内部。

④向第五部位挑引,进攻前臂上部。

⑤向第五或第四部位挑引,进攻前臂外侧。

(六)直刺

动作要领:

(1)从实战姿势开始,在向前伸臂的过程中内旋,剑尖指向目标。

(2)以剑尖领先带动剑身和手臂平稳向前伸,当剑尖接近目标时,手臂充分伸直刺出,刺中目标时,剑尖与护手盘下沿同高,剑身弓形向上,手腕略上抬。

(3)还原时手腕与肘关节下落,同时前臂外旋还原成实战姿势。

图 18-7　直刺

练习方法:

(1)刺靶练习。以实战姿势开始,剑尖下落指向目标,用剑尖带动剑身和手臂前伸刺中目标,刺中后成正确姿势。理解和体验刺的过程中手指、手腕、手臂的感觉和剑尖位置,剑身弓形弯曲程度及其与距离的关系等。

(2)分解练习。

①手臂内旋,以手指控制剑尖向前,手臂前伸,指向目标。

②伸臂刺出,体会剑尖带动剑身、手臂向目标刺出的动作要领。

(3)完整练习。把分解动作连接起来做。

(七)向前一步劈(刺)

动作要领:先出手,持剑臂自然前伸,待接近伸直时向前一步直接劈或直刺。击中后还原成实战姿势。向前移动时,注意保持身体平衡。

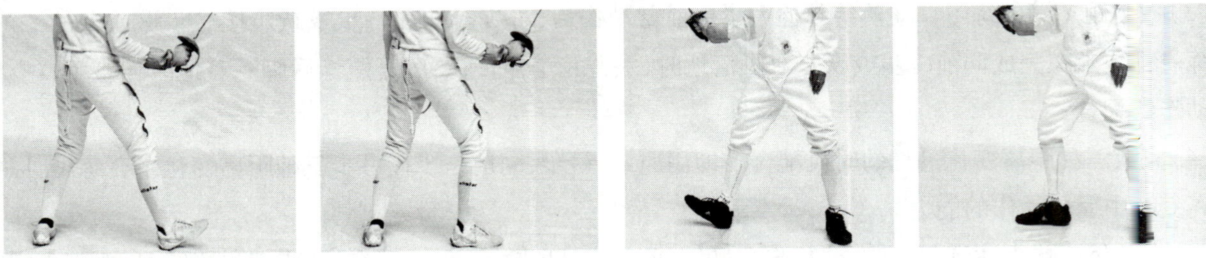

图 18－8　向前一步刺

练习方法：

(1)分解练习。

①伸臂。

②向前一步。

③劈击或刺出。

(2)完整练习。把三部分连接起来做。

(八)弓步劈(刺)

动作要领：

(1)手脚配合协调，先出手后出脚，伸臂并转动护手盘月牙，剑刃对准头部，前脚脚尖伸(背屈)，脚跟着地面，向前伸小腿，身体重心前移，前腿加速前摆，后腿膝关节与踝关节配合后脚快速蹬地，持剑臂加速劈出。

(2)击中后前脚跟先落地过渡到全脚掌落地成弓步。

(3)弓步还原成实战姿势。在持剑臂逐渐回收的同时，后腿屈膝，身体重心后移，同时前脚向后蹬地，身体向后移动，还原成实战姿势。在持剑臂逐步回收时，手与剑要以最小的幅度移动，剑身向前倾斜，上抬剑尖。

图 18－9　弓步劈

练习方法：

(1)分解练习。

①按半弓步要求完成动作。从实战姿势开始，向前伸臂，摆小腿成半弓步、持剑臂劈出或刺出，还原成实战姿势。

②按弓步要求完成动作。从实战姿势开始，向前伸臂，弓步劈出或刺出，还原成实战姿势。

(2)完整练习。在做完整弓步练习前，要选好根据自己弓步深度确定的距离。注意弓步加速与劈击或刺出加速的配合。

(九)向前一步或跃步接弓步劈(刺)

动作要领：

(1)从实战姿势开始，在完成动作时，注意以两个节拍完成动作，注意两个节拍的衔接连贯及加速度。

(2)在第一个节拍时应当及时伸臂向前,剑刃对准目标,连续威胁对方有效部位并作向前一步或跃步动作。

(3)在第二个节拍完成动作时,衔接弓步加速劈击,要求前脚着地前先击中目标。其技术方法同弓步劈(刺)。

练习方法:

(1)强调三个环节。先出手;向前一步或跃步接弓步的衔接要协调、连贯、有节奏;动作要有加速度。

(2)分解练习。

①分成四个部分进行。伸臂;向前一步或跃步接弓步;弓步劈出或刺出;还原成实战姿势。

②分成三个部分进行。伸臂;向前一步或跃步接弓步、劈出或刺出;还原成实战姿势。

(3)完整练习。

(十)转移劈(刺)

动作要领:

(1)从实战姿势开始,向前伸臂,转动护手盘月牙、剑刃,手指、手腕操纵剑柄,控制剑身前端,以前臂为轴,剑尖绕过对手护手盘或剑身,作从内到外、从外到内、从上到下、从下到上,可以是顺时针和逆时针方向也可以是一次二次的半圆的弧线转移。

(2)转移可在对手击打、防守,两剑尚未接触的瞬间进行,也可作直接转移。近距离时可直接快速转移;远距离时 先采用晃剑,使对方难以判断,再选择好时间、距离才作转移。转移劈的动作要突然、有加速度,要先于对手做出防守动作前劈中对手。

练习方法:

(1)运用手指、手腕控制剑身前端,以前臂为轴,剑尖指向开放部位,作各种转移劈。

(2)根据对方的压剑与击打或对抗性防守,在对手刚要接触剑的瞬间作及时转移摆脱。

(3)练习各种半圆转移路线。

(4)在熟练掌握一次转移进攻后,再练习两次转移劈(刺)。

(5)在手上动作熟练后,结合弓步、向前一步或跃步接弓步及其他复合组合步法,完整地练习一次转移进攻。

下面是具体转移劈技术:

1. 一次二次向上转移劈第五部位

动作要领:

(1)从实战姿势开始,两剑成外交叉作一次转移劈时,以手指控制剑刃指向第三部位,引起对手反应后顺势向上转移劈头。

(2)作两次转移时,半伸臂先指向第五部位转移劈第三部位,再向上转移劈第五部位。

练习方法:

(1)先以慢速度完成,以领会手指控制剑柄,以前臂为转移轴的剑身成弧线的转移运行路线。

(2)在不同距离上,配合不同步法完成。

(3)在移动中结合不同速度完成。

2. 逆时针转到第三部位劈再顺时针转移劈第四部位

动作要领：

(1)从实战姿势开始，两剑成内交叉，先伸臂，剑刃向前对准面罩，按逆时针从对手的内向外转向第三部位劈出；再向前按顺时针，由对手的外向内转移劈第四部位。

(2)逆时针转移时，剑刃对准第三部位劈，动作速度不要太快。顺时针劈出剑的速度要加快，顺时针的转移是在对手做出第三姿势防守动作时进行的。

练习方法：同前。

3. 晃剑紧逼作一次二次转移劈

动作要领：

(1)在中远距离紧逼中配合步法，用剑晃动作连续威胁对手，使对手难以判断进攻方向。

(2)根据对手反应，随机选择一次、二次转移劈。

练习方法：

(1)分解练习。分三部分进行，结合步法有控制地晃剑，向前一步或跃步接弓步，完成一次二次转移劈。

(2)完整练习。把分解部分连起来做。

(十一)击打劈

在佩剑实战中，主动击打动作可直接得分，也可起到转换获得优先裁判权作用。

动作要领：

(1)击打时以手指、手腕用力，适当甩腕，用适度力量击打对手剑身，且时间短而脆，并控制好击打后剑身位置。

(2)击打可以从不同姿势或同一姿势向同一方向或不同方向打击。

(3)动作要求突然、快速、隐蔽。

(4)可以用于准备行动，试探对手，迷惑对手，为决定性攻击作准备。

(5)既可以用剑刃击打，也可以用剑背击打。

练习方法：

(1)与同伴原地做各种击打动作，以体会动作要领。

(2)与同伴在移动中做各种击打练习。

下面是几种击打劈：

1. 第四击打劈和转移劈

动作要领：

(1)由实战姿势开始，在伸臂的同时使剑对准目标，用手指、手腕发力，快速而突然用剑刃击打剑身中前部，使对手剑离开原来位置或短暂失去控制。

(2)前臂要放松，剑身稍前伸，并同时内移。

(3)当击打到对方剑时，手腕保持适当用力并立即劈向有效部位。

(4)直接劈头或内侧部位(第四部位与前臂内侧)，也可以下绕过对手护手盘转移劈第三部位。

练习方法：

(1)与同伴做分解练习：分成三个部分进行，伸臂击打沿对方剑身顺势前滑一段，劈出。

(2)与同伴做完整练习。

(3)与同伴做击打劈头、前臂、第四部位，转移劈第三部位的练习。

(4)结合不同距离、不同步法练习。

2. 第四剑背击打劈

动作要领：

(1)由实战姿势开始，在向前伸臂过程中，顺势向内旋转前臂，使剑刃指向对手右脸，同对手剑成内交叉。

(2)击打对手剑的中前部，立即劈对手右脸。

练习方法：

(1)分解练习：分成两个部分进行，伸臂击打，劈击。

(2)完整练习。

(3)结合不同距离、不同步法练习。

3. 第三、第二、第一击打劈

动作要领：

(1)第三击打劈。由实战姿势开始，剑与对手的剑成上线外交叉，伸臂直接用剑击打对手的剑，并劈第三部位或劈头。

(2)第二击打劈。由实战姿势开始，伸臂下降剑尖，手指带动手腕向下向外，用剑身快速击打对手呈下线姿势的剑，并向上移动以剑背劈左脸。

(3)第一击打劈。由实战姿势开始，伸臂下降剑尖，并向内旋转，以手指带动手腕向内，用剑身快速击打对手持下线姿势的剑，并按圆周轨迹运行劈头。

练习方法：同前。

(十二)对抗劈

动作要领：

(1)准确预测判断对手来剑的方向、速度、力量及距离。

(2)在来剑方向的同一线上，用剑身强部或护手盘抗开对手的剑，使其偏离有效部位，并进行劈击。

(3)第三对抗劈。持第三姿势，手缓向前伸臂，两剑成外交叉，针对对手劈外侧的动作，剑身加速向前同时护手盘月牙偏内，用剑身强部外侧或护手盘外沿抗开对方的剑，使其偏离有效部位，手腕稍屈，用力劈头。

(4)第四对抗劈。持第三姿势，手缓向前伸臂，两剑成内交叉，针对对手劈内侧的动作，沿第四姿势位置加速向前伸臂同时护手盘月牙偏外，用剑身强部内侧和护手盘内沿抗开对方的剑，使其偏离有效部位，手腕微伸，用力劈头。

练习方法：与同伴做慢动作和快速度的对抗劈练习。

(十三)角度劈

动作要领：

(1)在接近目标的最后阶段，转动前臂和伸或屈手腕来增大劈的角度。

(2)劈时运用手指、手腕控制剑身前端发力的动作进行带角度的劈。

(3)劈前臂基本均用角度劈(见劈前臂)。

练习方法：

(1)原地做由慢到快的角度劈练习。

(2)移动中做角度劈练习。

三、防守与还击技术

佩剑的防守与还击技术在执行方法上有以下特点：

第一，由于佩剑以劈为主的打法，剑身特殊的运动轨迹，幅度较大，依靠单纯的武器防守往往难以成功，多采用以距离与武器混合式防守还击技术，来提高防御的成功率。

第二，在完善各种打法的过程中，利用距离的变化和各种假动作配合为掩护手段，从防御中转入攻击，从进攻中配合防守。采用各种抢攻、反攻、击剑线、接触武器等“击攻性防守”手段来夺取优先裁判权。

佩剑姿势防守有六种：第一姿势防守、第二姿势防守、第三姿势防守、第四姿势防守、第五姿势防守、第六姿势防守。

防守还击方法：

直接还击：防守后立即用直刺或劈来攻击对手的有效部位。

转移还击：防守后采用转移劈或转移刺的动作攻击对手暴露部位。根据不同的距离采用不同转移还击方法。

击打还击：用击打对手的剑夺取优先裁判权的防守还击方法。

交叉还击：防守后用剑身向后绕过对手剑尖，劈向另一暴露的部位。

时间差的还击：防守后稍停顿或作晃剑或连续转移来错开对手的动作节奏，攻击其暴露的部位。

反还击：在对手防守还击时立即做出防守后的攻击动作。

防守还击的要求：由防守姿势开始，结束于还击动作姿势。根据不同的距离、对手的不同情况，还击的部位是多变的。

轨迹：各种不同的防守还击的路线和轨迹是不同的，同样的，防守还击目标和手法不同，护手盘和剑尖的轨迹也不同。还击时，将剑尖对准目标，控制剑尖动作，尽可能地命中目标。

力量：击打防守还击要求用爆发力，击打后要用力量控制好剑尖。

速度：从快制胜或以慢制快，要根据对手情况和距离来运用速度。

节奏：要能变化节奏，错开对手防守节奏。

（一）距离防守

正确保持距离的能力来自距离感，距离感建立在良好的视觉感上。距离感是在大量技术训练的积累和丰富的实践经验基础上，逐步形成和提高的。它取决于武器、手臂的长度、脚步的深度以及动作速度。距离感是从不断适应对手移动的速度、步幅、节奏、方向的变化，甚至包括两剑不停变换的位置关系而获取的。运用步法保持同对手的距离，增加了防守的可靠性，免于自己被击中，这是进行防御的重要手段。因此现代佩剑常常把武器防守与距离防守结合起来运用。退开距离要在对方进攻的最后一刻再进行，缩短距离是要打断对手的进攻动作节奏，以提供特殊还击的条件。

避开对手的攻击距离与位置的闪躲，是凭借步法和身体出其不意变化位置结合而成的。比如在佩剑比赛中下蹲或后仰上身和头部，出其不意回收手臂等利用身体位置变化避免被击中，从而获取主动权。

（二）第六姿势防守还击

动作要领：

（1）由实战姿势开始，腕外展，前臂向外旋转的同时肘与剑身向内、成斜线向上移动，并举臂使护手盘处在面罩内侧，高于面罩顶部至第六部位。

（2）大拇指向外斜，剑尖向上外斜，护手盘月牙向内前上，前臂向内前上，上臂平行于地面。

（3）还击时手臂顺势向内旋转，使剑刃与护手盘月牙对准对手第三部位直接还击，也可以对准对手左脸作直接还击。

图 18－10　第六姿势防守还击

练习方法：

（1）原地按要求反复练习，重点检查臂与剑形成的角度，剑刃、月牙的位置，手与剑的位置。

（2）与同伴练习。由第三姿势开始，同伴原地攻击头部，运动员作第六姿势防守，并还击第三部位。

（3）用多种步法进行练习。在各种距离变化中分别以原地弓步、向前一步接弓步（跃步弓步）等多种步法移动完成第六防守还击。

（三）第三姿势防守还击

动作要领：

（1）由实战姿势开始，手持剑在第三部位，手臂弯曲，肘关节离腰约一拳。

（2）上臂自然下垂，前臂与地面平行，大拇指向上，手腕稍向外，月牙稍偏外，剑尖斜向前内上方。

（3）直接还击头，亦可以还击第三部位、第四部位，直接刺第四部位，或进行一次二次转移还击。

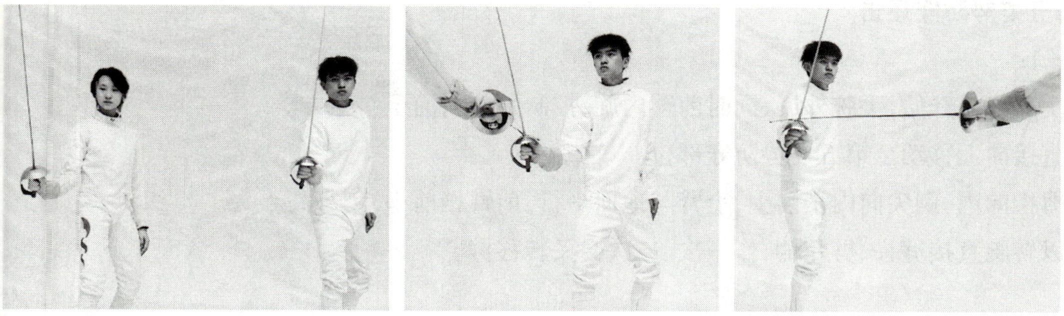

图 18－11　第三姿势防守还击

练习方法：

（1）反复练习第三姿势防守。

（2）从第四部位开始，重复作第三姿势防守，反复检查握剑姿势、剑刃与月牙的方向、剑与手的位置及防守控制能力。

（3）在反复练习上面动作姿势后，同伴作第三部位进攻，运动员由第四部位开始移动剑，作第三姿势防守，并还击头部及其他部位。

（4）在熟练掌握上述动作后，配合后退步法练习，在后脚后退时，剑尖向前威胁对手，待同伴决定攻击后，前脚后移，作第三姿势防守还击。动作要到位、快速、有力，完成还击头部或其他部位。

（5）上述动作熟练掌握后再作弓步还击或一次、二次交叉转移还击，交叉转移时不能碰到对方的剑身。

（四）第四姿势防守还击

动作要领：

（1）从第三姿势防守开始，月牙和剑刃向内旋转至内斜前方，同时持剑手向内作弧形移动至第四部位。

（2）手臂屈，上臂下垂，前臂与地面平行，大拇指向上，剑尖向上偏内稍前，剑刃对准来剑方向。

(3)用护手盘和剑身强部封闭第四部位，并作还击劈头或还击第四部位，或还击左脸。

图 18－12　第四姿势防守还击

练习方法：

(1)原地持剑，从实战姿势开始，反复作向内弧形的移动成第四姿势防守。以体会正确位置与姿势。

(2)同伴用剑威胁第四部位，运动员反复体会自第三姿势开始向内作弧形移动，作第四姿势防守。练习中反复检查剑的姿势、剑刃与月牙的方向、剑与手的位置及防守到位后的控制能力。

(3)在反复练习后，作第四姿势防守还击劈头、劈左侧练习。

(4)运动员作伸臂假进攻，在同伴出剑抢攻时，及时后退一步拉开距离，并准确判断来剑部位，再作第四姿势防守还击。

(5)上述动作熟练掌握后，再作弓步的第四姿势防守还击或一次、二次转移劈。注意不要接触对手剑身。

(五)第五姿势防守还击

动作要领：

(1)从实战姿势开始，手腕外展，同时前臂内旋，控制月牙向前至斜上方。

(2)剑直接向上移动至第五姿势防守部位。

(3)大拇指向内，剑尖向内稍前上，上臂与地面平行，前臂稍前举，剑身高于头。

(4)可以转腕直接劈头、劈左侧，作一次、二次交叉转移劈。

图 18－13　第五姿势防守还击

练习方法：

(1)根据要领体会第五姿势防守技术动作，注意前臂和上臂的夹角关系、剑身和剑尖的位置、月牙和剑刃的指向、剑与手的关系。

(2)从第三姿势出发，作弧形移动后成第五姿势防守。反复体会动作路线轨迹、手臂旋转、剑刃的指向、持剑的高度、握剑姿势及实际保护第三部位的抗力。

(3)与同伴配合，作防五姿势防守还击。

(4)由第三姿势作假进攻威胁，待对手出剑后，及时后退一步拉开距离，准确判断来剑方向，作第五姿势防守还击，还击要快速、突然、准确。

(5)待上述动作熟练掌握后，再作弓步第五姿势防守还击，或一次、二次交叉转移劈。注意不要接触对手剑身。

(六)第二姿势防守还击

动作要领：

(1)从实战姿势开始，护手盘向下，手臂内旋，大拇指向下稍前，手心向外下约与水平线成45°。

(2)上臂自然下垂，前臂前伸稍低，手向外稍屈，剑尖向下稍偏前，剑刃对准来剑方向，用强部和护手盘保护第二部位。

(3)防守还击头部，劈左侧，转移刺第四部位或作一次、二次交叉转移劈。

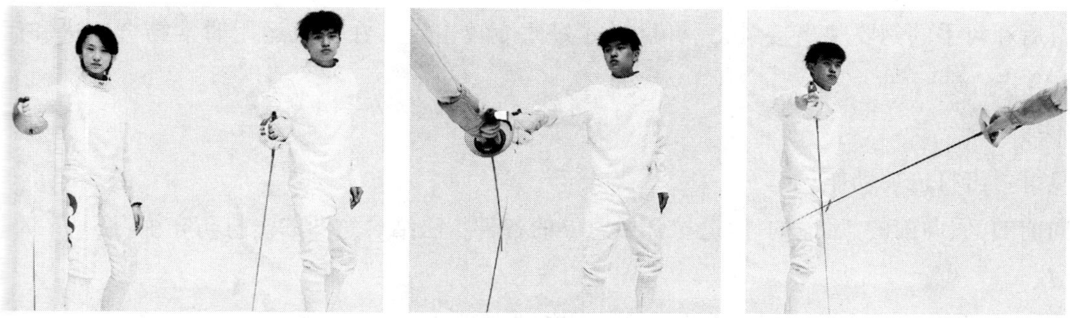

图 18－14　第二姿势防守还击

练习方法：

(1)反复练习第二姿势防守动作。

(2)从第三姿势开始作弧形移动至第二姿势防守部位。反复检查握剑姿势、剑刃与月牙的方向、剑与手的位置及防守后的控制能力。

(3)反复练习上述动作后，由同伴作向第二部位进攻，运动员由第三部位开始用剑作弧形转移，以保护第二部位并作还击。

(4)练习后退第二姿势防守还击，并作一次、二次转移还击。

(七)第一姿势防守还击

动作要领：

(1)从实战姿势开始，前臂内旋180°，护手盘向下，剑尖经由前下作弧形移动至第一部位。

(2)大拇指向下，手心向外稍偏前，上臂与地面平行，前臂稍低，手腕微屈，剑尖指向下偏斜前方。

(3)保护第一部位防守还击头部，劈左侧或作一次、二次转移劈。

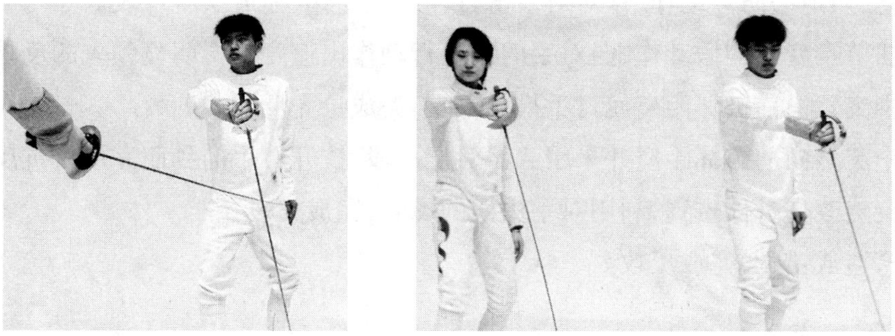

图 18－15　第一姿势防守还击

练习方法：

(1)反复练习第一姿势防守动作。

(2)从第三姿势开始，作弧形移动至第一姿势防守部位。反复检查握剑姿势、剑刃与月牙的方向、剑与手的位置及防守后的控制能力。

(3)反复练习上述动作后，由同伴作向第一部位进攻，运动员由第三姿势开始作第一姿势防守并还击。

(4)练习后退防守还击，并作一次、二次交叉转移还击。

(八)击打防守还击

动作要领：

(1)一般用自己的剑来主动击打对手的来剑，达到防守的目的。

(2)击打防守动作小而突然，还击的动作速度快，要连贯衔接，并多变化。

(3)击打后和对手的剑要脱离接触，只有这样才好改变攻击点。在实战运用时常结合前进和后退步法进行，或配合组合步法进行。

练习方法：

(1)反复练习击打进攻动作。

(2)做向前的、假向前的、后退的、后退拉开后急停的各种步法结合意图的击打防守练习。

(九)反攻

反攻是指在对手发动进攻的时间内做出攻击或防御性的攻击动作。

动作要领：

(1)由实战姿势开始，持剑臂注意放松，剑身有控制地稍前倾，指向目标。

(2)用小幅度简单的动作，以最近路线在对手发动进攻时间内攻击对手的有效部位，动作快速、灵巧、有力，节奏要明显领先于对手。

练习方法：

反攻与防守还击都属于佩剑防守体系，是一种积极防御方法。

(1)同伴用步法逼近并准备进攻，运动员完成原地反攻和后退反攻。

(2)同伴用假动作进攻，运动员在同伴做假动作时，完成原地反攻和后退反攻。

(3)同伴作压剑或击打进攻，运动员完成原地反攻或后退反攻。

(4)同伴作复杂进攻，运动员作向前的各种反攻。

(5)运用连续后退，配合突然急停作原地伸臂反攻对手，即利用后退的变化造成对手在距离上、动作上失误的一种反攻。

(6)运用节奏变化，后退假防守动作，针对对手击打和压剑动作，完成摆脱反攻。

(7)运用后退步法节奏变化的假动作，向对手的准备行动作出速度节奏明显领先的反攻并接防守还击。

(8)在后退过程中突然向前破坏距离使对手措手不及，完成抢先反攻。

(9)在后退过程中突然向前破坏距离并采用武器对抗手段，抗开对手的剑而完成对抗反攻。

(10)运用闪躲，突然改变身体位置，利用对手失误的瞬间，完成反攻。

(11)运用假防守，造成错觉，完成反攻。

(十)击剑线

动作要领：在对方发动进攻前，伸直手臂，以击剑线威胁对方有效部位，当对方击打破坏击剑线时，要及时摆脱进行还击。

练习方法：

（1）原地练习击剑线威胁对方有效部位并注意手臂放松。

（2）原地练习击剑线摆脱对手各个方向的压剑或击打，在摆脱的同时作转移刺。

（3）持击剑线前后移动，当教练员作击打时，立即停止移动，并原地作摆脱刺。

（4）剑尖向下，先后退两步成击剑线，再作弓步摆脱刺或直接弓步进攻。

（5）剑尖向下，先后退一步成击剑线，再向前作第五防守还击。

（6）剑尖向下，先后退一步或几步成击剑线，当对方进攻犹豫时转变为抢攻手前臂下部或抢攻前臂上部，快速后退。

（7）持击剑线后退时，被对方击打后，变假抢攻接防守还击。

（8）持击剑线后退时，被对方击打后，变反击打进攻。

（9）持击剑线后退时，被对方击打后，变后退防守还击。

（10）以击剑线作为直接、间接攻击性防守手段之一，自成战术体系，如摆脱刺变防守、变反攻、变击打、变进攻、变反击打等。练习时还应结合步法距离和对手变化的情况，进行多种节奏的变化。

第四节　佩剑基本战术

一、进攻基本战术

（一）创造、捕捉有利距离和时机的快速进攻战术

简单快速的进攻战术在现代佩剑的实战中占有重要的地位，是进行战斗的强有力手段，被运动员广泛地采用，并反映出现代佩剑发展的趋势。

准确地预测、分辨对手的意图和打法，及其准备行动与决定性行动的开始时间和距离深度与时间区段，是简单快速进攻战术成功的关键。

简单快速的进攻战术，集中表现在对对手攻击行动的准备行动和对对手决定性进攻行动两个方面。

要领：

（1）充分预计对手准备行动和决定性行动的开始时间以及距离深度和时间区段，并根据对手的行动，预计自己行动的动作方向、距离深度和时间区段。

（2）在预见对手准备行动的基础上，要有积极的抢先意识，在行动上要快于对手。

练习方法：

（1）在对手决定性进攻前的瞬间作抢先进攻。有主动抢先的意识，准确地预计对手准备行动的时间和决定性进攻的开始时间。在开始行动前就考虑好二选一的对策，保持高度集中注意力和观察力，及时地把握对手决定性进攻前的瞬间时机进行快于对手的抢先攻击。

（2）当对手犹豫、停顿时实施抢先进攻。把握好对手准备行动动作缓慢、犹豫、准备不足、向前攻击不够或是动作不连贯、停顿的瞬间作简单快速进攻。

（3）当对手做出错误动作时实施抢先进攻。针对对手准备行动中对场上情势错误估计，而被动后退、防守、反攻的情况，把握好距离深度和时间区段作简单快速进攻。

（4）当对手作复杂进攻时实施抢先进攻。把握好对手在进行复杂进攻时，最后动作前的瞬间停顿时机及时作简单快速进攻。

（5）对过分深入的进攻实施抢先进攻。把握好对手对距离的错误估计，而盲目采用过分深入进攻的时机，及时进行抢先简单进攻。

上述简单进攻行动,在现代佩剑的实战中使用频繁,占有重要地位,是佩剑的主要得分手段。佩剑运动员必须具有强烈的抢先进攻的意识,行动上要积极主动,行动开始前就要考虑好二者选一的对策和随时产生的情势变化,抓紧瞬间的有利距离和时间区段及时把握好时机,作简单抢先进攻。

(二)针对对手决定性进攻瞬间的战术

要领:

(1)准确地预测对手决定性进攻的开始时间、距离深度、动作方向和速度。

(2)有意识设置时机与距离上的“陷阱”,诱使对手落入“圈套”。

(3)根据对手受干扰后的行动反应,预计自己应答行动的动作方向、距离深度和时间。

练习方法:

(1)预判对手进攻的距离深度作距离摆脱跟进攻击。根据对手进攻的距离深度及决定性进攻的开始时间,在保持距离中,用剑和步法变化干扰对手,制造距离深度假象,诱使对手作出决定性攻击,并及时从距离上摆脱对手进攻,抓住对手打空后的瞬间,完成快速的转换还击和转换后跟进进攻。

(2)预判对手击打时间区段,作摆脱进攻。根据预测对手习惯及击打的开始时间,在保持距离中,用剑干扰对手及不断地变换步法、距离,并用击剑线或第三姿势持剑制造有利对手击打的假象,再抓住对手击打的瞬间作快速摆脱击打进攻。

(3)干扰对手的进攻距离深度和时间区段作击打进攻。预计对手进攻距离深度和决定性进攻的开始时间,以步法和姿势变化干扰对手,利用对手犹豫、迟缓的瞬间,作及时抢先击打进攻。

(4)根据对手进攻时间区段及方向、速度、距离深度作反攻前臂。预计对手决定性进攻时间区段及动作的方向、速度、距离深度,用剑干扰对手并保持中远距离,在对手决定性进攻,伸臂抬手的瞬间,把握时机反攻对手手臂外侧、内侧和上面。

(5)对对手的决定性进攻作二者择一的防守还击。预计对手的决定性进攻的开始时间,保持距离运用距离结合武器的混合型防守,作二者择一的防守还击。

上述战术在训练过程中,要突出相应微细技术的训练,提高步法变化、移动节奏及步幅变化同武器变化配合协调,这是夺取优先裁判权,扭转被动力争主动的根本。

把握好因干扰和摆脱成功后出现的有利距离深度和时间区段的瞬间,并作出及时攻击。

(三)紧逼进攻战术

紧逼进攻,根据距离深度和时间区段,精确地预判对手决定性进攻的开始时间,要求个人技术较为全面,能攻善守,起动快、步法灵活、敢于接近对手并连续控制对手,迫使对手始终处于不利的被动状态中。紧逼进攻者一般不轻易出手,以真假进攻结合,决不放过场上可能出现的任何机会,要随机应变地采取行动,夺取优先裁判权,同时根据因紧逼对手而取得的有利距离深度和时间区段,作选择部位的进攻或防守还击。

要领:

可以根据自己的能力,采用多种步法变化接近对手,配合以武器连续威胁对手,迫使对手被动后退,被动作出防守、反攻等行动,再做二者择一随机行动,如选择部位的进攻或防守还击。

练习方法:

(1)主动造成压迫性向前移动进攻,迫使对手处于不利的状态。

(2)以步法、步幅、节奏变化,配合武器威胁对手,控制有利的距离和时间,制约对手出剑抢攻的机会,迫使对手始终处在被动的不利状态。

(3)积极主动,以“我”为主,精确预测、判断对手被紧逼后,自己出手的有利距离深度和时间区段

二、防守基本战术

（一）假防守转换反攻、击打战术

利用防守作为掩护手段，结合攻防形成战术体系。常用的假防守转换战术有假防三变反攻手、假防五变反攻手臂、假防变击打进攻、假防头变防三、防四还击。

要领：

（1）准确预测，判断对手进攻时间区段和距离深度。

（2）根据对手的进攻，预测自己动作组合及作出动作的方向、距离深度、时间、速度。

练习方法：

（1）假防变反攻前臂。准确预计对手决定性进攻的开始时间，有意识保持距离后退，移动中急停，突然作出第四防守姿势的假动作，并在同一节拍中对对手前臂外侧部位反攻，并拉开距离。也可以按上述顺序作假防五变反攻手臂。

（2）假防守变击打进攻。保持距离，主动后退，引诱对手深入向前移动（由第二姿势持剑开始），突然急停作第三姿势防守，逼使对手产生停顿、犹豫，抓住瞬间有利时间区段，作第四击打进攻。

（3）假防守变真防守。在移动中主动后退，保持距离，快速后退中急停作假防守，再作后退变真防守还击。即第五姿势假防守转换为第二姿势防守还击；或第三姿势假防守转换为第四姿势防守还击。

根据场上的情势及自己特长，可以选择其中一例作为战术意图，也可带多种意图进行二者择一的选择。运用中应注意防守不逼真，过早暴露转换意图；由于假防守与转换动作没有在一个节拍中完成，动作脱节，延误了动作完成时间区段；武器防守与距离配合失调，不能保持有利的距离深度。

（二）假反攻战术

把反攻作为掩护手段和直接得分手段结合运用，并在获取战术时机后转换为其他动作进行反攻。

要领：

（1）准确预测、判断对手是前进还是原地急停、后退，是防守还是进攻及其距离深度和时间区段。

（2）预计、判断对手作出反应时，自己应做出的动作及其距离深度和时机要恰当。

练习方法：

（1）各种带假动作的反攻手臂。假反攻手臂外侧转劈手臂下面或用剑背反攻手臂内侧；假反攻手臂内侧转劈手臂外侧。

（2）后退中各种假反攻手臂接防守还击。假反攻前臂外侧或下面接选择性防守：防三、防四、防五还击。

（3）假反攻假抢攻变防五、防三、防四。后退中快速移动急停或向前假反（抢）攻头或外侧或内侧接选择性防三、防四、防五还击。

练习提示：

（1）真假反攻，都是在后退中急停后原地或向前作出，而假反攻的意图是作为掩护手段，因此在外形上无显著差别，要逼真，但要注意距离深度，包括反攻时手臂不要完全伸直。

（2）在各种假动作反攻手臂过程中，因手臂目标小，暴露时间短，要求动作要灵活，转换快速，劈出及时、精确。

（3）在后退中假抢攻变防守的过程中，转换选择的随机性要强，防守还击要有适当的距离深度来配合。

（三）击剑线战术与击剑线转换战术

击剑线运用时要求肩、臂、剑成一直线，对准对手的有效部位，给予对手连续的威胁。击剑线战术既可以作为直接得分手段，也可以作为掩护手段，配合其他攻防，构成击剑线转换战术。

要领：

(1)要准确预测、判断对手决定性进攻的距离深度、剑的接触时机。

(2)必须把击剑线的直接得分和掩护手段结合运用，动作外形要逼真，配合攻防转换手段，以发挥其战术效果及威力。

(3)根据对手的进攻，预计自己作出动作的方向、节奏、距离深度、时间。

练习方法：

(1)击剑线直刺。形成击剑线后，利用距离以步法不同的节奏变化，不同的起动、或骤停、或向前、或向后拉开距离后的急停，使对手距离判断失误而进行直刺。如持击剑线后退中，以步法急缓变化，有意识破坏距离，使对手进攻距离失控；快速拉开三步以上，诱使对手快速向前进攻，再作急停、向前或原地成击剑线；持击剑线下落剑，突然向后拉开两步，待对手起步后作急停，又成击剑线。

(2)击剑线摆脱刺。在步法移动的同时，用击剑线来引诱对手进行击打，抓住对手击打尚未接触剑的瞬间，完成摆脱刺。

(3)击剑线对抗刺。用击剑线引诱对手进攻上线，完成对抗刺。

(4)击剑线变反攻。后退中成击剑线，接反攻手臂外侧或上臂或内上侧。

(5)击剑线变防守还击。后退中成击剑线，有意让对方击打，并在击打的瞬间作后退防守还击。

(6)击剑线变反击打还击。后退中成击剑线，有意等待对手击打。在击打瞬间，完成原地或向前、后退的反击打还击。

三、攻防组合练习

(一)对攻转换战术

要领：

(1)中场交锋时，为了力争主动，双方一开始就处在较近距离的激烈对峙中，因此，必须采用出其不意、简练、果断、意图隐蔽、部位选择准确的快速行动。

(2)以跃步起动的组合步法，结合真假对攻、武器防守、对抗防守、反攻手臂、及时跟进、攻防转换等打法，并要作好预判与随机应变相结合的配合。

(3)准确预计对手步法动向，剑的方向、速度、时间和距离深度，在对手作出决定性行动的瞬间，及时完成好转换对策。

(4)准确把握好自己动作的方向、速度和时间，对剑尖的控制力。

(5)战术实施中要特别注意伪装欺骗，力求在动作外形上保持原状，隐蔽自己的意图，以距离、节奏、剑的控制运用中的微细变化，来达到战术目的。

练习方法：

(1)假对攻变防守。动作节奏不变，对攻动作逼真，一般采用保持有效距离的小步幅跃步或稳健地向前一步接弓步来接近对手。在手臂几乎伸直时，根据对对手的预测，突然关闭有关部位，完成假对攻变武器防守。按对手进攻的部位，分别作第三、四、五部位防守还击。

(2)假对攻变击打。动作节奏不变，动作逼真，用小跃步接弓步配合，并以剑隐蔽地接近对手的剑，完成接触武器的击打进攻。

(3)假对攻变对抗劈。动作节奏不变，伸臂犹如对攻，隐蔽意图，只是在双方剑最后接近时，根据预测的来剑方向，用剑及护手盘对抗对手的进攻路线。如：第三部位接触，进行第三对抗劈；第四部位接触，进行第四对抗刺。

(4)假对攻变进攻手臂。在预测对手起动节奏、步幅、出手不变的进攻时，自己动作外形不变，同对手起动节奏一致，只是上步时步幅减小或用假向前变为原地动作，拉远了对峙的距离，利用对手距离错觉抢先劈对手的手臂。

(5)假对攻变抢先节奏进攻。动作外形不变，根据对手起动节奏，采用放慢节奏的向前一步，利用时间差及距离上错觉，抢先出手造成抢先的优势。

(6)假对攻变跟进或反攻前部。动作外形不变，步法起动稍前同时步幅减少，可以采用小跃步或减少步幅的向前一步，积极伸臂威胁对手的头或手臂。待对手进攻时，转换后退或后跃步，突然拉开距离让对手打空后，接跟进进攻。在二者择一的战术运用中，亦可根据对手的势态，采用直接反攻劈手臂后拉开距离。

上述对攻转换战术可自成体系，几种形式既可单独使用，也可以灵活组合运用。根据佩剑的有效部位，在技术运用中，主要选择劈头部、脸部及臂，也可结合刺躯干。步法的配合可以改变步幅的大小、节奏快慢，但要隐蔽，具有欺骗性。关键要根据对手的比赛风格特点、习惯以及临场状态和自身技战术特长相结合运用。

(二)假进攻战术

假进攻战术，主要运用各种进攻手段作为掩护，使对手作出防守反应，然后采用各种转移进攻和防守反还击。

要领：

(1)准确预判对手防守还击动作的距离深度和时间区段。

(2)根据对手的反应，选择不同形式的转移、击打、防守反还击的动作方向、距离深度、速度、时间区段。

练习方法：

(1)各种带二者择一的转移进攻。假劈内侧转劈外侧，假劈外侧转劈内侧，假劈外侧转劈头，假劈头转劈外侧，假劈外侧转移刺内侧。

(2)各种击打转移进攻。第四击打交叉劈外侧，第三击打交叉劈内侧；第三击打转移劈外侧腰，第三击打转移刺内侧。

(3)第二意图的进攻。假进攻外侧作防五或防三选择性还击；假进攻劈头作防五或防四或防三选择性还击。

以上假进攻变防守的第二意图战术以向前移动中完成为主，也可以后退中完成。

第五节　佩剑比赛基本规则

一、击中的方法

(1)佩剑是一种使用剑尖、剑刃和剑背的武器，用剑刃、扁平部分或剑背作出的任何劈打都算击中(正劈和反劈)。

(2)禁止使用护手盘劈打。因护手盘劈打而产生的一切击中均应被取消。

(3)通过剑身的劈打，是指劈打时同时碰到对手的剑和易受伤的部位，只要是明显击中有效部位，就算有效。

二、有效部位

运动员处于实战姿势时，有效部位包括由大腿和躯干形成的褶痕顶点水平线以上的身体任何部分，除两手腕以下和头后部位。

(1)击中了有效部位以外的地方，不算击中；不能因此停止一系列交锋，随后的击中也不取消。

(2)如果运动员通过遮掩或者不正常动作，用无效部位取代有效部位，裁判将处罚黄牌或直接处罚红牌。

三、场地

场地表面必须平坦并成水平状态，不能有利于也不能不利于双方运动员中的任何一方，特别是在光线问题上。

(1)用于实战的场地叫作剑道(比赛场地)。

(2)3 个剑种的比赛均在同样的剑道上进行。

①剑道的宽度为 1.5 ~ 1.8 米，长度为 14 米。以中心线为界，比赛开始时，双方运动员应各自位于距离中心线两侧 2 米处，身后 5 米的剑道为其活动空间。可以后退，但双脚不得越过剑道的端线。

②要在剑道上非常明显地画出与剑道长边垂直的 5 条线，即一条中心线：与剑道宽度等长画一条虚线；两条准备线：在中心线两边各 2 米处，与剑道宽度等长画一条虚线；两条端线：剑道两端，距中心线各 7 米处，与剑道宽度等长画一条实线。此外，在端线前面 2 米处应做出明显标记。如有条件，可使用不同颜色的剑道加以区别，以便运动员更容易确定自己在剑道上所处的位置。

四、实战

(一)持剑的方法

(1)在 3 个剑种中，防御动作只能借助于剑身和护手盘，分别或配合使用。

(2)如果没有专用装置、系扣带或专用(矫形)物等限制运动员，可以自由随意地握住手柄。可以在比赛中改变手握剑的位置或姿态。但是无论以持久或短暂的、明显或隐蔽的方式，都不得抛掷武器；武器必须紧握在手中，手不能离开手柄。在一个进攻动作过程中，手不能在手柄前后滑动。

(3)佩剑比赛中拇指应与剑身柔韧面垂直。

(4)武器只能用单手控制，比赛结束前不能换手。除非在手或手臂受伤时，在裁判员允许的情况下才能换手。

(二)准备姿势

(1)第一个被点名的运动员应站到裁判员的右侧，除非比赛是在一个右手持剑和一个左手持剑的运动员之间进行，而第一个被点名的又是左手持剑的运动员。

(2)裁判让比赛双方各就各位，双方前脚应站在离剑道中心线 2 米的位置(即在准备线后面)。

(3)比赛开始和重新准备时，运动员都应站于剑道宽度的中央处。

(4)实战中处于准备姿势时，两名运动员的距离应当为双方伸直手臂，成击剑线，剑尖不能接触。

(5)在每次被视为有效的击中之后，运动员在开始线后恢复准备姿势。

(6)如果击中不被承认，他们应回到实战中断时各自所占据的位置上恢复准备姿势。

(7)在每一局及可能进行的加时赛开始时，运动员都应当在场地中央进入准备姿势。

(8)双方运动员恢复准备姿势时应相隔一段距离，但是在比赛“停”时站在端线以内的运动员不能被安排在端线以外恢复准备姿势。如果当时他已将一只脚越出端线之外，那么他站在原地不动。如果这时他的双脚又越出边线，应当命令他站在端线之外恢复准备姿势并处罚一剑。

(9)裁判员发出“准备”命令时，运动员做好准备姿势。然后裁判询问：“准备好了吗?”在得到肯定回答或者没有否定回答时，裁判发出比赛信号“开始”。

(10)运动员应当处于正确准备姿势，并且完全保持不动，直到裁判员发出“开始”命令。

(11)在佩剑比赛中，实战姿势不得成“击剑线”。

五、比赛开始、停止和重新开始

(1)"开始"口令的发出表明双方可以开始交锋。在此口令前发起的任何刺中都无效。

(2)交锋的终止是以"停"口令为标志的(改变正常的交锋条件的情况除外)。

(3)"停"的口令一发出,运动员便不能再进行新的动作,只有已经作出的劈、刺仍然有效。此后发生的一切均绝对不再有效。

(4)如果运动员一方在"停"口令前停下,并被击中,这一击中有效。

(5)如果运动员动作危险、混乱或违反规则,如果运动员一方武器脱落,或者离开剑道,或者后退时靠近观众或裁判,都可以下达"停"口令。

(6)除特殊情况外,裁判不得准许运动员离开剑道。如果运动员未经允许擅自这样做,他将受到规定的处罚。

六、近战

只要运动员能正常使用武器,裁判员能继续观察运动员的动作就允许进行近战。

击中的判断的具体情况及其取消佩剑比赛击中的判罚要依据一种记录击中的电动裁判器。

(1)击中只能以电动裁判器显示为准。如果裁判器未显示击中信号,裁判员就不能判决某运动员被击中,罚剑情况除外。"开始"前和"停"后的击中也同样不被认可。

(2)裁判员应该重视电动裁判器可能发生的故障,尤其是在任何重新实际交锋之前,且场上器材没有任何更换时,在裁判认真监督下进行测试后,确认有以下情况,他应当把自己在裁判器显示击中信号后刚刚认可的一次击中取消。

①宣布被击中的运动员做出一击,但没有引起"击中"信号。

②宣布被击中的运动员引起的信号在电动裁判器上不保持稳定。

③在宣布被击中运动员身上产生"击中"信号,而实际上并未发生击中,或者是由于接触剑或无效部位而产生这一信号。

④如果宣布被击中的运动员的剑不符合器材规则的规定(护手盘内外侧、手柄及其剑头的内外部分应当绝缘),即使击中剑身而引起信号,击中也将被取消。

⑤裁判员还应当执行下列规则。

a. 只有在确认故障前的最后一次击中可以取消。

b. 运动员如果未经裁判员的同意在其作出裁决之前着手改动或更换自己的器材,就将失去取消击中的一切权利。

c. 如果实际交锋已重新开始,运动员就不能再要求取消重新开始之前已被确认的被击中的一剑。

d. 在设备中(包括运动员自己的器材)发现缺陷的地方,对于可能发生的取消无关紧要。

e. 为确认故障,没有必要每次重复试验;但毫无疑问该故障必须至少一次得到裁判的亲自确认,试验过程由他自己或在他指挥下进行。

f. 显示被击中信号的运动员如果碰巧折断其剑身,可以因此取消对手对他的击中,除非剑身断裂明显在记录击中之后。

g. 裁判员应十分注意电动裁判器未显示或异常显示的击中情况。在这些故障重复出现的情况下,裁判应当向在场的电动器材委员会成员或专职技术专家求助,以便检查器材是否符合规则。

h. 由于意外情况而不可能进行检查时,击中将被视为可疑,从而被取消。

七、击中的有效性和优先性

裁判根据佩剑比赛规则特有的条款及其原则，只能单独对击中的有效性或优先性作出裁决。

一系列交锋的准则：

(1)任何正确完成的进攻应当被防守或完全避开，一系列交锋应该连贯。

(2)进攻的正确做法是，伸出手臂，在发动弓步进攻前用剑尖或剑刃连续威胁有效部位。

(3)弓步进攻的正确做法：

a. 如果是简单进攻，即在发动弓步之前伸出手臂，最迟在前脚着地时劈刺击中。

b. 如果是复杂进攻，即在发动弓步之前，做出第一个假动作时，伸出手臂，最迟在前脚着地时劈刺击中。

(4)向前一步弓步进攻的正确做法：

a. 如果是简单进攻，即在向前一步之前伸出手臂，最迟在前脚着地时劈刺击中。

b. 如果是复杂进攻，即在做出第一个假动作时，伸出手臂，接着向前一步，之后弓步，最迟在前脚着地时劈刺击中。

(5)在向前移动、做弓步或任何向前的动作时，禁止后脚超过前脚。任何犯规都将受到处罚。犯规运动员可能完成的击中将被取消。相反，对手正确完成的击中将记录成绩。

(6)为判断一次进攻正确与否，必须考虑到以下情况。

a. 如果发动进攻时，对手正处于“击剑线”姿势，进攻者应预先打开对手的剑。裁判应当十分注意，如果只是轻擦了一下剑，不应视为足以打开对手的剑。

b. 如果在寻找对手的剑以便打开它时，并没有碰到对手剑（已避开），动作的优先权转移到对方。

c. 如果在对手不处于“击剑线”姿势时发动进攻，可以运用直接进攻、转移进攻、交叉进攻，或在进攻前使用假动作，迫使对方防守。

(7)在复杂进攻中，应当正确做出假动作。

a. 剑尖劈刺假动作：手臂伸直，剑尖连续威胁有效部位。

b. 剑刃劈打假动作：手臂伸出，剑身和手臂形成一个135°左右的钝角，剑刃威胁有效部位。

c. 在一次复杂进攻中，如果有一个假动作让对手碰到了武器，他有权还击。

D. 在一次复杂进攻中，对手有权反攻，但是反攻必须在一次击剑时间的进攻终止之前才有效，即反攻必须在进攻者已经开始的进攻最后一个动作终止之前击中。

参考文献

[1] 杨文轩,陈琦. 体育原理导论[M]. 北京:北京体育大学出版社,1996.

[2] 邓树勋,王健,乔德才,郝逸明主编. 运动生理学(第三版)[M]. 北京:高等教育出版社,2015.

[3] 王亚琼主编. 运动竞赛学[M]. 北京:北京师范大学出版社,2009.

[4] 田振生,张秉祥主编. 大学体育教程[M]. 保定:河北大学出版社,2008.

[5]《大学体育健康教程》编委会编. 大学体育健康教程[M]. 北京:北京体育大学出版社,2005.

[6] 蔡志坚主编. 大学体育[M]. 北京:高等教育出版社,2010.

[7] 孙民治主编. 现代篮球高级教程[M]. 北京:人民体育出版社,2004.

[8] 中国篮球协会审定. 篮球规则 2012[M]. 北京:北京体育大学出版社,2012.

[9] 刘玉林主编,现代篮球运动研究[M]. 北京:人体育出版社,2006.

[10] 刘畅,黄文杰,尹林主编. 篮球教程[M]. 成都:电子科技大学出版社,2017.

[11] 乒乓球运动教程编写组编. 乒乓球运动教程[M]. 北京:北京体育大学出版社,2013.

[12] 王海燕,姜来主编,乒乓球教程[M]. 北京:化学工业出版社,2017.

[13] 中国乒乓球协会审定,乒乓球竞赛规则(2016)[M]. 北京:人民体育出版社,2017.

[14] 谢叶寿主编,当代大学健康体育教程[M]. 合肥:安徽大学出版社,2020.

[15] 中国体育舞蹈联合会编著. 中国体育舞蹈联合会技术等级教材[M]. 北京:北京体育大学出版社,2017

[16] 姜桂萍,宋璐毅主编. 体育舞蹈 艺术体操[M]. 桂林:广西师范大学出版社,2003.

[17] 黄鹤主编. 跆拳道品势教程[M]. 北京:北京体育大学出版社,2009.

[18] 刘卫军编著. 晋级、入段、黑带:刚劲有力的跆拳道品势组合[M]. 北京:北京体育大学出版社,2004.

[19] 王双忠编著. 从白带到绿带:道馆式跆拳道入门卷[M]. 北京:北京体育大学出版社,2012.

[20] 刘卫军编著. 跆拳道学练问答[M]. 北京:北京体育大学出版社,2004.

[21] 吴建忠,樊庆敏主编. 跆拳道技巧图解[M]. 合肥:安徽科学技术出版社,2011.

[22] 杨龙编著. 跆拳道快速入门与实战技术[M]. 成都:成都时代出版社,2014.

[23] 陈立人,刘卫军. 现代跆拳道训练方法[M]. 北京:北京体育大学出版社,2004.

[24] 崔航. 基于双因素理论的大学生终身体育意识激励研究[D]. 吉林大学硕士学位论文,2019

[25] 许瀛文. 终身体育视角下河南省大学生体育学习动机培养[D]. 河南大学硕士学位论文,2014.

[26] 周焱芹. 终身体育视域下青少年体育锻炼习惯调查研究[D]. 武汉体育学院硕士学位论文,2015.

[27] 黄丽秋. 终身体育思想的形成及教学引领研究[D]. 湖南师范大学硕士学位论文,2014.

[28] 任静. 大学生健康素养现状及健康教育发展研究[D]. 沈阳航空航天大学硕士学位论文,2019.

[29] 吴昊. 健康素养——一个传播学的视角[D]. 中国科学技术大学硕士学位论文,2009.

[30] 李红运. 高校舞蹈啦啦队套路编排及对策研究[D]. 广西民族大学硕士学位论文,2010.

[31] 李艳艳,张利萍,孙江洁,李微霞,何成森.健康中国建设背景下的大学生健康素养教育研究[J].赤峰学院学报(汉文哲学社会科学版),2018,39(4):153~155.

[32] 蔡黎明.大学生健康素养与健康状况关系探究[D].浙江大学硕士学位论文,2019.

[33] 邹敏,张振业.大学生健康素养现况及影响因素研究[J].保健医学研究与实践,2019,16(1):6~11.

[34] 孙珍秀,储金金.提升大学生健康素养的实践与对策[J].江苏卫生事业管理,2020,31(2):258~269.

[35] 郑大明,孙俊涛,马超.基于双因素理论的大学生终身体育意识激励分析[J].文体用品与科技,2022,(3):174~175.

[36] 杨巧静,刘锦瑶.影响舞蹈啦啦队队员专业技术因素的研究[J].哈尔滨体育学院学报,2008,(4):132~134.

[37] 黄荔生.我国啦啦队运动现状与发展趋势[J].北京体育大学学报,2007,(12):1722~1724.

[38] 陈铁龙.论啦啦操的发展[D].湖南师范大学硕士学位论文,2006.

[39] 文丽妮,文永光.舞蹈啦啦队运动员身体姿态控制能力训练的研究[J].玉林师范学院学报,2009,(3):98~100+2.

[40] 李丽,区峻.规则导向下我国普通高校舞蹈啦啦队发展现状研究[J].吉林体育学院学报,2009,25(4):58~60.

[41] 王皓,李逸群,张少卿.舞蹈类啦啦队运动员应具备的基本素质及训练方法[J].湖北广播电视大学学报.2007,(2):159~160+3.

[42] 徐中秋,刘松霞.啦啦队队员的分类与技术特点分析[J].体育科技文献通报,2006,(10):5~6+12.

[43] 田斌,朱文杰.我国新兴运动项目——啦啦队的理论研究现状与趋势[J].体育科技文献通报,2008,(3):95~96.

[44] 韦碧珊.影响我区高校啦啦队比赛成绩的因素及对策[J].右江民族医学院学报,2007,(5):850~352.